JOÃO PAULO FANUCCHI DE ALMEIDA MELO

DIREITO CONSTITUCIONAL TRIBUTÁRIO

JOÃO PAULO FANUCCHI DE ALMEIDA MELO

DIREITO CONSTITUCIONAL TRIBUTÁRIO

Princípios, regras, competências e imunidades

editora
Del Rey
Belo Horizonte
2022

Impresso no Brasil | Printed in Brazil

EDITORA DEL REY LTDA

Editor: Arnaldo Oliveira

Editor Adjunto: Ricardo A. Malheiros Fiuza *(in memoriam)*

Coordenação Editorial: Letícia Neves

Diagramação e capa: Alfstudio

Editora:
Rua dos Goitacazes, 71 – Lojas 20 a 24
Centro – Belo Horizonte – MG
CEP 30190-050

Comercial:
Tel.: (31) 3284-3284
vendas@editoradelrey.com.br

Editorial:
Tel.: (31) 2516-3340
editorial@editoradelrey.com.br

M528d Melo, João Paulo Fanucchi de Almeida
Direito constitucional tributário: princípios, regras, competências e imunidades / João Paulo Fanucchi de Almeida Melo.– Belo Horizonte: Del Rey, 2022.

XII, 294 p.

Bibliografia: p. [277] – 293.

ISBN: 978-65-00-39769-7

1. Direito constitucional 2. Direito tributário 3. Impostos 4. Imunidade tributária 5. Competência tributária – Brasil I. Título

CDU: 342:336.2 (81)

Ficha catalográfica elaborada pelo bibliotecário Junio Martins Lourenço - CRB 6 3167.

Dedico este livro à minha amada mãe,
Janine Fanucchi de Almeida Melo:
por e para ela, tudo.

LISTA DE ABREVIATURAS, SIGLAS E SÍMBOLOS

%	Por cento
§	Parágrafo
a.C	Antes de Cristo
AC	Ação Cautelar
ACO	Ação Cível Originária
ADC	Ação Declaratória de Constitucionalidade
ADCT	Atos das Disposições Constitucionais Transitórias
ADI	Ação Direta de Inconstitucionalidade
ADO	Ação Direta de Inconstitucionalidade por Omissão
ADPF	Arguição de Descumprimento de Preceito Fundamental
AgRg no AI	Agravo Regimental no Agravo de Instrumento
AgRg no ARE	Agravo Regimental no Agravo em Recurso Especial
AgRg no RE	Agravo Regimental no Recurso Extraordinário
AgRg no RESP	Agravo Regimental no Recurso Especial
AgRg	Agravo Regimental
AgRg em RE	Agravo Regimental em Recurso Extraordinário
AI	Agravo de Instrumento
Anvisa	Agência Nacional de Vigilância Sanitária
ART	Anotação de Responsabilidade Técnica
Art.	Artigo
CD	*Compact disc*
CPC	Código de Processo Civil
CDC	Código de Defesa do Consumidor
Cebas	Certificado de Entidades Beneficentes de Assistência Social
CGCT	*Code Général des Collectivités Territoriales*
Cide	Contribuição de intervenção no domínio econômico
CLT	Consolidação das Leis do Trabalho

Cofins	Contribuição para financiamento da Seguridade Social
Confaz	Conselho Nacional de Política Fazendária
CPMF	Contribuição provisória sobre movimentação financeira
Crea	Conselho Regional de Engenharia e Agronomia
CRFB	Constituição da República Federativa do Brasil de 1988
CSSLL	Contribuição social sobre o lucro líquido
CTN	Código Tributário Nacional
CVM	Comissão de Valores Mobiliários
DPVAT	Danos pessoais de veículos automotores
ECT	Empresa Brasileira de Correios e Telégrafos
ED em Agravo em RE	Embargo de Declaração em Agravo em Recurso Extraordinário
Edv RE	Embargos de Divergência no Recurso Extraordinário
Finsocial	Fundo de investimento social
HC	*Habeas corpus*
IBGE	Instituto Brasileiro de Geografia e Estatística
IC	Imposto sobre o consumo
ICM	Imposto de circulação de mercadorias
ICMS	Imposto sobre operações relativas à circulação de mercadorias e sobre prestações de serviços de transporte interestadual e intermunicipal e de comunicação
IE	Imposto sobre exportação, para o exterior, de produtos nacionais ou nacionalizados
IGF	Imposto sobre grandes fortunas
II	Imposto sobre importação de produtos estrangeiros
Infraero	Empresa Brasileira de Infra-Estrutura Aeroportuária
INSS	Instituto Nacional do Seguro Social
IOF	Imposto sobre operações de crédito, câmbio e seguro, ou relativas atítulos ou valores mobiliários
IPI	Imposto sobre produtos industrializados
IPMF	Imposto provisório sobre a movimentação financeira
IPTU	Imposto sobre a propriedade predial e territorial urbana
IPVA	Imposto sobre a propriedade de veículos automotores

IR	Imposto sobre a renda e proventos de qualquer natureza
IRPF	Imposto sobre a renda das pessoas físicas
IRPJ	Imposto sobre a renda das pessoas jurídicas
ISS	Imposto sobre serviços
ISSQN	Imposto sobre serviços de qualquer natureza
ITBI	Imposto sobre transmissão "inter vivos", a qualquer título, por ato oneroso, de bens imóveis, por natureza ou acessão física, e de direitos reais sobre imóveis, exceto os de garantia, bem como cessão de direitos a sua aquisição;
ITBI	Imposto sobre transmissão de bens inter vivos
ITCD	Imposto sobre a transmissão causa *mortis* e doação, de quaisquer bensou direitos
ITR	Imposto sobre a propriedade territorial rural
MAS	Apelação em Mandado de Segurança
Min.	Ministro
MP	Medida Provisória
MS	Mandado de Segurança
n.	Número
OAB	Ordem dos Advogados do Brasil
PC do B	Partido Comunista do Brasil
PEN	Partido Ecológico Nacional
Petrobrás	Petróleo Brasileiro S/A
PI	Piauí
PIB	Produto interno bruto
PIS	Contribuição para Programa de Integração Social
PPP	Parceria público-privada
Procon	Programa de Proteção e Defesa do Consumidor
Prouni	Programa Universidade para Todos
RE	Recurso Extraordinário
Resp.	Recurso Especial
RMS	Recurso em Mandado de Segurança
RO	Recurso Ordinário
SAT	Seguro de acidente do trabalho

Sesi	Serviço Social da Indústria
STF	Supremo Tribunal
STJ	Superior Tribunal de Justiça
THC	Tetra-hidrocarbinol
TJMG	Tribunal de Justiça do Estado de Minas Gerais
TJPI	Tribunal de Justiça do Piauí
TRF-1ª	Tribunal Regional Federal da 1ª Região
TRF-3ª	Tribunal Regional Federal da 3ª Região

SUMÁRIO

1
INTRODUÇÃO

O presente livro é resultado parcial da tese de doutorado defendida em 2021 na Universidade Federal de Minas Gerais - UFMG. Adicionou-se, ainda, anotações de aulas registradas e atualizadas há dez anos, após aprovação no concurso público para professor da Pontifícia Universidade Católica de Minas Gerais – PUC/Minas, em 2011.

O objetivo almejado é que o livro sirva de base para os iniciantes do Direito Constitucional Tributário e que seja fonte de consulta para todos os demais profissionais da área do direito.

Assim, a proposta é de desenvolver texto expositivo e crítico dos princípios, regras, competências e imunidades no Direito Tributário.

Na primeira seção, propõe-se revisitar a história/alguns fundamentos da tributação e das imunidades, de modo que seja possível aferir os diferentes raciocínios utilizados na história, especialmente no Brasil.

A história, ou passado, é o alicerce que sustenta a realidade do presente. Por isso, para compreender o atual, torna-se necessário revisitar o lhe antecedeu. O que se faz hoje somado ao passado é que construirá o futuro.

Ainda neste primeiro capítulo, será exposta, em números, a carga tributária atual do Brasil.

Nesta oportunidade, será possível verificar que a tributação, rotulada por normas infraconstitucionais como sendo sobre o consumo – mais alta do que a tributação sobre a renda, patrimônio e previdência – corresponde à metade da carga tributária total.

Na segunda seção, a perspectiva é de fazer releitura das limitações constitucionais ao poder de tributar, que é composta dos (1) denominados princípios, (2) competências e (3) imunidades.

No que se refere aos princípios, de início, algumas considerações serão trazidas acerca da desnecessidade, ou melhor, um caráter secundário, de se distinguir normas jurídicas de regras e princípios. O que se defende é que as normas jurídicas textuais devem ser respeitadas por todos, inclusive o Poder Judiciário, sendo certo que quanto mais direta, objetiva e concreta for a redação, a sua não aplicação total ou parcial no caso concreto dependerá de forte ônus argumentativo do intérprete e/ou aplicador.

Em seguida, justiça fiscal, segurança jurídica, liberdade de tráfego e transparência serão tratadas.

Após, o instituto da competência tributária será objeto de estudo. Será defendido que ele deve ser classificado como conceito, tendo em vista a opção do Constituinte de 1988, bem como pela ligação estreita com a segurança jurídica em matéria tributária.

Ao final do tópico, apontamentos críticos serão apresentados em face da nova postura do STF ao sustentar que competência tributária seria tipo, e não conceito, o que daria margem para o temerário e inconstitucional agir flexível do legislador infraconstitucional tributário.

Para finalizar, as imunidades tributárias serão objeto de estudo específico, oportunidade em que doutrina e jurisprudência do STF, especialmente após Constituição de 1988, serão revisitadas.

Especialmente nesta passagem, há propósito específico de destrinchar imunidades, especialmente as genéricas, com o fito de demonstrar que, historicamente, o STF tem adotado interpretação extensiva ou teleológica quando se tratar de imunidades tributárias. Há uma necessidade de maximizar ou otimizar as imunidades tributárias.

Vale apontar que esse livro foi finalizado em setembro de 2021.

2
ALGUNS FUNDAMENTOS DA TRIBUTAÇÃO E DAS IMUNIDADES

2.1 Da primeira civilização do mundo ao Estado de Polícia

O surgimento dos tributos se confunde com o aparecimento do convívio do homem em grupo, a partir de organização social.

Consolidados na história, ainda que amparados em diferentes fundamentos, os tributos existem antes mesmo do surgimento do Estado Moderno - atual concepção, estando presente no seio dos mais remotos grupos sociais politicamente organizados.

Por isso, entende-se que não se pode vincular o nascimento do Estado Moderno à existência da tributação.

Entre os anos de 3300 e 2000 a.C., a primeira civilização do mundo, a Suméria, localizada na região sul da Mesopotâmia, utilizava o tributo como método de imposição pecuniária, em guerras, dos vencedores sobre os vencidos. Os valores arrecadados eram direcionados para expansão do exército, restando configurado, assim, o denominado direito de pilhagem.

Nessa época remota, a tributação possuía flagrante caráter de sanção negativa.

No Egito Antigo, os faraós que eram tidos como deuses encarnados, recebiam os tributos, em espécie ou trabalho, do povo. A mensuração da tributação levava em consideração o nivelamento do Rio Nilo. Por isso, a fundamentação da cobrança de tributos estava ligada à crença e à religiosidade.

Ferdinand sustenta que, nesse período, exsurgiu a tributação presumida. Isso porque, de acordo com o nivelamento do Rio Nilo, "eram estabelecidos os critérios objetivos para cálculo dos tributos anuais sobre a terra."[1]

Schoueri assinala que, naquela época "[...] todo sacerdote recebia o equivalente a cem cúbitos quadrados de terra livre, sendo um cúbito correspondente à distância entre o cotovelo e a ponta dos dedos."[2]

Destaca-se que a imunidade tributária neste período contemplava quase que um terço de todas as terras dos territórios e beneficiava templos e padres.

No sec. XIII a.C, cobrava-se tributos sobre frutas, carnes, óleos e mel. A finalidade era arcar com os gastos coletivos por meio dos dízimos. Enquanto os cidadãos eram desonerados, os estrangeiros, os imigrantes e os forasteiros eram chamados a pagar tributo *per capita*, a chamada capitação.

Na **Índia**, com o Código de Manu, ainda no sec. XIII a.C, havia previsão de desoneração tributária para cegos, paralíticos, septuagenários e, ainda, "idiotas".

Na Grécia Antiga, o indivíduo pôde participar ativa e efetivamente quando da criação das imposições pecuniárias. Naquela época, em que se exercia a democracia, a limitação de liberdade somente poderia ocorrer mediante edição de lei e participação popular, ainda que indiretamente.

O custeio da Cidade era indispensável e a busca de recursos se tornou medida imprescindível.

No entanto, a ideia de tributação ainda estava diretamente ligada ao entendimento de sanção negativa. Por essa razão, o cidadão grego resistia e não coadunava com a obrigação de repassar parte dos seus recursos à Cidade.

Visando racionalizar e justificar o dever de pagar tributos, os sofistas discursavam no sentido de que os tributos teriam características de troca, ou seja, o cidadão repassava parte dos seus recursos e a Cidade ficaria responsável pela proteção do seu financiador.

Ao mesmo tempo, diante da rejeição do povo grego aos impostos diretos, surgiram os chamados impostos indiretos, cuja classificação, atualmente, sofre críticas por parte da doutrina.

---

1 GRAPPERHAUS, Ferdinand H. M. **O tributo ao longo dos tempos:** uma história em imagens. Tradução de André Mendes Moreira. Belo Horizonte: Fórum, 2019, p. 21.

2 SCHOUERI, Luis Eduardo. **Direito tributário**. 6. ed. São Paulo: Saraiva, 2016, p. 455.

Os méticos, comerciantes e trabalhadores estrangeiros, pagavam imposto *per capita* e o imposto direto, o *metoikon*. O cidadão grego pagava voluntariamente a *liturgia*, que era contraprestação às experiências vividas, tais como jogos, diversões etc.

Excepcionalmente cobrava-se, obrigatória e provisoriamente, a *eisphora*, tributo exigido no caso de guerra, endereçado aos cidadãos que ostentassem maiores condições financeiras. A base de cálculo era o patrimônio e a alíquota de 1%. Com o término da guerra a cobrança cessava e, se possível, devolviam-se os recursos pagos pelo cidadão, em regra, por meio dos despojos da guerra.

Houve a formação do Império Romano. Na medida em que o Império se estendia territorialmente a partir de novas conquistas, a necessidade de arrecadação para custeio das vistorias também crescia. A fonte de custeio não era primariamente os impostos diretos, pois os romanos não os aceitavam.

Nesta fase, a técnica do repasse do encargo tributário do contribuinte de direito ao contribuinte de fato teve relevante viés político em razão da rejeição do dever de pagar tributo, conforme destacado. O viés político ou o agir-tributário desde esse período soube lidar perfeitamente com o jurídico formal e o econômico material ou pragmático.

Além dos impostos indiretos, eram realizados empréstimos obrigatórios, o *tributum*, sendo certo de que a devolução teria vez em caso de conquista militar, o que era viabilizado pelas pilhagens.[3]

A propósito, o termo *tributum*, como recorda Regina Helena Costa, "[...] provém do verbo tribuere, que significa, inicialmente, repartir por tributos e, depois, repartir em sentido geral."[4]

---

[3] "Havia um tributo devido pelos cidadãos romanos, o *tributum civium romanorum* - incidente sobre a propriedade de terras e demais ativos do contribuinte - cujas receitas eram utilizadas primariamente para o pagamento dos soldados. Entretanto, com os extraordinários resultados da pilhagem e das cobranças impostas sobre os povos conquistados ao fim da Terceira Guerra Macedônica, em 167 a. C, os valores amealhados revelaram-se suficientes para cobrir o orçamento integral do Império Romano. A partir de então, os cidadãos romanos foram dispensados do pagamento de tributos, salvo pequenas exações locais. Posteriormente, quando da outorga coletiva de direitos civis, feita por Roma 80 anos depois, essa isenção fiscal foi estendida a todos os residentes da península itálica." (GRAPPERHAUS, Ferdinand H. M. **O tributo ao longo dos tempos:** uma história em imagens. Tradução de André Mendes Moreira. Belo Horizonte: Fórum, 2019, p. 34).

[4] COSTA, Regina Helena. **Imunidades tributárias**. 3. ed. São Paulo: Malheiros Editores, 2015, p. 31.

Os tributos eram exigidos dos estrangeiros e, em regra, defendia-se a imunidade do cidadão romano, embora se tenha notícia de que havia exigência como forma de simbolizar o exercício da cidadania.

Como contraponto ao *tributum*, no Império Romano existia a *immunitas*, que é desoneração ou negação ao encargo. Como lembra Regina Helena Costa, "[...] expediente pelo qual se liberavam certas pessoas e situações do pagamento dos tributos exigidos na sustentação do Estado. Exonerações tributárias tradicionais entre nós, como a dos templos religiosos e dos bens públicos, remontam àquela época."[5]

Eram contemplados com a imunidade os soldados em campanha, os pequenos proprietários, as corporações religiosas e os veteranos de guerra.

Houve a queda do poder real e, em seu lugar, cresceu o poder de comando da Igreja e dos senhores feudais. De forma arbitrária, os suseranos impunham aos vassalos o dever de repassar parte dos recursos auferidos.

O dever de pagar e o direito de receber eram evidenciados a partir da visualização da classe social à qual pertencia o ser humano. Noutros termos, o suserano, o proprietário da terra, impunha o dever de pagar ao vassalo, aquele que estava instalado na sua propriedade, sob o pretexto de garantir a segurança.

Por seu turno, a Igreja Católica, como proprietária de terras, sob o discurso de que promoveria a segurança e a proteção, realizava as suas cobranças.

Ainda no sistema feudal, o rei concedia imunidade – em sentido mais amplo do que a tributária – para Igreja e grandes proprietários.

Acerca dessa passagem histórica, Schoueri discorre:

> Com a imunidade, o rei se dirigia a seus agentes (judices), proibindo-os de penetrar no domínio imune para levantar tropas, prestar serviço de justiça ou cobrar impostos ou freda (remuneração devida pelos criminosos ao rei, por terem violado a paz); reclamar os direitos de gite (direito que o senhor tinha de ser alimentado pelo seu vassalo) ou de prise (direito assegurado ao senhor de tomar, mediante indenização, bem que necessitasse), ou, mais genericamente, exercer qualquer ato de coerção.[6]

---

[5] COSTA, Regina Helena. **Imunidades tributárias**. 3. ed. São Paulo: Malheiros Editores, 2015, p. 32.

[6] SCHOUERI, Luis Eduardo. **Direito tributário**. 6. ed. São Paulo: Saraiva, 2016, p. 29.

Vieram as monarquias nacionais e, ao seu lado, a necessidade de consentimento pelos representantes – parlamento, formado pelo clero, nobreza e burguesia – para cobrança dos impostos.

Eram os "Estados-Gerais" na França e o "Parlamento" na Inglaterra os responsáveis por convalidar ou não a imposição tributária, até porque prevaleceria, a partir da Carta Magna de 1215, a ideia do *no taxation without representation.*

A tributação sofreu historicamente nova reviravolta.

Surgiu o Estado Absoluto ou, conforme visualizado por Ricardo Lobo Torres[7], Estado Patrimonial.

No Estado Patrimonial, a figura do monarca, inicialmente, dividia espaço com os nobres e com a Igreja. No entanto, em um segundo momento e com a concessão de interessantes vantagens e imunidades, os nobres e a Igreja cediam os seus espaços à figura do monarca. A fiscalidade, portanto, restou centralizada.

Ricardo Lobo Torres, nesse período, assim resumiu:

> consiste em se basear no patrimonialismo financeiro, ou seja, em viver fundamentalmente das rendas patrimoniais ou dominiais do príncipe, só secundariamente se apoiando na receita extrapatrimonial de tributos; mas a característica patrimonialista não decorre apenas dos aspetos quantitativos, posto que o fundamental é que o tributo ainda não ingressava plenamente na esfera da publicidade, sendo apropriado de forma privada, isto é, como resultado do exercício da *jurisdictio* e de modo transitório, sujeito à renovação anual. No Estado Patrimonial se confundem o público e o privado, o *imperium* e o *dominium*, a fazenda do príncipe e a fazenda pública.
>
> [...]
>
> o Estado Patrimonial, do ponto de vista financeiro, caracteriza-se por diversos outros fenômenos: as populações em geral são pobres e os reis, ricos; os sistemas tributários, caóticos e irracionais, compõem-se principalmente de tributos diretos, que incidem até sobre os pobres, mas aos quais estão imunes a nobreza e o clero ([...].[8]

Nesse período a imposição pecuniária não tinha limites e, sendo o caso, a coação era utilizada. Para tanto, a soberania era adotada como fundamento.

---

7 TORRES, Ricardo Lobo. A idéia de liberdade no Estado patrimonial e no Estado fiscal. Rio de Janeiro: Renovar, 1991.

8 TORRES, Ricardo Lobo. **A idéia de liberdade no Estado patrimonial e no Estado fiscal.** Rio de Janeiro: Renovar, 1991, p. 14.

A tributação nessa fase "fundava-se na soberania, sendo que governar era sinônimo de submeter, oprimir, explorar outros homens com a utilização de um aparelho institucionalizado."[9]

Assim, a partir do Século IX até o Século XVI, quando houve a consolidação, "o rei, a igreja e o senhorio auferiram suas receitas por conta do exercício da propriedade. Era o Estado Patrimonial."[10]

Nessa época, como lembra Ricardo Lobo Torres [11], a cobrança de tributos também era dirigida aos pobres, em razão da intitulada justiça comutativa, competindo à Igreja Católica, financiada pelos dízimos, exercer a assistência social.

Exsurge o Estado de Polícia, que mantinha as mesmas características do Estado Patrimonial, com acréscimo da função do Estado como regulador e normatizador da economia. Conforme apontado por Ricardo Lobo Torres[12], o Estado de Polícia esteva presente entre os Estados Patrimonial e Fiscal.

Digno de registro que, para alguns, o Estado de Polícia pertenceu ao Estado Patrimonial, não se tratando, assim, de figura autônoma/singular.

Nessa linha expositiva, segundo Lobo Torres, o Estado de Polícia existiu em determinada época em países específicos, como Alemanha, Áustria, parte da Itália etc. Por outro lado, em outros países, como a Inglaterra e a França, onde ocorreram as principais revoluções no século XVIII, a figura do Estado de Polícia não foi implementada.

Os homens livres se rebelaram por serem obrigados a sustentar o Estado Absoluto ou Patrimonial e, em seguida, Estado de Polícia. Isso porque escravos e servos não tinham condições de contribuir, ao passo que os nobres e a Igreja usufruíam de privilégios, tidos como odiosos pelos homens livres.

Ainda que em resumo, esse momento histórico, o Estado de Polícia, encerra o primeiro ciclo dos fundamentos para o exercício da tributação.

---

9 FERNANDES, Simone Lemos. **Contribuições neocorporativas:** na constituição e nas leis. Belo Horizonte: Del Rey, 2004, p. 20.

10 SCHOUERI, Luis Eduardo. Direito tributário. 6. ed. São Paulo: Saraiva, 2016, p. 30.

11 TORRES, Ricardo Lobo. **A idéia de liberdade no Estado patrimonial e no Estado fiscal.** Rio de Janeiro: Renovar, 1991. p. 14.

12 TORRES, Ricardo Lobo. A idéia de liberdade no Estado patrimonial e no Estado fiscal. Rio de Janeiro: Renovar, 1991. p. 51 e ss.

2.2 Estado Moderno

Claro e evidente que os fundamentos da tributação vivenciados até o Estado de Polícia são, decerto, distantes daqueles exercidos a partir do surgimento do Estado Moderno e, mais especificamente, o momento atual.

Por tamanha distinção de fundamentos, em comparação com o Estado Moderno, deve-se registrar que Marciano Seabra de Godoi[13] e Ricardo Lobo Torres[14] não reconhecem a existência de tributo antes da formação do Estado Moderno.

Por isso, propõe-se analisar os fundamentos da tributação a partir do denominado Estado Liberal.

2.2.1 Estado Fiscal I ou Estado Liberal

Saiu de cena o Estado Patrimonial ou Absoluto e, em seu lugar, surgiu o **Estado Fiscal** e as suas duas fases. Nasceu, pois, o liberalismo, o Estado Liberal.

Claro, as mudanças de paradigmas sempre ocorreram paulatinamente ao longo dos anos, e não de forma abrupta.

Ensinava Ricardo Lobo Torres

> O que caracteriza o surgimento do Estado Fiscal, como específica configuração do Estado de Direito, é o novo perfil da receita pública, que passou a se fundar nos empréstimos, autorizados e garantidos pelo Legislativo, e principalmente nos tributos [...]. Deu-se a separação entre o *ius eminense*, e o poder tributário, entre a fazenda pública e a fazenda do príncipe e entre política e econômica, fortalecendo-se sobremaneira a burocracia fiscal, que atingiu um alto grau de racionalidade [...]. O Estado Fiscal, por conseguinte, abriu-se para a publicidade e dilargou as fronteiras das liberdades humanas [...].[15]

Na Europa, o surgimento do liberalismo se deu na França a partir da Revolução de 1789 ou simplesmente Revolução Francesa.

---

13 GODOI, Marciano Seabra de. **Justiça, igualdade e direito tributário**. São Paulo: Dialética, 1999, p. 173-174.

14 TORRES, Ricardo Lobo. **Curso de direito financeiro e tributário**. 16. ed. Rio de Janeiro: Renovar, 2009, p. 92.

15 TORRES, Ricardo Lobo. **A idéia de liberdade no Estado patrimonial e no Estado fiscal.** Rio de Janeiro: Renovar, 1991, p. 97-98.

Como consequência dessa Revolução, foi promulgada a Declaração dos Direitos do Homem e do Cidadão, que desenvolveu a autoimposição, o livre consentimento da tributação e marcou, desde então, de maneira indelével, a ordem constitucional das nações ocidentais: universalidade do princípio da legalidade tributária.

Na França do Século XVIII não se admitia o privilégio odioso, em que os tributos eram endereçados aos homens livres, enquanto o clero e a nobreza recebiam tratamento diferenciado e injustificado.

À mesma época, nos Estados Unidos da América, então colonizados pela Inglaterra, outra revolução viria à tona. Diante dos prejuízos decorrentes da Guerra de Sete Anos, o Parlamento inglês pretendeu impor tributação pesada aos colonos, com intuito de recuperar ou diminuir os prejuízos experimentados. No entanto, a pretensão do Parlamento inglês não foi aceita pelos Estados Unidos, o que, por conseguinte, ensejou na Declaração de Independência no ano de 1776.

Nesse novo modelo, o Estado não geraria sua própria riqueza para manutenção e avanço. O financiamento se daria, em regra, por meio dos tributos, ou seja, transferência obrigatória de parte da riqueza do particular ao Estado.

No Estado Liberal ou na primeira fase do Estado Fiscal, a ideologia assentava-se nas ideias de universalidade e de contratualismo – vínculo moral e de honra – na tributação.

A atuação administrativa era pautada pela legalidade e deveria se restringir à manutenção da ordem pública, da liberdade, da propriedade e da segurança individual.

O "Estado Mínimo", em que "[...] deve apenas evitar a perturbação da ordem e assegura o livre exercício das liberdades, colocando-se como um 'poder de equilíbrio.'"[16]

Ao lado da liberdade e da fraternidade, a igualdade era festejada naquela época. No caso, a igualdade formal. Tinha-se em mente que tributação justa seria aquela que se afastava dos privilégios odiosos e visava implementar a mencionada igualdade.

---

16 BATISTA JÚNIOR, Onofre Alves. **O outro leviatã e a corrida ao fundo do poço**. São Paulo: Almedina, 2015, p. 23.

Misabel Derzi[17], apesar de reconhecer que desde tempos mais longínquos a ideia de igualdade estava ligada à justiça, anota a grande dificuldade de se aferir a igualdade e os seus aspectos relevantes.

No conceito aristotélico, a igualdade era verificada a partir da análise do critério de mérito. Todavia, naquela época, somente alguns homens poderiam ter análise de mérito, tendo em vista que a política então vivenciada excluía tal possibilidade para as mulheres, os escravos e as crianças.

Montesquieu defendia a manutenção dos tribunais especiais para julgamento dos nobres. Dessa forma, os nobres e os cidadãos em geral seriam julgados pelos seus pares.

O conteúdo da igualdade foi modificado ao longo tempo.

Salienta-se, no entanto, que a partir do nascimento do Estado Liberal e com o rompimento do Estado Absoluto, a ideia de igualdade que naquele momento surgiu passou a ser importante sustentáculo para a atual concepção. Os privilégios odiosos e as discriminações sem fundamentos são repudiados, no Estado Liberal e ainda hoje.

Naquele momento histórico, a perspectiva de igualdade que se formou era a formal e, assim, reivindicava a igualdade na aplicação da lei, de forma sistêmica e rígida. Isso porque,

> historicamente desenvolveu-se em primeiro lugar o Estado de Direito formal, que reconhece a separação de Poderes, o domínio da lei (*rule of law*), a legalidade da Administração e a tutela jurídica contra atos do Poder público por meio de tribunais independentes. O Estado de Direito formal realiza principalmente a segurança jurídica.[18]

Portanto, defendia-se a aplicação uniforme da lei.

No Estado Liberal imperava o receio de retorno ao Estado Absoluto. Logo, as leis deveriam exaurir todas as matérias ou regular todas as condutas. A rigidez formal da lei na aplicação era irrefutável.

---

[17] DERZI, Misabel Abreu Machado. Igualdade. ISS. Sociedades prestadoras de serviços profissionais. Advocacia. Constitucionalidade do Decreto-lei n. 406/68; Progressividade. IPTU. *In*: DERZI, M.A.M (coord.). **Construindo o direito tributário na constituição**: uma análise da obra do Ministro Carlos Mário Velloso. Belo Horizonte: Del Rey, 2004, p. 93-133.

[18] TIPKE, Klaus; LANG, Joachim. **Direito Tributário**. 18 ed. Trad. Luiz Dória Furquim. Porto Alegre: Sergio Antonio Fabris Editor, 2008, p. 182. v.1.

Nessa linha de raciocínio, a imunidade tributária não poderia ser vista como privilégio. Ela deveria ser fundamentada e pautada em valores socialmente relevantes.

Assim, por meio da imunidade pretendia-se garantir que certas atividades não fossem sujeitas à imposição fiscal, sendo a desoneração estímulo ao pleno funcionamento, desenvolvimento e implementação dos valores e objetivos.

Defendia-se o Estado-Mínimo e pouco intervencionista, sendo certo de que o cidadão, componente do Estado, precisaria arcar igualmente com as despesas públicas.

Difundia-se a ideia da "mão invisível", ou seja, o Estado, improdutivo, deveria ter efeito neutro na economia e incentivar a livre concorrência.

Coerente com a proposta, a tributação deveria ser mínima. E mais, a tributação seria mais leve nas atividades empresariais e nos rendimentos do trabalho, ao passo que nas riquezas agrárias e de consumo eram mais pesadas.

A ideia do tributo-troca ou contraprestação, isto é, a teoria do benefício, ainda era vista com bons olhos e prevalecia à época. Pagava-se tributo como verdadeiro preço da liberdade.

Nota-se, nesse período, o tributo como importante mecanismo para visualização de uma sociedade livre e igualitária. Marciano Godoi verifica, a partir do contexto do Estado Liberal ou primeira fase do Estado Fiscal, que

> o tributo é ao mesmo tempo consequência e garantia da ordem jurídica, política e social assentada sobre o princípio da igualdade de todos perante a lei. Sendo assim, o sistema tributário deverá ser todo ele informado e condicionado pelo princípio da igualdade, o qual, como já vimos, não determina o mesmo tratamento a todos, senão permite e em alguns casos mesmo ordena tratamentos de *iure* diversos, em função de valores constitucionais de prestígio.
>
> Desta arte, o critério da capacidade contributiva, o instituto das imunidades, o instituto das isenções e demais benefícios fiscais, tudo isto deve ser visto como facetas do processo de informação do direito tributário pelo princípio da igualdade.[19]

Todavia, o ideal liberal, enquanto incluía parte da sociedade, deixava outra totalmente excluída. A industrialização crescia a passos largos, assim como a massa de proletariado. O liberalismo prestigiava a burguesia e excluía o proletariado.

---

[19] GODOI, Marciano Seabra de. **Justiça, igualdade e direito tributário**. São Paulo: Dialética, 1999, p. 179.

Diante da indiferença do Estado Liberal, injustiças e inconformismos ficaram evidentes. A rigidez do Estado Liberal não poderia ter mais vez, sendo necessária a busca da igualdade na realidade ou nos fatos, ao invés da igualdade jurídica, verificada na letra fria da lei.

Com a insatisfação social, nova reviravolta veio à tona, tornando-se necessário redimir as diferenças sociais.

Naquele momento, especificamente em 1910, os Estados Unidos, exemplo de país liberal, via a economia crescendo de forma avassaladora e, em razão da ausência de intervenção do Estado, a concentração de riqueza era cada vez mais presente. Para que se tenha ideia, cerca de 7% - sete porcento - da riqueza nacional estava controlada por apenas setenta famílias.

Por outro lado, no mesmo País, em 1911, o incêndio na fábrica das blusas *Triangle*, na baixa *Manhattan*, foi evento marcante e fez com que parte do povo norte-americano (re)pensasse a distância ou não intervenção do Estado. Ficou consignado na história que os trabalhadores da *Triangle*, na sua maioria estrangeiros, laboravam na fábrica e, para evitar furtos, eram trancados no horário comercial. Quando o fogo tomou o prédio, o primeiro a fugir foi o capataz que tinha as chaves das portas trancadas. Por consequência, mais de dezenas de pessoas morreram. Este evento foi marco relevante nos Estados Unidos, o que motivou, inclusive, a luta sindical para melhora nas condições de trabalhos, segurança e redistribuição de riqueza.

Igualmente, como lembra Ivan Sant'ana, movimentos socialistas começaram a florescer na Europa por volta de 1910.[20]

O mercado não poderia ser totalmente livre, sem regulação.

Nos dias atuais, ao se fazer a releitura da história, não se pode olvidar que o livre mercado, sem qualquer regulação, fiscalização, autorização e intervenção do Estado foi predominante para grande crise de 1929, que se instaurou nos EUA e que, por conseguinte, se estendeu para o restante do mundo, num verdadeiro "efeito dominó".[21]

Naquele momento que precedeu o *crash*, todo americano "tinha" que participar do mercado de ações. Até mesmo as pessoas sem conhecimento e despreparadas acabavam entrando no mercado, seja em razão do sentimento de nacionalismo, como sustentou o (re)conhecido cantor Irving Berlin, seja para não ser rotulado como "otário".

---

20 SANT'ANNA, Ivan. **1929**: quebra da bolsa de Nova York: a história real dos que viveram um dos eventos mais impactantes do século. Rio de Janeiro: Objetiva, 2014.

21 SANT'ANNA, Ivan. **1929**: quebra da bolsa de Nova York: a história real dos que viveram um dos eventos mais impactantes do século. Rio de Janeiro: Objetiva, 2014.

As pessoas de bem foram prejudicadas por "*players* gananciosos" - (1) "magos de *wall strett*", especulação praticada por banqueiros e bancários com dinheiro dos depositantes; (2) *pools*, pessoas que corrompiam a imprensa para noticiar informações que fossem do seu interesse, induzindo intencionalmente os investidores; (3) e *insiders* que possuíam informações privilegiadas e, com isso, investiam e acumulavam fortunas - que, com pleno conhecimento do mercado de ações, agiam de forma imoral.

Muitas fraudes foram evidenciadas, destacando-se aquelas praticadas pela Liga dos cavaleiros do *Union Industrial Bank*. Em síntese, dinheiro da conta de correntistas foi usado sem autorização para aplicação na bolsa de valores por dirigentes e funcionários do banco. Os investimentos de correntistas foram perdidos na bolsa.

Quando deflagrou definitivamente a crise, entre 3 de setembro e 29 de outubro 1929, houve perda de cinquenta bilhões de dólares, isto é, dez vezes mais do que a moeda total que circulava à época. Por conseguinte, na grande depressão, vivenciou-se: queda do consumo; redução de investimentos; falências; fome; desemprego; fechamento de 2.294 bancos em 1931 e 25% da população ativa desempregada em 1932. Setores que não atuavam no mercado de ações também sofreram.

O liberalismo e o livre mercado fracassaram. A realidade vivenciada demonstrou que o Estado precisaria ficar mais presente, regular e atuar. Para sair da grande crise não restou alternativa senão o Estado agir, como, por exemplo, a criação pelo Presidente Roosevelt da *Securities and Exchange Commission*, que tinha como objetivo fiscalizar o mercado e evitar as ilegalidades e fraudes.

Enfim, notou-se que, naquele momento histórico, o Estado não poderia ficar tão distante e ser mínimo.

Não se discute que houve avanço social no Estado Liberal em comparação com o Estado de Polícia e/ou Estado Absoluto.

Contudo, a realidade vivenciada ainda estava distante do desejo da maioria. O Estado Mínimo, distante por natureza, dava margem para divisão de classes sociais e sustentou a concentração de riqueza. E mais, a experiência demonstra que deixar o mercado totalmente livre pode abrir espaço para desejos egoístas e prejudicar o universo de pessoas de bem.

Portanto, naquele momento histórico, a busca do bem-estar geral tornou-se medida necessária. Nasce, assim, a concepção de Estado Social, a segunda fase do Estado Fiscal, em meados do século XX, especificamente após a Primeira Grande Guerra Mundial.

2.2.1.1 Carga tributária do Brasil no período

No Brasil, empiricamente, notava-se que a carga tributária efetiva alcançava 10% do Produto Interno Bruto (PIB).[22]

De acordo com estudos do Instituto Brasileiro de Geografia e Estatística (IBGE), o Imposto sobre importação de produtos estrangeiros (II) era a principal fonte de receita no início do Século XX, correspondendo a 50% da arrecadação total em 1900, e 80% da arrecadação federal em 1908.

Referido imposto foi inserido no ordenamento jurídico por meio da Constituição de 1891.

Com a Primeira Guerra Mundial e a grande depressão, os fluxos de comércio se reduziram significativamente e o II sofre redução, perdendo definitivamente sua importância em meados de 1940. Neste momento, o Imposto sobre o Consumo e o Imposto de Renda passaram a crescer vigorosamente.[23]

O Imposto sobre a Renda foi introduzido em 1922 por intermédio da Lei nº 4.625[24], de 31 de dezembro de 1922.

Sob as égides das constituições de 1891, 1934 e 1937, existiam no ordenamento jurídico os seguintes tributos: Imposto de Renda das pessoas físicas (IR), II, Impostos sobre a transmissão e Imposto sobre a propriedade predial e territorial urbana (IPTU).

Na Constituição de 1946[25] foram inseridos os seguintes tributos: Impostos Extraordinários; Empréstimos Compulsórios; Taxas e Contribuições de Melhoria.

2.2.1.2 O tratamento constitucional das imunidades tributárias no período

Em atenção ao sentimento social da época, a **Constituição de 1824**[26] se dedicou, no art. 179, XV[27], a positivar os princípios da igualdade e capacidade contributiva.

---

[22] IBGE. **Estatísticas do Século XX**. Rio de Janeiro: IBGE, 2007, p.355.

[23] IBGE. **Estatísticas do Século XX**. Rio de Janeiro: IBGE, 2007. p.367.

[24] BRASIL. Lei nº 4.625, de 31 de dezembro de 1922. Orça a Receita Geral da República dos Estados Unidos do Brasil para o exercício de 1923. **Diário Oficial da União**, Rio de Janeiro, 2 jan. 1923 e republicado em 5 jan. 1923.

[25] BRASIL. [Constituição (1946)]. Constituição dos Estados Unidos do Brasil. **Diário Oficial da União,** Rio de Janeiro, publicado em 19 set. 1946, republicado em 25 set. 1946 e 15 out. 1946.

[26] BRASIL. [Constituição (1824)]. **Constituição Politica do Imperio do Brazil**. Coleção de Leis do Império do Brasil, Rio de Janeiro, publicado em 22 abr. 1824.

[27] "XV. Ninguem será exempto de contribuir pera as despezas do Estado em proporção dos seus haveres."

Conjugando-se com inciso XVI[28] do mesmo artigo, a Constituição pretendia minimizar os privilégios odiosos. Destaca-se, no entanto, que alguns privilégios, aqueles rotulados como essenciais e ligados à utilidade pública, permaneceriam salvaguardados.

O mesmo art. 179, nos incisos XXXI e XXXII [29], garantia prestação de serviços públicos - socorros - e instrução primária gratuitas, independentemente de pagamento de taxas.

A Constituição de 1824 foi marco objetivo que fez o Brasil a se tornar Estado Fiscal, ocorrendo a separação das fazendas, a do Imperador e a pública, em que pese a permanência de traços de patrimonialismo.

Ricardo Lobo Torres[30] assinala que, mesmo com a Constituição de 1824, as características do patrimonialismo ainda estavam presentes, em razão da inexpressividade da burguesia ou pelo alto grau de intervenção na economia, por meio da busca de ingressos dominiais.

Não se pode olvidar que mudanças foram realizadas, a partir de 1824, ao se (tentar) cortar laços com patrimonialismo, especialmente durante o império de D. Pedro II, figura marcante que ajudou na transição para República, no período compreendido entre 1840 e 1889.

José Murilo De Carvalho[31] relata historicamente a importância de D. Pedro II na transição do Brasil-Império para República e, por conseguinte, afastamento das raízes do Estado Patrimonialista.

Nos "Conselhos à Regente", datado de 3 de maio de 1871, D. Pedro II apontava três pilares fundamentais que deveriam ser observados: (1) investir na educação pública; (2) os favores deveriam observar o "bem público" e (3) respeitar a imprensa livre.

D. Pedro II reservava o primeiro sábado dos meses para receber o corpo diplomático. Assim, todos os outros sábados do mês eram reservados por D. Pedro II para receber qualquer pessoa que o procurasse. Indistintamente, o

---

28 "XVI. Ficam abolidos todos os Privilegios, que não forem essencial, e inteiramente ligados aos Cargos, por utilidade publica."

29 "XXXI. A Constituição tambem garante os soccorros publicos.
XXXII. A Instrucção primaria, e gratuita a todos os Cidadãos."

30 TORRES, Ricardo Lobo. A idéia de liberdade no Estado patrimonial e no Estado fiscal. Rio de Janeiro: Renovar, 1991.

31 CARVALHO, José Murilo de. **D. Pedro II**. São Paulo: Companhia das Letras, 2007.

Imperador estendia a mão, ouvindo e fazendo anotações, para que providências fossem tomadas pelos ministros.

O "bolsinho imperial" não teria sofrido reajuste e tampouco aumento. Por isso, nessa fase, houve redução de custos com Imperador de 3% para 0,5% do orçamento.

Há relato de que, para viagens ao exterior que foram apenas três, D. Pedro II não usava dinheiro público e, se necessário, se valia de empréstimos.

Sempre preocupado para não falarem que estava "entesourando", D. Pedro II usava parte do "bolsinho imperial" para dar esmolas, doar para entidades beneficentes e científicas e conceder pensões.

De um total de cento e cinquenta e uma pensões concedidas por D. Pedro II, quarenta e uma foram para estudos no exterior, desde que os contemplados, finalizando os seus cursos, voltassem ao Brasil.

Nesta evolução histórica, o Brasil, independente desde 1822, conseguiu fazer a transição de Império para República em 1889.

Assim, a primeira Constituição da República, a **Constituição de 1891**[32], positivou direitos, distanciou de privilégios odiosos e, quanto às imunidades tributárias, em que pese terem recebido rótulo de "isenção", estavam sustentadas em valores e princípios, ressalte-se, republicanos e democráticos.

O art. 9º, 2, §2º, previa que: "É isenta de impostos, no Estado por onde se exportar, a produção dos outros Estados."

Havia previsão de imunidade tributária no **art. 11 da Constituição**[33]:

> É vedado aos Estados, como à União:
>
> 1º) criar impostos de trânsito pelo território de um Estado, ou na passagem de um para outro, sobre produtos de outros Estados da República ou estrangeiros, e, bem assim, sobre os veículos de terra e água que os transportarem;
>
> 2º) estabelecer, subvencionar ou embaraçar o exercício de cultos religiosos;
>
> 3º) prescrever leis retroativas.

---

32 BRASIL. [Constituição (1891)]. Constituição da República dos Estados Unidos do Brasil. **Diário Oficial da União**, Rio de Janeiro, RJ, 24 fev. 1891.

33 BRASIL. [Constituição (1891)]. Constituição da República dos Estados Unidos do Brasil. **Diário Oficial da União**, Rio de Janeiro, RJ, 24 fev. 1891.

Ainda, restou positivada a imunidade tributária recíproca entre União e Estados-membros, excluídos os Municípios, nos termos preceituados pelo **art. 10**: "É proibido aos Estados tributar bens e rendas federais ou serviços a cargo da União, e reciprocamente".

A **Constituição de 1934**[34] garantia, no art. 17, II[35], a vedação ao embaraço aos cultos. O mesmo art. 17 positivou, ainda, no inciso VIII[36], imunidade sobre combustíveis produzidos no país utilizados para motores de explosão. Por sua vez, o inciso IX garantiu ser vedado aos entes "cobrar, sob qualquer denominação, impostos interestaduais, intermunicipais de viação ou de transporte, ou quaisquer tributos que, no território nacional, gravem ou perturbem a livre circulação de bens ou pessoas e dos veículos que os transportarem".

A imunidade tributária restou prestigiada nessa Constituição, dessa vez, incluindo os municípios que passaram a ser considerados como verdadeiros entes federados, nos termos do art. 17, X c/c parágrafo único.[37]

Diferentemente das Constituições anteriores, a ora em destaque positivou imunidade tributária referente a impostos que gravem escritores, jornalistas ou professores, nos termos do art. 113, item 36.[38]

Ainda, havia imunidade tributária do imposto concernente à renda cedular de imóveis.[39]

Desvirtuando do avanço histórico das imunidades tributárias, a Constituição de 1937 se limitou a positivar a imunidade aos cultos, ao vedar qualquer embaraço, conforme art. 32, 'b'.[40] Já a imunidade tributária recíproca

---

[34] BRASIL. [Constituição (1934)]. Constituição da República dos Estados Unidos do Brasil. **Diário Oficial da União**, Rio de Janeiro, 16 jul. 1934.

[35] Art 17 - É vedado à União, aos Estados, ao Distrito Federal e aos Municípios: [...] II - estabelecer, subvencionar ou embaraçar o exercício de cultos religiosos;

[36] VIII - tributar os combustíveis produzidos no País para motores de explosão;

[37] X - tributar bens, rendas e serviços uns dos outros, estendendo-se a mesma proibição às concessões de serviços públicos, quanto aos próprios serviços concedidos e ao respectivo aparelhamento instalado e utilizado exclusivamente para o objeto da concessão. Parágrafo único - A proibição constante do nº X não impede a cobrança de taxas remuneratórias devidas pelos concessionários de serviços públicos.

[38] 36) Nenhum imposto gravará diretamente a profissão de escritor, jornalista ou professor.

[39] Art. 6, I, 'c': "de renda e proventos de qualquer natureza, excetuada a renda cedular de imóveis"

[40] Art. 32 - É vedado à União, aos Estados, ao Distrito Federal e aos Municípios: [...] b) estabelecer, subvencionar ou embaraçar o exercício de cultos religiosos; (BRASIL.

passou a ser garantida por meio da Emenda Constitucional n. 9, datada de 1945, que inseriu o art. 32, 'c'.[41]

A Constituição de 1946[42], diferentemente da de 1937, positivou extenso rol de imunidades tributárias. Além de restabelecer imunidades já vistas em Constituições anteriores, algumas novidades sobre o tema foram elevadas ao texto constitucional.

Destaca-se, de início, o art. 15, §1º, que instituiu novidade em termos de imunidade tributária no Brasil: "São isentos do imposto de consumo os artigos que a lei classificar como o mínimo indispensável à habitação, vestuário, alimentação e tratamento médico das pessoas de restrita capacidade econômica". Note-se que o objetivo era desonerar operações e situações que estivessem intrinsecamente ligadas aos princípios da dignidade da pessoa humana e capacidade contributiva.

As imunidades tributárias recíproca e dos templos restaram prestigiadas no art. 31, V, 'a'[43] e 'b'.[44]

No que se refere à imunidade aos templos de qualquer natureza, a regra constitucional foi direta e objetiva, diferentemente de outrora, em que apenas se previa a vedação a qualquer tipo de embaraço.

Pela primeira vez o texto constitucional do País garantiu imunidade tributária para os partidos políticos, instituições de educação e assistência social.

E mais, apareceu no texto constitucional a imunidade tributária objetiva, ou seja, a desoneração tributária incidente sobre impressão de jornais, periódicos e livros, à luz do disposto no art. 31, V, 'c'.[45]

[Constituição (1937)]. Constituição dos Estados Unidos do Brasil. **Diário Oficial da União**, Rio de Janeiro, publicado em 10 nov. 1937, republicado em 18 nov. 1937 e 19 nov. 1937).

41 c) tributar bens, renda e serviços uns dos outros.

42 BRASIL. [Constituição (1946)]. Constituição dos Estados Unidos do Brasil. **Diário Oficial da União,** Rio de Janeiro, publicado em 19 set. 1946, republicado em 25 set. 1946 e 15 out. 1946.

43 Art. 31. À União, aos Estados, ao Distrito Federal e aos Municípios é vedado: [...] V – lançar impostos sobre: a) bens, rendas e serviços uns dos outros, sem prejuízo da tributação dos serviços públicos concedidos, observado o disposto no parágrafo único deste artigo;

44 b) templos de qualquer culto bens e serviços de Partidos Políticos, instituições de educação e de assistência social, desde que as suas rendas sejam aplicadas integralmente no País para os respectivos fins;

45 "c) papel destinado exclusivamente à impressão de jornais, periódicos e livros."

O art. 203[46], tal como se via na Constituição de 1937, garantia imunidade tributária com relação aos pagamentos feitos a título de direitos autorais e remuneração de professores e jornalistas.

Com a Emenda Constitucional n. 10 de 1964, o art. 147, § 6º[47] previa a imunidade tributária no caso de desapropriação para fins de reforma agrária.

A reforma evidenciada pela **Emenda Constitucional n. 18 de 1965**[48] ampliou o instituto da imunidade, trazendo, na verdade, redação similar ao texto atual.

Destaca-se, aqui, a extensão da imunidade tributária recíproca às autarquias.[49]

2.2.2 Estado Fiscal II ou Estado Social

Retomando a narrativa histórica, ingressa-se na fase reservada para o Estado Fiscal II ou Estado Social.

O Estado, até então abstencionista, teve que virar presente e interventor. Isso porque tornou-se necessária a atuação estatal para afastar a injustiça social vivenciada e regular a economia, não permitindo mais o intitulado livre mercado.

No Estado Social ou segunda fase do Estado fiscal, dentre outras medidas diretas adotadas pelo Estado, verifica-se a edição de leis trabalhistas e a criação da Previdência Social.

O direito ao voto, garantido ao proletariado e para as mulheres, abriu espaço para um Estado mais atuante, especialmente para que pudesse

---

46 "Nenhum impôsto gravará diretamente os direitos do autor, nem a remuneração de professôres e jornalistas, excetuando-se da isenção os impostos gerais (art. 15, número IV)."

47 "Nos casos de desapropriação, na forma do § 1º do presente artigo, os proprietários ficarão isentos dos impostos federais, estaduais e municipais que incidam sôbre a transferência da propriedade desapropriada."

48 BRASIL. Emenda Constitucional nº 18, de 1º de dezembro de 1965. Reforma do Sistema Tributário. **Diário Oficial da União**, Brasília, DF, 6 dez. 1965.

49 "Art. 2º É vedado à União, aos Estados, ao Distrito Federal e aos Municípios: [...] IV - cobrar impostos sôbre: a) o patrimônio, a renda ou os serviços uns dos outros [...] § 1º O disposto na letra *a*, do n IV é extensivo às autarquias, tão-sòmente no que se refere ao patrimônio, à renda ou aos serviços vinculados às suas finalidades essenciais, ou delas decorrentes.§ 2º O disposto na letra *a*, do n IV não é extensivo aos serviços públicos concedidos, cujo tratamento tributário é estabelecido pelo poder concedente no que se refere aos tributos de sua competência, ressalvados os serviços públicos federais concedidos, cuja isenção geral de tributos pode ser instituída pela União, por meio de lei especial e tendo em vista o interêsse comum."

Novos tributos são adicionados no ordenamento jurídico brasileiro. No caso, foram inseridos: Imposto sobre produtos industrializados (IPI); Imposto sobre a propriedade territorial rural (ITR); Imposto sobre operações de crédito, câmbio e seguro, ou relativas a títulos ou valores mobiliários (IOF); Imposto sobre exportação, para o exterior, de produtos nacionais ou nacionalizados (IE); Imposto sobre circulação de mercadorias (ICM) e Imposto sobre serviços de qualquer natureza (ISSQN).

Entre os anos 60 e 80 do século passado, a carga tributária que, até então, era inferior a 20% do PIB, ultrapassou esta barreira e se aproximou do percentual de 30%.

2.2.2.2 Tratamento das imunidades tributárias nas Constituições de 1967 e 1969

A **Constituição de 1967**[51] seguiu a linha adotada pela Constituição anterior, adicionando, contudo, outras garantias.

A imunidade passou a contemplar também os livros, jornais e periódicos[52], não se limitando mais ao papel usado na impressão.

Para fins de ITR, foi garantida imunidade tributária sobre pequenas glebas, nos termos do art. 22, § 1º.[53]

Sobre direitos de garantia foi concedida imunidade sobre Imposto sobre transmissão de bens imóveis (ITBI), conforme art. 24, I.[54]

Ainda, a imunidade sobre a transferência de propriedade desapropriada para fins de reforma agrária foi, mais uma vez, prevista no texto constitucional.[55]

---

51 BRASIL. [Constituição (1967)]. Constituição da República Federativa do Brasil de 1967. **Diário Oficial da União**, Brasília, DF, 24 jan. 1967a.

52 "Art 20 - É vedado à União, aos Estados, ao Distrito Federal e aos Municípios: [...] III - criar imposto sobre: [...] d) o livro, os jornais e os periódicos, assim como o papel destinado à sua impressão.

53 "O imposto territorial, de que trata o item III, não incidirá sobre glebas rurais de área não excedente a vinte e cinco hectares, quando as cultive, só ou com sua família, o proprietário que não possua outro imóvel."

54 "Art 24 - Compete aos Estados e ao Distrito Federal decretar impostos sobre: I - transmissão, a qualquer título, de bens imóveis por natureza e acessão física, e de direitos reais sobre imóveis, exceto os de garantia, bem como sobre direitos à aquisição de imóveis;"

55 Art. 157: "§ 6º - Nos casos de desapropriação, na forma do § 1º do presente artigo, os proprietários ficarão isentos dos impostos federais, estaduais e municipais que incidam sobre a transferência da propriedade desapropriada."

proteger o emprego e garantir os direitos sociais. O Estado deixou de mínimo e passou a ser Providência, assim como deixou de ser legisla para ser administrativo.

Esta fase histórica era norteada pela dignidade da pessoa humana pela busca do humanismo democrático em detrimento do individualismo d Estado Liberal. A constante busca pela justiça social passou a ser meio para s alcançar a paz social.

Foi politicamente possível negociar e, em seguida, fazer positivar, em ordenamentos jurídicos, direitos trabalhistas, previdenciários, sindicais etc.

Exsurge a ideia de igualdade no Estado Social, em que a busca é pela inclusão social e a efetivação em máxima medida de direitos sociais. A desigualdade fática e o abismo entre as classes sociais deveriam ser minimizados. O Estado passou a intervir no seio da sociedade e, por meio das mais diferentes políticas, visou implementar a igualdade de oportunidades – igualdade material. O bem-estar geral era o objetivo a ser alcançado.

Ainda, marcou nessa fase histórica o surgimento da figura da **extrafiscalidade**, importante instrumento do Estado para induzir condutas, positivas ou negativas, visando alcançar objetivo de ordem constitucional. Os tributos não serviam apenas com o fim arrecadatório, tendo como escopo, ainda, os vieses distributivos e alocativos.

Logo, direitos sociais precisaram ser garantidos, o que ensejou a necessidade de aumento da arrecadação.

Ocorre que o *Welfare State* também entrou em crise por diversos motivos: aumento da tributação e da burocracia, corrupção, ineficiência na prestação de serviços públicos, nepotismo etc.

2.2.2.1 Carga tributária do Brasil no período

De acordo com os estudos existentes, historicamente esta foi a primeira fase de majoração substancial da carga tributária. Isso se deveu às reformas praticadas nos anos de 1965, por meio da Emenda Constitucional n. 8, e pela **Constituição de 1967**[50].

[50] BRASIL. [Constituição (1967)]. Constituição da República Federativa do Brasil de 1967. **Diário Oficial da União**, Brasília, DF, 24 jan. 1967a.

Em **1969, por meio da Emenda n. 01,**[56] reproduziu as imunidades tributárias previstas na Constituição de 1967, especificamente nos artigos 19, III, 'a' a 'd' e § 1º,[57] bem como o 161, §5º.[58]

Ademais, restou expressamente positivado o seguinte: (1) tributação exclusiva, limitando a incidência de outros impostos sobre produção, importação, circulação ou consumo de lubrificantes e combustíveis líquidos e gasosos e de energia elétrica - art. 21, VIII; [59] (2) Imunidade do ITR sobre as pequenas glebas - art. 21, § 6º;[60] (3) Imunidade ao imposto sobre direitos de

---

[56] Ressalta-se que existe duas linhas de raciocínio apresentadas para Emenda Constitucional n. 01: uma, que seria nova Constituição; outra, que seria o Constituinte derivado atuando. BRASIL. Emenda Constitucional nº 1, de 17 de outubro de 1969. Edita o novo texto da Constituição Federal de 24 de janeiro de 1967. **Diário Oficial da União**, Brasília, DF, publicado em 20 out. 1969c, retificado em 21 out. 1969 e republicado em 30 out. 1969.

[57] Art. 19. É vedado à União, aos Estados, ao Distrito Federal e aos Municípios:
I - instituir ou aumentar tributo sem que a lei o estabeleça, ressalvados os casos previstos nesta Constituição;
II - estabelecer limitações ao tráfego de pessoas ou mercadorias, por meio de tributos interestaduais ou intermunicipais; e
III - instituir impôsto sôbre:
a) o patrimônio, a renda ou os serviços uns dos outros;
b) os templos de qualquer culto;
c) o patrimônio, a renda ou os serviços dos partidos políticos e de instituições de educação ou de assistência social, observados os requisitos da lei; e
d) o livro, o jornal e os periódicos, assim como o papel destinado à sua impressão.
§ 1º O disposto na alínea a do item III é extensivo às autarquias, no que se refere ao patrimônio, à renda e aos serviços vinculados às suas finalidades essenciais ou delas decorrentes; mas não se estende aos serviços públicos concedidos, nem exonera o promitente comprador da obrigação de pagar impôsto que incidir sôbre imóvel objeto de promessa de compra e venda.

[58] Art. 161. A União poderá promover a desapropriação da propriedade territorial rural, mediante pagamento de justa indenização, fixada segundo os critérios que a lei estabelecer, em títulos especiais da dívida pública, com cláusula de exata correção monetária, resgatáveis no prazo de vinte anos, em parcelas anuais sucessivas, assegurada a sua aceitação, a qualquer tempo, como meio de pagamento até cinqüenta por cento do impôsto territorial rural e como pagamento do preço de terras públicas [...] § 5º Os proprietários ficarão isentos dos impostos federais, estaduais e municipais que incidam sôbre a transferência da propriedade sujeita a desapropriação na forma dêste artigo.

[59] Art. 21. Compete à União instituir impôsto sôbre: [...] VIII - produção, importação, circulação, distribuição ou consumo de lubrificantes e combustíveis líquidos ou gasosos e de energia elétrica, impôsto que incidirá uma só vez sôbre qualquer dessas operações, excluída a incidência de outro tributo sôbre elas.

[60] § 6º O impôsto de que trata o item III dêste artigo não incidirá sôbre glebas rurais de área não excedente a vinte e cinco hectares, quando as cultive, só ou com sua família, o proprietário que não possua outro imóvel.

garantias reais - art. 23, I; [61] (4) Imunidade dos impostos sobre transmissão de bens nas operações societárias, integralização, extinção, fusão e incorporação - art. 23, § 3º.[62]

2.2.3 Estado Democrático e Social de Direito ou Estado neoliberal

Em meados dos anos 80 do século passado, após a perda de força do governo trabalhista inglês e do governo social democrata alemão, dúvidas acerca da efetividade de serviços sociais em geral, com os altos e desnecessários gastos do Estado e com o inconformismo de se pagar altos impostos, nova ideologia passou a prevalecer no mundo, inclusive em países que jamais vivenciaram o bem-estar geral, como o Brasil. Vivencia-se a onda do neoliberalismo.

O Estado Social perde espaço para o "[...] Estado Democrático e Social Fiscal, que coincide com o Estado Democrático e Social de Direito (ou Estado Subsidiário, ou Estado da Sociedade de Risco, ou Estado de Segurança)."[63]

Como característica, Ricardo Lobo Torres assinala que

> Mantém características do Estado Social, mas passa por modificações importantes, como a diminuição do seu tamanho e a restrição ao seu intervencionismo no domínio social e econômico. Vive precipuamente de ingressos tributários, reduzindo, pela privatização de suas empresas e pela desregulamentação do social, o aporte das receitas patrimoniais e parafiscais. Procura, na via da despesa pública, reduzir as desigualdades sociais e garantir as condições necessárias à entrega de prestações públicas nas áreas da saúde e da educação, abandonando a utopia e a segurança jurídica, a legalidade e a capacidade contributiva, a liberdade e a responsabilidade.[64]

---

[61] "Art. 23. Compete aos Estados e ao Distrito Federal instituir impostos sôbre:
I - transmissão, a qualquer título, de bens imóveis por natureza e acessão física e de direitos reais sôbre imóveis, exceto os de garantia, bem como sôbre a cessão de direitos à sua aquisição;"

[62] § 3º O impôsto a que se refere o item I não incide sôbre a transmissão de bens ou direitos incorporados ao patrimônio de pessoa jurídica em realização de capital, nem sôbre a transmissão de bens ou direitos decorrentes de fusão, incorporação ou extinção de capital de pessoa jurídica, salvo se a atividade preponderante dessa entidade fôr o comércio dêsses bens ou direitos ou a locação de imóveis. (BRASIL. Emenda Constitucional nº 1, de 17 de outubro de 1969. Edita o novo texto da Constituição Federal de 24 de janeiro de 1967. Diário Oficial da União, Brasília, DF, publicado em 20 out. 1969c, retificado em 21 out. 1969 e republicado em 30 out. 1969).

[63] TORRES, Ricardo Lobo. **Curso de direito financeiro e tributário**. 16. ed. Rio de Janeiro: Renovar, 2009, p. 9.

[64] TORRES, Ricardo Lobo. **Curso de direito financeiro e tributário**. 16. ed. Rio de Janeiro: Renovar, 2009, p. 9.

Atualmente o discurso que entoa é no sentido de buscar equilíbrio entre o Estado Liberal e o Estado Social outrora vividos.

O que se tem em mente é discurso menos individual daquele vivido no Século XX e um Estado menos atuante e menor que aquele do Século XXI, contudo, fazendo com que o indivíduo pense no outro, e não apenas em si.

As ações inclusivas e afirmativas deveriam ser efetivadas, todavia, o ator não seria o Estado, mas sim a sociedade civil, ainda que com participação e/ou regulação daquele.

Os serviços públicos não precisariam ser prestados diretamente pelo Estado, sendo admitidas concessões, permissões, delegações e, até mesmo, parcerias público-privadas.

Assim, nesta vertente, caso não seja conveniente e oportuno - a partir da eficiência e economicidade - o Estado prestar diretamente os serviços, possui dever de fiscalizar, regular, planejar, fomentar etc. Com isso, o que se objetiva é a prestação de serviços públicos com maior qualidade e menor custo, competindo ao Estado, proporcional ao seu grau de importância, fazer com que todos sejam contemplados e que a lei seja sempre observada.

A atividade econômica deve ser exercida pela iniciativa privada, de modo que o Estado poderá fazê-lo apenas excepcionalmente.

A Constituição de 1988, no **art. 173**, prevê que a atividade econômica será explorada diretamente pelo Estado excepcionalmente, "[...] quando necessária aos imperativos da segurança nacional ou a relevante interesse coletivo, conforme definidos em lei."[65]

Nessa linha, as constituições modernas sustentam verdadeiro caráter dual, ou seja, prestigiam valores inerentes ao individualismo do Estado Liberal, como a separação dos poderes e a segurança jurídica, e o da coletividade e a justiça social, que são inerentes ao Estado Social.

Noutros termos, as constituições modernas abarcam de uma só vez princípios do Estado Liberal e do Estado Social, sendo necessária a busca pelo equilíbrio entre o respeito do ser individual e o da coletividade/solidariedade como um todo.

A busca desse equilíbrio será desenvolvida em tópico específico, quando se trabalharão os elementos da igualdade.

---

[65] BRASIL. [Constituição (1988)]. Constituição da República Federativa do Brasil. **Diário Oficial da União,** Brasília, DF, 5 out. 1988.

A partir dele será possível verificar os critérios para detectar a ilegitimidade das discriminações e a legitimidade das "discriminações reversas", conforme intitulado por Ricardo Lobo Torres.[66]

Oliver Wendell Holmes, juiz da Supreme Court dos EUA, já afirmou que "os impostos são o que pagamos por uma sociedade civilizada".[67]

Interessante crítica é apresentada por Franco Gallo[68], aduzindo a chamada "síndrome de Peter Pan", isto é, quando se reivindicam mais direitos e serviços e, ao mesmo tempo, pretende-se pagar menos tributo.

Não se pode deixar de consignar posição de Onofre Alves Batista Júnior, que apresenta sérias críticas ao Estado neoliberal, especialmente após a "segunda grande depressão" de 2008, e sustenta que:

> A crise de 2008 deixou claro que novos modelos regulatórios e novos formatos de Estado são necessários. O problema é que o dinheiro público que poderia ser investido em prol dos mais pobres e necessitados (de todo o mundo) vem sendo usado para sanar problemas estruturais do próprio capitalismo, isto é, pagam a conta da crise, mais uma vez, os mais carentes e os miseráveis, que se vêm privados, gradativamente, das prestações mais elementares por parte dos Estados.[69]

Com semelhante perspectiva, Franco Gallo[70] questiona o modelo neoliberal, sustentando, dentre outros pontos, a implementação de princípios éticos e jurídicos: igualdade, solidariedade e sustentabilidade.

Apenas para fomentar ainda mais esse ponto, segundo Thomas Pikkety[71], em seu livro "A economia das desigualdades", apresenta, em números, o aumento da desigualdade entre ricos e pobres em vários países após 1980.

---

[66] TORRES, Ricardo Lobo. Os direitos humanos e a tributação: imunidades e isonomia. *In:* TORRES, Ricardo Lobo. **Tratado de direito constitucional financeiro e tributário**. Rio de Janeiro: Renovar, 1999. v. 3. p. 402.

[67] Oliver Wendell Holmes Jr. (1841-1935) foi juiz da Suprema Corte dos Estados Unidos de 1902 a 1932.

[68] GALLO, Franco. **Las razones del fisco:** ética y justicia en los tributos. Tradução de José Rozas Valdés y Francisco Cañal. Madrid: Marcial Pons, 2011.

[69] BATISTA JÚNIOR, Onofre Alves. **O outro leviatã e a corrida ao fundo do poço**. São Paulo: Almedina, 2015.

[70] GALLO, Franco. **Las razones del fisco:** ética y justicia en los tributos. Tradução de José Rozas Valdés y Francisco Cañal. Madrid: Marcial Pons, 2011.

[71] PIKETTY, Thomas. **A economia das desigualdades**. Tradução de Pedro Elói Duarte. Coimbra: Almedina, 2014.

O rendimento patrimonial tem 50% concentrado em 10% das famílias mais ricas e as diferenças de salários, nos anos 90, estavam: França - 3,1; Alemanha - 2,5; Noruega - 2; Reino Unido - 3,4; Canadá - 4; e EUA, 4,5. Leitura: "na Alemanha, para fazer parte dos 10% dos assalariados mais bem pagos, é necessário ganhar 2,5 vezes mais do que para fazer parte dos 10% menos bem pagos."[72]

Dessa forma, o atual momento, neoliberal, que exsurgiu por volta de 1980 e influenciou as constituições tidas como modernas, teve o seu importante papel de romper com o Estado Social.

Entretanto, após cerca de 40 anos dessa perspectiva ou ideal, pode-se notar que o objetivo central, o bem comum, não foi alcançado. Em números e empiricamente, no viés global, depara-se com miséria, insegurança, desigualdades em sentido macro, centralização de poder e de riqueza etc.

Com isso, tudo leva a crer que o atual modelo, embora seja um avanço aos anteriores, liberal e social, possuindo pontos positivos e negativos, conduz à inafastável conclusão que merece ser revisto e que é necessário evoluir.

2.2.3.1 A carga tributária do Brasil após a Constituição de 1988

Após a criação no ordenamento jurídico em 1985, o Imposto sobre a propriedade de veículos automotores (IPVA) foi positivado originariamente na Constituição de 1988. O Imposto sobre serviços de qualquer natureza (ISSQN), igualmente, foi elevado a um texto constitucional originário, pela primeira vez, em 1988.

Como a atual Constituição reservou a possibilidade de a União criar contribuições, delineando no texto constitucional os elementos necessários para tanto, e levando em conta a flexibilidade ou facilidade para instituí-las, bastando a utilização de lei ordinária, nova realidade surgiu. No caso, com a nova roupagem mencionada adicionada com a estabilização econômica nos anos 90, a carga tributária ultrapassou o percentual de 30% do PIB.

Sobre esse elemento empírico, o IBGE trouxe o seguinte apontamento:

> De fato, como resposta à nova configuração da repartição da massa tributária e das responsabilidades de gasto por nível de governo fixadas pela Constituinte, quando a União perdeu arrecadação sem perder responsabilidades, o governo federal procurou elevar aqueles tributos que não estavam sujeitos à partilha com estados e municípios. Assim, no

[72] PIKETTY, Thomas. **A economia das desigualdades**. Tradução de Pedro Elói Duarte. Coimbra: Almedina, 2014, p. 21.

> ano de 1990, as contribuições para o Finsocial (Cofins) elevaram-se em termos reais (70%), o Pis/Pasep em 61%, e a contribuição social sobre o lucro em 136%. A partir de 1991 esta participação dos tributos eleva-se permanentemente em relação à receita total, chegando a 20% em 2000.[73]

O crescimento das contribuições nos anos 90 do século passado mereceu, inclusive, destaque em estudos da Receita Federal do Brasil. Em 1975 as Receitas Federais eram compostas por 59% de impostos e 41% de contribuições, ao passo que em 1995 a situação já havia invertido, com os impostos representando 40% e as contribuições 60%.[74]

Atualmente, a carga tributária brasileira pode ser assim identificada, de acordo com estudos feitos por Ricardo Varsano [75] (TABELA 1).

A rigor, a atual carga tributária é resultado, dentre outros elementos, da alta tributação sobre o consumo e com a instituição de contribuições. Por isso, em pouco mais de cem anos, a carga tributária do País aumentou mais de 200%[76] (TABELA 2).

Com isso, o sentimento de confisco muitas vezes aflora no sofrido povo brasileiro. Isso não se deve apenas à carga tributária do Brasil, embora ela seja uma das mais altas do mundo. Este sentimento tem sustentação a partir da conjugação de diversos fatores que, em síntese, podem ser evidenciados em razão da desproporcionalidade entre a tributação e a falta de retorno estatal.

O sentimento que vem à tona é que a tributação aumentou e, em regra, os serviços públicos essenciais pioraram.

O que se nota, ainda, é uma tributação injusta, por recair mais sobre o consumo, portanto, regressiva, e não sobre a riqueza em geral – capital, renda e, especialmente, herança.

---

[73] IBGE. **Estatísticas do Século XX**. Rio de Janeiro: IBGE, 2007, p.365.

[74] BRASIL. Ministério da Fazenda. Secretaria da Receita Federal do Brasil. **Análise da arrecadação das receitas federais**. Brasília, DF: Centro de Estudos Tributários e Aduaneiros, dez. 2017g

[75] VARSANO, Ricardo *et al.* **Uma análise da carga tributária do Brasil.** Rio de Janeiro: IPEA, ago. 1998. (Texto para Discussão, n. 583).

[76] IBGE. **Estatísticas do Século XX**. Rio de Janeiro: IBGE, 2007, p.367.

Tabela 1

EVOLUÇÃO DA CARGA TRIBUTÁRIA BRASILEIRA SEGUNDO RICARDO VARSANO – 2010-2017

TRIBUTO	2010	2011	2012	2013	2014	2015	2016	2017
Total da Receita Tributária	32,51%	33,35%	32,62%	32,55%	31,84%	32,10%	32,29%	32,43%
Imposto de Renda	5,48%	5,84%	5,52%	5,61%	5,53%	5,70%	6,17%	5,91%
Imposto sobre Produtos Industrializados	0,96%	0,94%	0,89%	0,81%	0,85%	0,80%	0,67%	0,72%
Imposto sobre Operações Financeiras	0,68%	0,73%	0,64%	0,55%	0,51%	0,58%	0,54%	0,53%
Impostos sobre o Comércio Exterior	0,54%	0,61%	0,65%	0,69%	0,64%	0,65%	0,50%	0,49%
Taxas Federais	0,13%	0,13%	0,11%	0,10%	0,09%	0,09%	0,14%	0,11%
Imposto Territorial Rural	0,01%	0,01%	0,01%	0,01%	0,02%	0,02%	0,02%	0,02%
Contribuição para a Previdência Social (1)	5,43%	5,57%	5,64%	5,54%	5,45%	5,34%	5,35%	5,40%
Cofins (2)	3,63%	3,77%	3,63%	3,71%	3,37%	3,33%	3,22%	3,38%
Contribuição Social sobre o Lucro Líquido	1,18%	1,34%	1,16%	1,16%	1,08%	0,99%	1,07%	1,08%
Contribuição para o PIS/Pasep	1,04%	0,98%	0,97%	0,95%	0,89%	0,88%	0,84%	0,89%
Contribuição para o FGTS (5)	1,65%	1,71%	1,78%	1,84%	1,88%	1,97%	1,99%	1,96%
Salário Educação (3)	0,28%	0,30%	0,31%	0,31%	0,32%	0,32%	0,31%	0,31%
Contribuições para o Sistema S	0,26%	0,27%	0,28%	0,29%	0,29%	0,30%	0,29%	0,29%
Cide Combustíveis	0,20%	0,20%	0,06%	0,01%	0,00%	0,05%	0,10%	0,09%
Cide Remessas	0,03%	0,03%	0,04%	0,04%	0,04%	0,05%	0,05%	0,05%
ICMS	6,90%	6,80%	6,78%	6,81%	6,65%	6,61%	6,60%	6,72%
IPVA	0,55%	0,55%	0,56%	0,55%	0,56%	0,60%	0,62%	0,62%
ITCD	0,06%	0,06%	0,07%	0,08%	0,08%	0,11%	0,12%	0,11%
Outros Tributos Estaduais	0,44%	0,45%	0,47%	0,48%	0,47%	0,48%	0,51%	0,52%
ISS	0,84%	0,88%	0,92%	0,90%	0,93%	0,91%	0,86%	0,86%
IPTU	0,45%	0,45%	0,45%	0,45%	0,46%	0,53%	0,55%	0,59%
ITBI	0,15%	0,17%	0,17%	0,18%	0,18%	0,17%	0,15%	0,15%
Outros Tributos Municipais	0,22%	0,22%	0,22%	0,21%	0,21%	0,24%	0,27%	0,26%

Fonte: VARSANO *et al.*, 1998.

Nota: Cofins: Contribuição para financiamento da seguridade social. ICMS: Imposto sobre operações relativas à circulação de mercadorias e sobre prestações de serviços de transporte interestadual e intermunicipal e de comunicação. IPTU: Imposto sobre a propriedade predial e territorial urbana. IPVA: Imposto sobre a propriedade de veículos automotores. ISS: Imposto sobre serviços de qualquer natureza. ITBI: Imposto sobre transmissão "inter vivos", a qualquer título, por ato oneroso, de bens imóveis, por natureza ou acessão física, e de direitos reais sobre imóveis, exceto os de garantia, bem como cessão de direitos a sua aquisição. ITCD: Imposto sobre a transmissão causa mortis e doação, de quaisquer bens ou direitos.

Tabela 2
EVOLUÇÃO DA CARGA TRIBUTÁRIA – BRASIL – 1947-2018

Ano	Carga Tributária	Ano	Carga Tributária	Ano	Carga Tributária
1947	13,8	1971	25,3	1995	26
1948	14	1972	26	1996	26
1949	14,4	1973	25,1	1997	26
1950	14,4	1974	25,1	1998	26,6
1951	15,7	1975	25,2	1999	27,9
1952	15,4	1976	25,1	2000	29,8
1953	15,2	1977	25,6	2001	31,5
1954	15,8	1978	25,7	2002	32,9
1955	15,1	1979	24,7	2003	31,4
1956	16,4	1980	24,4	2004	32,4
1957	16,7	1981	25,1	2005	33,5
1958	18,7	1982	26,2	2006	33,3
1959	17,9	1983	26,8	2007	33,6
1960	17,4	1984	24,2	2008	33,5
1961	16,4	1985	23,8	2009	33,6
1962	15,8	1986	26,5	2010	32,5
1963	16,1	1987	24,2	2011	33,4
1964	17	1988	23,3	2012	32,6
1965	18,8	1989	23,7	2013	32,6
1966	20,6	1990	29,6	2014	31,8
1967	20,2	1991	24,4	2015	32,1
1968	23	1992	25	2016	32,3
1969	24,6	1993	25,3	2017	32,3
1970	26	1994	27,9	2018	33,3

Fonte: Dados básicos: BRASIL, 2018f; IBGE, 1947-2011.
Elaboração própria.

3
PRINCÍPIOS, REGRAS, COMPETÊNCIAS E IMUNIDADES TRIBUTÁRIAS

As limitações ao poder de tributar são vistas nos âmbitos constitucional e infraconstitucional.

As limitações constitucionais ao poder de tributar podem ser subdivididas em três grupos: (1) os denominados princípios tributários; (2) as competências tributárias e (3) as imunidades tributárias.

Joaquim Carlos Salgado ensina que

> A constituição positiva é que afirma a existência política de um povo, como, por exemplo, "O poder emana do povo", "O *Reich* alemão é uma república" etc. Antes de toda normatização há "uma decisão política fundamental do titular do poder constituinte", seja o povo, seja o monarca. E esse ato de declaração é fundamental, pois dele parte a validade das leis constitucionais.[77]

Assim, se todo poder emana do povo e o direito constitucional decorre de prévia decisão política fundamental, no que se refere ao sistema tributário, a Constituinte de 1988 o elevou motivadamente a *status* constitucional.

É dizer que foi uma opção política e conscientemente debatida que, com a promulgação da Constituição, passou a ser direito positivo.

Esta válida opção contrapõe outras hipóteses possíveis, tal como praticado em outros países e que eram de pleno conhecimento dos constituintes, conforme se nota nos debates travados e formalizados nos anais da Assembleia Nacional Constituinte.

---

[77] SALGADO, Joaquim Carlos. Apresentação. *In:* SCHMITT, Carl. **Legalidade e legitimidade**. Belo Horizonte: Del Rey, 2007, xvi-xvii.

Conforme lembra Humberto Ávila, em outros Estados Nacionais o sistema tributário é regulado no campo infraconstitucional. A título de ilustração, o autor cita a Alemanha, que dedica apenas dois dispositivos constitucionais para matéria tributária.[78]

Os constituintes, ao tomarem a decisão de elevar o sistema tributário a nível constitucional, por evidente, concluíram por excluir o tema do âmbito normativo infraconstitucional. Ou melhor, deixaram que a normatização infraconstitucional apenas complementasse, pormenorizasse, esclarecesse ou evidenciasse tudo aquilo que foi consignado como direitos e objetivos/fins a serem alcançados no texto constitucional.

Não há o mínimo espaço, pelo sistema de hierarquia normativa, para que a legislação infraconstitucional vá defronte ao texto constitucional positivo.

Pelo direito positivo, o exercício do poder tributante é um dos meios pelos quais o Estado pode atingir o patrimônio, no sentido total - já que pode ser dividido em propriedade, renda, bens etc. - do cidadão.

Assim, a legalidade e a legitimidade da sua ação, no aspecto tributário, dependem da máxima observância das balizas que estão presentes nos três grupos - princípios, competências e imunidades - que preenchem as limitações constitucionais ao poder de tributar.

Na perspectiva republicana, em que todo poder emana do povo,[79] a opção do constituinte foi de elevar a propriedade como direito e garantia fundamental,[80] como cláusula pétrea.[81] Contudo, a propriedade do cidadão não é absoluta, em razão das ressalvas expressas no texto constitucional, como, por

---

[78] ÁVILA, Humberto. **Competências tributárias**. São Paulo: Malheiros, 2018.

[79] Art. 1º da CRFB: "A República Federativa do Brasil, formada pela união indissolúvel dos Estados e Municípios e do Distrito Federal, constitui-se em Estado Democrático de Direito e tem como fundamentos: [...] Parágrafo único. Todo o poder emana do povo, que o exerce por meio de representantes eleitos ou diretamente, nos termos desta Constituição." (BRASIL. Constituição da República Federativa do Brasil de 1988. **Diário Oficial da União**, Brasília, 5 out. 1988.)

[80] Art. 5º da CRFB: "Todos são iguais perante a lei, sem distinção de qualquer natureza, garantindo-se aos brasileiros e aos estrangeiros residentes no País a inviolabilidade do direito à vida, à liberdade, à igualdade, à segurança e à propriedade [...]" (BRASIL. Constituição da República Federativa do Brasil de 1988. **Diário Oficial da União**, Brasília, 5 out. 1988.)

[81] Art. 60, § 4º da CRFB: "Não será objeto de deliberação a proposta de emenda tendente a abolir: [...] IV - os direitos e garantias individuais." (BRASIL. Constituição da República Federativa do Brasil de 1988. **Diário Oficial da União**, Brasília, 5 out. 1988.)

exemplo, a observância da função social,[82] a hipótese de aplicação de pena[83] e, ainda, o exercício da tributação.

A tributação, como uma das exceções constitucionais que legitimam a ação estatal na propriedade privada, possui as suas limitações, que devem ser levadas a sério, em razão do *status* constitucional.

Em outros termos, o Constituinte garante a propriedade privada como direito fundamental que deve ser garantido, como cláusula pétrea que é, contudo, admite, excepcionalmente, a intervenção ou ação do Estado, sendo a tributação uma das hipóteses. Ocorre que esse exercício do poder tributante possui contornos constitucionalmente previstos e que devem ser observados, tendo, pois, caráter dual, isto é, balizas/limitações ao Estado e direitos e garantias dos cidadãos-contribuintes.

Estes contornos constitucionais são, reitera-se: (1) os princípios que devem ser observados; (2) as competências tributárias, isto é, as incidências tributárias devem se limitar às hipóteses constitucionalmente previstas, em máxima observância às situações materiais e econômicas elencadas; e (3) as imunidades tributárias, que são situações que *a priori* seriam tributadas por se encontrarem no campo das competências, porém não o serão em decorrência da opção democrática e política do Constituinte.

Nessa linha expositiva, o agir dos Poderes ou Funções do Estado – Executivo, Judiciário e Legislativo, exceto do Constituinte Derivado, desde que observando as cláusulas pétreas, precisa se curvar às balizas constitucionais, no exercício das suas funções.

---

[82] O entendimento do que seja função social da propriedade pode ser extraído do art. 186 da Constituição: "A função social é cumprida quando a propriedade rural atende, simultaneamente, segundo critérios e graus de exigência estabelecidos em lei, aos seguintes requisitos: I - aproveitamento racional e adequado; II - utilização adequada dos recursos naturais disponíveis e preservação do meio ambiente; III - observância das disposições que regulam as relações de trabalho; IV - exploração que favoreça o bem-estar dos proprietários e dos trabalhadores." (BRASIL. [Constituição (1988)]. Constituição da República Federativa do Brasil. **Diário Oficial da União,** Brasília, DF, 5 out. 1988.

[83] "Art. 5º Todos são iguais perante a lei, sem distinção de qualquer natureza, garantindo-se aos brasileiros e aos estrangeiros residentes no País a inviolabilidade do direito à vida, à liberdade, à igualdade, à segurança e à propriedade, nos termos seguintes: [...] XLVI - a lei regulará a individualização da pena e adotará, entre outras, as seguintes: a) privação ou restrição da liberdade; b) perda de bens; [...]." (BRASIL. [Constituição (1988)]. Constituição da República Federativa do Brasil. **Diário Oficial da União,** Brasília, DF, 5 out. 1988).

Daí porque, como a intervenção ou delimitação à propriedade é exceção de ordem constitucional, ainda como considerações iniciais e a título de antecipação do raciocínio que será melhor desenvolvido adiante, o exercício da tributação não pode extrapolar o campo de competências - hipóteses de incidências - previsto no texto constitucional, exceto no caso de mudanças resultantes de ação específica e consciente do Constituinte Derivado. Claro, concomitantemente a isso, os princípios e imunidades hão de ser respeitados.

Numa leitura ou interpretação do texto constitucional com unidade, justeza e conformidade, de um lado se tem o direito da propriedade privada com *status* de cláusula pétrea, de outro lado, ele pode sofrer restrições/ações pelos entes federados, por meio do exercício das competências tributárias. Admitir interpretação extensiva, por analogia ou com fundamento do que se entender como justo, contrariando o delineamento constitucional, é atingir ou violar cláusula pétrea e o princípio democrático.

Diferentemente ocorre no campo das imunidades tributárias, que abre espaço para interpretações mais abertas e flexíveis, evidentemente com responsabilidade, uma vez que otimizando-as, a propriedade não sofrerá intervenções ou delimitações e os valores tutelados pelo Constituinte poderão ser prestigiados, otimizados e maximizados.

A garantia da imunidade de forma extensiva, ampliativa ou teleológica, não violará propriedade privada e, ainda, poderá encurtar o percurso para alcançar objetivo/fim ou valor constitucionalmente buscado. Claro, a interpretação não pode ser ideológica ou inconsequente, sob pena de violar a igualdade, que é corolário da justiça fiscal.

Ainda, no âmbito infraconstitucional, a legislação cria direitos em favor dos contribuintes e limitam, ainda mais, o Estado Tributário. Por exemplo, cita-se o art. 97 do CTN, que regulamenta o denominado, por parte da doutrina, princípio da taxatividade ou tipicidade tributária, e os estatutos dos contribuintes que alguns estados da federação instituíram.

Com essas considerações iniciais, metodologicamente, propõe-se, nesta seção, revisitar os denominados princípios constitucionais tributários, competências e imunidades.

3.1 Princípios constitucionais

Desde a implantação do Estado Moderno - **Estado de Direito ou Estado Fiscal I** - há intensa discussão acadêmica buscando distinguir princípios e regras jurídicas. Especialmente nos últimos cem anos, autores se dedicam intensamente a apresentar fundamentos e motivos que justifiquem tal distinção, o que acaba por transcender o campo teórico e se inserir na seara pragmática, especialmente quando magistrados escolhem e se filiam a determinada corrente e passam a decidir casos.

Por isso, na seção 3.1.1 serão brevemente revisitadas as diferentes correntes de aplicação das normas jurídicas.

3.1.1 Distinção entre princípios e regras

Ainda que brevemente, torna-se necessário revisitar as diferentes correntes, ou melhor, os três paradigmas, para, em seguida, ser apresentada a convicção e o método de aplicação das normas jurídicas.

Os paradigmas são três, conforme proposta de Álvaro Ricardo Souza Cruz, que ora se adota, quais sejam: (1) o clássico; (2) o moderno e (3) o contemporâneo.[84]

3.1.1.1 Paradigma clássico

Este paradigma teve relevância histórica marcante, em razão do seu surgimento no momento em que ocorreu a transição do absolutismo para o Estado Moderno. Nessa época, as pessoas tinham receio de retrocesso, motivo pelo qual não se admitiam interpretações subjetivas, extensivas etc. Com cautela, não se admitia o flerte com decisões subjetivas, individuais ou autoritárias.

Assim, nesse momento vivenciou-se o modelo positivista, em que a lei era aplicada por meio da dedução e subsunção. Os princípios eram ignorados ou recebiam, no máximo, papel secundário.

Na obra que ora se utiliza para o desenvolvimento desta primeira fase do trabalho, Souza Cruz aduz que, segundo o paradigma clássico, "a hermenêutica limitava-se ao esforço sintático e semântico dos textos jurídicos a partir de métodos de dedução e subsunção, típicas da conhecida proposta de Savigny."[85]

---

[84] CRUZ, Álvaro Ricardo de Souza. **Hermenêutica jurídica em debate**: o constitucionalismo brasileiro entre a teoria do discurso e a ontologia existencial. Belo Horizonte: Fórum, 2007, p. 271.

[85] CRUZ, Álvaro Ricardo de Souza. **Hermenêutica jurídica em debate**: o constitucionalismo brasileiro entre a teoria do discurso e a ontologia existencial. Belo Horizonte: Fórum, 2007, p. 272-273.

As leis, sendo complexas, tentavam fazer constar todas as previsões possíveis. Nesse sentido, os princípios jurídicos eram importantes objetos políticos postos à disposição do legislador – as normas programáticas seriam bom exemplo. E nada mais do que isso.

As normas constitucionais seriam comandos-valores, e não comandos-regras. Portanto, as normas constitucionais não possuem aplicação ou execução imediata. Esses comandos-valores são direcionados ao legislador, o qual poderá optar pelo momento oportuno para dar eficácia a eles.

Entretanto, constatou-se que o legislador não poderia prever, de antemão, nas normas, todas as situações. Assim, a interpretação literal, gramatical e lógica teve que ser deixada de lado e, por conseguinte, novas formas de interpretação passaram a ser adotadas.

Ganhou vez, ainda que subsidiariamente, a utilização da analogia, dos costumes e dos princípios gerais do direito.

Na linha do convencionalismo, admitia-se a discricionariedade do juiz em caráter excepcional, isto é, criação de regra/decisão se não existe norma específica. No exercício da discricionariedade o juiz não poderia, contudo, agir autoritariamente.

Nesta passagem, cumpre fazer ressalva no sentido de que tal entendimento não poderia se estender para o direito sancionador, especificamente, o direito penal e o direito tributário. Não se pode aplicar sanção e cobrar tributos por analogia, costumes etc., ou seja, sem lei clara e objetiva.

Ocorre que, mais uma vez, o contexto fático, social e político, vivenciado à época, durante a década de 50 do século passado, influenciou o rompimento de paradigmas. De acordo com Souza Cruz, o positivismo – legalidade estrita, sem qualquer análise factual do caso concreto – fundamentou e sustentou o totalitarismo, fascismo e nazismo.[86] Afinal, se vingava à época o positivismo e levando-se em consideração que a letra fria da lei teria aplicação independentemente de suposta existência de especificidade no caso concreto, os detentores do poder tinham, portanto, o mecanismo hábil para dar validade jurídica aos atos praticados.

Daí porque posteriormente criou-se a discussão, tendo como um dos expoentes Schmitt que tratava de distinguir a legitimidade e legalidade.[87]

---

[86] CRUZ, Álvaro Ricardo de Souza. **Hermenêutica jurídica em debate**: o constitucionalismo brasileiro entre a teoria do discurso e a ontologia existencial. Belo Horizonte: Fórum, 2007, p. 274.

[87] SCHMITT, Carl. **Legalidade e legitimidade**. Belo Horizonte: Del Rey, 2007.

Logo, com receio de que o positivismo jurídico até então praticado viesse a sustentar atos cruéis, tal modelo foi afastado e, em seu lugar, surgiu o paradigma moderno.

3.1.1.2 Paradigma moderno

No seio social formou-se o sentimento de que o método de aplicação do direito sob a sistemática da dedução e subsunção seria insuficiente para alcançar, em determinadas situações, o desejado sentimento de justiça. Isso porque a letra fria ou literalidade da lei poderia trazer situações ou condutas indesejadas.

Se no paradigma anterior os princípios não tinham grau de normatividade, no paradigma moderno, diferentemente, os princípios passaram a ter positividade. E mais, os princípios tinham maior destaque no ordenamento jurídico, em razão da abstração e abertura tipológica.

Os autores filiados a este paradigma apresentam diferentes fundamentos para distinguir os princípios das regras. Destacam-se, aqui, quatro correntes.

Na primeira corrente, os princípios seriam ligados aos valores e fundamentariam todo o ordenamento jurídico. Diferentemente das regras, os princípios possuem conteúdo axiológico puro. Contudo, os princípios dependeriam das regras para efetiva concretização.

Canaris assinalava que

> trata-se, assim, de apurar, por detrás da lei e da ratio legis, a ratio iuris determinante. Pois só assim podem os valores singulares libertar-se do seu isolamento aparente e reconduzir-se à procurada conexão <<orgânica>> e só assim se obtém aquele grau de generalização sobre qual unidade da ordem jurídica [...]. O sistema deixa-se, assim, definir como uma ordem axiológica ou teleológica de princípios gerais de Direito, na qual o elemento de adequação valorativa se dirige mais à característica de ordem teleológica e o da unidade interna à característica dos princípios gerais.[88]

Cumpre apontar o posicionamento de Paulo de Barros Carvalho[89] em conferência realizada no dia 24 de outubro de 1996, o tributarista desenvolveu sobre normas, enunciados e valores.

---

[88] CANARIS, Claus-Wilhelm. **Pensamento sistemático e conceito de sistema na ciência do direito**. 3. ed. Introdução e tradução: A. Menezes Cordeiro. Lisboa: Fundação Calouste Gulbenkian, 2002, p. 77-78.

[89] CARVALHO, Paulo de Barros. Enunciados, normas e valores jurídicos tributários. **Revista de Direito Tributário**, São Paulo, n.69, 1997.

Após fazer a devida diferenciação entre enunciados e normas, o citado Professor assinala que princípios e valores de maior grandeza estão previstos no texto constitucional. Entretanto, o autor aduz que as normas jurídicas sempre terão a mesma estrutura, ou seja, o hipotético-condicional.

Nessa linha, o princípio sempre terá limitador objetivo, como é o caso, por exemplo, do princípio da legalidade tributária. Para ele, "a legalidade não é um valor em si, é um limite objetivo. Obviamente, é um limite objetivo que persegue um valor, e esse valor, nós já sabemos, é a segurança jurídica. E junto com ela outros valores, como a justiça etc."[90]

Seguindo a sua linha de raciocínio, o autor anota que, por exemplo, a vedação ao confisco tributário seria um valor, tendo em vista ser impossível medir a incomensurabilidade.

Na segunda, os princípios seriam mandamentos nucleares e normas gerais do sistema. Para os adeptos, os princípios seriam a base de todo o ordenamento jurídico. Nesse sentido, violar princípio – metanorma – seria muito pior do que violar regra. Isso porque a inobservância de princípio significaria a violação de todo o ordenamento jurídico, isto é, o sistema como um todo.

Celso Antônio Bandeira de Mello anota que

> princípio – já averbamos alhures – é, por definição, mandamento nuclear de um sistema, verdadeiro alicerce dele, disposição fundamental que se irradia sobre diferentes normas compondo-lhes o espírito e servindo de critério para sua exata compreensão e inteligência, exatamente por definir a lógica e a racionalidade do sistema normativo, no que lhe confere a tônica e lhe dá sentido harmônico. [...] Violar um princípio é muito mais grave que transgredir uma norma. A desatenção ao princípio implica ofensa não apenas a um específico mandamento obrigatório mas a todo o sistema de comandos.[91]

Canotilho afirma que os princípios, além de superarem as regras, possuem hierarquia entre si. Assim, determinado princípio estaria em posição hierárquica superior a outro.

O autor português, ao apresentar o sistema interno de regras e princípios, anota que, em primeiro lugar, estão presentes os princípios estruturantes, que são as traves-mestras do ordenamento jurídico. No direito português

---

[90] CARVALHO, Paulo de Barros. Enunciados, normas e valores jurídicos tributários. **Revista de Direito Tributário**, São Paulo, n.69, 1997, p. 53.

[91] MELLO, Celso Antônio Bandeira de. **Elementos de direito administrativo**. 3. ed. São Paulo: Malheiros, 1992, p. 299-300.

seriam os princípios do Estado de Direito, o princípio democrático e o princípio republicano.[92]

Em segundo nível, estão os princípios constitucionais gerais, que são concretizações realizadas a partir de princípios constitucionais especiais. O autor cita, como exemplo, que o princípio democrático pode ser concretizado a partir dos princípios constitucionais gerais da soberania popular e do sufrágio universal, sendo certo que esses, por sua vez, podem ser pormenorizados pelos princípios constitucionais especiais, como, ainda como exemplo, o princípio da imparcialidade eleitoral e da liberdade de propaganda. Ademais, as regras constitucionais também podem ser utilizadas para dar maior concretude aos princípios estruturantes. É o caso da regra que garante o recurso contencioso contra atos da administração.

Por fim, J.J. Canotilho, para ilustrar, apresenta gráfico, no qual: (1) no alto estão os princípios estruturantes; (2) em seguida, os princípios constitucionais gerais; (3) em terceiro lugar, os princípios constitucionais especiais e, (4) em quarto, as regras constitucionais.[93]

A terceira corrente diferencia princípios de regras embasada no modelo de incidência. Assim, enquanto as regras incidiriam sobre determinada situação específica, os princípios não possuem situação predeterminada para sua incidência.

A quarta, por sua vez, estabelece que os princípios seriam vetores para aplicação das regras. Assim, "os princípios não configurariam mandamentos e sim diretrizes, critérios e justificação para a aplicação do Direito."[94] As regras permaneceriam sendo aplicadas de acordo com a tradicional dualidade hipótese/consequência.

Ainda que com diferentes fundamentos, os autores adeptos ao paradigma moderno são uníssonos em defender o maior destaque dos princípios, comparando-se com as regras, tratando-os como metanorma.

---

92 CANOTILHO, José Joaquim Gomes. **Direito constitucional e teoria da constituição**. 7. ed. Coimbra: Almedina, 2003, p. 1.173-1.175.

93 CANOTILHO, José Joaquim Gomes. **Direito constitucional e teoria da constituição**. 7. ed. Coimbra: Almedina, 2003, p. 1.175.

94 CRUZ, Álvaro Ricardo de Souza. **Hermenêutica jurídica em debate**: o constitucionalismo brasileiro entre a teoria do discurso e a ontologia existencial. Belo Horizonte: Fórum, 2007, p. 284.

Parte desta corrente não se limitou a dar maior destaque aos princípios em comparação com as regras. Adotou-se, ainda, termos como sobreprincípio para dar maior ênfase e grau de importância a determinadas normas.

A título de ilustração, vale relembrar ensinamentos de Paulo de Barros Carvalho no que toca ao princípio da certeza do direito que, segundo o autor, "trata-se, também, de um sobreprincípio, estando acima de outros primados e regendo toda e qualquer porção da ordem jurídica."[95]

Ocorre que esta linha de pensamento deu margem para que o Judiciário passasse a julgar de forma mais ampla e irrestrita, o que coloca em xeque princípios estruturantes, notadamente, a separação dos poderes.

Com a perspectiva de que os princípios valem mais do que as regras, decisões são exaradas desconsiderando os comandos legais elaborados pelo Legislativo, sob a fundamentação, às vezes rasa, de que teria ocorrido violação à proporcionalidade, razoabilidade, injustiça etc.

Exsurge, nesta perspectiva, o denominado ativismo judicial, em que o Poder Judiciário se coloca, nem sempre de forma clara e ostensiva, mas por meio da política de decisões, como, entre os três Poderes, o mais relevante e importante.

Não são raras as vezes que deparamos com o Judiciário interferindo em escolhas legítimas feitas pelo Legislativo e pelo Executivo.

Com os princípios sendo elevados a metanormas e, logo, com o ativismo judicial, foi desenvolvido o paradigma contemporâneo, que será tratado na seção seguinte.

3.1.1.3 Paradigma contemporâneo

Para esta linha de pensamento, que contra-argumenta os fundamentos do paradigma moderno, assim como os princípios, as denominadas regras também possuem conteúdo axiológico puro, além do deôntico.

O conteúdo axiológico não se refere à exclusividade dos princípios. Ora, como não defender que o Código Penal, ao prever a hipótese e consequência sancionadora, não carrega axioma?

No paradigma contemporâneo não se admite argumentar que as regras possuem existência pré-determinada, rígida e restrita, ao passo que os princípios são utilizados ou aplicados para solucionar questões que não possuem regras

---

95 CARVALHO, Paulo de Barros. **Curso de direito tributário**. 27. ed. São Paulo: Saraiva, 2016, p. 165.

específicas. Nem sempre as regras são utilizadas pela via restrita de hipótese e subsunção. Nesse aspecto, basta lembrar do uso da analogia.

Os princípios não podem ser restringidos a vetores para aplicação das regras. Determinadas situações que dependam de interpretação, aplicação ou solução de conflito, que não possuírem regra específica - hipótese/consequente - e sendo incabível o uso da analogia, deverão ser solucionadas, após o devido processo, com amparo nos princípios do direito. Se assim não o for, de duas, uma: não haverá a tutela jurisdicional, o que não se admite no texto constitucional positivo, em respeito ao princípio da inafastabilidade da jurisdição;[96] ou haverá arbitrariedade da decisão, ferindo, assim, o caro espírito republicano e democrático.

Todavia, mais uma vez, é necessário ressalvar que esse tipo de compreensão não se estende nem ao direito penal nem ao direito tributário.

Os autores que compõe este grupo, dentre outros, Robert Alexy, Humberto Ávila e Ronald Dworkin, apresentam a distinção entre princípios e regras considerando o método de aplicação e o critério de conflito negativo.

3.1.1.3.1 Teoria de Robert Alexy

Ao desenvolver a sua teoria, Robert Alexy assevera categoricamente que "a distinção entre regras e princípios é uma das colunas-mestras do edifício da teoria dos direitos fundamentais."[97]

O autor aduz que a distinção existente entre princípios e regras, além de gradual - generalidade -, possui cunho substancialmente qualitativo.

Thomas Bustamante, se valendo da teoria de Alexy, afirma que "os princípios têm o mesmo conteúdo dos valores, pois o que os diferencia é meramente a sua força jurídica. Princípios são valores que passaram por um processo de juridicização."[98]

Alexy chega a mencionar o critério apontado por outros teóricos para diferenciar regras de princípios. Um deles, conforme já mencionado, é o da

---

[96] O art. 5º, XXXV da Constituição prevê que: "a lei não excluirá da apreciação do Poder Judiciário lesão ou ameaça a direito". (BRASIL. [Constituição (1988)]. Constituição da República Federativa do Brasil. **Diário Oficial da União,** Brasília, DF, 5 out. 1988).

[97] ALEXY, Robert. **Teoria dos direitos fundamentais**. Tradução de Virgílio Afonso da Silva. São Paulo: Malheiros, 2008, p. 285.

[98] BUSTAMANTE, Thomas da Rosa. Princípios, regras e conflitos normativos: um modelo para a justificação de decisões contra legem a partir da teoria jurídica de Robert Alexy. **Pensar,** Fortaleza, v. 15, n.2, p. 603-627, 2010.

generalidade – regra mais específica e o princípio com caráter mais geral. O outro, por sua vez, aponta que os princípios, quando não confundidos com as regras, servem de razões para estas.

No entanto, discorre que os princípios são mandamentos de otimização, tratando-se, pois de

> normas que ordenam que algo seja realizado na maior medida possível dentro das possibilidades jurídicas e fáticas existentes. Princípios são, por conseguinte, mandamentos de otimização, que são caracterizados por poderem ser satisfeitos em graus variados e pelo fato de que a medida devida de sua satisfação não depende somente das possibilidades fáticas, mas também das possibilidades jurídicas. O âmbito das possibilidades jurídicas é determinado pelos princípios e regras colidentes.[99]

Ao seu passo, as regras

> são normas que são sempre satisfeitas ou não satisfeitas. Se uma regra vale, então deve se fazer exatamente aquilo que ela exige; nem mais, nem menos. Regras contêm, portanto, determinações no âmbito daquilo que é fática e juridicamente possível.[100]

Segundo Alexy, sempre focado no direito alemão, os princípios não possuem caráter/mandamento definitivo, mas tão só *prima facie*. Contudo, o dever de otimização deve ser observado. Os princípios estão sujeitos a diversos resultados distintos, quando da sua aplicação, sendo certo que não possuem a extensão previamente delimitada do conteúdo, uma vez que estão sujeitos às peculiaridades fáticas e, principalmente, de princípios colidentes.

As regras, por sua vez, possuem mandamentos previamente delineados e definidos. O seu conteúdo e a sua extensão são conhecidos de antemão.

Ademais, o autor também sustenta a presença de outro critério diferenciador. Para o teórico, pode ser considerada válida a forma de se resolver questões referentes aos conflitos normativos – colisão de regras ou entrecruzamento entre princípios.

Nessa linha, havendo conflito entre regras, deve-se abrir cláusula de exceção, ou, não sendo possível, os critérios servirão de sustentáculo para declaração de invalidade de uma delas no caso concreto.

---

99 ALEXY, Robert. **Teoria dos direitos fundamentais**. Tradução de Virgílio Afonso da Silva. São Paulo: Malheiros, 2008, p. 90.

100 ALEXY, Robert. **Teoria dos direitos fundamentais**. Tradução de Virgílio Afonso da Silva. São Paulo: Malheiros, 2008, p. 91.

No caso de conflito entre princípios, não haverá declaração de invalidade ou introdução de cláusula de exceção. Ao contrário das regras, o conflito entre princípios está no campo da dimensão do peso e não da dimensão da validade, sendo certo de que, no caso concreto em que houver choque de princípios colidentes, um deles terá precedência sobre o outro, após o sopesamento de interesses.

Para respostas ou soluções concretas, os denominados princípios da razoabilidade e proporcionalidade, em especial, a de sentido estrito que, para Ávila, são postulados, são instrumentos disponíveis para tanto.

3.1.1.3.2 Teoria de Humberto Ávila

Humberto Ávila propõe dividir as normas jurídicas em dois graus. No primeiro são alocados os princípios e as regras. Em segundo grau, o autor propõe a inserção dos postulados, que são utilizados para a interpretação e a aplicação do direito.[101]

A título de menção e sem intuito de desviar do objetivo ora proposto, vale mencionar que, para o autor, proporcionalidade e razoabilidade não são princípios, mas postulados.

No que se refere à dissociação entre princípios e regras, Ávila assinala que três critérios podem ser usados para dissociar as espécies normativas.

O primeiro critério foi intitulado como "critério da natureza do comportamento prescrito". Aqui, as regras são diferenciadas dos princípios em razão do modo pelo qual o comportamento será prescrito.

Os princípios estabelecem fins e estado ideal de coisas a ser atingido, que impõe normas de condutas para tanto. Sendo assim, para Ávila, fala-se em caráter deôntico-teleológico. Deôntico porque impõe razões, obrigações e permissões. Teleológico porque o objetivo é que os efeitos das mencionadas imposições visem a determinado estado de coisas. Assim sendo, os princípios são "normas-do-que-deve-ser".

As regras, por sua vez, são normas "mediatamente finalísticas, ou seja, normas que estabelecem indiretamente fins, para cuja concretização estabelecem com maior exatidão qual o comportamento devido."[102] Nessa linha, as regras são consideradas deôntico-deontológico. Deôntico porque

[101] ÁVILA, Humberto Bergmann. **Teoria dos princípios**. 8. ed. São Paulo: Malheiros, 2008c.

[102] ÁVILA, Humberto Bergmann. **Teoria dos princípios**. 8. ed. São Paulo: Malheiros, 2008, p. 72.

impõe razões, obrigações e permissões. Deontológico porque tais imposições determinam algo que deva ser feito, em que seu conteúdo aponta ações a serem adotadas. Sendo assim, fala-se em "normas-do-que-fazer".

Portanto, a distinção está ligada às finalidades e às condutas. Enquanto as regras têm finalidade mediata e conduta expressa, os princípios possuem finalidade imediata e conduta necessária.

O segundo critério de Ávila é a denominada "natureza de justificação exigida". As regras, pelo fato de terem maior caráter descritivo, dependem da análise factual e de ônus argumentativo menor para aplicação. A descrição normativa serve como justificação. Não obstante, nos casos considerados difíceis, as regras poderão ser afastadas, por meio de processo argumentativo maior, quando a finalidade que lhe dá suporte for superada por outras razões.

Os princípios, por seu turno, têm como característica o elemento finalístico, e não o descritivo - inerente às regras. Não há casos difíceis ou fáceis, sendo certo de que o ônus argumentativo é estável. Aqui, caberá ao aplicador visualizar a finalidade do princípio e indicar os meios adequados para alcançá-la.

Nessa linha, para o autor, as regras possuem caráter retrospectivo - descrição fática conhecida de antemão pelo legislador e a consequente imposição da conduta a ser adotada -, ao passo que os princípios têm caráter meramente prospectivo - estado ideal a ser alcançado, sendo que o legislador não indica os meios necessários para tanto.

Por fim, Ávila apresenta o "critério da medida de contribuição para decisão". Os princípios não são utilizados ou apontam para decisão definitiva, ao contrário das regras. Eles apenas contribuem para tanto. Por isso, os princípios são "primariamente complementares e preliminarmente parciais".

As regras, por sua vez, visam apontar decisão definitiva e específica para o conflito entre razões. Há, aqui, pretensão terminativa e direta. Por isso, fala-se que as regras são "normas preliminarmente decisivas e abarcantes."[103]

A partir da apresentação de todos esses critérios e fundamentos que distinguem os princípios das regras, o autor apresenta conceito de ambos:

---

[103] ÁVILA, Humberto Bergmann. **Teoria dos princípios**. 8. ed. São Paulo: Malheiros, 2008, p. 76.

> As regras são normas imediatamente descritivas, primariamente retrospectivas e com pretensão de decidibilidade e abrangência, para cuja aplicação se exige a avaliação da correspondência, sempre centrada na finalidade que lhes dá suporte ou nos princípios que lhe são axiologicamente sobrejacentes, entre a construção conceitual da descrição normativa e a construção conceitual dos fatos.
>
> Os princípios são normas imediatamente finalísticas, primariamente prospectivas e com pretensão de complementaridade e de parcialidade, para cuja aplicação se demanda uma avaliação da correlação entre o estado de coisa a ser promovido e os efeitos decorrentes da conduta havida como necessária à sua promoção.[104]

A partir de tais conceitos, o autor anota, em síntese, a diferenciação existente entre princípios e regras, a partir de três elementos: (1) Natureza da descrição normativa, as regras possuem objetos preliminarmente determináveis, ao passo que os princípios indicam tão somente estado ideal de coisas a ser promovido. (2) As regras distinguem-se dos princípios em razão da natureza da justificação. Enquanto as primeiras dependem tão só da observância da descrição normativa e os atos praticados e/ou fatos ocorridos, os princípios, no entanto, precisam, a partir do que se deve promover, verificar se as condutas praticadas são positivas. (3) Por fim, a distinção das duas normas jurídicas pode ser detectada a partir da natureza da contribuição, segundo o autor. Nessa linha, as regras têm evidente pretensão de decidibilidade direta, ao passo que os princípios possuem somente caráter de complementaridade, ou seja, ao lado de outras razões, eles serão conjugados visando sanar determinado impasse - por isso, fala-se em complementaridade.[105]

3.1.1.3.3 Teoria de Ronald Dworkin

Para fechar o paradigma contemporâneo, propõe-se revisitar a teoria de Ronald Dworkin, denominada Direito como Integridade.

Ronald Dworkin diferenciou políticas, princípios e regras.

A política estabelece um objetivo a ser alcançado, visando à melhora da sociedade como um todo.

Para ilustrar política - *policy*, Eduardo Morais da Rocha, em sua tese, assim assinala:

---

[104] ÁVILA, Humberto Bergmann. **Teoria dos princípios**. 8. ed. São Paulo: Malheiros, 2008, p. 78-79.

[105] ÁVILA, Humberto Bergmann. **Teoria dos princípios**. 8. ed. São Paulo: Malheiros, 2008, p. 83-84.

> O exemplo clássico de *policy*, para Ronald Dworkin, é o da eficiência, que, para ele, não seria um princípio em sentido estrito, mas uma diretriz política, pois: "A eficiência econômica é uma meta coletiva: exige a distribuição de oportunidades e responsabilidades que possam produzir o maior benefício econômico agregado, definido de um determinado modo." [106]

O princípio, por sua vez, evidencia um padrão que deve ser observado, com respaldo na busca pela justiça ou equidade ou, sendo o caso, em qualquer outra dimensão da moralidade.

As regras direcionam ou determinam a conduta a ser seguida ou respeitada, de forma expressa e taxativa.

Visando ilustrar, o autor sustenta que quando a norma aduz "um testamento é inválido a menos que seja assinado por três testemunhas", possui forma visivelmente distinta da norma que estipula "um homem não pode beneficiar-se de seus próprios ilícitos". No contexto norte-americano, destacado por Dworkin, a primeira expressão será apontada como regra, ao passo que a segunda será considerada princípio.

As regras, muito embora possam predizer exceções, preveem consequências jurídicas automáticas, cuja aplicabilidade é realizada por meio do modelo "tudo-ou-nada". Assim, uma vez preenchidas as questões fáticas da hipótese, a consequência deve ser aplicada, de forma automática e sem qualquer relativização ou ponderação.

Os princípios, diferentemente, não preveem consequências jurídicas automáticas após a apresentação dos fatos. Os princípios apontam para uma direção, dependendo, por conseguinte, da situação peculiar para tomada de decisão.

Os princípios não se diferenciam das regras tão somente no que tange ao método de aplicação. Outro critério hábil para tal diferenciação, segundo Dworkin, refere-se ao conflito normativo.

Assim, na medida em que existe princípio prevendo determinado direcionamento, pode existir outro – incluindo-se aqui também políticas, e não somente princípios – que tenha inclinação para outra direção, totalmente diferente e de forma concomitante. Logo, poder-se-ia sustentar suposta existência de conflito normativo.

---

[106] ROCHA, Eduardo Morais da. **Teoria institucional da praticabilidade tributária**. São Paulo: Noeses, 2016, p. 57.

Sendo assim, Ronald Dworkin assinalava que os princípios possuem algo que não se verifica nas regras: a dimensão do peso.

Enquanto no caso de conflito de regras uma delas não deve ser considerada válida, recorrendo-se a determinados critérios - hierarquia, ordem cronológica, especificidade etc. - ou aos princípios que lhes dão suporte, constatando-se, assim, qual deles possui maior importância para a declaração de invalidade de uma delas. Em caso de choque ou presença de diferentes princípios, nenhum deles será declarado inválido, mas um irá sobrepor ao outro no caso concreto.

Em outras palavras, havendo choque entre regras, uma delas será declarada válida e as demais serão inválidas; lado outro, estando presentes diferentes princípios conflitantes num caso concreto, ambos serão considerados válidos, no entanto, somente um deles produzirá efeitos.

3.2 Princípios constitucionais tributários

3.2.1 Apontamentos iniciais

Legalidade, anterioridade, irretroatividade e outros, que possuem textos no **art. 150 da CRFB**, são normas jurídicas denominadas princípios, por carregarem alto grau axiológico e por serem direitos relevantes- limitam o estado e servem de garantia para o sujeito passivo tributário, segundo a doutrina tradicional.

Para o paradigma moderno, anteriormente estudado, que influencia boa parte da doutrina tributarista brasileira, é mais forte rotular norma jurídica como princípio a denominar como regra.

No entanto, conforme defendido pelo paradigma contemporâneo, o caráter axiológico não é privilégio dos princípios, haja vista que as regras também o possuem.

A rigor e visando firmar posição do que se pensa, pela estrutura dos textos, legalidade, irretroatividade e anterioridade, pelo alto grau de concretude e rigidez, seriam, metodologicamente, regras, e não princípios.

Por exemplo, o **art. 150, I da CRFB** prevê expressamente a vedação aos entes federados de exigirem ou aumentarem tributo sem que lei o estabeleça. Trata-se de texto legal - constitucional - extremamente direto, objetivo e concreto. Por isso, caso a opção seja de classificar normas, não se pode olvidar que, pelo paradigma contemporâneo, ao qual se filia, a hipótese cabível seria de rotular legalidade como regra, e não como princípio.

Claro, alguns poderiam dizer que legalidade seria um princípio que sequer precisaria ter presença textual na Constituição, tendo em vista que, levando em conta o grau de importância e relevância, bastaria a presença implícita e a previsão expressa na Constituição seria dispensada, levando-se em conta as diretrizes republicanas e democráticas.

Por mais sedutora que seja essa válida argumentação, não se pode perder de vista que a Constituição de 1988 é analítica. Assim, por opção, o Constituinte levou ao texto constitucional, de forma expressa, a legalidade tributária, ao invés de deixá-la no campo abstrato e implícito. Ao levar legalidade tributária para a Constituição, tal como se lê em seu **art. 150, I**, levando a sério a didática proposta, repita-se para frisar, não se pode olvidar que, sendo o caso de classificar, a hipótese é de se estar diante de uma regra, e não de um princípio.

Diferentemente ocorre no art. **150, IV da CRFB**, que veda a utilização do tributo com efeito de confisco. Trata-se de enunciado abstrato, um verdadeiro comando "o-que-deve-ser", cujo conteúdo e extensão não são *a priori* identificados. Depende, portanto, de algo a mais posterior, que deverá ser feito pelo intérprete e/ou pelo aplicador. Por isso, a vedação ao confisco, que também poderia ser implícita, mas por opção foi levada textualmente para Constituição, seria um princípio, e não uma regra.

A vedação ao confisco constitucional é um exemplo de norma que abre espaço para interpretação evolutiva – e não criativa, a exemplo do que notoriamente ocorreu com a igualdade.

A igualdade não tem o mesmo conteúdo ou conceito por toda a história. O instituto sofreu evolução no decorrer dos anos. Assim, a igualdade do Estado Liberal não se equivale às igualdades no Estado Social e no neoliberalismo.

É possível, assim, evidenciar que houve interpretação evolutiva da igualdade, nos diversos locais e momentos da história.

Portanto, nesta passagem, pretende-se deixar claro o ponto de vista sobre a matéria: a distinção das normas jurídicas entre princípios e regras é secundária. Adicionalmente, levando em consideração os argumentos apresentados pelo paradigma contemporâneo da teoria dos princípios, e não pelo paradigma moderno, é inadequado rotular legalidade, anterioridade e irretroatividade como princípios, quando, na verdade, são regras.

Contudo, enfatize-se que, segundo a doutrina tradicional em matéria tributária no Brasil, os institutos elencados no parágrafo anterior são tratados como princípios. Isso porque, como dito, para a doutrina tradicional, que perfilha o paradigma moderno, como os princípios são metanormas, os importantes institutos em questão devem ser assim enquadrados.

A essa doutrina, que deve ser respeitada, se curva neste trabalho, em que pese os apontamentos ou reflexões que foram propostos.

Como dito, entende-se que são apenas normas constitucionais, independentemente de denominação ou rótulo, princípios ou regras, tendo em vista o seu viés evidentemente secundário. E mais, no caso de se fazer opção entre os paradigmas moderno e contemporâneo, admite-se como o último mais adequado, conforme já exposto, motivo pelo qual, com base nesse critério classificatório, por exemplo, legalidade seria regra e vedação ao confisco seria princípio.

Nessa linha introdutória, legalidade e vedação ao confisco, por exemplo, poderão ser tratados como princípios, em respeito à doutrina.

Ainda a título de apontamentos iniciais, assinala-se que normas podem advir da conjugação ou entrecruzamento de diversos positivos legais expressos, bem como de outros implícitos. Em outros, o conteúdo ou extensão de determinada norma, em específico, princípio, pode exsurgir a partir da conjugação ou entrecruzamento de dispositivos constitucionais que, até em razão da compatibilidade, dão maior concretude e robustez. Portanto, o seu conteúdo é alcançado levando-se em consideração a soma de enunciados extraídos da Constituição.

Assim, por exemplo, o denominado princípio da justiça fiscal alcança o seu real conteúdo a partir da conjugação da igualdade tributária, capacidade contributiva, vedação ao confisco e uniformidade.

A seu turno, a segurança jurídica em matéria tributária decorre do entrecruzamento dos denominados princípios da legalidade tributária, anterioridades, irretroatividade e especificidade. Ainda, adicione-se à segurança jurídica a competência tributária.

Com essas considerações ou apontamentos iniciais, propõe-se doravante a revisitar os denominados princípios constitucionais tributários.

3.2.2 Justiça tributária

O princípio da justiça tributária propõe, fora do texto escrito, portanto, no campo político, o sentimento de se buscar uma tributação que seja justa, igualitária, progressiva, que observe a capacidade contributiva, não confiscatória e uniforme. Assim, no viés democrático, que é alvo de estudo, o povo, detentor de todo o poder, clama que esses valores sejam observados e implementados. Por isso, ainda no campo político, trata-se "o-que-deve-ser".

Com base nesses valores e princípios políticos, o Constituinte de 1988 tinha dois caminhos quanto à forma: deixá-los, ou não, escritos. A Assembleia Nacional Constituinte, ciente do clamor popular para que, no aspecto tributário, implementasse a justiça fiscal, poderia, quanto à forma, se limitar ao debate, ao invés de deixar expresso ou escrito no texto constitucional.

O Constituinte quis positivar expressamente os princípios da igualdade, capacidade contributiva, vedação ao confisco e uniformidade.[107] Foi uma opção legitimamente exercida. Os dispositivos em questão, **150, II, 145, § 1º, 150, V, 151, I e 152**, todos da Constituição, que textualmente positivam os princípios em destaque, visualizados em conjunto, ou melhor, a partir do entrecruzamento deles, é que se alcança ou formula o denominado princípio da justiça fiscal.

3.2.2.1 Igualdade tributária

Dizer que a igualdade está ligada à justiça ou, especificamente, que a tributação que observa a igualdade seria justa, é insuficiente. As concepções de igualdade geral e igualdade tributária precisam ser desenvolvidas, sendo certo que o seu real conteúdo tem variado ao longo da história e no mundo. As perspectivas no tempo e local são diferentes.

Segundo Ricardo Lobo Torres, "o princípio da igualdade é vazio, recebendo conteúdo emanado dos diversos valores e harmonizando-lhes as comparações intersubjetivas."[108]

Misabel Derzi reconhece que desde tempos mais longínquos a ideia de igualdade estava ligada à justiça.[109]

---

[107] A regressividade é elemento presente na igualdade tributária e capacidade contributiva. O Constituinte ainda positivou, de forma expressa, a progressividade no imposto de renda.

[108] TORRES, Ricardo Lobo. Os direitos humanos e a tributação: imunidades e isonomia. *In:* TORRES, Ricardo Lobo. **Tratado de direito constitucional financeiro e tributário**. Rio de Janeiro: Renovar, 1999, p. 330. v. 3

[109] DERZI, Misabel Abreu Machado. Igualdade. ISS. Sociedades prestadoras de serviços profissionais. Advocacia. Constitucionalidade do Decreto-lei n. 406/68; Progressividade. IPTU. *In*: DERZI, M.A.M (coord.). **Construindo o direito tributário na constituição**: uma análise da obra do Ministro Carlos Mário Velloso. Belo Horizonte: Del Rey, 2004, p. 96.

No conceito aristotélico, a igualdade era balizada ou identificada pelo mérito. Todavia, naquela época, somente alguns homens se sujeitavam a tal balizamento, tendo em vista que a política, então vivenciada, excluía tal possibilidade para as mulheres, para os escravos e para as crianças.

Apenas com o surgimento do Estado Liberal e com o rompimento do Estado Absoluto, a ideia de igualdade que ali surgiu passou a ser importante sustentáculo para a atual concepção. Os privilégios odiosos e as discriminações sem fundamentos eram repudiados. A arbitrariedade não tinha mais vez.

Retomando a narrativa histórica, no Estado Liberal difundia-se a ideia de igualdade formal, ou seja, aquela que reivindicava a igualdade na aplicação da lei, de forma sistêmica e rígida. Portanto, defendia-se a aplicação uniforme da lei.

Como parte da população estava desprestigiada - proletariado - e com o desenvolvimento industrial, as diferenças sociais estavam cada vez maiores, e com isso a insatisfação aumentava. A rigidez do Estado formal não poderia ter mais vez, sendo necessária a busca da igualdade real, ao invés da igualdade jurídica, verificada na letra fria da lei.

Exsurge a ideia de igualdade no Estado Social, em que a busca é pela inclusão social e pela efetivação, em máxima medida, de direitos sociais. A desigualdade fática e o abismo entre as classes sociais deveriam ser minimizados. O Estado passou a intervir no seio da sociedade e, por meio das mais diferentes políticas, visou implementar a igualdade de oportunidades - igualdade material. O bem-estar geral era o objetivo a ser alcançado.

Adiante, o ideal de Estado Social foi sucedido pela atual concepção mundial, inclusive pelo Brasil, do Estado Democrático de Direito. Nessa linha, as constituições modernas sustentam verdadeiro caráter dual, isto é, prestigiam valores inerentes ao individualismo do Liberal, como a separação dos poderes e a segurança jurídica, e o da coletividade e a justiça social do Estado Social. Noutros termos, as constituições modernas abarcam, de uma só vez, princípios do Estado Liberal e do Estado Social, sendo necessária a busca pelo equilíbrio entre o respeito do ser individual e da coletividade/solidariedade como um todo.

Nota-se, a partir dessa breve abordagem histórica, apesar de existir repúdio aos privilégios odiosos e às discriminações, essas concepções sempre oscilaram.

O contexto social e político vivenciado a cada época sempre influíram no real conteúdo de igualdade. Tanto que, até meados do século passado, não se considerava discriminação o fato de a mulher não poder exercer os mesmos direitos usufruídos pelo homem, como, por exemplo, o direito ao voto. Até então, a limitação da mulher a alguns direitos, não era visualizada como discriminação e, por conseguinte, violação ao princípio da igualdade.

Por isso, a concepção de igualdade no Estado Democrático de Direito é diferente dos Estados Liberal e Social.

Não obstante, os ideais liberais e sociais conviverem de forma equilibrada na atual concepção de Estado Democrático de Direito, a constatação do (des) respeito à igualdade está sempre, como ponto inicial, diretamente vinculada à comparabilidade entre sujeitos e determinada medida adotada ou critério de comparação.

A isonomia clama pelo tratamento rigidamente igual formal, sem qualquer espécie de diferenciação. A diferenciação somente será admitida caso haja fundamento justo que a sustente - igualdade material - ou a busca de outros objetivos e valores de âmbito constitucional.

Nessa linha expositiva, Humberto Ávila lembra que para o Direito "não importa apenas saber se as pessoas são ou não são iguais (igualdade descritiva). É preciso saber, também, se as pessoas devem ou não devem ser tratadas igualmente (igualdade prescritiva)".[110]

Portanto, não se pode olvidar que a atual ideia de igualdade deve ser detectada a partir de determinado critério de comparação, adequado para constatar ou buscar determinada finalidade.

Nesse diapasão, Humberto Ávila, em resumo, define a atual concepção de igualdade como "relação entre dois ou mais sujeitos, com base em medida(s) ou critério(s) de comparação, aferido(s) por meio de elemento(s) indicativo(s), que serve(m) de instrumento para a realização de determinada finalidade".[111]

Misabel Derzi, com grande poder de síntese, aduz que a efetivação da igualdade material se dará da seguinte forma:

> Os critérios de comparação, como variáveis, que permitirão agrupar os seres em iguais ou desiguais, traçam as linhas mestras da igualdade material e cristalizam a escala de valores constitucionalmente adotada.
>
> De cinco maneiras se traduzem os critérios de comparação:

---

[110] ÁVILA, Humberto Bergmann. **Teoria da igualdade tributária**. São Paulo: Malheiros, 2008, p. 41.

[111] ÁVILA, Humberto Bergmann. **Teoria da igualdade tributária**. São Paulo: Malheiros, 2008, p. 42.

> 1. na proibição de distinguir (universalmente) na aplicação da lei, em que o valor básico protegido é a segurança jurídica;
>
> 2. na proibição de distinguir no teor da lei, vedação que salvaguarda valores democráticos como abolição de privilégios e de arbítrio. Os princípios da generalidade e da universalidade estão a seu serviço e têm como destinatários todos aqueles considerados iguais;
>
> 3. no dever de distinguir no conteúdo da lei entre desiguais, e na medida dessa desigualdade. No Direito Tributário, o critério básico que mensura a igualdade ou a desigualdade é a capacidade econômica do contribuinte;
>
> 4. no dever de considerar as grandes desigualdades econômico-materiais advindas dos fatos, com o fim de atenuá-los e restabelecer o equilíbrio social. A progressividade dos tributos favorece a igualação das díspares condições concretas, em vez de conservá-las ou acentuá-las;
>
> 5. na possibilidade de derrogações parciais ou totais ao princípio da capacidade contributiva pelo acolhimento de outros valores constitucionais como critérios de comparação, os quais podem inspirar progressividade, regressividade, isenções e benefícios, na busca de um melhor padrão de vida para todos, dentro dos planos de desenvolvimento nacional integrado e harmonioso.
>
> Em nenhuma dessas cinco maneiras, por meio das quais agrupamos os distintos critérios de comparação (igualdade material), quebra-se o conceito de igualdade formal.[112]

Sendo assim, o aplicador da lei, ao fazer o controle amplo de igualdade, estará sujeito não somente à necessidade de aplicação uniforme da lei, mas também e, principalmente, precisará verificar se não existe nenhuma discriminação ou, caso exista, se ela respeita os elementos estruturais de igualdade, especificamente, se "fundadas e conjugadas as medidas de comparação atreladas a finalidades constitucionalmente postas."[113]

A igualdade, princípio constitucional, deve ser visualizada nos diversos segmentos do Direito.

Logo, advém inevitável questão: como a igualdade se efetiva no direito tributário?

---

[112] BALEEIRO, Aliomar. **Direito tributário brasileiro**. 12. ed., **rev., atual. e ampl.** Atualizada por Misabel Abreu Machado Derzi. Rio de Janeiro: Forense, 2013, p.530.

[113] ÁVILA, Humberto Bergmann. **Teoria da igualdade tributária**. São Paulo: Malheiros, 2008, p. 77.

Retornando-se aos elementos da igualdade, pode-se verificar que os sujeitos são todos os cidadãos que assumem a figura de sujeito passivo de obrigação tributária e a finalidade é a necessidade de arrecadação de recursos para custear as despesas do Estado. Por conseguinte, qual seria a medida de comparação a ser adotada e quais seriam os seus elementos indicativos?

Klaus Tipke [114] aponta que, ao longo da história, foram mencionadas três diferentes medidas passíveis de utilização na repartição da carga tributária. São elas: (1) princípio *per capita*; (2) princípio da equivalência ou, segundo Ricardo Lobo Torres[115] e José Maurício Conti, benefício;[116] e (3) princípio da capacidade contributiva.

No princípio *per capita*, todos os contribuintes devem pagar a mesma quantia a título de tributos. De acordo com esse princípio, pouco importa a condição social e econômica individual dos contribuintes.

No princípio da equivalência, por sua vez, muito difundido à época do liberalismo - tributo-troca, conforme apresentado na seção 2.1, a mensuração dos impostos levava em consideração os custos do Estado em favor do contribuinte em específico, que se vale das atividades/serviços estatais. Assim, aquela pessoa ou grupo que recebesse maior benefício do Estado, deveria repassar mais recursos, comparando-se com aquela pessoa ou grupo que pouco recebesse auxílio.

E mais, o princípio da equivalência, caso fosse difundido nos dias atuais, conseguiria levar ao incrível paradoxo de impor aos mais pobres e excluídos o dever de contribuir mais do que aqueles mais abonados.

Nesse contexto, a medida de comparação da igualdade na seara tributária será a capacidade contributiva.

Precisa a colocação da Professora Misabel Derzi, atualizando a obra de Aliomar Baleeiro:

> O princípio da igualdade, genericamente estabelecido no art. 5º da Constituição Federal, já bastaria para demonstrar que a imposição de deveres iguais para quem tem distinta capacidade econômica é contrária

---

[114] TIPKE, Klaus. **Moral tributaria del Estado y de los contribuyentes.** Madrid: Martins Pons, 2002, p. 33-34.

[115] TORRES, Ricardo Lobo. Liberdade, Segurança e Justiça. *In*: CARVALHO, Paulo de Barros (coord.). **Justiça tributária**. São Paulo: Max Limonad, 1998, p. 693.

[116] CONTI, José Maurício. Princípios tributários da capacidade contributiva e da progressividade. São Paulo: Dialética, 1997, p. 14.

aos desígnios constitucionais. O art. 145, § 1º, ainda obriga, claramente, graduá-los de forma pessoal e segundo a capacidade contributiva.[117]

Logo, verifica-se que o Constituinte de 1988, para que não fossem criadas dúvidas, determinou expressamente qual seria a medida de comparação a ser adotada em matéria tributária, ao positivar, no **art. 145, § 1º da Constituição**, a ideia de capacidade contributiva.

A propósito, "a capacidade econômica é o principal e mais adequado critério de comparação do princípio da igualdade aplicado ao Direito Tributário."[118]

Portanto, se os sujeitos são todos os cidadãos que assumem a figura de sujeito passivo de obrigação tributária; a finalidade é a necessidade de arrecadação de recursos para custear as despesas do Estado; a medida de comparação a ser adotada será a capacidade contributiva. E mais, os elementos indicativos da capacidade contributiva são a renda, o patrimônio e o consumo, conforme previsto no texto constitucional, em seus artigos 153, 155 e 156.

Ainda neste tópico, ressalta-se que, quando se tem a tributação extrafiscal ou indutora, a medida de comparação não será a capacidade contributiva, mas outro critério constitucionalmente tutelado ou prestigiado.

Assim, em determinadas situações, sujeitos passivos de obrigação tributária com a mesma capacidade contributiva podem sofrer gravames tributários distintos.

Isso porque, por exemplo, um deles produz pão francês e o outro fabrica cigarros. Nessa linha, como o pão francês é produto essencial e integrante da cesta básica e cigarros são produtos supérfluos e comprovada e fundamentadamente prejudicam a saúde e a vida – bens constitucionais que devem ser preservados pelo Estado –, não se pode olvidar que a tributação, no exemplo, pode ser diferenciada.

Portanto, na tributação fiscal a medida de comparação para ser adotada é a capacidade contributiva, ao passo que, na tributação extrafiscal é possível a utilização de outras medidas de comparações, sendo certo que, uma vez

---

117 BALEEIRO, Aliomar. **Direito tributário brasileiro**. 12. ed., **rev., atual. e ampl.** Atualizada por Misabel Abreu Machado Derzi. Rio de Janeiro: Forense, 2013, p.382.

118 TIPKE, Klaus; YAMASHITA, Douglas. **Justiça fiscal e princípio da capacidade contributiva.** São Paulo: Malheiros, 2002, p. 56.

adotadas sob o amparo de fundamentos e argumentos, não há que se falar em violação à igualdade.

Contudo, a utilização da extrafiscalidade, oportunidade em que se autoriza a adoção de medida de comparação diversa da capacidade contributiva, não abre espaço para ação ilimitada do Estado Tributário.

Dessa forma, o agir extrafiscal, ou melhor, a utilização de normas tributárias com funções além da arrecadatória, deverá observar ou existir concorrentemente com as demais normas constitucionais.

Compreende-se, portanto, que as normas tributárias com funções além das arrecadatórias têm campo de atuação delimitado pelo texto constitucional, em que somente poderão ser imponíveis a partir da existência da capacidade contributiva do indivíduo e até o limite da vedação ao confisco. É nesse campo que deve atuar o legislador tributário.

Em conclusão, a tributação extrafiscal admite o tratamento constitucionalmente diferenciado entre contribuintes que ostentam a mesma capacidade contributiva. Contudo, as limitações do exercício do poder tributante devem ser observadas em máxima medida, ou seja, não atingir o mínimo existencial e não se praticar o confisco.

3.2.2.2 Capacidade contributiva e vedação ao confisco

Nem sempre a capacidade contributiva esteve positivada expressamente em nível constitucional. Desde a proclamação da República, em 15 de novembro de 1889, o Brasil, já possuiu seis Constituições[119], antes da hoje vigente, e a capacidade contributiva teve destaque apenas nas **Constituições de 1946 e 1988**.

O Brasil Imperial e independente, em sua primeira Constituição, do ano de 1824[120], e com grande influência dos ideais liberais, previa no seu art. 179, § 15, a capacidade contributiva: "ninguém será isento de contribuir para as despesas do Estado em proporção de seus haveres."

---

[119] Sem adentrar no debate, a Constituição de 1967 teria sofrido substancial alteração por meio da Emenda em 1969, o que, por conseguinte, refutaria a ideia de ter existido a Constituição de 1969. Todavia, destaca-se que muitos constitucionalistas assinalam que, em verdade, em 1969 estava presente outra Constituição, e não a de 1967.

[120] BRASIL. [Constituição (1824)]. **Constituição Política do Imperio do Brazil**. Coleção de Leis do Império do Brasil, Rio de Janeiro, publicado em 22 abr. 1824.

Após a proclamação da República em 1889, já no ano de 1891[121], o Brasil promulgou nova Constituição. Nela, assim como nas duas Constituições seguintes, de 1934[122] e 1937[123], a capacidade contributiva não teve previsão expressa.

Mas, em 1946, a Constituinte não falhou e, no **art. 202**, a capacidade contributiva voltou a ter destaque no texto constitucional brasileiro: "os tributos terão caráter pessoal sempre que isso for possível, e serão graduados conforme a capacidade econômica do contribuinte."[124]

Todavia, na Constituição de 1967 e na Emenda de 1969, a capacidade contributiva não estava na redação constitucional.

Na Constituição de 1988, a capacidade contributiva foi inserida no **artigo 145, § 1º**.

De acordo com o enunciado normativo do artigo 145, § 1º, que positiva a ideia de capacidade contributiva – "impostos terão caráter pessoal e serão graduados segundo a capacidade econômica do contribuinte".[125]

Como se nota, o enunciado constitucional traz verdadeiro comando "do-que-deve-ser", ou seja, o exercício do poder tributante precisa levar em conta a pessoalidade ou individualidade e a capacidade econômica ou contributiva do sujeito.

No entanto, qual seria o conteúdo da capacidade contributiva?

Para tentar alcançá-lo, o intérprete deve se afastar de compreensões pessoais, particularizadas e subjetivas, e se debruçar sobre os enunciados normativos elevados ao texto constitucional positivo.

Pois bem.

---

121 BRASIL. [Constituição (1891)]. Constituição da República dos Estados Unidos do Brasil. **Diário Oficial da União**, Rio de Janeiro, RJ, 24 de fevereiro de 1891.

122 BRASIL. [Constituição (1934)]. Constituição da República dos Estados Unidos do Brasil. **Diário Oficial da União**, Rio de Janeiro, 16 jul. 1934.

123 BRASIL. [Constituição (1937)]. Constituição dos Estados Unidos do Brasil. **Diário Oficial da União**, Rio de Janeiro, publicado em 10 nov. 1937, republicado em 18 nov. 1937 e 19 nov. 1937

124 BRASIL. [Constituição (1946)]. Constituição dos Estados Unidos do Brasil. **Diário Oficial da União,** Rio de Janeiro, publicado em 19 set. 1946, republicado em 25 set. 1946 e 15 out. 1946.

125 BRASIL. [Constituição (1988)]. Constituição da República Federativa do Brasil. **Diário Oficial da União,** Brasília, DF, 5 out. 1988.

A partir dos dispositivos constitucionais, pode-se verificar a presença de elementos que levam a indubitável conclusão relativamente à necessidade de se referendar a capacidade contributiva, seja para detectar o respeito da igualdade na tributação, seja para impor limites ao Estado Tributário. De fato, é a partir do entrecruzamento dos variados dispositivos constitucionais que se pode depreender o verdadeiro alcance da capacidade contributiva.

Ainda no **Título I**, intitulado "Dos princípios Fundamentais", percebe-se que o Brasil tem como um dos seus fundamentos construir uma sociedade livre, justa e solidária. Pretende, ademais, reduzir as desigualdades sociais e regionais, buscando, portanto, efetivar a igualdade material.[126]

No **Título II**, que dispõe sobre os Direitos e Garantias Fundamentais, pode-se notar que o Constituinte Originário pretendeu resguardar, ao lado de outros, em máxima medida: (1) direitos e deveres individuais e coletivos - artigo 5º; e (2) direitos sociais - artigos 6º ao 11. De fato, esses direitos são plenos e fundamentais, sendo que sequer poderão ser alvo de restrição, por se tratar de cláusulas pétreas.[127] Como são direitos individuais e sociais absolutos, eles não podem sofrer, dentro dos limites constitucionalmente previstos, qualquer espécie de delimitação. E mais, o Estado, quando necessário, precisa se esforçar para efetivá-los.

Por mais que o exercício do poder tributante possua legitimidade constitucional, indubitavelmente ele deverá conviver em harmonia com os direitos constitucionalmente garantidos ao cidadão.

Nesse sentido, a tributação não pode restringir o direito individual à propriedade.

> O direito de propriedade, como delineado constitucionalmente, deve servir à sua função social, e somente poderá ser suprimido mediante desapropriação por necessidade ou utilidade públicas ou, ainda, por interesse social, após justa e prévia indenização em dinheiro, como regra (art. 5º, XXII, XXIII e XXIV, da CF).

---

[126] O **artigo 3º da Constituição** assim preceitua: "Constituem objetivos fundamentais da República Federativa do Brasil: I - construir uma sociedade livre, justa e solidária; II - garantir o desenvolvimento nacional; III - erradicar a pobreza e a marginalização e reduzir as desigualdades sociais e regionais; [...]." (BRASIL, 1988).

[127] São normas constitucionais intangíveis, ou seja, não poderão ser suprimidas do texto constitucional por emenda constitucional. Portanto, são normas que estão presentes desde a promulgação da Constituição e assim ficarão até que ocorra, hipoteticamente, nova Constituinte.

> Outrossim, a propriedade constitui princípio geral da ordem econômica (art. 170, II, da CF).
>
> Assim é que não pode o Estado, por via da tributação, desrespeitar este primado fundamental do Estado de Direito, sob pena de praticar confisco, vedado expressamente pelo texto constitucional, como visto (art. 150, IV).[128]

Previsto como princípio geral da ordem econômica, a livre iniciativa, assim como os ideais de valorização do trabalho humano, o livre exercício de qualquer atividade econômica e a liberdade de profissão são considerados direitos fundamentais. Logo, é ilegítima a tributação que limite o exercício desses direitos.[129]

De igual modo, a tributação não pode servir de subsídio para restringir o exercício de direitos sociais, tais como, a educação, a saúde, o trabalho, a moradia, o lazer, a segurança, expressamente positivados entre os **artigos 6º e 11**. Se o Estado não fornecer os meios necessários, quedando-se, pois, inerte, o cidadão, por meio dos seus recursos, poderá efetivá-los.

Insta destacar que a Constituição, em seu **artigo 196**, é expressa ao assinalar que

> a saúde é direito de todos e dever do Estado, garantido mediante políticas sociais e econômicas que visem à redução do risco de doença e de outros agravos e ao acesso universal e igualitário às ações e serviços para sua promoção, proteção e recuperação.[130]

---

128 COSTA, Regina Helena. **Princípio da capacidade contributiva**. 3. ed. São Paulo: Malheiros Editores, 2003, p. 103-104.

129 "Art. 5º [...] XIII - é livre o exercício de qualquer trabalho, ofício ou profissão, atendidas as qualificações profissionais que a lei estabelecer. Art. 170. A ordem econômica, fundada na valorização do trabalho humano e na livre iniciativa, tem por fim assegurar a todos existência digna, conforme os ditames da justiça social, observados os seguintes princípios: [...] II - propriedade privada; III - função social da propriedade; IV - livre concorrência; [...] VII - redução das desigualdades regionais e sociais; VIII - busca do pleno emprego; [...] Parágrafo único. É assegurado a todos o livre exercício de qualquer atividade econômica, independentemente de autorização de órgãos públicos, salvo nos casos previstos em lei." (BRASIL. [Constituição (1988)]. Constituição da República Federativa do Brasil. **Diário Oficial da União,** Brasília, DF, 5 out. 1988).

130 BRASIL. [Constituição (1988)]. Constituição da República Federativa do Brasil. **Diário Oficial da União,** Brasília, DF, 5 out. 1988.

Nesse contexto, o exercício dos direitos sociais deve ser pleno e ilimitado, sem qualquer espécie de delimitação. Afinal, o Estado Tributante não pode criar obstáculos ou restringir aquilo que o Estado Social está obrigado a efetivar/garantir.

Já no Sistema Tributário Nacional, na seção que dispõe sobre as limitações do poder de tributar, verifica-se, no **art. 150, II** da Constituição, a positivação da igualdade tributária, sendo certo que o enunciado aponta que todos os contribuintes devem ser tratados igualmente e à luz da sua capacidade contributiva.

O **artigo 150, IV**, diretamente ligado ao direito fundamental à propriedade, aponta que o tributo não pode ser confiscatório.

Portanto, a partir da visualização de todos os enunciados normativos elencados, pode-se verificar que a tributação não poderá restringir o usufruto máximo pelo cidadão dos seus direitos individuais e sociais constitucionalmente previstos.

Logo, pode-se notar dois níveis distintos que balizam a tributação: (1º) o mínimo vital ou existencial; e (2º) a vedação do tributo com efeito confiscatório. Entre esses dois pontos extremos a capacidade contributiva está presente.

O mínimo existencial pode ser verificado como espécie de "núcleo duro" que limita a atuação do poder tributante do Estado. Os recursos dos particulares, evidentemente escassos, não podem sofrer incidência tributária. Os gastos feitos pelo contribuinte em seu favor ou da sua família visando efetivar direitos sociais – saúde, lazer, educação, moradia etc. –, que, nos termos da Constituição, é dever do Estado, jamais poderiam sofrer qualquer restrição, especialmente e de forma mais evidente e forte, quando da Declaração de Rendimentos e aferição da base de cálculo do Imposto de Renda. Afinal, "o Estado não pode, como Estado Tributário, subtrair o que, como Estado Social, deve devolver."[131]

Assim, o saldo de riqueza após a garantia do mínimo existencial próprio e da família configura a presença da capacidade contributiva.

A incidência tributária precisa recair sobre a capacidade contributiva. Se for aquém haverá violação ao mínimo existencial; caso vá além, o confisco tributário, que é vedado, restará configurado.

---

[131] TIPKE, Klaus; YAMASHITA, Douglas. **Justiça fiscal e princípio da capacidade contributiva.** São Paulo: Malheiros, 2002, p. 34.

Por sua vez, a vedação ao confisco, igualmente positivado no texto constitucional, tem nítido conceito aberto, inexistindo qualquer critério matemático que o possa estabelecer.

Em algumas constituições brasileiras anteriores, havia limitações objetivas ao poder de tributar do Estado. No caso da **Constituição de 1934**, o **art. 185** previa que o imposto não poderia ser elevado além de 20% do seu valor.[132] A **Constituição de 1946**, no seu art. **19, V, § 6º**,[133] impôs que o imposto de exportação não poderia ultrapassar a importância de 10% *ad valorem*.

A Constituição de 1988, por sua vez, somente mencionou que o tributo não pode ser confiscatório. A partir daí, não resta alternativa, a não ser de os intérpretes da Constituição e aplicadores detectarem o sentido do enunciado normativo existente no **art. 150, IV da Constituição.**[134]

A propósito, Paulo César Baria de Castilho, em seu trabalho monográfico sobre confisco tributário, lembra que o ex-Presidente da República Fernando Henrique Cardoso, quando senador, apresentou Projeto de Lei Complementar para regular e concretizar o confisco tributário. Segundo o autor, o Projeto possuía, em seu artigo 7º, o seguinte enunciado:

> Considerar-se-á caracterizada a utilização de tributo com efeito de confisco sempre que seu valor, na mesma incidência, ou em incidências sucessivas, superar o valor normal de mercado dos bens, direitos ou serviços envolvidos no respectivo fato gerador ou ultrapassar 50% do valor das rendas geradas na mesma incidência.
>
> Parágrafo 1º: É vedada a pena de perdimento em matéria fiscal, ressalvadas as normas sobre abandono de mercadorias previstas na legislação vigente. Parágrafo 2º: Para os efeitos deste artigo computar-se-ão todos os tributos federais, estaduais ou municipais que incidam no bem, direito ou serviço com fatos geradores simultâneos, ou decorrentes de um único negócio.
>
> Parágrafo 3º: As normas deste artigo não se aplicam ao imposto de importação utilizado como instrumento regulador do comércio exterior.[135]

---

[132] BRASIL. [Constituição (1934)]. Constituição da República dos Estados Unidos do Brasil. **Diário Oficial da União**, Rio de Janeiro, 16 jul. 1934.

[133] BRASIL. [Constituição (1946)]. Constituição dos Estados Unidos do Brasil. **Diário Oficial da União,** Rio de Janeiro, publicado em 19 set. 1946, republicado em 25 set. 1946 e 15 out. 1946.

[134] BRASIL. [Constituição (1988)]. Constituição da República Federativa do Brasil. **Diário Oficial da União,** Brasília, DF, 5 out. 1988.

[135] CASTILHO, Paulo Cesar Baria de. **Confisco tributário.** São Paulo: Revista dos Tribunais, 2002.

A partir da leitura do texto constitucional, a tributação confiscatória não é apenas visualizada em casos extremos, em que se consome uma propriedade ou a renda total, por exemplo. A interpretação constitucional precisa ser realizada com justeza, conformidade e unidade. Isso porque a conduta a ser adotada não deve se pautar tão somente em único enunciado normativo, desconsiderando os demais, que são, direta ou indiretamente, interligados.

Nessa linha, o **artigo 5º** do texto constitucional vigente desenvolve o direito à propriedade. Entretanto, esse direito outrora tido como irrefutável, especialmente quando influenciado pelo pensamento liberal, hoje não o é mais. Da mesma forma que o direito à propriedade é garantido ao cidadão, ele é, a grosso modo, relativizado para que a sua função social seja devidamente atendida, nos termos do **art. 186 da CRFB**, nos casos de desapropriação, o uso pela autoridade competente, no caso de iminente perigo público, assegurando-se, em caso de dano, indenização ulterior etc.[136]

Segundo Luis Eduardo Schoueri, o princípio da meação foi aplicado na Alemanha para balizar a vedação ao confisco. Segundo a Corte Constitucional daquele país,

> o imposto sobre patrimônio somente pode ser acrescido aos demais impostos sobre rendimentos se a carga tributária total da renda esperada, numa consideração de renda típica, deduzidas as aplicações e demais desembolsos, ficar próxima do meio a meio entre as mãos públicas e as mãos privadas. Esse raciocínio baseou-se no artigo 14, II, da Lei Fundamental alemã, segundo o qual o uso da propriedade deve servir ao gozo privado e ao bem de todos (equivalendo, daí, à ideia de função social da propriedade). Neste sentido, o poder público não se poderia apropriar de algo além de 'sua metade'.[137] [138]

[136] "Art. 5º Todos são iguais perante a lei, sem distinção de qualquer natureza, garantindo-se aos brasileiros e aos estrangeiros residentes no País a inviolabilidade do direito à vida, à liberdade, à igualdade, à segurança e à propriedade, nos termos seguintes: [...] XXII - é garantido o direito de propriedade; XXIII - a propriedade atenderá a sua função social; XXIV - a lei estabelecerá o procedimento para desapropriação por necessidade ou utilidade pública, ou por interesse social, mediante justa e prévia indenização em dinheiro, ressalvados os casos previstos nesta Constituição; XXV - no caso de iminente perigo público, a autoridade competente poderá usar de propriedade particular, assegurada ao proprietário indenização ulterior, se houver dano;" (BRASIL. [Constituição (1988)]. Constituição da República Federativa do Brasil. **Diário Oficial da União,** Brasília, DF, 5 out. 1988).

[137] SCHOUERI, Luis Eduardo. **Normas tributárias indutoras e intervenção econômica**. Rio de Janeiro: Forense, 2005, p. 303.

[138] No mesmo sentido, Klaus Tipke assinala: "nada hace pensar que el término 'igualmente' del art. 14.2 deba interpretarse en el sentido de 'por partes iguales'. Además, el Tribunal

A teoria apresentada pela Corte Constitucional alemã merece simpatia. Isso porque, como a Constituição Alemã e a Constituição do Brasil são modernas, de modo que, à luz do neoconstitucionalismo, a interpretação feita lá poderia ser importada para cá sem maiores entraves. Assim, seria possível resguardar as características sociais e liberais existentes na Constituição, afastando qualquer espécie de ponderação e garantindo a todos, indistintamente, tratamento igualitário e segurança. O critério passaria a ser objetivo e único e não subjetivo e plural.

Noutros termos, visando resguardar os ideais liberais e sociais, entende-se que até 50% do <u>saldo da riqueza</u>[139] do contribuinte constatada em determinado período poderá ser repassado ao Estado. Caso esse limite venha a ser ultrapassado, a tributação será confiscatória. Dessa forma, o viés social da Constituição será prestigiado concomitantemente com o liberal. O País, como um todo, poderá progredir visando alcançar suas finalidades constitucionais, pois, ao mesmo tempo em que garantir os direitos individuais do cidadão, motivando-o a trabalhar e produzir cada vez mais, impulsionando o desenvolvimento de todos, poderá, por meio dos recursos tributários, efetivar os ideais e os princípios sociais previstos na Constituição.

Constitucional no aclara cómo compatibilizar el principio por partes iguales con la tarifa progresiva. Sin embargo, el principio del reparto por partes iguales exige el pago de la mitad de la renta con independencia de que ésta sea elevada o reducida. 'La mitad para todos' no es un principio ajustado a las exigencias del Estado Social, lo cual demuestra una vez más que no cabe apoyarse en el tenor literal del art. 14.2 GG para deducir consecuencias tributarias. Parece claro que los padres de la Norma Fundamental no pensaban en suprimir la tarifa progresiva, impuesta en otros países por la propia Constitución. A diferencia de lo que se imaginam P. Kirchhof y otros autores, la expresión 'igualmente' del art. 14.2.2 no puede interpretarse como el límite máximo de la tributación. Es más, en el caso de que deba fijarse un límite a la tributación, la referencia a la mitad no constituye una fórmula adecuada." (TIPKE, Klaus. **Moral tributaria del Estado y de los contribuyentes.** Madrid: Martins Pons, 2002, p. 64.)

139 Destaque-se que, quando se fala em "saldo de riqueza", o pensamento se assemelha ao que é exposto pela Professora Misabel Derzi: "a capacidade econômica de contribuir inicia-se após a dedução dos gastos necessários à aquisição, à produção e à manutenção da renda e do patrimônio, assim como do mínimo indispensável a uma existência digna para o contribuinte e sua família." (BALEEIRO, Aliomar. **Direito tributário brasileiro**. 12. ed., **rev., atual. e ampl.** Atualizada por Misabel Abreu Machado Derzi. Rio de Janeiro: Forense, 2013, p.574).

De fato, o mínimo existencial e a vedação ao confisco, dois parâmetros evidentemente opostos, mínimo e máximo, balizam o legítimo exercício do poder tributante. Entre esses dois níveis está a capacidade contributiva, subjetiva, real e pessoal, base apta e legítima para a incidência tributária.

Ricardo Lobo Torres ensinava que:

> o princípio da capacidade contributiva, subordinado à ideia de justiça, pouco tem a ver com a problemática do mínimo existencial, que se insere no campo da liberdade e dos direitos humanos. A importância da capacidade contributiva, aqui, é puramente negativa. A imunidade do mínimo existencial se situa *aquém* da capacidade contributiva, da mesma forma que a proibição de confisco veda a incidência *além* da aptidão de pagar. Em outras palavras, a capacidade contributiva começa além do mínimo necessário à existência humana digna e termina aquém do limite destruidor da propriedade. As condições iniciais da liberdade e da intributabilidade do mínimo vital, por conseguinte, coincidem com a não capacidade contributiva, que é a face negativa do princípio que na Constituição aparece positivamente. O mínimo existencial encontra na capacidade contributiva o seu balizamento, jamais o seu fundamento.[140]

Na mesma linha, Fábio Brun Goldschmidt:

> se estabelecermos um gráfico que considere a relação entre o Poder de Tributar e a riqueza tributada será preciso fixar, de um lado, um ponto a partir do qual a tributação se torna possível e, de outro, um ponto a partir do qual ela deixa de ser quantitativamente razoável e constitucional para tornar-se inadmissível. Entre esses dois pontos encontraremos a esfera de liberdade de atuação do legislador tributário. Em outras palavras, esse espaço intermediário representará a capacidade contributiva."

A partir dessa exposição, é possível extrair o conceito ou conteúdo de capacidade contributiva, que varia entre os doutrinadores.

Segundo Klaus Tipke, o princípio da capacidade econômica é definido como:

> *todos deben pagar impuestos con arreglo al importe de su renta, en la medida en ésta exceda del mínimo existencial y no deba utilizarse para atender obligaciones particulares de carácter ineludible.*[141]

---

[140] TORRES, Ricardo Lobo. Liberdade, Segurança e Justiça. *In:* CARVALHO, Paulo de Barros (coord.). **Justiça Tributária**. São Paulo: Max Limonad, 1998, p. 689-690.

[141] TIPKE, Klaus. **Moral tributaria del Estado y de los contribuyentes**. Madrid: Martins Pons, 2002, p. 35.

Professor Ricardo Lobo Torres asseverava que

> a capacidade contributiva se subordina à ideia de justiça distributiva. Manda que cada qual pague o imposto de acordo com a sua riqueza, atribuindo conteúdo de vetusto critério de que a justiça consiste em dar a cada um o que é seu (*suum cuique tribuere*) e que se tornou uma das 'regras de ouro' para se obter a verdadeira justiça distributiva.[142]

Misabel Derzi entende que

> a capacidade econômica de contribuir às despesas do Estado é aquela que se define após a dedução dos gastos necessários à aquisição, à produção e à manutenção da renda e do patrimônio, assim como do mínimo indispensável a uma existência digna para o contribuinte e sua família. Tais parcelas, correspondentes a tal passivo, não configuram capacidade econômica, assim como o seu ferimento pelo tributo terá efeito confiscatório de renda ou do patrimônio.[143]

Por fim, a partir da exposição desenvolvida nesta seção, amparada no texto constitucional vigente, entende-se que capacidade contributiva garante o direito de o cidadão ser tributado dentro da sua realidade e individualidade, de tal modo que o poder impositivo não restrinja ou aniquile o mínimo vital ou existencial e que nem possua efeito confiscatório, o que impõe o dever de todos os indivíduos repassarem progressivamente aos cofres públicos parte do saldo de sua riqueza, nos termos da lei.

Por isso, o seu conteúdo pode ser visualizado como saldo de riqueza disponível para ser tributado, após o exercício de todos os direitos individuais e sociais constitucionalmente garantidos, ou seja, o mínimo existencial, bem como que a tributação não tenha viés confiscatório, sobrepondo a metade dessa "riqueza nova" ou "saldo de riqueza" disponível. Ainda, a tributação total individual – e não cada tributo separadamente visualizado – não poderia ultrapassar 50% do saldo de riqueza, isto é, capacidade contributiva.

---

[142] TORRES, Ricardo Lobo. **Curso de direito financeiro e tributário**. 16. ed. Rio de Janeiro: Renovar, 2009, p. 93.

[143] DERZI, Misabel Abreu Machado. Igualdade. ISS. Sociedades prestadoras de serviços profissionais. Advocacia. Constitucionalidade do Decreto-lei n. 406/68; Progressividade. IPTU. *In*: DERZI, M.A.M (coord.). **Construindo o direito tributário na constituição:** uma análise da obra do Ministro Carlos Mário Velloso. Belo Horizonte: Del Rey, 2004, p. 109.

3.2.2.3 Uniformidade

Apenas se a história for desconsiderada o jurista poderia questionar a necessidade de se positivar expressamente a uniformidade no texto constitucional, nos arts. **151, I** e **152.**[144]

Isso porque, historicamente, até 1890 o regime imperial impôs "tarifas especiais" nas Províncias do Rio Grande do Sul e Mato Grosso. O fundamento para imposição desse "tratamento especial" estaria amparado no combate ao contrabando nas fronteiras. Esta distorção foi revogada no Governo Provisório por meio do **Decreto n. 196/1890**.

A uniformidade, com ascendência norte-americana, está presente nas constituições do País desde 1891. Além de reforçar a igualdade, não se pode olvidar que esse instituto jurídico visa concentrar geograficamente o interesse econômico comum do País, de modo que barreiras não sejam criadas. Adicionalmente, não se pode perder de vista que, aqui, o princípio federativo é observado.

O texto constitucional, portanto, não admite a distinção ou discriminação arbitrária adotando como critério ou medida o lugar. Em outros termos, em relação a matéria tributária, admite-se a distinção por critérios pessoais – capacidade contributiva, valor, extrafiscalidade, porém não tem espaço tal perspectiva levando em conta o lugar, evidentemente dentro do território nacional e desconsiderando a política externa.

Por isso, as disposições constitucionais em análise possuem nítido propósito de evitar diferenciações injustificadas em território nacional, por qualquer fundamento que seja, o que leva à conclusão de que se trata de importante instrumento disponível para otimização do federalismo.

Por fim, a uniformidade desenvolvida não é absoluta, tendo em vista a ressalva expressa constitucional na parte final no art. **151, I da CRFB**, que, a propósito, tem estreita ligação com o disposto no **art. 3º, III da CRFB.**[145]

---

[144] BRASIL. [Constituição (1988)]. Constituição da República Federativa do Brasil. **Diário Oficial da União,** Brasília, DF, 5 out. 1988.

[145] "Art. 3º Constituem objetivos fundamentais da República Federativa do Brasil: [...] III - erradicar a pobreza e a marginalização e reduzir as desigualdades sociais e regionais;" (BRASIL. [Constituição (1988)]. Constituição da República Federativa do Brasil. **Diário Oficial da União,** Brasília, DF, 5 out. 1988).

Como lembra Marcus Abraham, "somente se admitem diferenciações que, na forma de incentivos, visem promover o equilíbrio do desenvolvimento socioeconômico entre as diferentes regiões, caracterizando política de fomento."[146]

O exemplo clássico empírico de fomento e, por conseguinte, tratamento diferenciado é a Zona Franca de Manaus, conforme **art. 40 do ADCT.**[147]

3.2.3 Segurança jurídica em matéria tributária

A segurança jurídica é um dos princípios mais valiosos em um Estado Democrático de Direito.

No campo político, o povo, detentor de todo o poder na democracia, clama pela certeza e pela previsibilidade. Não se admitem mudanças, rupturas ou incertezas desnecessárias e injustificadas. A segurança jurídica viabiliza, sem dúvidas, o progresso de um país. Não se limita a mero discurso no plano jurídico e transcende para todas as demais esferas do mundo real.

Humberto Ávila trata da segurança jurídica como: (1) fato, (2) valor e (3) norma-princípio.[148]

A segurança jurídica como fato, segundo Ávila, seria a capacidade de ter conhecimento ou prever determinada situação ou antecipá-la. Ou seja, trata-se da hipótese de alguém conseguir antever as consequências jurídicas de fatos ou de comportamentos.

A segurança jurídica como valor, ainda segundo o autor, decorre de juízo axiológico, em que se busca efetivar um estado desejável.

Como norma-princípio, a segurança jurídica atrai um dever-ser que precisa ser observado.

Assim, a segurança jurídica como princípio impõe a presença de juízo prescritivo, de modo que algo seja buscado de acordo com determinado ordenamento jurídico.

Esse pensamento foi internalizado dentro do direito positivo.

---

146 ABRAHAM, Marcus. **Curso de direito tributário brasileiro.** Rio de Janeiro: Forense, 2018, p. 101.

147 "Art. 40. É mantida a Zona Franca de Manaus, com suas características de área livre de comércio, de exportação e importação, e de incentivos fiscais, pelo prazo de vinte e cinco anos, a partir da promulgação da Constituição."

148 ÁVILA, Humberto. **Teoria da segurança jurídica**. 5. ed. rev. atual. e ampl. São Paulo: Malheiros, 2019.

O Constituinte não se limitou a tratar da segurança jurídica em matéria tributária. Antes, contudo, trouxe à lume a segurança jurídica geral, conforme se depreende do **art. 5, XXXVI da CRFB**, ao determinar que a lei não prejudicará o direito adquirido, o ato jurídico perfeito e a coisa jurídica.

Sobre o tema em específico, coaduna-se com pensamento de Humberto Ávila, ao defender que o alicerce da segurança decorre de fundamentos diretos – proteção geral da segurança; proteção pontual da segurança jurídica e a proteção de um dos efeitos da segurança jurídica. Existem, ainda, os princípios indiretos por dedução e por indução.[149]

Nos indiretos por dedução estão presentes os princípios objetivos estruturantes – Estado de Direito; Estado Social de Direito; princípio da divisão funcional dos Poderes; princípio democrático; os princípios subjetivos de liberdade patrimonial e não patrimonial; princípio da igualdade e princípio da dignidade da pessoa humana.

Por fim, nos indiretos por indução estão presentes os princípios administrativos da moralidade e publicidade, os princípios procedimentais e as regras da proibição de modificação constitucional, legalidade, anterioridade, irretroatividade, proibição de tributo com efeito de confisco, reserva de lei complementar, atividade financeira do Estado e legitimação para ações diretas.

No aspecto tributário, o Constituinte, tal como o fez com o princípio da justiça fiscal, tratou de positivar o princípio da segurança jurídica em matéria tributária, cujo conteúdo advém do entrecruzamento dos dispositivos constitucionais que tratam da legalidade, da irretroatividade, da anterioridade e da especificidade. Em outras palavras, embora sejam princípios isolados, com conteúdo próprio e suficientemente fortes, o entrecruzamento deles fortalece ainda mais o que o povo espera e, por conseguinte, dão vida ao festejado princípio da segurança jurídica em matéria tributária.

Adicione-se, ainda, o instituto da competência tributária, que será tratado logo adiante. Antecipando o que será desenvolvido a seguir e em síntese, compreende-se que a opção do Constituinte de elevar a competência tributária ao texto constitucional delimitou o agir do legislador infraconstitucional, que não poderá extrapolar os balizamentos da Lei Maior.

Nesse sentido, a competência tributária constitucional delimita o quadro de incidência tributária, restringido as hipóteses, dando maior grau de previsibilidade e certeza, e delimitando os poderes do legislador

149 ÁVILA, Humberto. **Teoria da segurança jurídica**. 5. ed. rev. atual. e ampl. São Paulo: Malheiros, 2019.

infraconstitucional, que, muitas das vezes, por necessidade momentânea, acaba por quebrar com elemento relevante e caro para direito tributário: a confiança que deve sempre existir entre fisco e contribuinte.

Nesse diapasão, a segurança jurídica vem a permear para as mais diferentes searas do direito: processo civil, processo penal, direito penal, direito administrativo e outras. A segurança jurídica, portanto, poderia ser vista como geral e específica, isto é, com conteúdo próprio, de acordo com as preposições endereçadas a cada seara do direito.

No direito tributário a segurança jurídica, específica, e não geral, advém do entrecruzamento dos dispositivos que tratam da competência tributária, da legalidade, da irretroatividade, da anterioridade e da especificidade.

É dizer que violar a legalidade seria violar a segurança jurídica. De igual forma, inobservar a anterioridade nonagesimal, o que fere a previsibilidade, é igualmente violar a segurança jurídica.

Por isso, a segurança jurídica em matéria tributária, que não se encontra expressa no texto constitucional, está presente implicitamente, em cujo conteúdo pode ser aferido ou visualizado a partir de cada um ou da soma de todos os princípios em destaque, bem como tudo aquilo que foi implementado após a Constituição de 1988 e o que porventura vier a ser, que tenha como finalidade dar previsibilidade, garantia e certeza.

Não se pode olvidar, então, que o seu conteúdo, atualmente identificado, pode sofrer adequações, desde que seja para progredir, e não para regredir. As modificações no tempo e espaço, ou seja, no mundo real, podem impor que o conteúdo seja revisitado sempre com o escopo de ampliar e avançar, e nunca de reduzir ou retroceder.

Em outras palavras, o conteúdo não é rígido ou estático, mas sim mutável e totalmente adequável, até mesmo para que ocorra a compatibilidade com a realidade social.

A perspectiva da segurança jurídica de hoje não é a mesma do passado. Como prova disso, basta lembrar que a Constituição de 1988 previa apenas a anterioridade ao exercício financeiro. Por necessidade de adequação à realidade, a **Emenda Constitucional n. 42/2003** visando ampliar a segurança jurídica, adicionou a anterioridade ao exercício nonagesimal, exatamente com o propósito de evitar que majorações ou criações de tributos fossem cobradas na semana seguinte, quando o ato formal era praticado entre o Natal e o Ano Novo.

Em síntese, a segurança jurídica pode ser geral ou específica, cujo conteúdo se adéqua de acordo com o momento social. Em matéria tributária, a segurança jurídica, atualmente, decorre da conjugação dos princípios da legalidade, da anterioridade, da irretroatividade e da especificidade.

O conteúdo está sempre aberto para evolução, porém, não pode ser relativizado ou minimizado por qualquer meio.

3.2.3.1 Legalidade tributária

A legalidade foi elevada ao texto constitucional, sendo garantia individual do cidadão, princípio da administração pública e, especificamente, limitação ao poder de tributar, respectivamente nos termos do **art. 5º, II, 37, *caput*, e 150, I**, todos da CRFB.[150]

Em matéria tributária, não basta aos entes federados observar as suas competências constitucionais em matéria tributária. É necessário, ainda, que o ente federado competente, ao exigir ou aumentar tributo, se valha de lei material e formal.

Cumpre lembrar que Medida Provisória (MP) pode tratar de matéria tributária, sendo certo que a sua validade dependerá da conversão em lei, sujeitando-se, ainda e em regra, às anterioridades do exercício financeiro e nonagesimal, conforme previsão do **art. 62, §2º da CRFB.**

Entretanto, vale frisar que matérias reservadas à lei complementar não podem ser tratadas por Medida Provisória, em respeito ao disposto no **art. 62, § 2º, III da CRFB**. Assim, por exemplo, Empréstimos Compulsórios, Impostos Residuais, Imposto sobre grandes fortunas (IGF) etc. não podem ser tratados em sede de MP.

O conteúdo da legalidade tributária constitucional não é visualizado apenas nos dispositivos acima mencionados, em especial, o art. 150, I.

---

[150] "Art. 5º Todos são iguais perante a lei, sem distinção de qualquer natureza, garantindo-se aos brasileiros e aos estrangeiros residentes no País a inviolabilidade do direito à vida, à liberdade, à igualdade, à segurança e à propriedade, nos termos seguintes: [...] II - ninguém será obrigado a fazer ou deixar de fazer alguma coisa senão em virtude de lei;"

"Art. 37. A administração pública direta e indireta de qualquer dos Poderes da União, dos Estados, do Distrito Federal e dos Municípios obedecerá aos princípios de legalidade, impessoalidade, moralidade, publicidade e eficiência e, também, ao seguinte: [...]"

"Art. 150. Sem prejuízo de outras garantias asseguradas ao contribuinte, é vedado à União, aos Estados, ao Distrito Federal e aos Municípios: I - exigir ou aumentar tributo sem lei que o estabeleça;"

Na verdade, a sua extensão pode ser vista a partir da conjugação de outros dispositivos: art. **153, §1º, 177, §4º e 155, § 4º, IV**, todos da Constituição.[151]

Assim, se cabe aos entes federados, de acordo com a distribuição constitucional de competências tributárias, utilizarem lei formal e material para exigir ou aumentar tributos, os artigos acima colacionados tratam as exceções. Por isso, frise-se, o conteúdo constitucional da legalidade tributária advém do entrecruzamento dos artigos **150, I, 153, §1º, 177, §4º e 155, § 4º, IV**, todos da Constituição.

Melhor explicando o art. **153, § 1º**, quanto ao IOF, IPI, II e IE, é facultado ao Poder Executivo, atendidas as condições e os limites estabelecidos em lei, alterar as alíquotas.

Como se nota na disposição constitucional, as alterações de alíquotas podem ocorrer por ato do Executivo, desde que observados os limites previstos em lei. Exemplo clássico é o do Imposto de Exportação, em que alíquota base é de 30% e a lei instituidora limita a sua majoração por ato do Executivo somente em até cinco vezes o percentual fixado.

Portanto, caso o Executivo não observe tal limitação e aumente a alíquota em patamar superior a cinco vezes, a legalidade estará sendo violada. Isso porque o Poder Executivo somente poderá alterar a alíquota desde que observe os limites legais.

---

[151] "Art. 153 [...] § 1º É facultado ao Poder Executivo, atendidas as condições e os limites estabelecidos em lei, alterar as alíquotas dos impostos enumerados nos incisos I, II, IV e V."
"Art. 177 [...] § 4º A lei que instituir contribuição de intervenção no domínio econômico relativa às atividades de importação ou comercialização de petróleo e seus derivados, gás natural e seus derivados e álcool combustível deverá atender aos seguintes requisitos: I - a alíquota da contribuição poderá ser: a) diferenciada por produto ou uso; b) reduzida e restabelecida por ato do Poder Executivo, não se lhe aplicando o disposto no art. 150,III, *b*; II - os recursos arrecadados serão destinados: a) ao pagamento de subsídios a preços ou transporte de álcool combustível, gás natural e seus derivados e derivados de petróleo; b) ao financiamento de projetos ambientais relacionados com a indústria do petróleo e do gás; c) ao financiamento de programas de infra-estrutura de transportes."
"Art. 155 [...] § 4º Na hipótese do inciso XII, *h* , observar-se-á o seguinte: [...] IV - as alíquotas do imposto serão definidas mediante deliberação dos Estados e Distrito Federal, nos termos do § 2º, XII, *g* , observando-se o seguinte: a) serão uniformes em todo o território nacional, podendo ser diferenciadas por produto; b) poderão ser específicas, por unidade de medida adotada, ou *ad valorem*, incidindo sobre o valor da operação ou sobre o preço que o produto ou seu similar alcançaria em uma venda em condições de livre concorrência; c) poderão ser reduzidas e restabelecidas, não se lhes aplicando o disposto no art. 150, III, *b*."

Veja-se a redação do **art.3º, parágrafo único, do DL n. 1578/77:**

> Art. 3º A alíquota do imposto é de trinta por cento, facultado ao Poder Executivo reduzi-la ou aumentá-la, para atender aos objetivos da política cambial e do comércio exterior.
>
> Parágrafo único: Em caso de elevação, a alíquota do imposto não poderá ser superior a cinco vezes o percentual fixado neste artigo.[152]

A seu turno, o **art. 177, § 4º da CRFB** prevê que a Contribuição de intervenção no domínio econômico (Cide) poderá ter alíquota "reduzida e restabelecida por ato do Poder Executivo", porém, não será possível ocorrer majoração.

Seguindo linha semelhante, o **art. 155, § 4º, IV da CRFB** prevê que o ICMS - Combustíveis poderá ter alíquotas definidas mediante deliberação dos Estados e Distrito Federal, sendo possível, independentemente de lei formal e material, a redução e restabelecimento. Note-se que não se admite também, nessa hipótese, a majoração.

Diante desse contexto narrado, numa interpretação em conformidade, justeza e unidade do texto constitucional, se valendo do entrecruzamento dos dispositivos acima mencionados - art. 150, I c/c 153, § 1º, 155, §4º, IV e 177, § 4º da CRFB, alcança-se a seguinte regra jurídica: instituir ou majorar tributo somente por lei, salvo nos casos do (1) II, IE, IPI e IOF que poderão ter as alíquotas modificadas por ato do Executivo, desde que observados os limites legais; e (2) ICMS - combustível e Cide-combustível que poderão ter as alíquotas reduzidas e restabelecidas (não majoradas) por ato do Executivo.

É sempre oportuno ressaltar que a doutrina tributária do País rotula o **art. 97 do CTN** como princípio da "taxatividade" ou "tipicidade cerrada", que seria corolário da legalidade constitucional.

Com isso, o art. 97 do CTN trataria dos elementos que devem ser trazidos para lei formal e material: fato gerador, base de cálculo, alíquota, sujeitos ativo e passivo e multa/sanção.

E mais, o **artigo 97, § 2º** do CTN revela que atualização de valor monetário de tributo não seria majoração tributária, razão pela qual a legalidade formal e material é dispensada.

---

152 BRASIL. Decreto-Lei nº 1.578, de 11 de outubro de 1977. Dispõe sobre o imposto sobre a exportação, e dá outras providências. **Diário Oficial da União,** Brasília, DF, 12 out. 1977c.

Interpretando essa disposição, o STJ editou a **Súmula n. 160**: "É defeso, ao Município, atualizar o IPTU, mediante decreto, em percentual superior ao índice oficial de correção monetária."[153]

A legalidade tributária, com *status* constitucional, não pode ser abalada, sendo tida como cláusula pétrea, nos termos da ADI 939-DF.

Apresentada a disposição constitucional da legalidade, em especial, no âmbito material do Direito Tributário, propõe-se narrar a interpretação que vem sendo dada pelo STF.

O Tribunal, nos últimos anos, não adota a aplicação da legalidade de forma rígida, admitindo, dentro de balizas, a interlocução com atos normativos infralegais, especificamente nos tributos contraprestacionais. Em outros termos, entende ser constitucional que o Poder Legislativo delegue ao Poder Executivo, desde que observados limites, a possibilidade de regulamentar matéria tributária.

Marcante foi o julgamento do **RE 343.446/SC**, caso Moretti Automóveis Ltda x INSS, que teve como Relator Min. Carlos Velloso, oportunidade em que o STF começou a trilhar o raciocínio de que seria necessário observar a legalidade suficiente, e não uma legalidade estrita.

Como um dos objetos do apelo extraordinário, Moretti Automóveis Ltda, na condição de recorrente, sustentou que a delegação ao Executivo para fixar as alíquotas do Seguro de acidente do trabalho (SAT) em percentuais de 1, 2 ou 3%, violaria a legalidade tributária, que se encontra positivada no art. 150, I da Constituição.

Entretanto, o STF, sinalizando que se afastaria da legalidade rígida ou ortodoxa, admitiu que ato do Executivo fosse utilizado com o fito de complementar "conceitos", tal como, atividade preponderante e grau de risco leve, médio ou grave.

Numa passagem do voto condutor, Carlos Velloso assinalou:

> Em certos casos, entretanto, a aplicação da lei, no caso concreto, exige a aferição de dados e elementos. Nesses casos, a lei, fixando parâmetros e padrões, comete ao regulamento essa aferição. Não há falar, em casos assim,

---

[153] BRASIL. Superior Tribunal de Justiça. **Súmula nº 160.** É defeso, ao Município, atualizar o IPTU, mediante decreto, em percentual superior ao índice oficial de correção monetária. Brasília, DF, 19 jun. 1996.

em delegação pura, que é ofensiva ao princípio da legalidade genérica (C.F., art. 5, II) e da legalidade tributária (C.F., art. 150, I). [154]

Neste caso em comento, o STF entendeu que não há violação à legalidade o disposto no **art. 22, § 3º da Lei n. 8212/91**[155], sendo possível, por ato do Executivo, a fixação da alíquota de 1, 2 ou 3%, desde que observada base estatística empírica. Portanto, as alíquotas são fixadas em lei formal e material, porém a designação individual por área de atuação ou atividade econômica poderia ser feita pelo Executivo, desde que amparados em dados empíricos.

Julgado com repercussão geral, **Tema 829**, o **RE 838.284-SC**, caso Projetec Construções Ltda x Conselho Regional de Engenharia e Agronomia (Crea/SC), a partir do voto do Relator, Min. Dias Toffoli, o STF, por maioria, entendeu ser constitucional a fixação do valor da Anotação de Responsabilidade Técnica (ART), espécie tributária taxa, por ato infralegal, desde que observado o "teto" previsto em lei e que a correção anual observe os índices oficiais.[156]

Na fundamentação do voto, o Min. Dias Toffoli assinalou que a espécie tributária taxa tem como característica a justiça comutativa e que o valor a ser cobrado deve ter proporção razoável com os custos da atuação estatal.

Revisitando a doutrina, o Relator aponta a existência de duas linhas distintas. A primeira, por ele denominada ortodoxa ou rígida, capitaneada por Alberto Xavier, se funda na "[...] legalidade absoluta no direito tributário, exigindo da lei o tratamento, com elevado grau de precisão e profundidade, de todos os elementos da regra matriz de incidência tributária."[157]

---

[154] BRASIL. Supremo Tribunal Federal (Plenário). **Recurso Extraordinário nº 343.446-2/SC.** Recorrente: Moretti Automóveis Ltda. Recorrido: Instituto Nacional do Seguro Social - INSS. Relator: Min. Carlos Velloso. Brasília, 20 de março de 2003b.

[155] "Art. 22 [...] § 3º O Ministério do Trabalho e da Previdência Social poderá alterar, com base nas estatísticas de acidentes do trabalho, apuradas em inspeção, o enquadramento de empresas para efeito da contribuição a que se refere o inciso II deste artigo, a fim de estimular investimentos em prevenção de acidentes." (BRASIL. Lei nº 8.212, de 24 de julho de 1991. Dispõe sobre a organização da Seguridade Social, institui Plano de Custeio, e dá outras providências. **Diário Oficial da União**, Brasília, 25 jul. 1991 e retificado em 14 ago. 1991).

[156] BRASIL. Supremo Tribunal Federal (Plenário). **Recurso Extraordinário nº 838.284/SC.** Recorrente: Projetec Construções Ltda. Recorrido: Conselho Regional de Engenharia e Agronomia - CREA/SC. Relator: Min. Dias Toffoli. Brasília, 19 de outubro de 2016d.

[157] BRASIL. Supremo Tribunal Federal (Plenário). **Recurso Extraordinário nº 838.284/SC.** Recorrente: Projetec Construções Ltda. Recorrido: Conselho Regional de Engenharia e Agronomia - CREA/SC. Relator: Min. Dias Toffoli. Brasília, 19 de outubro de 2016d, p. 12.

No Tribunal esta linha foi adotada pela minoria, formada pelos Ministros Marco Aurélio e Lewandowski.

Para Marco Aurélio, que abriu a divergência no Tribunal, a legalidade somente poderia ser mitigada nas hipóteses constitucionalmente previstas. E mais,

> não existe qualquer menção à possibilidade de o legislador ordinário valer-se de delegação para atribuir a outrem o dever de estabelecer os aspectos gerais da regra-matriz de incidência de outras espécies tributárias.[158]

Preocupado com a flexibilização da legalidade, Marco Aurélio explicitou, ainda, que

> imaginem se amanhã tal solução se difunda pelas demais espécies tributárias e o legislador passe a delegar a atribuição de fixar alíquotas ou base de cálculo a ato infralegal, ainda que observado um teto. Ter-se-á verdadeira burla ao princípio da legalidade, uma vez poder o ente tributante, por meio de ato próprio, majorar todo e qualquer tributo, ensejando o risco de fazer letra morta de princípio tão caro à sociedade.[159]

As considerações externadas por Marco Aurélio merecem reflexão. Afinal, ainda que a lei tributária fixe "teto" ou *standard*, não se pode afastar a possibilidade de o Executivo, dentro da margem, alterar alíquota e/ou base de cálculo de forma imotivada ou irracional, ou melhor, com viés meramente arrecadatório, o que seria violação à legalidade, que é corolário da segurança jurídica.

É importante relembrar que no **RE 343.446/SC**, como fundamento decisório, o STF deixou claro que o Executivo deveria trazer elementos concretos, embasados e justificados, para fixação da alíquota designada em lei. Ainda que implicitamente, o Tribunal afastou o exercício de ato administrativo discricionário.

Vale apontar, a propósito, a preocupação de Marco Aurélio Mello acabou empiricamente se concretizando.

A matéria, doravante explicitada, até 2019, não foi apreciada pelo STF. Contudo, a "burla" à legalidade tributária, de fato, aconteceu.

---

158 BRASIL. Supremo Tribunal Federal (Plenário). **Recurso Extraordinário nº 838.284/SC.** Recorrente: Projetec Construções Ltda. Recorrido: Conselho Regional de Engenharia e Agronomia – CREA/SC. Relator: Min. Dias Toffoli. Brasília, 19 de outubro de 2016d, p.64.

159 BRASIL. Supremo Tribunal Federal (Plenário). **Recurso Extraordinário nº 838.284/SC.** Recorrente: Projetec Construções Ltda. Recorrido: Conselho Regional de Engenharia e Agronomia – CREA/SC. Relator: Min. Dias Toffoli. Brasília, 19 de outubro de 2016d, p. 65.

Explica-se.

Em 2009, o **Decreto n. 6.967/09** realizou o reenquadramento de empresas/contribuintes, sendo que, em determinados casos, alíquota mais elevada passou a ser adotada.

Isso chamou atenção de determinados agentes econômicos/contribuintes. Isso porque os índices de acidente de trabalho teriam diminuído e, por isso, não se via motivos e fundamentos que justificassem reenquadramentos, sobretudo, aumentando a alíquota.

Logo, contribuintes foram, mais uma vez, ao Judiciário. Por meio de ação preparatória, antes do Código de Processo Civil de 2015, medida cautelar exibitória, contribuintes pediram que a União Federal exibisse avaliação estatística que justificasse a majoração do grau do risco de acidente de trabalho. Como não tinha tomado tal providência previamente, a União Federal apresentou documentos genéricos, abstratos e superficiais.

Como visto, no caso paradigma o STF decidiu que seria possível a delegação, desde que observados os limites ou *standard* fixados em lei. Decidiu, ainda, que as modificações deveriam ser devidamente justificadas e embasadas, inexistindo espaço para discricionariedade e tampouco arbitrariedade.

Em 2009, a União Federal foi infiel ao texto constitucional e, notadamente, aos limites fixados pelo STF no que concerne a possibilidade de delegação.

O STJ, uma vez provocado no **RESP n. 1.425.090-PR**, caso FPT *Powertrain Technologies* do Brasil - Indústria e Comércio de Motores Ltda x União Federal (Fazenda Federal), deu provimento ao recurso do contribuinte.

No caso, o Min. Napoleão Nunes Maia Filho desenvolveu, dentre vários argumentos, dois preponderantes. O primeiro:

> Neste caso, intimada a UNIÃO, pelo Juízo Sentenciante, para apresentar documentos que comprovassem a avaliação estatística atinente à frequência, à gravidade e ao custo dos acidentes de trabalho que justificasse a majoração do grau de risco da atividade da recorrente, o ente estatal limitou-se a trazer manifestações insuficientes para tanto. O Magistrado destacou, ainda, que as informações trazidas à baila pela própria UNIÃO apontam que, em termos absolutos, houve a redução do número de acidentes de trabalho (fls. 265).[160]

---

[160] BRASIL. Superior Tribunal de Justiça (1. Turma). **Recurso Especial nº 1.425.090/PR.** Recorrente: FPT Powertrain Technologies do Brasil - Indústria e Comércio de Motores Ltda. Recorrido: Fazenda Nacional. Rel. Min. Napoleão Nunes Maia Filho. Brasília, 16 de setembro de 2014e.

O segundo e mais forte, o Ministro assinalou que a União Federal teria abusado do poder regulamentar e, por conseguinte, violado a legalidade:

> Compete ao Poder Judiciário analisar os fundamentos que ensejam o reenquadramento da empresa, decorrente da alteração promovida no Anexo V do Decreto 3.048/99 pelo Decreto 6.957/09, pois tal matéria não diz respeito ao mérito administrativo, mas, sim, ao controle de legalidade do exercício do poder regulamentar pelo Poder Executivo, já que a lei taxativamente impõe critérios a serem observados pela Administração, para fins de alteração do grau de risco das empresas empregadoras (art. 22, § 3o., da Lei 8.212/91).
>
> No presente caso, o reenquadramento oneroso da empresa (aumento da alíquota de 2% para 3%), com esteio em documentos que, paradoxalmente, atestam a redução dos acidentes de trabalho configura alteração pesada e imotivada da condição da Empresa e, consequentemente, abuso do exercício do poder regulamentar - ofensa ao princípio da legalidade formal ou sistêmica – portanto induvidosa e plenamente sindicável pelo Poder Judiciário, para aquilatar da sua legitimidade substantiva.[161]

Nessa linha narrativa, nota-se que o Poder Judiciário tem se afastado da legalidade pura e admitido que a regulamentação, especialmente de alíquotas, se dê no âmbito infralegal. Contudo, os limites, os tetos etc. previstos em lei não podem ser alterados. E mais, caso o exercício regulamentar não for motivado, justificado e publicamente embasado, o Judiciário poderá exercer o seu papel, afastado ato discricionário, que não cabe na espécie.

A segunda corrente, a flexível, teria como um dos expoentes Ricardo Lobo Torres. A reserva legal não seria absoluta, podendo legislador apontar cláusulas gerais.

O STF aplica a segunda corrente, flexível, uma vez que, no caso dos tributos contraprestacionais,

> seria reconhecível uma maior flexibilização, por variadas razões, como a ausência de uma detalhada definição das atividades estatais em lei forma, a utilização de normas indeterminadas a favor da Administração Pública e sua adequação à realidade dinâmica da sociedade frente à morosidade do processo legislativo.[162]

---

[161] BRASIL. Superior Tribunal de Justiça (1. Turma). **Recurso Especial nº 1.425.090/PR.** Recorrente: FPT Powertrain Technologies do Brasil – Indústria e Comércio de Motores Ltda. Recorrido: Fazenda Nacional. Rel. Min. Napoleão Nunes Maia Filho. Brasília, 16 de setembro de 2014e.

[162] BRASIL. Supremo Tribunal Federal (Plenário). **Recurso Extraordinário nº 838.284/SC.** Recorrente: Projetec Construções Ltda. Recorrido: Conselho Regional de Engenharia e Agronomia – CREA/SC. Relator: Min. Dias Toffoli. Brasília, 19 de outubro de 2016d.

Por isso, caberia ao Executivo, desde que receba delegação do Legislativo, aferir com maior exatidão observando os custos, submetendo-se ao "teto" legal.

Em sendo assim, no voto, Dias Toffoli assinalou que os elementos que formatam a relação-jurídica tributária – sujeitos ativo e passivo, fato gerador, aspecto quantitativo, no caso, valor máximo – estavam previstos na lei formal e material. Então, autorizar o Executivo a fixar o valor a ser cobrado a título de taxa, cujo "teto" esteja previsto em lei, não violaria a legalidade.

Adicionalmente aos argumentos desenvolvidos no julgamento em questão, deve-se lembrar que a legalidade tributária, como limitação, é uma das garantias do sujeito passivo. Ora, se a lei prevê limite máximo ou "teto" para cobrança da taxa, que se pressupõe ser proporcional ao custo estatal para o exercício do poder de polícia ou para remunerar os serviços prestados ou postos à disposição, não se pode olvidar que ato infralegal que reduza o valor, observando uma realidade, não viola direitos. Pelo contrário, a redução de valor cobrado a título de taxa por ato infralegal vai de encontro aos fundamentos e características da espécie tributária em questão. Em vez de violação, no caso há otimização de direitos de contribuintes.

3.2.3.2 Irretroatividade tributária

A irretroatividade tributária possui previsão constitucional expressa. Inicialmente, bastaria a previsão do **art. 5º, XXXVI da CRFB**. Com nítido objetivo de reforçar, o Constituinte fez positivar expressamente o **art. 150, III, "a" da CRFB**, que veda expressamente os entes federados de cobrar tributos "em relação a fatos geradores ocorridos antes do início da vigência da lei que os houver instituído ou aumentado".

Nem mesmo argumentos axiológicos fortes, como, por exemplo, justificativa fiscal, podem servir de sustentação para inobservância da irretroatividade.

A irretroatividade tributária não tem vez em duas hipóteses, nos termos do **art. 106 do CTN**[163]: (1) quando se trata de norma interpretativa e (2)

---

[163] "Art. 106. A lei aplica-se a ato ou fato pretérito: I - em qualquer caso, quando seja expressamente interpretativa, excluída a aplicação de penalidade à infração dos dispositivos interpretados; II - tratando-se de ato não definitivamente julgado: a) quando deixe de defini-lo como infração; b) quando deixe de tratá-lo como contrário a qualquer exigência de ação ou omissão, desde que não tenha sido fraudulento e não tenha implicado em falta de pagamento de tributo; c) quando lhe comine penalidade menos severa que a prevista na lei vigente ao tempo da sua prática." (BRASIL. Lei nº 5.172, de 25 de outubro de 1966. Dispõe sobre o Sistema Tributário Nacional e institui normas gerais de direito tributário aplicáveis à União, Estados e Municípios. **Diário Oficial da União**, Brasília, DF, 27 out. 1966c e retificado em 31 out. 1966).

com a perspectiva de beneficiar o contribuinte, isto é, aplicação de lei posterior que afaste ou reduza multa/sanção a fato/ato praticado anteriormente à sua vigência.

Adicionalmente, não há que suplicar a aplicação da irretroatividade tributária nas normas procedimentais, nos termos do **art. 144, § 1º do CTN.**[164]

De acordo com os ensinamentos de Misabel Derzi, não se pode perder de vista que a irretroatividade se aplica aos Poderes Executivo e Judiciário, e não apenas ao Legislativo. Isso porque, no Estado de Direito, os Poderes devem agir em conformidade/observância à lei. Como a lei não poderá retroagir, tendo efeito prospectivo, por decorrência, os atos do Executivo e do Legislativo também assim serão.[165]

3.2.3.3 Anterioridades ao exercício financeiro e nonagesimal

Com objetivo de programar ou pegar o contribuinte economicamente desprevenido com majoração tributária, o Constituinte fez positivar expressamente a cláusula da não surpresa em matéria tributária. Portanto, sendo necessário criar ou aumentar tributo, a ideia é de que não fosse de uma vez, ou melhor, que fosse aguardado um tempo razoável para o contribuinte se preparar. Por opção política do Constituinte, o parâmetro razoável fixado para aguardar a imposição de tributação criada/nova ou majorada foi o exercício financeiro.

Assim, desde o texto original, a Constituição prevê, no **art. 150, III, "b"**,[166] que os entes federados não poderão cobrar tributos "no mesmo exercício financeiro em que haja sido publicada a lei que os instituiu ou aumentou".

---

[164] "Art. 144 [...] § 1º Aplica-se ao lançamento a legislação que, posteriormente à ocorrência do fato gerador da obrigação, tenha instituído novos critérios de apuração ou processos de fiscalização, ampliado os poderes de investigação das autoridades administrativas, ou outorgado ao crédito maiores garantias ou privilégios, exceto, neste último caso, para o efeito de atribuir responsabilidade tributária a terceiros." (BRASIL. Lei nº 5.172, de 25 de outubro de 1966. Dispõe sobre o Sistema Tributário Nacional e institui normas gerais de direito tributário aplicáveis à União, Estados e Municípios. **Diário Oficial da União,** Brasília, DF, 27 out. 1966c e retificado em 31 out. 1966).

[165] BALEEIRO, Aliomar. **Limitações constitucionais ao poder de tributar**. 8. ed. Rio de Janeiro: Forense, 2010, p. 287.

[166] "Art. 150. Sem prejuízo de outras garantias asseguradas ao contribuinte, é vedado à União, aos Estados, ao Distrito Federal e aos Municípios: [...] III - cobrar tributos: [...] c) antes de decorridos noventa dias da data em que haja sido publicada a lei que os instituiu ou aumentou, observado o disposto na alínea b;" (BRASIL. [Constituição (1988)]. Constituição da República Federativa do Brasil. **Diário Oficial da União,** Brasília, DF, 5 out. 1988).

Ocorre que o pensamento de garantia do Constituinte Originário não se efetivou na prática. Empiricamente, o legislador infraconstitucional deixava para criar ou aumentar tributos nos últimos dias do ano calendário, respeitando, pela literalidade rígida do texto constitucional, a cláusula do exercício financeiro. Por exemplo, aumento de alíquota do Imposto de Renda no dia 26 de dezembro poderia ser aplicado na semana seguinte, tendo em vista a modificação/alteração do exercício financeiro, sendo, portanto, respeitada a anterioridade.

Com o desvirtuamento claro e prático do objetivo principiológico da não-surpresa, até então, do exercício financeiro, o Constituinte Derivado inseriu outra norma constitucional no art. 150 da CRFB. Lembrando que é permitida a modificação para ampliar direitos e garantias fundamentais, sendo vedada Emenda Constitucional que vise reduzir ou suprimir.

A norma constitucional em questão é denominada como anterioridade nonagesimal. A positivação se deu por meio da **Emenda Constitucional n. 42/03**, que trouxe a seguinte redação taxativa: os entes federados não podem cobrar tributos "antes de decorridos noventa dias da data em que haja sido publicada a lei que os instituiu ou aumentou [...]".[167]

Nota-se, assim, o Constituinte Derivado demonstrando coerência no seu agir. Como se deve proporcionar garantias ao contribuinte, evitando a surpresa, que é corolário da segurança e previsibilidade e, em específico, da segurança jurídica, o Constituinte Derivado inseriu norma expressa no texto constitucional - anterioridade nonagesimal - para que o princípio/pressuposto pretendido ficasse resguardado e, ao final, otimizado.

Em outras palavras, a questão de princípio, nesse tocante, seria dar garantia ao contribuinte de que cobrança tributária nova ou majorada deveria, em regra, aguardar prazo razoável. Como a anterioridade do exercício financeiro não foi, por si, suficientemente forte, o Constituinte, respeitando a sua questão de princípio, no caso, a não surpresa, fez positivar nova norma constitucional para ficar mais fiel ao propósito inicial.

Nesse espeque, o texto constitucional prevê, a partir de 2003, duas anterioridades: exercício financeiro e nonagesimal. As duas anterioridades devem ser, em regra, observadas.

---

167 BRASIL. [Constituição (1988)]. Constituição da República Federativa do Brasil. **Diário Oficial da União,** Brasília, DF, 5 out. 1988.

Contudo, existem exceções, que podem ser separadas em três grupos: (1) exceções à anterioridade do exercício financeiro; (2) exceções à anterioridade nonagesimal; e (3) exceções às anterioridades do exercício financeiro e nonagesimal.

O fundamento constitucional do conteúdo das anterioridades advém do entrecruzamento de dispositivos, assim visualizados: (1) Regra: **art. 150, III, "b" e "c"** - regra para as anterioridades do exercício financeiro e nonagesimal; e (2) Exceções: **art. 150, § 1º;**[168] **art. 155, § 4º, IV, c;**[169] **art. 177, § 4º, I, 'b**[170]**' e 195, § 6º,**[171] todos da Constituição.

Conforme apontado acima, as anterioridades do exercício financeiro e nonagesimal são regras que devem ser observadas. As exceções, que devem ser interpretadas restritivamente, decorrem dos dispositivos supramencionados. Pelo Quadro 1 são visualizadas as exceções às anterioridades de acordo com a atual redação da Constituição da República Federativa do Brasil de 1988.

Ainda no campo normativo constitucional, cumpre lembrar que o disposto no **art. 62, §2º da CRFB** impõe, como regra, que a instituição ou majoração de tributos por Medida Provisória "só produzirá efeitos no exercício financeiro seguinte se houver sido convertida em lei até o último dia daquele em que foi editada."[172]

A título de destaque, cumpre trazer três entendimentos do STF.

---

[168] "Art. 150 [...] § 1º A vedação do inciso III, *b*, não se aplica aos tributos previstos nos arts. 148, I, 153, I, II, IV e V; e 154, II; e a vedação do inciso III, *c*, não se aplica aos tributos previstos nos arts. 148, I, 153, I, II, III e V; e 154, II, nem à fixação da base de cálculo dos impostos previstos nos arts. 155, III, e 156, I."

[169] "Art. 155 [...] § 4º Na hipótese do inciso XII, *h* , observar-se-á o seguinte: [...] c) poderão ser reduzidas e restabelecidas, não se lhes aplicando o disposto no art. 150, III, *b*."

[170] "Art. 177 [...] § 4º A lei que instituir contribuição de intervenção no domínio econômico relativa às atividades de importação ou comercialização de petróleo e seus derivados, gás natural e seus derivados e álcool combustível deverá atender aos seguintes requisitos: I - a alíquota da contribuição poderá ser: [...] b) reduzida e restabelecida por ato do Poder Executivo, não se lhe aplicando o disposto no art. 150, III, *b*;"

[171] "Art. 195 [...] § 6º As contribuições sociais de que trata este artigo só poderão ser exigidas após decorridos noventa dias da data da publicação da lei que as houver instituído ou modificado, não se lhes aplicando o disposto no art. 150, III, «b»."

[172] BRASIL. Constituição da República Federativa do Brasil de 1988. **Diário Oficial da União**, Brasília, DF, 05 de outubro de 1988.

O primeiro decorre do Agravo Regimental no Recurso Extraordinário – **Ag. Rg. No RE 630.036**, caso Liderança Limpeza e Conservação Ltda. x União[173], relatado pela Ministra Rosa Weber que reafirmou o que foi decidido no **RE 566.032**, caso União x Cortume Krumenauer S.A., com repercussão geral, em que se concluiu que a prorrogação de alíquota majorada, até então praticada, não se sujeitaria à anterioridade nonagesimal.[174] Segundo o entendimento da Corte, por se tratar de continuidade de taxação já praticada não haveria surpresa para o contribuinte.

Quadro 1

EXCEÇÕES ÀS ANTERIORIDADES DO EXERCÍCIO FINANCEIRO E NONAGESIMAL SEGUNDO CONSTITUIÇÃO DA REPÚBLICA FEDERATIVA DO BRASIL DE 1988 – BRASIL – 2020

Exceções à anterioridade do exercício financeiro	Exceções à anterioridade nonagesimal	Exceções às anterioridades (cobrança imediata)
IPI Cide Combustível* ICMS Combustível* Contribuição para seguridade social	IR IPVA - apenas base de cálculo IPTU - apenas base de cálculo Empréstimo compulsório para investimento público**	II IE IOFx Imposto Extraordinário - guerra ou iminência Empréstimo Compulsório – calamidade pública e guerra externa ou sua iminência

Elaboração própria.

Legenda: * Apenas para fins de redução e restabelecimento, e não majoração tributária.
**Divergência na doutrina. (1)

(1) A divergência na doutrina decorre da interpretação do art. 148 da CRFB. O Empréstimo Compulsório, por natureza, poderá ser utilizado quando empiricamente se estiver vivenciando situação atípica. A urgência e necessidade são características desta espécie tributária.
No que se refere à hipótese do art. 148, I da CRFB, Empréstimo Compulsório "para atender a despesas extraordinárias, decorrentes de calamidade pública, de guerra externa ou sua iminên-

[173] BRASIL. Supremo Tribunal Federal (1. Turma). **Agravo Regimental em Recurso Extraordinário nº 630.036**. Recorrente: Liderança Limpeza e Conservação LTDA. Recorrido: União. Relatora: Rosa Weber. Brasília, DF, 26 de fevereiro de 2013.

[174] BRASIL. Supremo Tribunal Federal (Tribunal Pleno). **Recurso Extraordinário nº 566.032**. Recorrente: União. Recorrido: Cortume Krumenauer SA. Relator: Gilmar Mendes. Brasília, DF, 23 de outubro de 2009.

cia", o art. 150, § 1º da CRFB é claro e taxativo ao prever regra de exceção para as duas anterioridades, ou seja, a cobrança pode ser imediata.
Por outro lado, no que se refere ao art. 148, II da CRFB, "no caso de investimento público de caráter urgente e de relevante interesse nacional", a própria disposição legal foi expressa ao determinar observância à anterioridade exercício financeiro. Por ter sido o Constituinte taxativo ao determinar observância específica à anterioridade do exercício financeiro, nada dispondo sobre a anterioridade nonagesimal e considerando a natureza de celeridade e urgência do Empréstimo Compulsório, estaria presente uma exceção implícita? Em outros termos, ao ter sido determinada apenas observância à anterioridade do exercício financeiro, teria sido excepcionada, para o caso do art. 148, II, o dever de respeitar à anterioridade nonagesimal?

Nota: Cide: Contribuição de intervenção no domínio econômico. ICMS: Imposto sobre operações relativas à circulação de mercadorias e sobre prestações de serviços de transporte interestadual e intermunicipal e de comunicação. IE: Imposto sobre exportação, para o exterior, de produtos nacionais ou nacionalizados. II: Imposto sobre importação de produtos estrangeiros. IOF: Imposto sobre operações de crédito, câmbio e seguro, ou relativas a títulos ou valores mobiliários. IPI: Imposto sobre produtos industrializados. IPTU: Imposto sobre a propriedade predial e territorial urbana. IPVA: Imposto sobre a propriedade de veículos automotores. IR: Imposto sobre a renda e proventos de qualquer natureza.

Apenas a cobrança ou majoração de tributo deve respeitar as anterioridades. Logo, norma que altera a data da do recolhimento de tributo sem qualquer modificação do aspecto quantitativo não configura majoração ou criação de tributo, razão pela qual não se sujeita às anterioridades. Assim, foi editada a **Súmula Vinculante n. 50** do STF.[175]

Por outro lado, norma que revoga benefício fiscal, gerando, assim, aumento, ainda que indireto de tributação, deve observar o princípio da anterioridade. Assim decidiu o STF no **AgRg. no RE 564.225**, caso Estado do Rio Grande do Sul x Dr Empresa de Distribuição e Receptação de TV Ltda.[176]

Ainda sobre o tema ora em exposição, deve-se trazer à tona o disposto no **art. 152, § 1ºda Constituição do Estado de Minas Gerais**[177], que acrescenta mais um direito e garantia fundamental em favor do contribuinte mineiro.

---

[175] "Norma legal que altera o prazo de recolhimento de obrigação tributária não se sujeita ao princípio da anterioridade."

[176] BRASIL, Supremo Tribunal Federal. **Agravo Regimental no Recurso Extraordinário nº 564.225**. Agravante: Estado do Rio Grande do Sul. Agravado: Dr Empresa de Distribuição e Receptação de Tv Ltda. Relator: Min. Marco Aurélio. Brasília, DF, 02 set. 2014.

[177] "Art. 152 § 1º - Não será admitida, no período de noventa dias que antecede o término da sessão legislativa, a apresentação de projeto de lei que tenha por objeto a instituição ou a majoração de tributo estadual."

A disposição na Constituição mineira tem nítido propósito de evitar que projetos de lei visando criar ou aumentar tributos sejam apresentados em curto espaço de tempo e, especialmente, debatido e votado "a toque de caixa". O Constituinte mineiro fixou regra de noventa dias para o término da sessão legislativa como prazo limite para apresentação de projetos de lei que, como dito, pretendam aumentar ou criar tributos.

O Tribunal de Justiça de Minas Gerais (TJMG), na Arguição de Inconstitucionalidade n. 1.0000.03.400830-0/000, caso Tripuí Transportes Ltda. x Estado de Minas Gerais, julgou inconstitucional majoração da Taxa de Renovação de Veículos, efetivada em 2003, tendo em vista que o processo legislativo violou o disposto no art. 152, § 1º da Constituição do Estado de Minas Gerais. A ementa é a seguinte:

> INCIDENTE DE INCONSTITUCIONALIDADE - RELEVÂNCIA - TAXA DE RENOVAÇÃO DE LICENCIAMENTO DE VEÍCULOS - PROCESSO LEGISLATIVO - PODER DE POLÍCIA. Não sendo nenhuma das hipóteses previstas no art. 254, § 1º do RITJMG, trata-se de argüição relevante de inconstitucionalidade. A não observância de regra constante do § 1º do art. 152 da Constituição do Estado de Minas Gerais, que dispõe sobre prazo para apresentação de proposta envolvendo matéria tributária afronta ao princípio da legalidade insculpido na Constituição Federal e repetido na Constituição Estadual. Inconstitucionalidade declarada.[178]

3.2.3.4 Especificidade

Com fundamento no art. **150, § 6º da CRFB,**[179] a especificidade impõe que benefícios legais sejam concedidos por lei formal e material específica.

Para alguns autores a especificidade seria corolário da legalidade.

Isso porque, conforme desenvolvido anteriormente, a legalidade impõe que lei formal e material seja o veículo adequado, nos termos da Constituição, para criar e majorar tributos, em regra que comporta exceções taxativas.

---

[178] MINAS GERAIS. Tribunal de Justiça do Estado de Minas Gerais (Corte Superior). **Incidente de Inconstitucionalidade nº 1.0000.03.400830-0/000**. Requerente: Tripuí Transportes Ltda. Requerido: Estado de Minas Gerais. Relator: Cláudio Costa. Belo Horizonte, MG, 12 de maio de 2004.

[179] Art. 150, § 6º: "§ 6º Qualquer subsídio ou isenção, redução de base de cálculo, concessão de crédito presumido, anistia ou remissão, relativos a impostos, taxas ou contribuições, só poderá ser concedido mediante lei específica, federal, estadual ou municipal, que regule exclusivamente as matérias acima enumeradas ou o correspondente tributo ou contribuição, sem prejuízo do disposto no art. 155, § 2.º, XII, g."

Assim, numa leitura do texto constitucional com unidade, justeza e conformidade, o **§ 6º do art. 150 da CRFB**, ao impor literalmente que lei específica deva tratar de benefícios fiscais, estaria cercando ainda que atos infralegais proporcionem empiricamente renúncia de receita ou violem o pacto federativo por meios das malfadadas guerras fiscais.

O ponto que merece grande atenção é que a ausência de consequência/sanção negativa pode tornar a disposição inócua, ou melhor, fazer com que esteja presente norma jurídica imprópria. Ora, se benefício fiscal é concedido por ato infralegal, violando **o art. 150, § 6º da CRFB**, pergunta-se: quem terá o interesse de questionar judicialmente? Politicamente essa providência valeria a pena? A consequência será apenas a declaração de inconstitucionalidade?

Após quase trinta anos do texto constitucional e com a prática reiterada de guerra fiscal pelos entes federados, inobservando, em regra, o preceito constitucional em destaque, o legislador infraconstitucional passou a tratar das sanções negativas, fazendo, assim, com que a norma deixe de ser obsoleta. A título de ilustração, a **Lei Complementar n. 157/16** que, dentre outros propósitos, positivou o **art. 8º na Lei Complementar n. 116/03.**[180]

Em adição, tendo em vista o enorme arcabouço normativo existente em matéria tributária, a especificidade tem como finalidade facilitar o conhecimento e dar ampla publicidade de benefícios fiscais aos contribuintes.

---

[180] "Art. 8º-A. A alíquota mínima do Imposto sobre Serviços de Qualquer Natureza é de 2% (dois por cento). (Incluído pela Lei Complementar nº 157, de 2016) § 1º O imposto não será objeto de concessão de isenções, incentivos ou benefícios tributários ou financeiros, inclusive de redução de base de cálculo ou de crédito presumido ou outorgado, ou sob qualquer outra forma que resulte, direta ou indiretamente, em carga tributária menor que a decorrente da aplicação da alíquota mínima estabelecida no **caput**, exceto para os serviços a que se referem os subitens 7.02, 7.05 e 16.01 da lista anexa a esta Lei Complementar. (Incluído pela Lei Complementar nº 157, de 2016) § 2º É nula a lei ou o ato do Município ou do Distrito Federal que não respeite as disposições relativas à alíquota mínima previstas neste artigo no caso de serviço prestado a tomador ou intermediário localizado em Município diverso daquele onde está localizado o prestador do serviço. (Incluído pela Lei Complementar nº 157, de 2016) § 3º A nulidade a que se refere o § 2º deste artigo gera, para o prestador do serviço, perante o Município ou o Distrito Federal que não respeitar as disposições deste artigo, o direito à restituição do valor efetivamente pago do Imposto sobre Serviços de Qualquer Natureza calculado sob a égide da lei nula. (Incluído pela Lei Complementar nº 157, de 2016)"

3.2.4 Transparência tributária

Nos termos do **art. 150, § 5º da CRFB**: "A lei determinará medidas para que os consumidores sejam esclarecidos acerca dos impostos que incidam sobre mercadorias e serviços."

Trata-se de norma de eficácia limitada que foi regulamentada apenas em 2012, por meio da **Lei nº 12.741**, isto é, após quase vinte cinco anos de vigência da Constituição.

O comando constitucional impõe observância ao dever de informação e/ ou transparência.

O objetivo do Constituinte, de fato, foi de auxiliar o consumidor/ contribuinte a tomar conhecimento da tributação indireta experimentada e, com isso, ter elementos para o exercício de direitos de cidadania, em especial, argumentar acerca da (des)proporcionalidade da taxação.

A transparência traz prova – no mínimo forte indício – que o Constituinte leva em conta critério econômico, e não meramente legal, ou melhor, infralegal, para visualizar a repercussão da exação tributária.

3.2.5 Liberdade de tráfego

Com fundamento no **art. 150, V da Constituição**, o instituto jurídico em questão impede que os entes federados estabeleçam "limitações ao tráfego de pessoas ou bens, por meio de tributos interestaduais ou intermunicipais, ressalvada a cobrança de pedágio pela utilização de vias conservadas pelo Poder Público".[181]

Na doutrina o referido dispositivo é conhecido como vedação às sanções políticas. Não se pode admitir que o poder público se valha de meios indiretos para cobrança de tributos. Nesse sentido, a inadimplência tributária deve ser combatida pelo Estado desde que observados os ditames legais, tanto de cunho material, quanto de cunho processual.

Restrições de tráfegos violam direitos e garantias fundamentais, como o art. 150, V da CRFB, bem como outras disposições de mesmo *status* constitucional que garantem o livre exercício da atividade econômica e o direito ao lucro.

Não se pode dizer que o exercício da atividade econômica será limitado em razão da inadimplência tributária.

---

[181] BRASIL. [Constituição (1988)]. Constituição da República Federativa do Brasil. **Diário Oficial da União,** Brasília, DF, 5 out. 1988.

Como muito bem salientado pelo Ministro Marco Aurélio Mello, **RE 413.782-8/SC**, caso Varig S.A. x Estado de Santa Catarina: "recorra a fazenda pública aos meios adequados à liquidação dos débitos que os contribuintes tenham, abandonando a prática de fazer justiça pelas próprias mãos."[182]

A liberdade no exercício da atividade econômica não é plena e absoluta, podendo ser alvo de fiscalização e licenciamento do poder público. Trata-se de limitação em decorrência de outros fatores relevantes, como, por exemplo, saúde pública, regulação urbana etc. Como assentado no **art. 170 e seguintes da Constituição**, o exercício da atividade econômica deve ser garantido, nos termos ou limitações da lei.

Com ênfase, a restrição desse direito não pode ocorrer para fins de cobrança, direta ou indireta, de tributos.

O tema tem grande aceitação no STF, tanto que súmulas foram editadas: **70,**[183] **323,**[184] e **547.**[185]

Ressalta-se, contudo, que, hodiernamente, o STF não tem aplicado de forma absoluta e irrestrita a liberdade de tráfego ou vedação à sanção política. Em algumas situações, o Tribunal se propôs a analisar casos concretos - ainda que seja proibida a reanálise fática - para ponderar qual direito prevaleceria: liberdade de tráfego ou concorrência leal e livre concorrência.

O julgamento paradigma para decidir, num caso concreto, qual dos direitos prevaleceria ocorreu no **RE 550.769**, caso American Virginia Indústria Comércio Importação e Exportação de Tabacos Ltda x União Federal e outros, sob a relatoria de Joaquim Barbosa.[186]

---

[182] BRASIL. Supremo Tribunal Federal (Tribunal Pleno). **Recurso Extraordinário n° 413.782/SC.** Recorrente: Varig SA. Recorrido: Estado de Santa Catarina. Relator: Marco Aurélio. Brasília, DF, 17 de março de 2005b.

[183] BRASIL. Supremo Tribunal Federal. **Súmula nº 70.** É inadmissível a interdição do estabelecimento como meio coercitivo para cobrança de tributo. Brasília, DF, 13 dez. 1963h.

[184] BRASIL. Supremo Tribunal Federal. **Súmula nº 323.** É inadmissível a apreensão de mercadorias como meio coercitivo para pagamento de tributos. Brasília, DF, 13 dez. 1963i.

[185] BRASIL. Supremo Tribunal Federal. **Súmula nº 547**. Não é lícito à autoridade proibir que o contribuinte em débito adquira estampilhas, despache mercadorias nas alfândegas e exerça suas atividades profissionais. Brasília, DF, 12 dez. 1969.

[186] BRASIL. Supremo Tribunal Federal (Tribunal Pleno). **Recurso Extraordinário n° 550.769**. Recorrente: American Virginia Indústria Comércio Importação e Exportação de Tabacos LTDA. Recorridos: União e outros. Relator: Joaquim Barbosa. Brasília, DF, 22 de maio de 2013c.

Como argumentação de decidir, o STF assinalou que a empresa, ao insistir no descumprimento das normas fiscais, atuaria com vantagem indevida em relação às demais do mesmo segmento, o que afronta o princípio constitucional da livre concorrência. Restou consignado, ainda, que a dívida da Empresa em tributos e obrigações acessórias chegaria a R$ 2 bilhões, enquanto o patrimônio da empresa e dos sócios garantiria apenas 5% desse valor. Adicionalmente, argumentou-se que a situação seria grave porque a dívida principal diz respeito ao IPI, que incide em 70% da arrecadação do setor. O Relator concluiu que, no caso, estaria presente "uma macrodelinquência tributária".

Quando do julgamento do paradigma, concluiu-se que, para ter sanção política, o que é constitucionalmente vedado, torna-se necessário que: (1) verifique a relevância dos créditos em aberto, cujo não pagamento implica a restrição ao funcionamento da empresa; (2) manutenção razoável e proporcional do devido processo legal para aplicação da penalidade; e (3) controle da validade dos créditos cujo não-pagamento implica a cassação do registro especial.

Ainda sobre o tema, cumpre apontar que no **RE 1.090.591** caso União x Docasul Assessoria, Consultoria e Comércio Internacional Ltda., o STF reconheceu, sem sede de repercussão geral da matéria, que é constitucional o condicionamento do despacho aduaneiro de bens importados ao pagamento de diferenças apuradas por arbitramento pela autoridade fiscal quanto ao valor da mercadoria. [187]

Como razão de decidir, o STF assinalou que a hipótese não abarcaria apreensão de mercadoria como forma de receber tributos, mas que o pagamento de tributo e multa seria condição para implementação do desembaraço aduaneiro. Em outros termos, o adimplemento de tributos é condição para nacionalização de mercadoria no País. Adicionalmente, com fulcro no **art. 237 da CRFB**, o legislador teria autorização constitucional para elidir a sonegação fiscal e proteger a indústria brasileira.

---

[187] BRASIL. Supremo Tribunal Federal (Tribunal Pleno). **Recurso Extraordinário nº 1.090.591/SC**. Recorrente: União. Recorrido: Docasul Assessoria, Consultoria e Comércio Internacional LTDA. Relator: Marco Aurélio Mello. Brasília, DF, 25 de abril de 2019b.

3.2.6 Princípio do federalismo

O federalismo é princípio moral, conforme ensina Misabel Derzi.[188]

Embora bastasse o seu tratamento como princípio implícito ou moral, no Brasil, como se verificará logo adiante, o federalismo foi expressamente positivado no texto constitucional, inclusive elevado à cláusula pétrea.[189]

Historicamente, o federalismo exsurge como contraposição ou alternativa ao Estado Unitário.

Trata-se de importante criação política efetivada nos Estados Unidos no século XVII, oportunidade em que os colonos americanos buscavam soberania e, por conseguinte, se desvencilhar da Inglaterra, notadamente no que se refere ao poder de legislar, e obter alguma autonomia.

Ainda no campo histórico, importante fator político e social vivenciado foi a criação do Reino Unido. Nesta ocasião, a Irlanda e a Escócia abriram mão de parte da sua soberania em favor da Grã-Bretanha.

Foi diante deste cenário histórico e político que o federalismo passou a ser alternativa ao Estado Unitário. Tratando-se de princípio político, jurídico e moral, conforme ensina Misabel Derzi, em que se efetiva "a livre unificação de totalidades políticas diferenciadas, fundamentalmente, com os mesmos direitos, em regras regionais que, desse modo, devem ser unidas para colaboração comum."[190]

Etimologicamente, Raul Machado Horta ressaltou que a palavra federal "(...) deriva de *foedus*: pacto, ajuste, convenção, tratado, e entra na composição de laços de amizade, *foedus amicitiae*."[191] Na sequência, o Professor arrematou que "A associação das partes componentes está na origem do Estado Federal, tornando inseparáveis, como lembra Charles Eisenmann, as ideias de união, aliança e cooperação." [192]

---

[188] DERZI, Misabel Abreu Machado. Federalismo como princípio moral: novas tendencias conceituais. *In*: DANTAS, José André Wanderley; ROSENBLATT, Paulo (coord.). **Direito tributário:** os 30 anos do Sistema Tributário Nacional na constituição: estudos em homenagem a Ricardo Lobo Torres. Recife: Ed. dos Organizadores, 2018. v.2. p. 83-107.

[189] Vide a metáfora de Dworkin ao comparar a integridade com Netuno, conforme 3.1.1.3.3.

[190] HESSE, Konrad. Elementos de direito constitucional da República federal da Alemanha. Tradução Luís Afonso Heck. Porto Alegre: Sérgio Antonio Fabris Editor, 1998, p. 180-181.

[191] HORTA, Raul Machado. **Direito Constitucional.** 2 ed. Belo Horizonte: Del Rey, 1999, p. 496.

[192] HORTA, Raul Machado. **Direito Constitucional.** 2 ed. Belo Horizonte: Del Rey, 1999, p. 496.

A transição do Estado Unitário para o Estado Federal não se deu de forma imediata e total. Ela foi realizada em etapas, como lembra José Tarcízio de Almeida Melo. Inicialmente, o poder central deu autonomia administrativa aos governos locais. Em seguida, notou-se que administrar sem recursos não seria possível, motivo pelo qual o governo central autorizou os governos locais a instituírem fontes de arrecadação. Por fim, o apogeu do federalismo se concretizou quando os estados-membros puderam editar as suas próprias constituições.[193]

André Mendes Moreira, após revisitar os fundamentos históricos do federalismo, assinala que: (1) a indispensabilidade de cada ente ter recursos próprios e independer de outro; (2) a suficiência dos recursos, ou seja, que eles sejam proporcionais para alcançar os objetivos e incumbências constitucionais e (3) a arrecadação seja eficiente, de modo que a divisão dos impostos seja feita de forma racional e levando em conta a adequação à abrangência local, regional ou nacional.[194]

Os Estados Unidos, berço do federalismo, implementou o denominado modelo clássico - contraponto ao moderno, que se deu a partir de movimento centrífugo, em que os estados soberanos abrem mão do poder político para concretização de nova ordem. Logo, "cedem a soberania para se investirem de autonomia."[195]

A Emenda à Constituição norte-americana n. X, de 1791 consignou expressamente a força dos estados-membros, isto é, são de suas competências tudo aquilo que não lhes forem proibidos ou reservados à União pela Constituição Federal.

A experiência alemã foi diferente.

Historicamente, a Alemanha tinha passado por grande trauma de um Estado Unitário, que concentrou o poder na mão da ditadura do nacional socialismo, no período compreendido entre 1934 e 1945.

---

[193] MELO, José Tarcízio de Almeida. **Direito Constitucional do Brasil**. Belo Horizonte: Del Rey, 2008, p. 507.

[194] MOREIRA, André Mendes. O federalismo brasileiro e a repartição de receitas tributárias. *In:* DERZI, Misabel Abreu; BATISTA JÚNIOR, Onofre Alves; MOREIRA, André Mendes (org.). **Estado federal e tributação:** das origens à crise atual. Belo Horizonte: Arraes Editores, 2015. p. 158. (Coleção federalismo e tributação, v.1).

[195] MELO, José Tarcízio de Almeida. **Direito Constitucional do Brasil**. Belo Horizonte: Del Rey, 2008, p. 510.

Portanto, a Lei Fundamental da República Federal da Alemanha de 1949 teve sustentação histórica e política, dentre outros fundamentos: (1) adequação às forças ocidentais que implementaram o federalismo; (2) descentralização do poder e redução de risco de nova ditatura; (3) implementação da divisão vertical, e não apenas horizontal, do poder.

O movimento foi centrípeto, ou seja, processo de descentralização de poder.

Na realidade, como apontam Gilmar Mendes[196] e Raul Machado Horta[197], o modelo alemão, que acabou inspirando o brasileiro, o federalismo em questão é o de equilíbrio, isto é, independentemente do movimento – centrífugo ou centrípeto – o preponderante é a identificação e presença da repartição de competências.[198]

Para Raul Machado Horta, o modelo alemão é a forma mais evoluída de repartição de competências do moderno Estado Federal.[199]

Diferentemente do Brasil que conta com Senado Federal, a Alemanha possui Conselho Federal composto por representantes dos Governos dos Estados. Misabel Derzi vê com bons olhos o modelo alemão, em razão do desvirtuamento verificado no Brasil, tendo em vista que, por aqui, os senadores estão mais vinculados aos objetivos dos partidos políticos do que para defender os interesses dos Estados. Logo, na Alemanha, os representantes dos Estados no Conselho não podem se alinhar a nenhum outro propósito diverso senão o de defender os objetivos dos Estados.[200]

No Brasil, o movimento para implementação do federalismo teve vez a partir de 1831 e o grande momento de concretização foi com a Constituição de 1891.

Na Constituição de 1824 inexistia autonomia provincial.

---

196 MENDES, Gilmar Ferreira; BRANCO, Paulo Gustavo Gonet. **Curso de Direito Constitucional**. 12. ed. 3. tiragem. São Paulo: Saraiva, 2017.

197 HORTA, Raul Machado. **Direito Constitucional.** 2 ed. Belo Horizonte: Del Rey, 1999, p. 311.

198 MELO, José Tarcízio de Almeida. **Direito Constitucional do Brasil**. Belo Horizonte: Del Rey, 2008, p. 510.

199 HORTA, Raul Machado. **Direito Constitucional.** 2 ed. Belo Horizonte: Del Rey, 1999, p. 310.

200 DERZI, Misabel Abreu Machado. Federalismo como princípio moral: novas tendencias conceituais. *In*: DANTAS, José André Wanderley; ROSENBLATT, Paulo (coord.). **Direito tributário:** os 30 anos do Sistema Tributário Nacional na constituição: estudos em homenagem a Ricardo Lobo Torres. Recife: Ed. dos Organizadores, 2018. v.2. p. 83-107.

Em 1831, sob o reinado de Dom Pedro II, foi apresentado projeto propondo a instituição de "monarquia federativa".

No ano de 1834, por meio do Ato Adicional - Lei n. 16 - teve início processo centrífugo, oportunidade em que as Assembleias Legislativas Provinciais receberam poderes.

José Murilo de Carvalho assinala que, em 1885, Dom Pedro II autorizou o Conselheiro Saraiva a trazer as diretrizes para implementação da República com a adoção do modelo federalista. Com isso, o Rio de Janeiro permaneceu sendo centro político e São Paulo, muito forte na produção de café, passou a ser o centro econômico do País.[201]

Após sessenta e sete anos de independência, em 15/11/1889 foi promulgado o Decreto n. 01, que consolidou a República Federativa dos Estados Unidos do Brasil.

Em 1891, a primeira Constituição Federal é promulgada, inspirada na experiência norte-americana. Em comparação com a vigente, no que se refere ao federalismo, aquela Constituição dava ainda maior autonomia aos estados-membros, como, por exemplo, a atribuição de competência para criação de novas receitas.

Raul Machado Horta assinala que, nessa fase inicial do federalismo brasileiro, alguns estados da federação, como Rio de Janeiro, Paraná, São Paulo etc., exorbitaram as suas atribuições. Isso porque, com a autonomia constitucional, acabaram tratando indevidamente de temas que fugiam às suas competências, como, por exemplo, regular comércio interestadual, conceder anistia, suspender garantias fundamentais, declarar estado de sítio etc.[202]

Em 1937 e 1969, por meio das Constituições, o federalismo brasileiro sofreu colapsos que historicamente marcaram e que, mais tarde, motivaram a Assembleia Nacional Constituinte da década de 80 do século passado.

Um grande retrocesso ao se verificar a implementação de estrutura unitária do Estado, em 1939, por meio do Decreto-Lei n. 1.202. "Esse Decreto-lei, típico ato de força do governo ditatorial, foi chamado de Ato Adicional à Carta Constitucional de 1937."[203]

---

[201] CARVALHO, José Murilo de. **D. Pedro II**. São Paulo: Companhia das Letras, 2007, p. 204.

[202] HORTA, Raul Machado. **Direito Constitucional.** 2 ed. Belo Horizonte: Del Rey, 1999, p. 393-394.

[203] MELO, José Tarcízio de Almeia. **Direito Constitucional do Brasil**. Belo Horizonte: Del Rey, 2008, p. 514.

Vale lembrar que o Presidente foi apontado como autoridade suprema, nos termos do art. 73 da Constituição de 1937.[204]

O então Presidente, Getúlio Vargas sustentou que, caso não fosse abolida a Federação, não teria condições de governar o País.[205]

A Constituição de 1967, inclusive com a Emenda Constitucional n. 01/69 ou Constituição de 1969, seguiu os parâmetros implementados pela Constituição de 1937. Com isso, o federalismo, ainda que nominalmente existisse na redação constitucional da época, era, de fato e de direito, inexistente. Houve concentração de poder junto ao governo central.

O Brasil vivenciou, infelizmente, a ditadura militar, em que direitos e garantias fundamentais foram "relativizados" e o poder foi concentrado totalmente no centro, o que conduziu para um dos momentos mais repugnantes - se não for o maior - da história do País.

A resistência do povo brasileiro era clara e evidente e ganhou ainda maior força nos anos 80 do século passado, quando se desenhou o retorno à democracia e ao federalismo, cuja obra final concretizadora foi a edição da Constituição de 1988.

O modelo alemão de federalismo - Lei Fundamental de 1949 - inspirou Afonso Arinos e serviu de sustentação para o Anteprojeto da Constituição.

Não só ouvindo os debates da Constituinte, mas, especialmente, lendo a redação final da Constituição, não se pode olvidar a positivação de características relevantes do federalismo: (1) a República Federativa do Brasil é a união indissolúvel dos Estados, Municípios e Distrito Federal; (2) o objetivo de minimizar ou extirpar as desigualdades sociais e regionais; (3) o desenvolvimento nacional; (4) a distribuição de competências entre os entes federados; (4) o poder constituinte dos Estados membros; (5) os Municípios com a possibilidade de autorregulamentar por meio de leis orgânicas; (6) a atribuição de competência tributária ativa para cada ente federado; (7) a previsão de repartição/transferências de receitas, inclusive tributárias; (8) a atuação bicameral do Legislativo; (9) a dualidade do Poder Judiciário, em federal e estadual; (10) a sua elevação a *status* de cláusula pétrea, sendo vedada proposta de emenda que vise abolir etc.

---

[204] BRASIL. [Constituição (1937)]. Constituição dos Estados Unidos do Brasil. **Diário Oficial da União**, Rio de Janeiro, publicado em 10 nov. 1937, republicado em 18 nov. 1937 e 19 nov. 1937

[205] MELO, José Tarcízio de Almeida. **Direito Constitucional do Brasil**. Belo Horizonte: Del Rey, 2008, p. 515.

Diante desse contexto, como lembra Barroso, o federalismo tem dois poderes, o central e o federado. Assim, busca-se conciliar diversidades de cada entidade num país territorialmente enorme, porém necessário se faz a implementação de elementos de unidades.[206]

Diante desse quadro, Raul Machado Horta deixou muito claro que a atual geração, pós Constituição de 1988, tem o dever de reedificar a República federal, após os colapsos de 1937 e 1969:

> Esperamos que a reconstrução da República Federal restaure na sua plenitude os poderes dos Estados, sem prejuízo da missão nacional da Federação, para, sob a égide inovadora do federalismo de equilíbrio, preservar a integridade da Nação, a indissolubilidade do vínculo federativo, o desenvolvimento da União e dos Estados e associar o Estado Federal à realização dos objetivos do Governo democrático.[207]

Por isso, inclusive, Misabel Derzi com precisão, atesta que

> a decisão por um Estado federal é uma decisão pela liberdade, e não deixa de ser uma decisão pela igualdade, na medida em que se respeitam as diferenças e peculiaridades locais e regionais. Tal respeito, ao mesmo tempo, torna essas disparidades menos relevantes ou menos radicais.[208]

Mais do que liberdade e igualdade, o federalismo presta importante favor em prol da preservação da democracia, conforme atestado recentemente pela própria Misabel Derzi.[209]

Por essa estreita ligação com a preservação e busca da igualdade, liberdade e democracia, o federalismo não se limita a princípio político e jurídico, sendo, legitimamente, verdadeiro princípio moral.

Sem desviar o foco narrativo aqui proposto, mas para fins de registro, destaca-se a nova corrente federalista, denominada "novos federalistas/nacionalistas", surgida em Yale, Estados Unidos, encabeçada por Heather Gerken.

---

[206] BARROSO, Luís Roberto. **Curso de direito constitucional contemporâneo:** os conceitos fundamentais e a construção do novo modelo. 5 ed. São Paulo: Saraiva, 2015, p. 207.

[207] HORTA, Raul Machado. **Direito Constitucional.** 2 ed. Belo Horizonte: Del Rey, 1999, p. 317.

[208] BALEEIRO, Aliomar. **Direito tributário brasileiro**. 12. ed., **rev., atual. e ampl.** Atualizada por Misabel Abreu Machado Derzi. Rio de Janeiro: Forense, 2013, p. 124.

[209] DERZI, Misabel Abreu Machado. Federalismo como princípio moral: novas tendencias conceituais. *In*: DANTAS, José André Wanderley; ROSENBLATT, Paulo (coord.). **Direito tributário:** os 30 anos do Sistema Tributário Nacional na constituição: estudos em homenagem a Ricardo Lobo Torres. Recife: Ed. dos Organizadores, 2018. v.2. p. 83-107.

Essa nova corrente se afasta do tradicional discurso da centralização em favor do bem-estar – nacionalista – e da descentralização – federalista. Ela sustenta, em síntese, que os fundamentos desenvolvidos pelos nacionalistas são compatíveis com aqueles defendidos pelos federalistas, o que poderia conduzir à convergência.

Assim, dois pontos de sustentação argumentativa são lançados: (1) o federalismo como passo necessário para implementação da democracia nacional e (2) introdução do "poder do servo", em que os Estados se submetem a dois senhores, no caso, às políticas estatal e federal. Com isso, as ações são articuladas e ligadas, e não são separadas, apartadas etc. Há sempre ligação entre as diferentes esferas visando à implementação e regulação conjunta.[210]

Enfim, não obstante a presença da nova corrente federalista nascida em Yale, que reforça o pensamento aqui externado, pode-se concluir, convergindo com Misabel Derzi, que as virtudes do federalismo são: (1) divisão do poder; (2) a possibilidade de observar e atender as peculiaridades regionais e locais; (3) cabimento de inovações/experimentos por estados sem comprometer o todo/o País; (4) fiscalização, cobrança e competição entre governo federal e estados.[211]

Nos últimos anos, o STF tem sido provocado a decidir matérias relevantes cujo objeto central é o princípio ora em destaque. Cite-se, a título de ilustração, a **ADO n. 25**[212] e as **ADIs 6.341**[213], **6.343**[214], **6.362**[215], **6.586**[216] e **ACO 3427**[217].

---

[210] DERZI, Misabel Abreu Machado. Federalismo como princípio moral: novas tendencias conceituais. *In*: DANTAS, José André Wanderley; ROSENBLATT, Paulo (coord.). **Direito tributário:** os 30 anos do Sistema Tributário Nacional na constituição: estudos em homenagem a Ricardo Lobo Torres. Recife: Ed. dos Organizadores, 2018. v.2. p. 83-107.

[211] DERZI, Misabel Abreu Machado. Federalismo como princípio moral: novas tendencias conceituais. *In*: DANTAS, José André Wanderley; ROSENBLATT, Paulo (coord.). **Direito tributário:** os 30 anos do Sistema Tributário Nacional na constituição: estudos em homenagem a Ricardo Lobo Torres. Recife: Ed. dos Organizadores, 2018. v.2. p. 83-107.

[212] Houve necessidade de alargamento da imunidade na exportação quando o Brasil passou a disputar o mercado internacional de gêneros primários, sobretudo aqueles relativos ao agronegócio. Nesse sentido, em 2003 foi promulgada a Emenda Constitucional (EC) nº 42, que alterou a alínea "a" do art. 155, §2º da CF, prevendo, a partir de então, imunidade de ICMS a todas as mercadorias exportadas e todos os serviços prestados a destinatários no exterior. A medida, que impactaria na arrecadação dos Estados e do Distrito Federal, veio acompanhada da previsão de distribuição de recursos a esses, como forma de compensar essa não arrecadação, conforme art. 91 do ADCT.
A previsão do ressarcimento é um importante instrumento de equilíbrio de forças entre União, Estados e Distrito Federal, já que compensa a diminuição do poder de tributar.

Nota-se que o Supremo tem decidido em prol da independência das esferas de poder, e nem a situação excepcional causada pela pandemia é capaz de excepcionar o princípio em estudo.

Vale apontar que, relembrando os pilares históricos do princípio do federalismo, acima tratados, e o texto constitucional positivo, ser impossível

---

A parte autora sustentou que, ao tempo do ajuizamento da ação, já havia se passado dez anos da promulgação da Emenda que inseriu as disposições acima (EC nº 42/2003) sem que houvesse edição da lei complementar definidora do montante devido aos Estados e ao Distrito Federal, que visa compensá-los da perda de arrecadação decorrente da exoneração do imposto devido nas operações e prestações que destinem ao exterior mercadorias ou serviços (art. 155, §2º, X,"a" da Constituição).

Em 30 de novembro de 2016, o STF julgou procedentes os pedidos, reconhecendo a mora inconstitucional por parte do Congresso Nacional ao não editar a lei complementar determinada pela Constituição. A Corte fixou prazo de 12 (doze) meses para que fosse sanada a omissão legislativa, transferindo a competência para o TCU caso o prazo não fosse observado.

Em seu voto, o Ministro relator Gilmar Mendes apontou que a previsão de partilha de competências entre os entes da federação é inócua sem a garantia de recursos próprios suficientes para exercê-las. (BRASIL. Supremo Tribunal Federal (Plenário). Questão de Ordem na Ação Direta de Inconstitucionalidade por Omissão nº 25. Relator: Ministro Gilmar Mendes, 20 mai. 2020. **Diário da Justiça,** Brasília, DF, n. 270, 12 nov. 2020. Disponível em: http://portal.stf.jus.br/processos/downloadPeca.asp?id=15344949311&ext=.pdf. Acesso em: 5 jan. 2021.)

[213] Esta ADI envolveu a análise da constitucionalidade da MP nº 926/2020, que acabou restringindo a adoção de medidas de enfrentamento da emergência de saúde pública pelos Governadores e Prefeitos. Em 15 de abril de 2020, o STF, por maioria, referendou a medida cautelar concedida pelo Ministro Relator Marco Aurélio para fixar o entendimento de que a matéria está relacionada à proteção da saúde, razão pela qual é de competência comum da União, dos Estados, do Distrito Federal e dos Municípios. Assim, foi dada interpretação conforme art. 3º da Lei nº 13.979/20, de modo a deixar claro que os atos praticados pelo Governo Federal não afastam a competência dos demais entes para também adotarem medidas normativas e administrativas de enfrentamento à pandemia. (BRASIL. Supremo Tribunal Federal (Plenário). Ação Direta de Inconstitucionalidade nº 6.341. Relator: Ministro Marco Aurélio, 14 abr. 2020. **Diário da Justiça,** Brasília, DF, n. 271, 12 nov. 2020. Disponível em: http://portal.stf.jus.br/processos/downloadPeca.asp?id=15344964720&ext=.pdf. Acesso em 6 jan. 2021.)

[214] A ADI nº 6.343, ajuizada pelo partido Rede Sustentabilidade, na qual impugna a constitucionalidade da exigência de que as medidas de isolamento, quarentena, exumação, necropsia, cremação, manejo de cadáver e restrição de circulação em rodovias, portos e aeroportos, previstas na Lei nº 13.979/20, fosse precedida de autorização do Ministério da Saúde. O Supremo decidiu, em 6 de maio de 2020, por suspender, parcialmente, sem redução de texto, o dispositivo legal que exigia essa autorização, permanecendo a exigência de que as medidas tomadas por todos os entes sejam precedidas de recomendação técnica fundamentada. (BRASIL. Supremo Tribunal Federal (Plenário). Ação Direta de Inconstitucionalidade nº 6.343. Relator: Ministro Marco Aurélio, 6 maio 2020. **Diário da Justiça,** Brasília, DF, n. 273, 16 nov. 2020. Disponível em: http://portal.stf.jus.br/processos/downloadPeca.asp?id=15344984917&ext=.pdf. Acesso em 6 jan. 2021.)

sustentar, moral e juridicamente, que os entes federados tenham que pagar o valor da nota fiscal com a inclusão do ICMS e/ou IPI, por escolha legislativa infraconstitucional.

No texto constitucional positivo é possível visualizar claramente que o Constituinte tratou de atribuir competências tributárias para todos os entes federados e impôs a partilha da arrecadação de determinados tributos. Assim, o que se vê é um comando de compartilhamento de produto de arrecadação tributária.

Gustavo Branco e Gilmar Mendes identificam claramente esta situação:

> Dessa forma, propicia-se que Estados e Municípios com menor arrecadação possam, preservando a sua autonomia, enfrentar as demandas sociais que superam as receitas obtidas por meio dos tributos da sua própria competência. Trata-se, também, de meio para permitir melhor equilíbrio socioeconômico regional, atendendo-se ao ideado pelo art. 3,

---

[215] Houve discussão acerca da necessidade de prévia autorização por parte do Ministério da Saúde para que os Estados, Distrito Federal e Municípios decretem a requisição administrativa de bens e serviços. Tal autorização não estava prevista na Lei nº 13.979. Assim, a Confederação Nacional de Saúde ajuizou a ADI nº 6.362, por entender que a requisição de utilização de leitos de UTI e outros recursos de hospitais privados deve ser coordenada em nível federal, o que requer autorização do Ministério da Saúde. O STF julgou o pedido improcedente, baseado na inexistência de hierarquia entre os níveis da federação e no princípio da subsidiariedade, e reafirmando a competência comum para a adoção de medidas voltadas à proteção da saúde. (BRASIL. Supremo Tribunal Federal (Plenário). Ação Direta de Inconstitucionalidade nº 6.362. Relator: Ministro Ricardo Lewandowski, 2 set. 2020. **Diário da Justiça,** Brasília, DF, n. 288, 9 nov. 2020. Disponível em: http://portal.stf.jus.br/processos/downloadPeca.asp?id=15345205092&ext=.pdf. Acesso em 6 jan. 2021.)

[216] Na ADI nº 6.586, discutiu-se a possibilidade de vacinação compulsória da população, nos termos do art. 3º, III, "d" da Lei nº 13.979. O Supremo entendeu que a compulsoriedade é constitucional, sendo legítima a imposição de limitações àqueles que recusarem receber a vacina, como restrição ao exercício de certas atividades e de frequentação a determinados lugares, sendo que tais medidas podem ser impostas tanto pela União, quanto pelos Estados, Distrito Federal e Municípios, no âmbito de suas respectivas competências. (BRASIL. Supremo Tribunal Federal (Plenário). Ação Direta de Inconstitucionalidade nº 6.586. Relator: Ministro Ricardo Lewandowski, 2 set. 2020. **Diário da Justiça,** Brasília, DF, n. 288, 9 nov. 2020. Disponível em: http://portal.stf.jus.br/processos/downloadPeca.asp?id=15345205092&ext=.pdf. Acesso em 6 jan. 2021.)

[217] Na Ação Cível Originária nº 3.427, na qual o Supremo entendeu que o emprego da Força Nacional de Segurança Pública em território de Estado-membro, nos termos do Decreto nº 5.289/2004, requer anuência de seu Governador, sem a qual haverá uso ilegítimo da força e quebra do pacto federativo. (BRASIL. Supremo Tribunal Federal (Plenário). Ação Cível Originária nº 3.472. Relator: Ministro Edson Fachin, 24 set. 2020. **Diário da Justiça,** Brasília, DF, n. 291, 11 dez. 2020. Disponível em: http://portal.stf.jus.br/processos/downloadPeca.asp?id=15345250499&ext=.pdf. Acesso em 6 jan. 2021.)

> III da Constituição. Esse quadro de opções estruturais insere o Brasil na modalidade cooperativa do Federalismo, afastando o país, sob este aspecto, do modelo clássico de Estado Federal.
>
> A Constituição brasileira, ao dispor sobre a repartição de receitas oriundas de impostos federais, favorece não somente os Estados, como igualmente, aquinhoa os Municípios (art. 159 da CF). A Emenda à Constituição n. 55/2007 chega a especificar momento (primeiro decênio do mês de dezembro de cada ano) para entrega de certo percentual devido ao Fundo de Participação dos Municípios.[218]

Ademais, há corrente que sustenta reforma tributária para que, como um dos pilares, se efetive maior redistribuição da arrecadação tributária, desconcentrando da União - que hoje tem cerca de 70% da arrecadação - e prestigiando os municípios e os estados.

3.3 Competência tributária

Segundo Hugo de Brito Machado, os sistemas tributários podem ser (1) rígidos ou flexíveis e (2) racionais ou históricos.[219]

Enquanto nos sistemas rígidos os entes federados possuem restrições ao exercer o poder tributante, tendo em vista que a Constituição disciplina pormenorizadamente as normas principais, nos sistemas flexíveis o ente federado possui grande ou total liberdade para legislar no campo infraconstitucional. Noutras palavras, nos sistemas rígidos a regulamentação tributária é elevada ao texto constitucional, ao passo que, nos sistemas flexíveis, a Constituição traz premissas básicas ou norteadoras, quando não é totalmente omissa, e delega a competência normativa para o legislador infraconstitucional.

Ainda segundo o autor, nos sistemas racionais a tributação é norteada pela ciência das finanças e segue princípios políticos.

Por fim, nos sistemas históricos não se tem planejamento e o exercício da tributação será desempenhado de forma casuística.

Nos Estados Democráticos de Direito, como o Brasil, todo poder emana do povo. Assim, cabe ao Poder Constituinte Originário trazer todos os balizamentos para regular condutas dos cidadãos e do próprio Estado, bem como direcionar objetivos ou fins que se pretende alcançar.

---

218 MENDES, Gilmar Ferreira; BRANCO, Paulo Gustavo Gonet. **Curso de Direito Constitucional**. 12. ed. 3. tiragem. São Paulo: Saraiva, 2017, p. 851-852.

219 MACHADO, Hugo de Brito. **Curso de direito tributário.** 33. ed. São Paulo: Malheiros, 2013, p. 237.

O Constituinte de 1988 visivelmente optou pelo sistema rígido ao elevar o sistema tributário nacional à Constituição. Por isso, positivou expressamente princípios, anteriormente estudados, e competências.

Segundo Roque Carrazza

> Em matéria tributária, o legislador constituinte pátrio adotou a técnica de prescrever, de modo exaustivo, as áreas dentro das quais as pessoas políticas podem exercer a tributação. Forjou, portanto, um sistema rígido de distribuição de competência.
>
> Deste modo, os entes políticos só podem atuar dentro dos estritos termos da competência tributária que lhe foi outorgada pela Constituição Federal, uma vez que dela recebem não o poder tributário, mas, sim, uma parcela deste poder, bastante limitada pelas normas que disciplinam seu exercício.[220]

Marcus Abraham assinala que, de acordo com o sistema federativo brasileiro, o Poder Tributário pode ser divido em duas formas:

> a) vertical: federal, estadual e municipal; b) horizontal: legislativo, executivo e judiciário. A Constituição Federal estabelece o poder de legislar sobre finanças e tributos nos artigos 24 e 145 a 156; o poder de administrar tributos e finanças no artigo 21; e o poder de julgar no art. 102 (Poder Judiciário).[221]

Numa exposição mais direcionada ao objeto deste trabalho, vale lembrar que cabe ao Poder Constituinte democraticamente decidir, inicialmente no plano político para posterior formalização no mundo jurídico, como se garantirá a propriedade privada e as suas limitações, intervenções e restrições.

Na linha desenvolvida no tópico destinado a tratar da vedação ao confisco em matéria tributária, o Poder Constituinte claramente optou por (1) garantir a propriedade privada com *status* de direito individual fundamental, e (2) delimitar, no mesmo texto legal, no caso, constitucional, quando seria possível a ocorrência de restrições, delimitações, intervenções etc. Uma delas, como visto, se refere ao exercício da tributação.

Interpretando-se a Constituição com unidade, justeza e conformidade, não se pode olvidar que, em termos de direito positivo constitucional, o Constituinte que garante a propriedade privada como direito fundamental,

---

[220] CARRAZA, Roque Antônio. **Curso de direito constitucional tributário.** 10 ed. São Paulo: Malheiros, 2011, p. 29.

[221] ABRAHAM, Marcus. **Curso de direito tributário brasileiro.** Rio de Janeiro: Forense, 2018, p. 69.

autoriza intervenção dos entes federados por meio do exercício do poder tributante - uma das autorizações previstas na Constituição, desde que as limitações sejam observadas.

As limitações ao exercício do poder tributante são, vale frisar, (1) as competências de cada ente, (2) os denominados princípios e (3) as imunidades.

O Constituinte designou claramente os tributos que são de competência de cada ente federado. Assim, à luz do texto constitucional, observa-se que os entes federados podem ou possuem aptidão para exercer o poder tributante.

Por isso, entende-se, como tratado na passagem destinada à segurança jurídica tributária, que competência tributária é um dos elementos que a compõem.

Competência tributária é a outorga de poderes do Constituinte para que os entes federados, querendo, instituam tributos, tal como estipulado e pormenorizadamente discriminado pela Constituição.

Do texto constitucional se extrai a competência, a aptidão ou possibilidade de cada ente. No entanto, a Constituição não institui tributos.

3.3.1 Classificação

De acordo com a doutrina especializada, a competência tributária se subdivide em (1) privativa, (2) concorrente, (3) residual, (4) extraordinária e (5) cumulativa.

A competência tributária privativa permite que apenas um ente federado institua determinado tributo. A título de ilustração, compete apenas à União Federal instituir o imposto sobre a renda e proventos de qualquer natureza, Empréstimos Compulsórios etc. Ao Estado cabe, sozinho, instituir o IPVA. Ao Município, e mais nenhum outro ente federado, compete instituir a Contribuição de Iluminação Pública, o ISSQN etc.

Na competência concorrente, dois ou mais entes federados podem instituir, dentro das suas atribuições constitucionais ou legais, os mesmos tributos. Então, por exemplo, União, Estados, Distrito Federal e Municípios podem instituir taxas e contribuições de melhoria.

As demais características e exigências de cada espécie tributária devem ser observadas para o exercício legítimo da tributação. Assim, não quer dizer que o Município, por também ter a competência constitucional para instituir a espécie tributária taxa, poderá inobservar as demais imposições/restrições legais, como, por exemplo, a atribuição ou competência administrativa.

Na competência residual, a União poderá instituir novos impostos e novas contribuições para seguridade social, "desde que sejam não-cumulativos e não tenham fato gerador ou base de cálculo próprios dos discriminados nesta Constituição" - **art. 154, I c/c 195, § 4º da CRFB**.

A competência extraordinária também pertence à União e terá cabimento para espécie tributária impostos, na hipótese de iminência ou caso de guerra externa. Há possibilidade, nesse caso, de ocorrer a bitributação ou o *bis in idem* tributário. No entanto, estes impostos devem ser suprimidos gradativamente, no caso de cessação das causas de sua criação - **art. 154, II da CRFB**.

A propósito, vale lembrar que bitributação e *bis in idem* não devem ser confundidos:

> **Bitributação**: é a cobrança do mesmo tributo, mais de uma vez, por dois ou mais entes tributantes, com fundamento no mesmo fato gerador. ***Bis in idem***: é a cobrança de dois ou mais tributos pelo mesmo ente tributante competente, em função de um único fato gerador, por meio de normas jurídicas distintas. Grifo do nosso[222]

Por fim, a competência será cumulativa na hipótese do **art. 147 da CRFB**: "Competem à União, em Território Federal, os impostos estaduais e, se o Território não for dividido em Municípios, cumulativamente, os impostos municipais; ao Distrito Federal cabem os impostos municipais."[223]

3.3.2 Características

Como características, a competência é: (1) rígida, (2) indelegável e intransferível, (3) facultativa e (4) inalterável.

A rigidez decorre da interpretação do texto constitucional na medida em que o Constituinte, taxativamente, pontuou a competência de cada um dos entes federados. Com isso, é possível sustentar a minimização do risco de alargamento/extrapolação ou invasão ou conflito de competências.

Não há previsão constitucional para se delegar a competência tributária.

Vale apontar que competência tributária e capacidade tributária são institutos jurídicos diversos.

---

[222] ABRAHAM, Marcus. **Curso de direito tributário brasileiro.** Rio de Janeiro: Forense, 2018, p. 70.

[223] BRASIL. [Constituição (1988)]. Constituição da República Federativa do Brasil. **Diário Oficial da União,** Brasília, DF, 5 out. 1988.

Na capacidade tributária é possível autorizar que outra pessoa jurídica possa fiscalizar e/ou arrecadar. Porém, não há espaço para legislar e/ou instituir tributo de competência de outro ente.

Em regra, a delegação da capacidade é endereçada a outra pessoa jurídica de direito público. Assim, por exemplo, no caso de convênio com a União, o Município poderá fiscalizar e arrecadar o Imposto sobre a propriedade territorial rural (ITR). Inclusive, nesse caso, ficará com a totalidade da arrecadação. Contudo, a competência tributária ativa para instituir e regulamentar em sentido amplo esse imposto permanece privativa da União Federal.

A instituição de tributo pelo ente federado constitucionalmente competente poderá (não) ocorrer de acordo com a sua decisão política. O não exercício da faculdade constitucional da competência tributária ativa não conduz ao raciocínio de renúncia ou caducidade. Assim, por exemplo, a União poderá instituir o Imposto sobre grandes fortunas (IGF) quando lhe for conveniente econômica e politicamente.

Por ter *status* constitucional, a competência não pode ser alterada pela legislação infraconstitucional.

3.3.3 Competência tributária ativa e lei complementar

Para instituição de tributo de sua competência, em regra, o ente federado deverá se valer de lei ordinária. No entanto, o Constituinte impôs expressamente a utilização de lei complementar para instituição de impostos e contribuições residuais, de acordo com **art. 154, I e 195, § 4º da CRFB**, e dos empréstimos compulsórios, à luz do **art. 148 CRFB**. Ainda, a instituição do IGF deverá ser nos termos da lei complementar - **art. 153, VII da CRFB.**

Com objetivo de tratar normas gerais em direito tributário em âmbito nacional e evitar conflito de competências, o **art. 146** da Constituição, especificamente, incisos I e III, merecem destaque.

Inicial e formalmente lei ordinária, **Lei nº 5.172/66**, o CTN foi recepcionado materialmente como lei complementar.[224] Em matéria tributária existem outras leis complementares nacionais, como as de n. **116/03 e 87/96,** bem como o **Decreto-Lei 406/68.**

[224] Nos termos do **art. 34, § 5º do ADCT**: "Vigente o novo sistema tributário nacional, fica assegurada a aplicação da legislação anterior, no que não seja incompatível com ele e com a legislação referida nos §3º e § 4º."

Por serem de âmbito nacional, as leis complementares, além de observância dos sujeitos passivos, vinculam todos os entes federados. Por isso, a título de ilustração, há uniformidade nacional com relação aos institutos "obrigação, lançamento, crédito, prescrição e decadência tributários." - **art. 146, III, 'b' da CRFB**. Imagine se cada ente legislasse plenamente sobre cada um desses institutos?

Especificamente no que se refere ao instituto da competência tributária ativa, o **art. 146, III, 'a' da Constituição** proporciona divergência na doutrina tributarista nacional, quando reserva à lei complementar definir "[...] tributos e de suas espécies, bem como, em relação aos impostos discriminados nesta Constituição, a dos respectivos fatos geradores, bases de cálculo e contribuintes."

Em primeiro lugar, caso inexista lei complementar nacional regulamentando essas matérias, o ente federado competente não pode instituir tributo que é de sua competência? A resposta é negativa.

Isso porque, conjugando-se os **arts. 24, I e §§ da CRFB**[225] conjugado com **art. 34§ 3º do ADCT,**[226] na ausência de normas gerais editadas pela União, os Estados e o Distrito Federal poderão legislar plenamente, até que seja editada lei complementar nacional.

A propósito, no Agravo Regimental em Agravo de Instrumento - **AgRg no AI n. 167.777-5/SP**, caso Indústria Metalúrgica Favorita e outros x Estado de São Paulo, o STF assim decidiu:

---

[225] Art. 24. Compete à União, aos Estados e ao Distrito Federal legislar concorrentemente sobre:
I - direito tributário, financeiro, penitenciário, econômico e urbanístico;
[...]
§ 1º No âmbito da legislação concorrente, a competência da União limitar-se-á a estabelecer normas gerais.
§ 2º A competência da União para legislar sobre normas gerais não exclui a competência suplementar dos Estados.
§ 3º Inexistindo lei federal sobre normas gerais, os Estados exercerão a competência legislativa plena, para atender a suas peculiaridades.
§ 4º A superveniência de lei federal sobre normas gerais suspende a eficácia da lei estadual, no que lhe for contrário.

[226] Art. 34. O sistema tributário nacional entrará em vigor a partir do primeiro dia do quinto mês seguinte ao da promulgação da Constituição, mantido, até então, o da Constituição de 1967, com a redação dada pela Emenda nº 1, de 1969, e pelas posteriores.
[...]
§ 3 Promulgada a Constituição, a União, os Estados, o Distrito Federal e os Municípios poderão editar *as leis necessárias* à aplicação do sistema tributário nacional nela previsto.

> IMPOSTO SOBRE PROPRIEDADE DE VEÍCULOS AUTOMOTORES. DISCIPLINA. Mostra-se constitucional a disciplina do Imposto sobre Propriedade de Veículos Automotores mediante norma local. Deixando a União de editar normas gerais, exerce a unidade da federação a competência legislativa plena - § 3º do artigo 24, do corpo permanente da Carta de 1988 -, sendo que, com a entrada em vigor do sistema tributário nacional, abriu-se à União, aos Estados, ao Distrito Federal e aos Municípios, a via da edição de leis necessárias à respectiva aplicação - § 3º do artigo 34 do Ato das Disposições Constitucionais Transitórias da Carta de 1988. [227]

Como exemplo clássico, indica-se o IPVA. Inexiste lei complementar nacional prevendo fato gerador, base de cálculo e contribuintes desse imposto. Contudo, ante a inércia legislativa, os Estados e o Distrito Federal legislam plenamente.

Sem estender e visando não afastar do foco da presente pesquisa, cumpre deixar consignado entendimento pessoal sobre a indevida utilização de lei ordinária estadual como veículo legislativo normalmente utilizado pelos Estados para regulamentar fato gerador, base de cálculo e contribuintes do IPVA.

O entendimento pessoal resultou na elaboração da monografia denominada "A (in)constitucionalidade da cobrança do IPVA no Estado de Minas Gerais" que foi redigida e defendida como requisito parcial para obtenção de Pós-Graduação em Direito Tributário pela Faculdade Milton Campos.[228]

Em síntese, vale lembrar que, quase dois anos após a vigência da Constituição, em 1990, o STF foi provocado a se manifestar sobre a (não) obrigatoriedade ou não de o processo legislativo estadual respeitar as regras estabelecidas pela CRFB para o processo legislativo federal.

A ação precursora no STF foi a **ADI nº 216/PB,**[229] caso Governador do Estado da Paraíba x Assembleia Legislativa do Estado da Paraíba. Em síntese,

---

[227] BRASIL. Supremo Tribunal Federal (2. Turma). **Agravo Regimental no Agravo de Instrumento Extraordinário nº 167.777-5**. Agravantes: Indústria Metalúrgica Favorita e outros. Agravado: Estado de São Paulo. Relator: Marco Aurélio. Brasília, DF, 04 de março de 1997.

[228] MELO, João Paulo Fanucchi de Almeida. **A (in)constitucionalidade da cobrança do IPVA no Estado de Minas Gerais.** Belo Horizonte: Faculdade de Direito Milton Campos, 2007.

[229] "AÇÃO DIRETA DE INCONSTITUCIONALIDADE - CONSTITUIÇÃO ESTADUAL - PROCESSO LEGISLATIVO - A QUESTÃO DA OBSERVANCIA COMPULSORIA, OU NÃO, DE SEUS PRINCÍPIOS, PELOS ESTADOS-MEMBROS - NOVA CONCEPÇÃO DE FEDERALISMO CONSAGRADA NA CONSTITUIÇÃO DE 1988 - PERFIL DA

o governador submeteu à Corte a análise da constitucionalidade de dois dispositivos da Constituição paraibana, requerendo, em sede de liminar, a suspensão de tais dispositivos legais.

Ministro Celso de Mello, relator do acórdão, apontou que o modelo de federalismo adotado pelo Brasil é centralizado em torno da União e afirmou que os Estados-membros deveriam buscar sua fonte jurídica na Constituição da República. Concluiu que o Estado, ao legislar, deveria utilizar o mesmo processo legislativo imposto à União pela Constituição. Assim, exsurgiu o denominado princípio ou tese da simetria.

Ainda nessa linha expositiva, na **ADI 2.872**, caso Governador do Estado do Piauí x Assembleia Legislativa do Estado do Piauí, o STF, por maioria, vencidos Menezes de Direito e Cármem Lúcia, com amparo no princípio da simetria, julgou procedente a ação, tendo os seguintes fundamentos:

FEDERAÇÃO BRASILEIRA - EXTENSAO DO PODER CONSTITUINTE DOS ESTADOS-MEMBROS - RELEVO JURÍDICO DO TEMA - SUSPENSÃO LIMINAR DEFERIDA. O perfil da federação brasileira, redefinido pela Constituição de 1988, embora aclamado por atribuir maior grau de autonomia dos estados-membros, e visto com reserva por alguns doutrinadores, que consideram persistir no Brasil um federalismo ainda afetado por excessiva centralização espacial do poder em torno da União Federal. Se é certo que a nova carta política contempla um elenco menos abrangente de princípios constitucionais sensíveis, a denotar, com isso, a expansão de poderes jurídicos na esfera das coletividades autônomas locais, o mesmo não se pode afirmar quanto aos princípios federais extensíveis e aos princípios constitucionais estabelecidos, os quais, embora disseminados pelo texto constitucional, posto que não é tópica a sua localização, configuram acervo expressivo de limitações dessa autonomia local, cuja identificação - até mesmo pelos efeitos restritivos que deles decorrem - impõe-se realizar. A questão da necessária observância, ou não, pelos estados-membros, das normas e princípios inerentes ao processo legislativo, provoca a discussão sobre o alcance do poder jurídico da União Federal de impor, ou não, as demais pessoas estatais que integram a estrutura da federação, o respeito incondicional a padrões heterônomos por ela própria instituídos como fatores de compulsória aplicação. Esse tema, que se revela essencial à organização político-administrativa do estado brasileiro, ainda não foi decidido pelo Supremo Tribunal Federal. Da resolução dessa questão central, emergira a definição do modelo de federação a ser efetivamente observado nas práticas institucionais. Enquanto não sobrevier esse pronunciamento, impõe-se, como medida de cautela, a suspensão liminar de preceitos inscritos em constituições estaduais, que não hajam observado os padrões jurídicos federais, de extração constitucional, concernentes ao processo legislativo." (destaque-se)
(BRASIL. Supremo Tribunal Federal (Plenário). **Ação Direta de Inconstitucionalidade nº 216-3/PB**. Requerente: Governador do Estado da Paraíba. Requerida: Assembleia Legislativa do Estado do Paraná. Relator Ministro Celso de Mello. Brasília, 23 de maio de 1990).

> A inconstitucionalidade dos preceitos impugnados decorre da violação ao princípio da simetria, uma vez que a Constituição do Estado do Piauí exige a edição de Lei Complementar para o tratamento de matérias em relação às quais a Constituição Federal **prevê o processo legislativo ordinário.** II – A jurisprudência reiterada desta Corte é no sentido de que o Estado-membro, em tema de processo legislativo, deve observância cogente à sistemática ditada pela Constituição Federal [...][230] (grifa-se)

Note-se que, de acordo com os precedentes, pelo princípio da simetria, não se admite a utilização de processo legislativo mais rigoroso ou com quórum qualificado, no caso acima, lei complementar, caso a Constituição reserve matérias à lei ordinária. Por evidente, se determinada matéria é reservada à lei complementar, não se pode admitir a adoção de lei ordinária.

Assim, considerando o entendimento do STF de que Estados, Distrito Federal e Municípios devem respeitar os princípios da Constituição de 1988 – tese ou princípio da simetria, conclui-se que o procedimento legislativo hábil para dispor sobre fato gerador, contribuintes e base de cálculo do IPVA, diante da inércia legislativa – ausência de lei complementar nacional, é lei complementar estadual.

Em outros termos e em sede de conclusão pontual, embora a formalização de posicionamento seja relevante: (1) quando o art. 34 parágrafo 3º dos Atos das Disposições Constitucionais Transitórias (ADCT)[231] prevê que a União, os Estados, o Distrito Federal e os Municípios poderão editar as leis necessárias à aplicação do sistema tributário nacional; (2) Em razão da inércia da União em editar a lei complementar de IPVA, os Estados e o Distrito Federal poderão legislar plenamente; (3) Para tanto, devem editar as leis necessárias, conforme o mencionado art. 34, § 5 do ADCT. (4) Como fato gerador, base de cálculo e contribuintes são reservados à lei complementar, os Estados e o Distrito Federal poderão suprir a inércia e, por conseguinte, legislar plenamente. Deverá se valer do mesmo processo legislativo imposto constitucionalmente caso venha a ser feito no plano nacional, isto é, por meio de lei complementar. (5) Afinal, se um dia essas matérias forem reguladas no âmbito nacional, lei complementar será adotada, tal como ocorreu com o ICMS e ISS. Logo, (6) os

---

230 BRASIL. Supremo Tribunal Federal (Plenário). **Ação Direta de Inconstitucionalidade nº 2.872/PI.** Requerente: Governador do Estado do Piauí. Interessado: Assembleia Legislativa do Estado do Piauí. Rel. Min. Ricardo Lewandowski. Brasília, 1º de agosto de 2011c.

231 "§ 3 Promulgada a Constituição, a União, os Estados, o Distrito Federal e os Municípios poderão editar as leis necessárias à aplicação do sistema tributário nacional nela previsto." (destaque-se)

Estados e Distrito Federal, pela simetria, precisam seguir o mesmo caminho, ou seja, trazer tais matérias em lei complementar estadual, em respeito ao princípio/tese da simetria, que se encontra consagrada no STF.

A ausência de lei complementar nacional não é condição e tampouco inibe o pleno exercício da competência tributária ativa. Os entes federados poderão legislar plenamente para aplicação do sistema tributário nacional. Contudo, conforme posicionamento externado, deverá se valer do processo legislativo indicado expressamente pelo texto constitucional. Como fato gerador, base de cálculo e contribuintes são reservados à lei complementar, no que se refere ao IPVA, os Estados e o Distrito Federal deverão lançar mão de lei complementar estadual.

Na **ADI 216-PB**, o STF, como tribunal/instituição, concluiu que, em termos de processo legislativo e levando em conta o federalismo brasileiro, o princípio da simetria deve ser adotado.

Ora, este princípio, adotado pelo STF, de certo, não pode se limitar ao caso julgado. Ele deve transcender para outros casos levados à Corte. Em outras palavras, o direito como integridade, ao impor que se retorne aos precedentes/passado, exige que os fundamentos, os princípios, a forma de decidir, devem ser levados para os novos casos, em respeito à coerência articulada.

É dizer que o Tribunal não fica engessado. Ele poderá modificar o entendimento. No entanto, deverá fazê-lo de forma clara, expressa e fundamentada. O que não pode ocorrer é "esquecimento" de que um fundamento ou um princípio foi anteriormente adotado e deixar de enfrentá-lo, seja para aplicar, seja para superar com argumentação, num caso em que o precedente/fundamento tem aplicação.

Nessa linha, se o STF decidiu pela necessidade de observar o princípio da simetria na **ADI 216-PB** e, posteriormente, renovou entendimento na **ADI n. 2.872**, sendo esse, portanto, o fundamento/*ratio decidendi*, não se pode olvidar que, como instituição, há que se observar a transcendência, em nome da segurança jurídica ou, nos termos defendidos por Dworkin, a consistência articulada.

Com isso, se a lei de Minas Gerais – assim como de outros estados – trata de fato gerador, base de cálculo e contribuintes do IPVA em lei ordinária, a inconstitucionalidade está evidenciada. Isso porque o art. 146 da CRFB exige lei complementar. Como o STF, como instituição, adota o princípio da simetria do processo legislativo, não se pode olvidar que, pela consistência articulada, os institutos jurídicos arrolados somente poderiam ser tratados em sede de lei complementar estadual. Claro, a não ser que o STF supere fundamentadamente o seu entendimento de que o princípio da simetria não precisa ser observado.

Em segundo lugar, tendo em vista a positivação do art. 146 da CRFB, a doutrina e a jurisprudência apresentam divisão no que concerne à visualização da distribuição de competências como tipos ou conceitos, o que tem grande interferência no processo de interpretação e aplicação do direito tributário.

Por isso mesmo, tópico específico, o próximo, será aberto para enfrentamento desse ponto.

3.3.4 Competências tributárias: tipos ou conceitos?

Após as notas introdutórias tratando das competências tributárias, propõe-se (re)analisar as recentes discussões doutrinárias e jurisprudências acerca da classificação das competências tributárias: seriam tipos ou conceitos?

3.3.4.1 Tipos e conceitos: lições da Professora Misabel Derzi

Ao se tratar dos institutos tipos e conceitos, a primeira obra a ser consultada, por ser referência, é a tese de doutorado da Professora Misabel Derzi, denominada "Direito tributário, direito penal e tipo"[232]. Um trabalho que se propõe a estudar esse tema e não se vale desta leitura obrigatória terá cometido, no mínimo, equívoco metodológico.

Pois bem.

Misabel Derzi, inicialmente, traz alerta relevante: o indevido ou invertido uso do vocábulo tipo, tipicidade ou tipicidade cerrada no Brasil. Isso decorre da importação equivocada do termo *Tatbestand* como se tipo fosse, quando, na realidade, se trata de conceito.

Destaque-se que:

> LARENZ, até a segunda edição de sua obra, *Methodenlehre der Rechtswissenschaft,* admitia os tipos "fechados" (expressão em si contraditória). A partir da terceira edição, refez o seu ponto de vista, aliás, mantido naquelas que a sucederam, afirmando que os tipos, por definição, são sempre abertos[233].

---

[232] DERZI, Misabel Abreu Machado. **Direito tributário, direito penal e tipo**. 3. ed. rev. ampl. atual. Belo Horizonte: Fórum, 2018.

[233] DERZI, Misabel Abreu Machado. **Tipos e conceitos**: a incompatibilidade do modo de pensar por tipos as regras de competência tributária constitucionais. 2019. No prelo.

Mais adiante Misabel Derzi esclarece o equívoco na "importação" do direito alienígena dos institutos conceitos e tipos: "Mesmo o legislador brasileiro foi contaminado pelo equívoco. Observe-se que a Lei nº 7.209, de 11/7/1984, refere-se ao tipo penal no sentido de *Tatbestand*, que deveria conter, pretensamente, conceitos determinados e especificantes".[234]

Os tipos são abertos, trabalham determinação genérica e apontam características. Os conceitos são operacionalmente fechados e buscam classificar.

No plano hermenêutico, os tipos estão ligados à abordagem dos fatos. Assim, as situações mutantes, fluidas e transitórias da vida ou seio social que podem ser alcançados pela norma.

No plano legiferante, os tipos são usados com objetivo de trazer diretrizes, condutas, positivas ou negativas, menos rígidas. Há mais espaço na interpretação e aplicação da lei, tendo em vista que, em razão da abertura, a possibilidade de adaptar os avanços sociais, políticos e econômicos. Não há limites rigorosos. No direito privado é possível visualizar, com maior facilidade, a presença dos tipos.

Misabel Derzi, em síntese, assevera que:

> o tipo, como visto, tornou-se uma ordem, contraposta ao conceito de classe (e sua alternativa), um conjunto não rígido e delimitado, adequado a apanhar a realidade, onde os objetos estão em relação comparativa, fluida e contínua. Uma generalização, uma abstração. O tipo, entretanto, é concebido como uma ordem mais próxima da especificidade do que o tradicional conceito classificatório. Essa "aproximação" com a realidade, no plano material, leva à ideia de tipo descritivo, que dá passagem à intuição, à totalização, à percepção imediata. Até mesmo o tipo ideal (que se afasta da realidade na medida em que sublima determinados elementos reais) nasce do contato com a realidade empírica, pois não se concebe arbitrariamente.[235]

Segundo Humberto Ávila, o tipo

> descreve características habituais que costumam comumente ocorrer, devendo ser analisadas em conjunto. [...] Está-se asserindo que o referido termo descreve as propriedades típicas comumente constatadas, mas não necessárias, nem suficientes, para sua verificação.[236]

---

[234] DERZI, Misabel Abreu Machado. **Tipos e conceitos**: a incompatibilidade do modo de pensar por tipos as regras de competência tributária constitucionais. 2019. No prelo.

[235] DERZI, Misabel Abreu Machado. **Tipos e conceitos**: a incompatibilidade do modo de pensar por tipos as regras de competência tributária constitucionais. 2019. No prelo.

[236] ÁVILA, Humberto. **Competências tributárias**. São Paulo: Malheiros, 2018, p. 13.

E mais adiante,

> [...] ou apenas descrevem propriedades típicas, comumente observadas e exemplificativamente indicadas, devendo ser examinadas conjunta e concretamente, sem precisar estar todas necessariamente presentes para constatação [...].[237]

Por sua vez, os conceitos estão ligados à abordagem de classe. Adota-se o mecanismo "ou, ou, ou". Portanto, adotam-se hipóteses excludentes, e não fluídas. No direito público, em especial, direito tributário, a utilização de conceitos deve prevalecer, até mesmo em atenção à segurança jurídica. Afinal, nessa seara, haverá intervenção do Estado no patrimônio/propriedade, que deve ser visualizada de forma restrita ou excepcional, tal como se nota da proposta do Constituinte.

Misabel Derzi aduz que:

> O conceito secciona, seleciona. Quanto maior, então, for a abstração, tanto mais abrangente será o conceito, porque abrigará um maior número de objetos e, em contrapartida, tanto mais vazio será de conteúdo e significado. LARENZ explica que a Ciência dos conceitos, como propõe PUCHTA, é exemplo da ideia de sistema formal e racional, herança da escola do direito natural e do idealismo alemão. O sistema, nesse modelo, assemelha-se a uma pirâmide, em que a largura ou base corresponde à compreensão do conceito (conteúdo semântico), e a altura à extensão. À medida que se sobe da base para o vértice, perde o conceito a abundância de matéria e riqueza de conteúdo, o que ganha, proporcionalmente, em altura, isto é, abrangência de indivíduos, de modo que o mais alto abarca os demais inferiores. O conceito menos geral pertence ao gênero do mais abrangente. O menos abrangente denomina-se espécie e aquilo que diferencia uma espécie de outras, situadas sob um mesmo gênero, designa-se por "diferença de espécie". Definir será determinar um gênero a um conceito e acrescentar a diferença de espécie. [238]

Humberto Ávila: "[...] conota propriedades necessárias e suficientes para sua verificação: necessárias no sentido de que, sem elas, o conceito não se manifesta; suficientes no sentido de que, com elas, o conceito se confirma."[239]

---

237 ÁVILA, Humberto. **Competências tributárias**. São Paulo: Malheiros, 2018, p. 14.

238 DERZI, Misabel Abreu Machado. **Tipos e conceitos**: a incompatibilidade do modo de pensar por tipos as regras de competência tributária constitucionais. 2019. No prelo.

239 ÁVILA, Humberto. **Competências tributárias**. São Paulo: Malheiros, 2018, p. 11.

Misabel Derzi alerta que nem sempre será absoluta a separação entre tipos e conceitos:

> A grande classe ou gênero é a dos conceitos, pois toda representação advém por meio dele, mas nem todo conceito configura um tipo, embora todo tipo contenha uma abstração inerente aos conceitos. Assim podemos ter conceitos individuais ou próprios (João, Maria, atos normativos individuais como as sentenças), até chegarmos àqueles que se elevam em grau cada vez mais abstrato, para alcançarem a ideação das coisas inexistentes. Os tipos ficam no meio e, por sua proximidade com a realidade, não se referem às coisas únicas, nem às inexistentes (como à lógica, à matemática, à literatura de ficção ou às coisas religiosas como Deus). A rigor, diz-se que o conceito pode ser "tipificado", mesmo continuando a observar o método conceitual. Nesse caso a "tipificação" é utilizada no sentido de concreção, à moda de ENGISCH. Ou seja, os conceitos podem ser ricos em dados referenciais ao mundo da realidade, sendo determinados e precisos. Mas se ele responder, apesar da concreção, ao método de pensar por conceitos, não poderemos designá-los de tipos.[240]

A Professora assinala que, até então, a dissociação conceitos e tipos era delimitada a questão terminológica ou, quando muito, com consequências no direito penal e direito tributário. Contudo,

> Surgem, então, agora sim, problemas seríssimos quer para o Direito Penal (conceito de tipo), quer para o Direito Tributário (modelação das regras constitucionais de competência, como podemos encontrar na fundamentação da decisão da Corte Suprema no RE 651.703/PR). Falemos daquilo que se abala por detrás da questão: Estado de Direito, separação de Poderes, Legalidade, Segurança, Federalismo e Democracia.[241]

3.3.4.2 Competências como tipos

Uma linha da doutrina e da jurisprudência assegura que o Constituinte, ao discriminar as competências, se valeu de tipos, e não de conceitos. O fundamento central está amparado na visualização isolada do **art. 146 da CRFB.**

---

[240] DERZI, Misabel Abreu Machado. **Tipos e conceitos**: a incompatibilidade do modo de pensar por tipos as regras de competência tributária constitucionais. 2019. No prelo.

[241] DERZI, Misabel Abreu Machado. **Tipos e conceitos**: a incompatibilidade do modo de pensar por tipos as regras de competência tributária constitucionais. 2019. No prelo.

Schoueri[242] tem compreensão semelhante à de Misabel Derzi[243] no que se refere às conclusões de tipos e conceitos. Contudo, Schoueri defende que as competências devem ser visualizadas como tipos.

A sua linha de raciocínio pode ser assim sintetizada: (1) o Constituinte tinha conhecimento dos impostos tradicionalmente inseridos nos ordenamentos jurídicos, ou melhor, constituições anteriores. Assim, o seu papel foi distribuir estes impostos aos entes federados. (2) Constituinte não trouxe limites rígidos. "[...] Ao contrário, sabia que se tratava de expressões fluidas, que por vezes implicariam uma interpenetração, possibilitando, até mesmo, o nascimento de conflitos de competência."[244] (3) Ao determinar que cabe à lei complementar solucionar conflitos de competência, nos termos do **art. 146, I da CRFB**, os **artigos 153, 155 e 156** devem ser vistos como tipos. Afinal, se fossem conceitos, os limites estariam evidentes e a reclamada lei complementar seria dispensada para tal finalidade. (4) No âmbito constitucional, a realidade econômica e a fluidez são evidentes, portanto, tipos. Na perspectiva infraconstitucional, especificamente lei complementar, deve-se buscar conceitos. (5) Com fulcro no art. 146, III, 'a' da CRFB, Schoueri assegura:

> Eis a confirmação do papel da lei complementar na definição dos 'fatos geradores, base de cálculo e contribuintes: o constituinte tinha consciência de que ele próprio não definiria (não conceituara) tais elementos essenciais dos impostos que ele previra. À lei complementar que caberá tal tarefa.[245]

3.3.4.3 Competências como conceitos: posição do autor

Humberto Ávila, em recente trabalho, se dedicou a revisitar os institutos em debate, tipos e conceitos, para concluir como devem ser vistas e interpretadas as regras atinentes à competência tributária.[246]

Após dissociar enunciados, que podem ser prescrições ou proposições, e normas, conclui que a regra de competência é (1) enunciado prescritivo, e não descritivo; (2) com eficácia comportamental direta e indireta; (3) abstrata, ou seja, abarcaria eventos futuros; (4) heterônomo, tendo em vista que o destinatário, no caso, os entes federados, devem observar o que foi designado

---

242 SCHOUERI, Luis Eduardo. **Direito tributário**. 6. ed. São Paulo: Saraiva, 2016.

243 DERZI, Misabel Abreu Machado. **Direito tributário, direito penal e tipo**. 3. ed. rev. ampl. atual. Belo Horizonte: Fórum, 2018.

244 SCHOUERI, Luis Eduardo. **Direito tributário**. 6. ed. São Paulo: Saraiva, 2016, p. 277.

245 SCHOUERI, Luis Eduardo. **Direito tributário**. 6. ed. São Paulo: Saraiva, 2016, p. 278.

246 ÁVILA, Humberto. **Competências tributárias**. São Paulo: Malheiros, 2018.

pelo Constituinte. Em outros termos, inexiste identidade entre autor e destinatário da regra de competência; (5) coativo.

O autor assinala que a regra de competência é incompatível com tipos, tendo em vista que, segundo o seu pensamento: (1) nos tipos existem apenas descrições, sem guiar qualquer conduta a ser observada; (2) os tipos abarcam fatos passados e singulares; (3) os tipos admitem que o destinatário se autorregule. Não haveria caráter prescritivo rígido; (4) a regra de competência passaria a ser "[...] significados de enunciados descritivos, sem eficácia comportamental direta, qualificados como concretos, autônomos e não coativos.";[247] (5) se a competência tributária pode ser classificada, tal como exposto acima, compreendendo, as competências (a) privativa e (b) residual, como seria defensável classificar como tipos? Ora, para que algo seja residual necessariamente outro seja ordinário e vinculante; (6) "[...] não se afigura correto interpretar o sentido dos dispositivos constitucionais com base no resultado da interpretação que autores estrangeiros fazem de outras constituições [...]"[248], até mesmo porque, na Alemanha, por exemplo, apenas dois artigos na constituição são dedicados ao sistema tributário; (7) a definição exsurge como instrumento de esclarecer um conceito, que pode ter algum grau de imprecisão, tal como, por exemplo, a ambiguidade ou vagueza. Assim, os conceitos constitucionais podem ser definidos por meio de lei complementar, em razão de designação constitucional; (8) a Constituição trouxe regras de competências, bem como indicou os tributos e as suas espécies; (9) "O ordenamento constitucional tributário pode adotar conceitos próprios, mas deve fazê-lo expressamente (por estipulação ou redefinição), pois, assim não procedendo, incorpora o termo com o significado comum, seja ele ordinário [...]";[249] E mais, pensar diferente seria autorizar que constitucionalmente empregados fossem modificados no âmbito infraconstitucional, trazendo a má sensação de que lei ordinária modificaria, ainda que indiretamente, a Constituição; (10) admitir que conceitos na Constituição sejam sugestivos, ilustrativos e exemplificativos conduziria ao seguinte: (a) exclui a normatividade do Direito; (b) a Constituição seria princípios políticos, com caráter programático, não podendo ser vista como fonte do direito; (c) perde-se a noção de supremacia constitucional. (11) Por fim:

---

[247] ÁVILA, Humberto. **Competências tributárias**. São Paulo: Malheiros, 2018, p. 64.

[248] ÁVILA, Humberto. **Competências tributárias**. São Paulo: Malheiros, 2018, p. 65.

[249] ÁVILA, Humberto. **Competências tributárias**. São Paulo: Malheiros, 2018, p. 67.

> Os termos constantes dos dispositivos constitucionais que atribuem poder de tributar aos entes federados exprimem conceitos, isto é, significados que conotam propriedades necessárias e suficientes para sua configuração: necessárias no sentido de que, sem elas, o conceito não se constata; suficientes no sentido de que, com elas, o conceito se verifica. A interpretação dos dispositivos constitucionais relativos à atribuição de poder de tributar e a aplicação de regras de competência tributária não podem produzir resultados extensivos ou analógicos, pois estes, conquanto eventualmente permitidos nos âmbitos em que os direitos fundamentais são promovidos pelos particulares, não podem ser admitidos nos âmbitos em que os direitos fundamentais dos cidadãos são restringidos pelo exercício do poder estatal.[250]

Na mesma linha conclusiva alcançada por Humberto Ávila, Misabel Derzi, contudo, com alguns outros fundamentos, amparados do pensamento lógico ao extralógico, defende que as competências tributárias devem ser vistas como conceitos, em total atenção ao federalismo, separação de poderes, segurança jurídica, direitos e garantias fundamentais. Assim, Misabel Derzi assinala:

> A regra de competência tributária constitucional é cogente, deve assegurar o pleno funcionamento do federalismo, como irreversível núcleo da Constituição de 1988. Nunca é demais frisar que a Constituição surgiu em um contexto de redemocratização em que o princípio federal, desde sua origem, resultou menos da pressão da realidade como fato sociológico anteposto, e mais de uma decisão político-jurídica, para cumprir uma função adicional que não pode ser negligenciada: a de preservação da democracia e da liberdade. Essa a meta principal: preservação da democracia e da liberdade. Portanto, a alteração dos limites constitucionais da regra de competência, por singela interpretação assentada na metodologia tipológica, suprime recursos de um Ente federado para projetar em outro, altera a repartição de receita tributária e os fundos de participação de Estados e de Municípios. O desarranjo não se daria apenas no campo das receitas mas se projetaria no campo das despesas, é claro, inviabilizando-se os serviços próprios do Ente estatal prejudicado.
>
> Tratar as regras de competência como se fossem tipos dispositivos à moda do direito civil, transforma as competências privativas em meras sugestões de modelos a seguir, para se permitir o livre trânsito intertipos ou intratipos, com que se estimulam os conflitos federativos ao extremo. Não é esse o sistema constitucional brasileiro, tão minucioso e cuidadoso na atribuição de poderes tributários: regras privativas, conceituação dos tributos, previsão de leis complementares na prevenção de conflitos federativos

250 ÁVILA, Humberto. **Competências tributárias**. São Paulo: Malheiros, 2018, p. 68.

> e na finalização do desenho constitucional de cada imposto. Os fundos de participação de Entes estatais na arrecadação de outros pressupõem a estabilidade das regras de competência de onde promanam os recursos e o equilíbrio financeiro das pessoas políticas decorre exatamente da escolha de uma metodologia que possa conferir certeza e segurança.
> Muda-se, assim, a regra da separação de poderes, fortalecendo-se os demais poderes, Executivo e Judiciário, em detrimento do Legislativo. Finalmente, projetam-se os contribuintes em insegurança grave. Dá-se um desarranjo, um desequilíbrio sistêmico inaceitável.[251]

Foi uma opção do Poder Constituinte elevar a competência, ao lado dos princípios e imunidades, ao *status* constitucional. Poderia, por evidente, ter direcionado essa matéria para o âmbito infraconstitucional.

A constitucionalização do sistema tributário no Brasil, que para muitos pode ser visto como engessamento, demonstra claramente o objetivo de buscar a segurança jurídica em matéria tributária.

A segurança jurídica sendo um entrecruzamento entre legalidade - geral e tributária, anterioridades, especificidade e irretroatividade, deve abarcar, ainda, as competências tributárias estipuladas pelo texto constitucional, tanto no que tange à especificação das cinco espécies tributárias, quanto na discriminação pormenorizada e expressa dos tributos que cabem a cada ente.

Assim, buscando uma retrospectiva real ou histórica, o Constituinte, ainda nos debates políticos, tinha pleno conhecimento e total domínio do que estava em pauta. Intencionalmente resolveu levar ao plano jurídico as hipóteses que, por meio da tributação, os entes federados poderiam atingir a esfera patrimonial dos sujeitos passivos.

Especificamente no caso dos impostos, o Constituinte indicou os fatos econômicos que exteriorizam capacidade contributiva que servem de hipótese de incidência. Escolheu, por exemplo, a incidência sobre a renda, e não sobre a receita, lucro, patrimônio líquido. Escolheu, ainda, a incidência sobre a circulação de mercadorias, e não sobre bens e serviços. Escolheu, ademais, sobre a transmissão onerosa de bens imóveis, e não sobre bens (móveis) - ainda que exista alta repercussão econômica.

Como premissa do raciocínio, tal como já se desenvolve ao longo do trabalho, deve-se ter em mente que a propriedade privada é um direito e garantia fundamental. Não se trata de situação absoluta e intransponível porque, no

---

[251] DERZI, Misabel Abreu Machado. **Tipos e conceitos**: a incompatibilidade do modo de pensar por tipos as regras de competência tributária constitucionais. 2019. No prelo.

próprio texto constitucional, portanto, em mesmo grau normativo-hierárquico, existem enunciados normativos que admitem a intervenção ou restrição. Sendo a propriedade/patrimônio direito e garantia fundamental, regra, as hipóteses de intervenções ou restrições são exceções. Por isso, para se garantir a propriedade privada as interpretações ou aplicações do direito podem ser extensivas ou ampliativas, ao passo que as intervenções, limitações, reduções etc. devem seguir o método restritivo, ainda que não necessariamente o literal.

O Poder Constituinte, até mesmo numa perspectiva histórica, tinha domínio técnico de termos jurídicos, tais como, circulação, mercadoria, prestação de serviços, propriedade privada, lançamento, fato gerador, decadência, prescrição etc. Todos esses institutos estavam presentes/eram usados no sistema jurídico anterior.

Nessa linha de raciocínio, em específico no que toca às competências tributárias, o Constituinte tinha total conhecimento e domínio dos conceitos que se propôs a inserir no texto constitucional. Ele sabia o que era fato gerador, decadência, mercadoria etc. e, por opção, colacionou no texto constitucional, normatizando e regulamentando institutos.

O Constituinte agiu conscientemente, por exemplo, ao designar as taxas como de competência tributária ativa concorrente; à União as competências residual e extraordinária; o imposto sobre a propriedade de veículo automotor como de competência tributária ativa dos Estados e Distrito Federal.

De acordo com a tese de Misabel Derzi[252] voltada para o estudo do tipo e conceito, as normas de competência são conceitos.

Não se pode negar que é sedutora a alegação de que as normas de competência são tipos, tendo em vista a disposição normativa expressa no **art. 146 da CRFB**. Afinal, dentre outros pontos, cabe à lei complementar dispor sobre fato gerador, base de cálculo e contribuintes dos impostos previstos na Constituição. Portanto, levando em consideração esse dispositivo - e apenas ele, o legislador infraconstitucional teria maior autonomia para atuar.

Entretanto, as competências tributárias visualizadas como "tipo" esvaziam totalmente a competência residual da União para instituir novos impostos e contribuições, desde que observados os demais pressupostos, nos termos do **art. 154, I c/c art. 195§ 4º do CRFB**. Para ser residual, algo deve ser originário e taxativo.

---

[252] DERZI, Misabel Abreu Machado. **Direito tributário, direito penal e tipo**. 3. ed. rev. ampl. atual. Belo Horizonte: Fórum, 2018.

Se as regras de competência não fossem conceitos, mas princípios, por qual motivo o Constituinte inseriria treze impostos originários no texto constitucional? Ora, bastaria inserir dois enunciados: (1) os tributos serão tratados ou definidos em lei infraconstitucional, complementar ou ordinária; (2) é vedada a incidência cumulativa de impostos e contribuições.

Em termos de competência tributária ativa, o Constituinte agiu consciente e com total domínio dos conceitos que foram inseridos no texto constitucional.

Vale lembrar que o **art. 34, § 3º do ADCT** prevê a recepção das leis tributárias anteriores, desde que compatíveis com a Constituição de 1988. Especialmente em matéria tributária, em que prepondera segurança jurídica, a (não) recepção somente passará nesse processo a partir da compreensão de conceitos, e não de tipos, que são comumente observados e exemplificativamente indicados.

Na interpretação restritiva aplicável às competências tributárias é incompatível admitir, por exemplo, que a União possa instituir imposto sobre a renda, "tipo receita", "tipo faturamento", "tipo lucro" etc. Igualmente não se coaduna com a segurança jurídica, visivelmente objetivo do Constituinte, aceitar que o Município institua imposto sobre propriedade predial e territorial urbana, "tipo posse", "tipo detenção".

Humberto Ávila não admite que as regras de competência tenham como função apenas descrever o poder de tributar. Isso retiraria o caráter prescritivo do texto constitucional. As normas jurídicas não descrevem, mas prescrevem.[253]

Humberto Ávila[254] lembra que o STF julgou inconstitucional a ampliação do conceito de faturamento após a promulgação da **Lei nº 9.718/98**. Como a Constituição incorporou o conceito previsto no **Decreto Lei 2.397/87**, qual seja, produto da venda de mercadorias e da prestação de serviços, a ampliação em 1998, abarcando receitas financeiras, foi declarada inconstitucional.

Como outro exemplo, Ávila relembra a inconstitucionalidade da **Lei nº 7.787/89**, que ampliou o conceito de salário, que tinha sido incorporado pela Constituição, a partir do que já era compreendido da Consolidação das Leis do Trabalho (CLT).[255]

---

[253] ÁVILA, Humberto. **Competências tributárias**. São Paulo: Malheiros, 2018, p. 27.

[254] ÁVILA, Humberto. **Competências tributárias**. São Paulo: Malheiros, 2018.

[255] ÁVILA, Humberto. **Competências tributárias**. São Paulo: Malheiros, 2018.

Considerando a interpretação restritiva no que se refere às regras de competência tributária ativa, o STF entende ser inconstitucional a cobrança de IPVA sobre embarcações e aeronaves. Evidentemente, embarcações e aeronaves poderiam se enquadrar como veículos automotores para efeitos tributários. Contudo, como o surgimento do IPVA, em 1985, teve como fundamento substituir a inconstitucional Taxa Rodoviária Única, concluiu-se, historicamente, que o imposto deveria incidir apenas sobre veículos automotores terrestres. Essa interpretação histórica e restritiva que desencadeou na formação de convencimento da maioria do STF no sentido de admitir o exercício da competência tributária ativa apenas sobre veículos automotores terrestres. [256]

O STF entendia ser inconstitucional a cobrança de ICMS de pessoas físicas e jurídicas que importassem produtos do exterior, caso não se enquadrassem no conceito de contribuinte do imposto. Não só o campo de incidência – circulação de mercadoria, como a definição de contribuinte, são conceitos[257].

Merece destaque que a Constituição prevê especificamente que Lei Complementar defina contribuintes do ICMS, nos termos do **art. 155, § 2, XII, 'a'**. Pela posição do STF, essa definição não pode ser totalmente dissociada da materialidade do imposto. Não se trata, portanto, de carta em branco para o "agir do legislador" infraconstitucional, ao passo de inserir como contribuinte pessoa física ou jurídica que não pratique circulação de mercadoria.

A matéria chegou a ser sumulada.[258]

Visando preservar o denominado princípio da não-cumulatividade, não se admite a cobrança de IPI de pessoas físicas que importem bens para uso próprio embora exista entendimento contrário no STJ.[259]

---

[256] BRASIL. Supremo Tribunal Federal (Plenário). **Recurso Extraordinário nº 134.509-8/AM**. Recorrente: Estado do Amazonas. Recorrido: José Fernandes. Rel. Min. Sepúlveda Pertence. Brasília, 29 de maio de 2002b.

[257] Merece destaque que a Constituição prevê especificamente que Lei Complementar defina contribuintes do ICMS, nos termos do art. 155, § 2, XII, 'a'. Pela posição do STF, essa definição não pode ser totalmente dissociada da materialidade do imposto. Não se trata, portanto, de carta em branco para o "agir do legislador" infraconstitucional, ao passo de inserir como contribuinte pessoa física ou jurídica que não pratique circulação de mercadoria.

[258] **Súmula 660 do STF**: "Não incide ICMS na importação de bens por pessoa física ou jurídica que não seja contribuinte do imposto."

[259] Vide **Agravo Regimental no Recurso Extraordinário n. 501.733-SP**, caso União x Walter Carlos Cardoso Henrique e outros.

Apenas o Constituinte Derivado pode ampliar, revogar, modificar etc. as regras de competência, ou melhor, os conceitos. Essa possibilidade não se estende ao Executivo e ao Judiciário.

Considerando o insucesso da União e dos Estados nos exemplos citados acima – faturamento, salário e importação de produtos por não contribuinte de ICMS, por tentar ampliar ou extrapolar o exercício da competência tributária e por deixar de observar os conceitos constitucionais, o Constituinte Derivado agiu específica e conscientemente, ao ampliar a competência, por meio de veículo legislativo adequado, no caso, Emenda Constitucional.

Assim, o **artigo 195, I da CRFB**, que previa, originariamente, a incidência de contribuições sociais, a serem pagas pelos empregadores, sobre folha de salários, faturamento e lucro. Após a Emenda Constitucional n. 20/1998, as contribuições sociais, denominadas "cota patronal", passaram a incidir sobre: (1) folha de salários e demais rendimentos do trabalho pagos ou creditados, a qualquer título, a pessoa física que lhe preste serviço, mesmo sem vínculo empregatício, (2) a receita ou o faturamento e (3) lucro.

O ICMS passou a ser devido nas hipóteses de importação por não contribuinte do ICMS. Isso porque a Emenda Constitucional n. 33/2001 positivou que haverá incidência do imposto

> Art. 155, § 2º, IX, 'b': "sobre a entrada de bem ou mercadoria importados do exterior por pessoa física ou jurídica, ainda que não seja contribuinte habitual do imposto, qualquer que seja a sua finalidade, assim como sobre o serviço prestado no exterior, cabendo o imposto ao Estado onde estiver situado o domicílio ou o estabelecimento do destinatário da mercadoria, bem ou serviço".[260]

Diante desse contexto, em sede de formação de opinião, aponta-se o seguinte: (1) O Constituinte definiu a propriedade/patrimônio privada como direito individual e dever de garantia do Estado, tendo *status* de cláusula pétrea. O próprio Constituinte indicou situações em que o Estado poderá intervir, alcançar, desapropriar etc. na propriedade/patrimônio privado. (2) Assim, a regra é garantir o direito à propriedade. As exceções são as intervenções ou ações do Estado. (3) O Constituinte poderia ter optado por regular o sistema tributário em âmbito infraconstitucional. Nesse caso, a interpretação poderia ser ampla, extensiva ou, até mesmo, norteada por denominados princípios,

[260] BRASIL. [Constituição (1988)]. Constituição da República Federativa do Brasil. **Diário Oficial da União,** Brasília, DF, 5 out. 1988.

como, por exemplo, capacidade contributiva, igualdade e solidariedade. A mutabilidade seria menos solene e rigorosa. A utilização dos tipos, em vez de conceitos, teria plena viabilidade. (4) Contudo, foi uma opção do Constituinte elevar a competência tributária ao texto constitucional. Por isso, levando em conta regra e exceções, a interpretação deve ser restritiva e conservadora quando se tem em vista ação estatal na propriedade privada, notadamente, no momento em que se fala em exercício do poder tributante. (5) Como o exercício do poder tributante é uma das exceções legitimamente constitucionais que o Estado poder alcançar/intervir na propriedade privada, a perspectiva ou interpretação restritiva deve ser prestigiada, em nome da segurança jurídica e tendo como escopo salvaguardar, ao máximo, direitos e garantias fundamentais. (6) A ampliação dos campos de incidência ou alargamento das competências tributárias dependem de agir consciente e específico exclusivo do Constituinte Derivado. A propósito, tal como já o fez, anteriormente, nos casos das Emendas Constitucionais ns. 20/98 e 33/91. (7) As competências constitucionais devem ser vistas como conceitos. (8) Portanto, entrecruzando dispositivos constitucionais, pode-se ter em mente o seguinte raciocínio: a propriedade privada é direito e garantia fundamental do cidadão, que pode sofrer restrições, limitações, intervenções etc. nas hipóteses expressas e restritivas previstas na Constituição, dentre elas, no caso do exercício das competências tributárias ativas. A tributação que extrapole os limites da competência deve ser declarada inconstitucional.

3.3.5 Postura do Supremo Tribunal Federal ao tratar de competência tributária

Como guardião da Constituição, o STF tem histórico de decisões garantidoras da propriedade privada, especificamente nos momentos em que os entes federados tentam extrapolar as competências tributárias outorgadas pelo Constituinte.

Entretanto, nos últimos anos, algumas decisões têm conduzindo o STF a se afastar do seu comportamento institucional histórico.

O STF, como instituição, frisa-se, tem/tinha primado pela segurança jurídica, especificamente em relação a impedir que entes federados extrapolem as suas competências.

No atual momento vivenciado pelo País, em que as situações econômicas e políticas demonstram total insegurança, entende-se que o STF, como órgão máximo do Poder Judiciário, poderia evitar *overruling* e mudanças radicais de posturas. O momento atual exige prudência, cautela e busca de confiança.

Não se propõe que o STF tenha restrições de qualquer natureza ou que fique estático. Entretanto, nesta ocasião em que o povo brasileiro clama por segurança em geral, o Tribunal, como instituição, tem uma grande oportunidade de se manter coerente, coeso, equilibrado, possibilitando, ao menos, segurança jurídica para o sofrido povo brasileiro. E, no caso de mudança de posicionamento, que a superação seja feita com reflexiva, responsável, aprofundada e com extensiva argumentação e fundamentação jurídica, não dando margem para que reste evidenciado decisionismo.

Sem exaurir todas as situações evidenciadas, no que se refere ao tema em questão, duas mudanças de entendimento podem servir de ilustração.

A primeira delas se refere à mudança radical de entendimento consagrado há décadas no Tribunal de se reconhecer a imunidade tributária, para fins de IPTU, no caso de imóvel cedido onerosamente pela União a pessoa jurídica que atua no livre mercado com fins lucrativos. Na verdade, não atingiu o instituto da imunidade, mas sim numa ampliação de competência tributária.

Julgado em 19/4/2017, o **RE 601.720**, caso Município do Rio de Janeiro x Barrafor Veículos Ltda., marcou a reviravolta jurisprudencial. Nesse caso, a rigor, o STF não afastou a imunidade tributária da União. Na verdade, ampliou a competência tributária ao impor dever de pagar tributo por pessoa jurídica de direito privado que não é possuidora com *animus domini* e tampouco proprietária de imóvel.[261]

O Relator, Ministro Edson Fachin, levantou os seguintes questionamentos:

> (i) Pode a pessoa cessionária do uso de imóvel pertencente à União figurar como sujeito passivo da obrigação tributária referente ao Imposto Predial e Territorial Urbano (IPTU)?
>
> (ii) Pode a Municipalidade prever, instituir e arrecadar IPTU, em que a base impositiva seja imóvel de titularidade da União, ainda que o bem seja objeto de contrato administrativo de concessão de uso, assim como haja particular que utilize o imóvel com finalidade lucrativa?[262]

Com raciocínio alinhado aos precedentes, o Relator desproveu o recurso sustentando, em síntese, que a incidência recairia sobre a propriedade, base

---

[261] BRASIL. Supremo Tribunal Federal (Plenário). **Recurso Extraordinário nº 601.720/RJ**. Recorrente: Município do Rio de Janeiro. Recorrido: Barrafor Veículos Ltda. Rel. Min. Edson Fachin. Brasília, 19 de abril de 2017e.

[262] BRASIL. Supremo Tribunal Federal (Plenário). **Recurso Extraordinário nº 601.720/RJ**. Recorrente: Município do Rio de Janeiro. Recorrido: Barrafor Veículos Ltda. Rel. Min. Edson Fachin. Brasília, 19 de abril de 2017e, p. 6.

econômica, o que não seria a hipótese dos autos. Ademais, o Relator assinalou ser "incompatível com a Constituição Federal de 1988 a eleição de meros detentores de terras públicas, isto é, desprovidos de posse *ad usucapionem*, como contribuintes de IPTU."[263]

Após o voto do Relator, os Ministros começaram a debater, trazendo, como principal argumento, que a livre concorrência seria violada, uma vez que a empresa locatária/cessionária que não paga IPTU teria vantagem sobre o concorrente.

A propósito, durante os debates, para fins de ilustração, a Ministra Cármem Lúcia sustentou o seguinte: "Quer dizer, alguém que esteja dentro de uma rodoviária e tem ali um cafezinho com pão de queijo não paga nada, não paga IPTU, e o que está lá fora paga. Então nós temos outros princípios a serem ponderados."[264]

O Ministro Marco Aurélio abriu a divergência trazendo os seguintes fundamentos, em síntese: (1) Risco de prejuízo às finanças públicas municipais. (2) O particular está atuando no livre mercado e se valendo da vantagem advinda da utilização do bem público. (3) Afastar o ônus da empresa recorrida implicaria desrespeito aos ditames do texto constitucional. (4) De acordo com **art. 32 do CTN**, o proprietário, o possuidor a qualquer título e o titular de domínio público, podem ser considerados sujeitos passivos da obrigação.

Ao final, o RE foi provido, tendo a maioria dos ministros aderido ao voto do Min. Marco Aurélio. Ficaram vencidos os Ministros Celso de Mello e Edson Fachin.

Na mesma linha do caso acima, cita-se o **RE 594.105**, ainda não finalizado, caso Petróleo Brasileiro S/A – Petrobrás x Município de Santos. Ministro Marco Aurélio, na condição de relator, repisou os seus fundamentos. Por sua vez, Ministro Edson Fachin apresentou a sua divergência, mantendo coerência de ponto de vista. O Ministro Celso de Mello seguiu a divergência, tal como a Ministra Cármem Lúcia, que, no caso anterior, tinha aderido à corrente vencedora.[265]

---

263 BRASIL. Supremo Tribunal Federal (Plenário). **Recurso Extraordinário nº 601.720/RJ**. Recorrente: Município do Rio de Janeiro. Recorrido: Barrafor Veículos Ltda. Rel. Min. Edson Fachin. Brasília, 19 de abril de 2017e, p. 11.

264 BRASIL. Supremo Tribunal Federal (Plenário). **Recurso Extraordinário nº 601.720/RJ**. Recorrente: Município do Rio de Janeiro. Recorrido: Barrafor Veículos Ltda. Rel. Min. Edson Fachin. Brasília, 19 de abril de 2017e, p. 17.

265 BRASIL. Supremo Tribunal Federal (Plenário). **Recurso Extraordinário nº 594.015/SP**. Recorrente: Petróleo Brasileiro S/A – Petrobras. Recorrido: Município de Santos. Brasília, 6 de abril de 2017d.

Como exposto, essa mudança de entendimento do STF não foi, respeitosamente, adequada.

Primeiramente, conforme desenvolvido anteriormente, as regras de competência tributária devem ser visualizadas como conceitos. A interpretação e aplicação deve ser feita de forma restrita, em respeito à segurança jurídica e numa perspectiva de prestigiar a propriedade privada. Portanto, não se pode admitir que ocorra a incidência do IPTU sobre exteriorização de riqueza diferente de propriedade ou, no máximo, a posse com *animus domini*. Por conseguinte, não se pode enquadrar, como sujeito passivo, o possuidor, detentor ou cessionário, especialmente de bem público.

Em segundo lugar, prejuízo na arrecadação dos Municípios deve ser acompanhado de provas robustas, ou melhor, números, e não de meras ilações.

Em terceiro, não se deve sustentar a Constituição à luz da legislação infraconstitucional, tal como o STF decide há anos. Sustentar a incidência nos casos sob a alegação de que o **art. 32 do CTN** admite, como materialização, a posse, não deve prevalecer. Deve-se interpretar a legislação infraconstitucional à luz da Constituição, e não o contrário. Essa argumentação, no viés finalístico, admite a "modificação" do texto constitucional por lei infraconstitucional.

Em quarto, violação à livre concorrência não se presume. É necessário trazer elementos empíricos que sustentem tal alegação. Em adição, não se visualizou no acórdão nenhuma menção de que os valores pagos pelas pessoas jurídicas de direito privado estariam (in)compatíveis com o praticado no mercado. Em outros termos, tendo em vista a desoneração do IPTU, imagine se as pessoas jurídicas de direito público cedentes arrecadam valores mais altos do que o praticado no mercado, permitindo a obtenção de mais recursos para aplicação nos seus fins/objetivos? Como falar em violação à livre concorrência?

A discussão de (não)violação à livre concorrência não pode se limitar a debates por suposições, presunções e sem a reflexão profunda que se exige, sobretudo sem a análise de dados empíricos, que, aliás, dependeria de análise fática, o que o STF não admite, conforme **Súmula 279 do STF.**[266]

Para alegar violação à livre concorrência sujeitos prejudicados por tratamento desigual devem ser apresentados e a alegação deve ser provada cabalmente.

---

[266] **Súmula n. 279, STF**: "Para simples reexame de prova não cabe recurso extraordinário."

Em quinto, a fundamentação desenvolvida pelo STF nesses casos choca visivelmente com o fundamento jurídico evidenciado na **Súmula Vinculante n. 52.**[267] Não parece coerente o que fora decidido nos precedentes em destaque com a referida Súmula. Claro, pelo raciocínio desenvolvido do STF, pode ser que, se provocado, venha a decidir que o locatário/inquilino passe a ser contribuinte do IPTU, caso a legislação municipal venha a estipular. Assim, a entidade imune permaneceria desobrigada a pagar IPTU, contudo, o inquilino experimentaria o surgimento para si da relação jurídica-tributária.

Por fim, em sexto lugar, eventual sensação de injustiça - capacidade contributiva, violação à livre concorrência ou perda de receitas pelos Municípios - deve ser amplamente debatida, refletida e, eventual modificação, depende de ação específica e consciente do Constituinte Derivado, alargando, sendo o caso, a regra de competência em questão. O Poder Judiciário não tem esta competência constitucional.

A segunda mudança marcante se verifica no **RE 601.703**, caso Hospital Marechal Cândido Rondon Ltda x Secretário Municipal de Finanças de Marechal Cândido Rondon.[268]

Antes vale a pena relembrar, ainda que brevemente, alguns precedentes paradigmáticos que influenciaram na formação do entendimento do conceito de serviços de qualquer natureza para fins de incidência do ISSQN.

Em 2000 no **RE 116.121**, caso Ideal Transportes e Guindastes Ltda x Município de Santos, o STF julgou inconstitucional a cobrança de ISSQN sobre locação de serviços, no caso concreto, locação de serviços de guindastes. Naquela oportunidade, o voto condutor do Ministro Marco Aurélio teve amparo nos seguintes fundamentos: (1) No caso julgado havia locação pura e simples. Caso tivesse prestação de serviços, por exemplo, locação, a incidência tributária teria vez. (2) No caso concreto inexiste o núcleo de incidência: serviços. As definições, serviços e locação, são distintas. (3) Aplicação do art.

---

[267] **Súmula Vinculante n. 52**, STF: "Ainda quando alugado a terceiros, permanece imune ao IPTU o imóvel pertencente a qualquer das entidades referidas pelo art. 150, VI, "c", da Constituição Federal, desde que o valor dos aluguéis seja aplicado nas atividades para as quais tais entidades foram constituídas."

[268] BRASIL. Supremo Tribunal Federal (Tribunal Pleno). **Recurso Extraordinário nº 651.703/ PR.** Recorrente: Hospital Marechal Cândido Rondon LTDA. Recorrido: Secretário Municipal de Finanças de Marechal Cândido Rondon. Relator: Luiz Fux. Brasília, 29 de setembro de 2016h.

110 do CTN[269]. (4) O CC/16 previa nos art. 1.188[270] e 1.216[271] os institutos, dissociando-os. (5) O STF tem precedentes que prestigiam os institutos jurídicos levados ao texto constitucional, em detrimento do aspecto econômico fundado em discurso igualitário. (6) O STF tem refutado, naquele momento, a interpretação econômica do Direito Tributário, primando pela fonte jurídica. (7) Há que prevalecer a fonte de cada instituto, sendo a prestação de serviços "envolvida na via direta o esforço humano". (8) Deve-se observar as balizas constitucionais e a segurança entre Estado e Contribuinte.[272]

Seguindo a linha externada por Marco Aurélio, o decano, Ministro Celso de Mello aduziu, em síntese, o seguinte: (1) Não pode a lei complementar alterar ou manipular o campo de incidência do ISS. Isso afeta a repartição de receitas tributárias constitucionalmente estipuladas. (2) ISS só pode recair sobre obrigação de fazer, sendo que locação de bens móveis não se enquadra como serviço, posto não envolver um *praestare* ou um *facere*. (3) Na locação, a entrega da coisa locada é o principal dever do locador. Sem isso, a locação não se aperfeiçoa. (4) Não é possível alterar, expressa ou implicitamente, os termos adotados pela Constituição. (5) Se não for observar o que está no Código Civil de 1916, o STF estaria adotando interpretação econômica, em detrimento do "postulado da tipicidade".

---

[269] Art. 110. A lei tributária não pode alterar a definição, o conteúdo e o alcance de institutos, conceitos e formas de direito privado, utilizados, expressa ou implicitamente, pela Constituição Federal, pelas Constituições dos Estados, ou pelas Leis Orgânicas do Distrito Federal ou dos Municípios, para definir ou limitar competências tributárias. (BRASIL. Lei nº 5.172, de 25 de outubro de 1966. Dispõe sobre o Sistema Tributário Nacional e institui normas gerais de direito tributário aplicáveis à União, Estados e Municípios. **Diário Oficial da União**, Brasília, DF, 27 out. 1966c e retificado em 31 out. 1966).

[270] Art. 1.188. Na locação de coisas, uma das partes se obriga a ceder à outra, por tempo determinado, ou não, o uso e gozo de coisa não fungível, mediante certa retribuição. (BRASIL. Lei nº 5.172, de 25 de outubro de 1966. Dispõe sobre o Sistema Tributário Nacional e institui normas gerais de direito tributário aplicáveis à União, Estados e Municípios. **Diário Oficial da União**, Brasília, DF, 27 out. 1966c e retificado em 31 out. 1966).

[271] Art. 1.216. Toda a espécie de serviço ou trabalho lícito, material ou imaterial, pode ser contratada mediante retribuição. (BRASIL. Lei nº 5.172, de 25 de outubro de 1966. Dispõe sobre o Sistema Tributário Nacional e institui normas gerais de direito tributário aplicáveis à União, Estados e Municípios. **Diário Oficial da União**, Brasília, DF, 27 out. 1966c e retificado em 31 out. 1966).

[272] BRASIL. Supremo Tribunal Federal (Tribunal Pleno). **Recurso Extraordinário nº 116.121**. Recorrente: Ideal Transportes e Guindastes Ltda. Recorrido: Prefeitura Municipal de Santos. Relator: Octávio Gallotti, DF, 11 de outubro 2000c.

O julgamento teve resultado apertado, tendo a maioria acompanhado o Ministro Marco Aurélio Mello. Ficaram vencidos os Ministros Octávio Gallotti, Carlos Velloso, Ilmar Galvão, Nelson Jobim e Maurício Corrêa.[273]

Em 2003, o então Presidente da República, Luiz Inácio Lula da Silva, vetou item da lista anexa da Lei Complementar n. 116/03, que previa incidência do ISSQN sobre locação de serviços. Como fundamento, o Presidente invocou precedente do STF acima destacado.

Em 2009, no **RE 547.245**, caso Município de Itajaí x Banco Fiat, o STF, por maioria, entendeu ser constitucional a cobrança de ISS no *leasing* financeiro e *lease-back*. Entendeu ser incabível no *leasing* operacional.[274]

O Ministro Eros Grau fundamentou o seu voto, em síntese, nos seguintes termos: (1) *Leasing* é contrato autônomo, embora resulte de fusão de elementos de outros contratos. Não se trata de contrato misto. Embora compreenda pluralidade das relações obrigacionais, a 'causa' do negócio é o financiamento de investimentos produtivos. (2) Existem três modalidades: (a) *Leasing* operacional (locação) – O fabricante dá em locação, que fica compelido à manutenção. Nesse caso prepondera a locação. (b) *Leasing* financeiro (não é locação), que é o caso dos autos – (b1) A arrendadora adquire o bem do fabricante e entrega para uso e gozo ao arrendatário; (b2) ao final da locação, deve devolver, comprar pagando o valor residual ou renovar a locação. Aqui prepondera o caráter financiamento, sendo que a arrendadora surge como intermediária entre fornecedor e arrendatário. (3) *Lease-back*, que não é locação: a arrendatária vende o bem para arrendadora e depois toma de volta, em arrendamento. Em regra, o objetivo é buscar recursos para algum fim empresarial e, em razão da necessidade, continua utilizando/se valendo do bem. (4) No *leasing* financeiro, caso dos autos, a operação compreende série de serviços diversificados por diferentes pessoas que trabalham na arrendadora. (5) O ISS incide sobre a prestação de serviços de qualquer natureza, que não se limita a mera obrigação de fazer, tal como está no direito privado. (6) A lei complementar não define serviço. Apenas o declara. Não inventa, apenas descobre. (7) No *leasing* financeiro o núcleo é o financiamento. Assim há que incidir ISS.

---

[273] Vencidos no caso os Ministros Octávio Gallotti, Carlos Velloso, Ilmar Galvão, Nelson Jobim e Maurício Corrêa.

[274] BRASIL. Supremo Tribunal Federal (Tribunal Pleno). **Recurso Extraordinário n° 547.245.** Recorrente: Município de Itajaí. Recorrido: Banco Fiat S/A. Relator: Eros Grau. Brasília, DF, 02 de dezembro de 2009i.

Note-se, assim, que o Relator busca alcançar a preponderância do negócio jurídico e, por conseguinte, verificar ou fazer o teste de incidência do ISS. Ao final, o Ministro concluiu que no contrato de *leasing* financeiro a preponderância seria o financiamento e, assim, atrairia a incidência do imposto.

No **RE 651.703-PR**, caso Hospital Marechal Cândido Rondon Ltda x Secretário Municipal de Finanças de Marechal Cândido Rondon, decidiu-se que "as operadoras de planos de saúde realizam ISSQN"[275]

O Relator, Ministro FUX, desenvolve os seguintes fundamentos: (1) Sugestão implícita da tese da residualidade: não pode incidir ISS quando a hipótese atrair a incidência do ICMS, IPI ou IOF. (2) Não pretende interpretação econômica do direito. (3) Não pode ser o direito privado a única forma para nortear o direito constitucional. (4) É possível que o texto constitucional trate de termos distintos ou diversos do que se encontra no âmbito infraconstitucional. (5) No RE do *leasing*, o STF apontou que seria possível o Direito Tributário trabalhar conceitos próprios. (6) o art. 110 do CTN não vincula a interpretação constitucional. (7) Não se deve interpretar a Constituição conforme a lei. (8) Deve-se buscar o pluralismo metodológico, que vai do literal ao sistêmico ou teleológico, devendo ir para finanças, contabilidade e economia. (9) Não se aponta a teoria da interpretação econômica do fato gerador. No caso, a interpretação dos conceitos de Direito Tributário segue o critério econômico. (10) Uníssona doutrina entende que a Constituição, ao dividir competências, se vale de tipos, e não de conceitos.[276] (11) Há fluidez para lei complementar, considerando o art. 146, III. (12) O Código Civil não é o mais adequado para enquadramento de serviços resultantes da atividade econômica. (13) Código de Defesa do Consumidor não define prestação de serviços. (14) A expressão de qualquer natureza abre margem para incidência mais ampla. (15) Por fim, apresenta o seu conceito econômico de prestação de serviços:

> [...] mostra-se indispensável a presença do esforço humano, da realização de uma obrigação de fazer, ainda que envolva, para execução, certas obrigações de dar. Não havendo essa nota característica, ou sendo o

---

[275] BRASIL. Supremo Tribunal Federal (Tribunal Pleno). **Recurso Extraordinário nº 651.703/PR**. Recorrente: Hospital Marechal Cândido Rondon Ltda. Recorrido: Secretário Municipal de Finanças de Marechal Cândido Rondon. Relator: Luiz Fux. Brasília, 29 de setembro de 2016h.

[276] Merece destaque que, contrariamente ao que foi exposto no voto pelo Relator, a menor parte da doutrina de direito tributário do Brasil defende que competência tributária é vista como tipo.

> fazer mero acessório do negócio jurídico entabulado, surge impróprio enquadrar a atividade como serviço, descabendo a tributação em virtude da incompatibilidade material com o previsto no texto constitucional.[277]

O Ministro Edson Fachin seguiu a conclusão do Relator, no entanto, apresentou fundamentos diversos. Se valendo das lições da Professora Misabel Derzi, o Ministro assinalou que para fins de incidência do ISSQN seria necessário: (1) configurar uma utilidade com obrigação de fazer; (2) ser prestada para terceiros; (3) execução sem qualquer vínculo jurídico, ou seja, com independência; (4) ser objeto de circulação econômica.[278]

Os recentes precedentes citados trazem preocupações, em razão da ruptura com precedentes históricos e reafirmados há décadas. Não se pede engessamento. Contudo, a superação de precedentes dessa natureza, especialmente em momento de tanta insegurança, se for necessário, deve ser feita com parcimônia, reflexão e, principalmente, com forte ônus argumentativo.

Aliás, outro importante elemento deve ser preservado: em termos de competência tributária, em específico, o Constituinte deve ser respeitado. Não cabe interpretação extensiva, sob pena de violação à separação dos poderes e da legalidade, ou melhor, segurança jurídica.

3.4 Imunidades tributárias

Dando sequência na exposição das limitações constitucionais ao poder de tributar, o momento impõe o dever de reestudar as imunidades que, na realidade e como se verá, acabam delimitando as competências tributárias, dando-lhe maior concretude e densidade.

3.4.1 A construção ou a ideia de imunidades tributárias

As limitações constitucionais ao poder de tributar compreendem, como já exposto, os denominados princípios, as competências e as imunidades tributárias.

---

[277] BRASIL. Supremo Tribunal Federal (Tribunal Pleno). **Recurso Extraordinário nº 651.703/PR**. Recorrente: Hospital Marechal Cândido Rondon LTDA. Recorrido: Secretário Municipal de Finanças de Marechal Cândido Rondon. Relator: Luiz Fux. Brasília, 29 de setembro de 2016h.

[278] BRASIL. Supremo Tribunal Federal (Tribunal Pleno). **Recurso Extraordinário nº 651.703/PR**. Recorrente: Hospital Marechal Cândido Rondon LTDA. Recorrido: Secretário Municipal de Finanças de Marechal Cândido Rondon. Relator: Luiz Fux. Brasília, 29 de setembro de 2016h.

Os princípios, expressamente positivados ou não, servem de norte para o agir do Estado e da sociedade. Eles assegurarão direitos e imporão obrigações. E mais, servem de sustentação para interpretação e aplicação do direito, notadamente quando se depara com os rotulados casos difíceis.

Portanto, a tributação deve observar, por comando constitucional, a segurança jurídica, a justiça fiscal etc.

A competência tributária, constitucionalmente prevista que, de certa forma, faz contraponto à propriedade privada, que tem *status* de cláusula pétrea, deve ser interpretada restritivamente. A tentativa de ampliar o campo de incidência tributária pelo Poder Judiciário, ou melhor, aumentar ou atribuir competências tributárias não vislumbradas no texto constitucional positivo, decorrentes de manifestação expressa de intenção pelo Constituinte Originário, dependem necessariamente de ação do Constituinte Derivado.

Não cabe ao legislador infraconstitucional, ainda que amparado em discurso de adequar a tributação aos avanços de toda ordem e em princípios, ampliar o campo de competência tributária constitucional.

É bom relembrar, como já exposto, que foi uma opção do Constituinte, ao elaborar o atual texto constitucional, fazer com que ele fosse analítico. Em vez de texto direto e enxuto - constituição sintética, o Constituinte preferiu pormenorizar, no texto constitucional, direitos e obrigações.

A presença da constituição analítica, tal como a Constituição de 1988, é resultado de opção política que passou a ser jurídica.

Isso se deve, em regra, por três razões: (1) tentativa de implementar ou maximizar a segurança jurídica; (2) evitar mudanças abruptas e repentinas do legislador infraconstitucional por meio de processo legislativo menos solene; (3) insegurança na interpretação e aplicação de direitos pelos tribunais.

Destaca-se, mais uma vez em tom de crítica, que, embora sendo a Constituição de 1988 analítica, a insegurança está cada vez mais presente. É necessário refletir, ou melhor, agir.

Por exemplo, apontam-se as já citadas mudanças de entendimento do STF em relação à (não) prisão após condenação em segunda instância e ao afastar a imunidade tributária e permitir a cobrança de IPTU do cessionário de bem/imóvel pertencente a ente federado.

Não obstante, cumpre registrar, a segurança jurídica, em matéria tributária, pode ser algo mais palpável.

Até por isso, é necessário revisitar o passado e observar os princípios estruturantes que servem para a construção do presente e projetar o futuro. Os três poderes ou funções precisam agir de forma mais previsível ou linear, evitando reviravoltas e surpresas, que não fazem bem a nenhum setor – econômico, social, jurídico etc.

A título de mera reflexão e provação, pergunta-se: imagine se a Constituição não fosse analítica, e, em especial, se o Sistema Tributário Nacional não tivesse sido elevado ao texto constitucional?

Repisa-se que, com a Constituição analítica, é possível extrair série de comandos jurídicos, princípios e/ou regras, que dão todo o contorno para o exercício da tributação.

Caso o texto constitucional seja respeitado, otimizado e compativelmente pormenorizado infraconstitucionalmente, seria possível atestar a presença da segurança jurídica e, assim se espera, justiça tributária.

Pois bem.

Sem exaurir, os princípios norteiam todo o agir do poder tributante, impondo dever de observância para: (1) justiça fiscal – igualdade, capacidade contributiva, vedação ao confisco e uniformidade; (2) segurança jurídica – legalidade, irretroatividade, especificidade e anterioridades; (3) vedação à sanção política e transparência.

Levando em conta esses princípios norteadores, a Constituição, "com uma mão", fixa as competências tributárias, e "com a outra", delimita-as por meio das imunidades. Ou melhor, as competências tributárias são delineadas pelas regras de imunidades. Por isso, trata-se de regras que se entrecruzam e que conjuntamente formam o seu conteúdo.

Nesse sentido, as imunidades tributárias proporcionam maior densidade aos princípios e valores constitucionais.

Assim, como muito bem trazido por Regina Helena Costa:

> [...] os princípios federativos e da autonomia municipal são densificados pela imunidade recíproca; que o princípio da isonomia é densificado pela imunidade conferida às instituições de educação e de assistência social sem fins lucrativos. Que o princípio do pluralismo partidário é densificado pela imunidade outorgada aos princípios políticos; que a liberdade de expressão e o livre acesso à cultura são densificados pela imunidade referente aos livros; que a liberdade de culto é densificada pela imunidade dos templos – e assim por diante.[279]

---

[279] COSTA, Regina Helena. **Imunidades tributárias**. 3. ed. São Paulo: Malheiros Editores, 2015, p. 79 e 80.

As imunidades podem, ainda, ser vistas como instrumentos ou meios para garantir outros valores e princípios constitucionais. Em outras palavras, a tributação, nesses casos, deve ser afastada e, assim, não pode ser vista como entrave para o exercício de direitos.

Nesse sentido, a Constituição prevê o afastamento da tributação por meio das imunidades para que sejam otimizadas, por exemplo, as liberdades de pensamento, religiosas e expressão.

Na mesma linha, para que as entidades sem fins lucrativos proporcionem serviços ligados à educação e à assistência social, que seriam obrigações *a priori* do Estado, sem maiores entraves, a tributação é afastada.

Para que o conhecimento, a cultura, a educação, a informação etc. possam ser difundidos e alcançar o maior número de cidadãos, a imunidade tributária há que ser garantida.

No mesmo sentido, a imunidade tributária incentiva a liberdade política e o exercício de liberdade sindical.

As imunidades tributárias, quando ligadas aos direitos e garantias fundamentais e ao pacto federativo, alçam o *status* de cláusulas pétreas, sendo intocáveis, até mesmo por emenda constitucional, nos termos do **art. 60, § 4º, I e IV da CRFB.**[280]

Embora tenha conteúdo próprio, a capacidade contributiva deve ser relembrada, mais uma vez, quando imunidades tributárias são objeto de estudo.

Assim, a ausência de capacidade contributiva "[...] em algumas situações, contribui na justificação da imunidade. Se o imposto é um instrumento de captação de capacidade contributiva, a sua falta implica impossibilidade de imposição."[281]

Entretanto, como lembra Luciano Amaro[282], algumas imunidades previstas no texto constitucional não remontam à ideia de ausência de

---

[280] "§ 4º Não será objeto de deliberação a proposta de emenda tendente a abolir:
I - a forma federativa de Estado;
II - o voto direto, secreto, universal e periódico;
III - a separação dos Poderes;
IV - os direitos e garantias individuais." (destaca-se)
BRASIL. [Constituição (1988)]. Constituição da República Federativa do Brasil. **Diário Oficial da União,** Brasília, DF, 5 out. 1988.

[281] SCHOUERI, Luis Eduardo. **Direito tributário.** 6. ed. São Paulo: Saraiva, 2016, p. 427.

[282] AMARO, Luciano. **Direito tributário brasileiro.** 21. ed. São Paulo: Saraiva, 2016, p. 176.

capacidade contributiva, tratando-se, na realidade, de opção do Constituinte. Como exemplo, citam-se as imunidades nas exportações.

Em outras situações, a opção do Constituinte pode ser resultado de pressão, ou melhor, resultado de negociação entre constituintes. Nesse ponto, o surgimento da imunidade pode não ter nenhum caráter sistemático, conforme ensina Schoueri.[283]

Em resumo, as imunidades tributárias decorrerão, nem sempre, de lógica sistemática da Constituição, podendo ser resultado de anterior negociação política, que, observadas as formalidades do processo legislativo, passam a ser direito positivo.

Contudo, no espírito democrático, como regra, as imunidades tributárias devem ser vistas como normas que acabam por densificar e/ou instrumentalizar direitos, valores e princípios de ordem constitucional.

O afastamento da tributação, por meio das imunidades, tem como nítido objetivo de evitar o surgimento de entraves ou custos, em sentido amplo, para implementação máxima de direitos e valores constitucionais.

3.4.2 Experiências de outros Estados Nacionais em termos de imunidades (constitucionais) tributárias

A título de comparação com outros países, não se pode olvidar que a Constituição do Brasil é garantidora quando se trata de Sistema Tributário Nacional e, em específico, limitações ao poder de tributar. Ainda mais especificamente quando se dedica às imunidades tributárias.

Na Alemanha, o texto constitucional vigente não prevê nenhuma imunidade tributária. Fica no âmbito infraconstitucional a previsão de desonerações tributárias, as isenções. No que toca à liberdade religiosa ou templos de qualquer culto, a Constituição Alemã prevê espécie de impostos para Igrejas, conforme será visto mais adiante.[284]

A Argentina não contempla, em seu texto constitucional, o Sistema Tributário, ficando a cargo do legislador infraconstitucional tal atribuição. Logo, inexiste qualquer tipo de previsão de imunidade tributária. Fica a cargo

---

[283] SCHOUERI, Luis Eduardo. **Direito tributário**. 6. ed. São Paulo: Saraiva, 2016, p. 429.

[284] DELOITTE TOUCHE TOHMATSU LIMITED. **Taxation and investment in Germany 2017**. UK: Deloitte, 2017.

da legislação ordinária tratar de desonerações tributárias, como isenções.[285] O exemplo claro se refere à isenção religiosa, nos templos de qualquer culto, nos termos da **Lei 20.628, art. 20, "e"**, a denominada *Ley de Impuestos a Las Ganancias.*[286]

A Áustria possui constituição bastante objetiva no que se refere à tributação, em específico, em relação às imunidades tributárias. O **art. 13 da Constituição Austríaca** prevê a regulamentação das competências no âmbito infraconstitucional: "*The competencies of the Federation and the States in the field of taxation will be prescribed in a special federal constitutional law.*"[287] As isenções são tratadas no âmbito infraconstitucional. Semelhante ao que ocorre na Alemanha, a Áustria possui imposto religioso ou eclesiástico.[288]

A Bolívia, por sua vez, trata, em termos de imunidades tributárias, em duas passagens ao longo do texto constitucional. A primeira, no **art. 323, IV, 3 da Constituição**, regulamentando a livre circulação e a vedação de se utilizar o tributo como qualquer obstáculo: "*No podrán crear impuestos que obstaculicen la libre circulación y el establecimiento de personas, bienes, actividades o servicios dentro de su jurisdicción territorial. Esta prohibición se hace extensiva a las tasas, patentes y contribuciones especiales.*"[289]

A segunda, nos **arts. 394, I e II**, a imunidade de pequena propriedade agrária, semelhantemente com a imunidade de ITR na Constituição do Brasil, e imunidade de território indígena:

> *Artículo 394.*
>
> *La propiedad agraria individual se clasifica en pequeña, mediana y empresarial, en función a la superficie, a la producción y a los criterios de desarrollo. Sus extensiones máximas y mínimas, características y formas de conversión serán reguladas por la ley. Se garantizan los derechos legalmente adquiridos por propietarios particulares cuyos predios se encuentren ubicados al interior de territorios indígena originario campesinos.*

---

[285] ARGENTINA. **Constitucion Nacional Argentina**. Ley nº 24430. Poder Legislativo Nacional. (sancionada en 1853 con las reformas de los años 1860, 1866, 1898, 1957 y 1994). echa de sanción 14-12-1994. Publicada en el Boletín Nacional del 10-Ene-1995.

[286] ARGENTINA. **Ley 20.628, de 11 de julio de 1997**. Ley de Impuesto a las Ganancias. Buenos Aires, 11 jul. 1997.

[287] ÁUSTRIA. [Constituição (1929)].**Austria Constitution**. Adopted in 1929. Document Status: 1 July 1983.

[288] ÁUSTRIA. [Constituição (1929)].**Austria Constitution**. Adopted in 1929. Document Status: 1 July 1983.

[289] BOLÍVIA. [Constituição (2009)]. **Constitución Política del Estado (CPE).** 7 Febrero 2009.

> *La pequeña propiedad es indivisible, constituye patrimonio familiar inembargable, y no está sujeta al pago de impuestos a la propiedad agraria. La indivisibilidad no afecta el derecho a la sucesión hereditaria en las condiciones establecidas por ley.*[290]

O Chile traz imunidade tributária para liberdade de crença no seu texto constitucional.[291]

No Equador, semelhantemente ao que ocorre na Bolívia, há imunidade tributária destinada às terras indígenas, conforme disposto no **art. 57, n. 04 da Constituição**: "*Conservar la propiedad imprescriptible de sus tierras comunitarias, que serán inalienables, inembargables e indivisibles. Estas tierras estarán exentas del pago de tasas e impuestos.*"[292]

Interessante que o Equador tem atenção especial aos idosos e, por isso, concede imunidades tributárias em algumas passagens ao longo do texto constitucional. Assim, o **art. 371** da Constituição prevê que o seguro social, exceto no caso de pensão alimentícia, não sofrerá qualquer tipo de retenção, inclusive de ordem tributária.[293] Os idosos estão imunes ao pagamento de custas cartorárias, de acordo com **art. 37, n. 6.**[294]

Ainda, a Constituição do Equador remete ao campo infraconstitucional a normatização de outras desonerações tributárias, como, por exemplo, as isenções de deficientes, tendo em vista o disposto no art. 47, nº 4.[295]

---

290 BOLÍVIA. [Constituição (2009)]. **Constitución Política del Estado (CPE).** 7 Febrero 2009.

291 CHILE. [Constituição (1980)]. **Constitución Política de la República de Chile.** Ministerio Secretaría General de la Presidencia.

292 EQUADOR. [Constituição (2008)]. **Constitucion de la Republica del Ecuador 2008.** Decreto Legislativo 0. Registro Oficial 449 de 20 out. 2008. Ultima modificación: 13 jul. 2011.

293 EQUADOR. [Constituição (2008)]. **Constitucion de la Republica del Ecuador 2008.** Decreto Legislativo 0. Registro Oficial 449 de 20 out. 2008. Ultima modificación: 13 jul. 2011.

294 EQUADOR. [Constituição (2008)]. **Constitucion de la Republica del Ecuador 2008.** Decreto Legislativo 0. Registro Oficial 449 de 20 out. 2008. Ultima modificación: 13 jul. 2011.

295 EQUADOR. [Constituição (2008)]. **Constitucion de la Republica del Ecuador 2008.** Decreto Legislativo 0. Registro Oficial 449 de 20 out. 2008. Ultima modificación: 13 jul. 2011.

Na Espanha[296], na França[297], na Itália[298] e em Portugal[299], inexistem imunidades tributárias previstas em suas constituições. Há isenções regulamentadas no âmbito infraconstitucional.

Nos Estados Unidos da América, a Constituição não trata de imunidade tributária. Pelo sistema jurídico, *common law*, cabe à Corte interpretar e aplicar o direito, fazendo com que as suas decisões passem a integrar o sistema jurídico. Com isso, foi nos Estados Unidos que exsurgiu a ideia de imunidade tributária recíproca decorrente do princípio federativo, conforme será tratado na seção 3.4.8.2.1. Demais exonerações, notadamente isenções, são regulamentadas no âmbito infraconstitucional.[300]

Na Constituição Mexicana é possível identificar a imunidade recíproca no **art. 115, IV, "c"**.[301]

Por sua vez, o Paraguai prevê, em sua Constituição, a imunidade para terras indígenas, nos termos do **art. 64.**[302] O **art. 83** regulamenta a imunidade da difusão cultural:

> *Artículo 83. De la difusión cultural y de la exoneración de los impuestos Los objetos, las publicaciones y las actividades que posean valor significativo para la difusión cultural y para la educación, no se gravarán con impuestos fiscales ni municipales. La ley reglamentará estas exoneraciones y establecerá un régimen de estímulo para la introducción e incorporación al país de los elementos necesarios para el ejercicio de las artes y de la investigación científica y tecnológica, así como para su difusión en el país y en el extranjero.*[303]

---

296 ESPANHA. [Constituição (1978)]. Constitucion española. **Boletin Oficial del Estado**, Madrid, 29 diciembre de 1978.

297 FRANÇA. [Constituição (1958)]. Constituição da República Francesa.

298 ITÁLIA. [Constituição (1947)]. **Constituição da República Italiana**

299 PORTUGAL. **Constituição da República Portuguesa**. VII Revisão Constitucional 2005.

300 UNITED STATES. [Constitution (1787)]. **The United States Constitution**. Filadélfia, 17 Sept. 1978.

301 MÉXICO. [Constituição (1917)]. **Constitución Política de los Estados Unidos Mexicanos**. Constitución publicada en el Diario Oficial de la Federación el 5 de febrero de 1917. Última reforma publicada DOF 08-05-2020.

302 PARAGUAI. [Constituição (1992)]. **Constitución de la República del Paraguay**. Assunción, 20 de junio de 1992.

303 PARAGUAI. [Constituição (1992)]. **Constitución de la República del Paraguay**. Assunción, 20 de junio de 1992.

O Peru, no **art. 19 da sua Constituição**, garante imunidade tributária para as instituições de ensino. Destaque-se que a desoneração tributária por meio da imunidade abarca impostos diretos e indiretos:

> *Artículo 19°.- Las universidades, institutos superiores y demás centros educativos constituidos conforme a la legislación en la materia gozan de inafectación de todo impuesto directo e indirecto que afecte los bienes, actividades y servicios propios de su finalidad educativa y cultural. En materia de aranceles de importación, puede establecerse un régimen especial de afectación para determinados bienes.*
>
> *Las donaciones y becas con fines educativos gozarán de exoneración y beneficios tributarios en la forma y dentro de los límites que fije la ley.*
>
> *La ley establece los mecanismos de fiscalización a que se sujetan las mencionadas instituciones, así como los requisitos y condiciones que deben cumplir los centros culturales que por excepción puedan gozar de los mismos beneficios.*
>
> *Para las instituciones educativas privadas que generen ingresos que por ley sean calificados como utilidades, puede establecerse la aplicación del impuesto a la renta.*[304]*(destaque-se)*

O Uruguai positiva a imunidade dos templos de qualquer culto, no **art. 5º**.[305] Há, ainda, a imunidade de propaganda e de avisos de classes, nos termos do **art. 297, 7**:

> *Los impuestos a la propaganda y avisos de todas clases. Están exceptuados la propaganda y los avisos de la prensa radial, escrita y televisada, los de carácter político, religioso, gremial, cultural o deportivo, y todos aquellos que la ley determine por mayoría absoluta de votos del total de componentes de cada Cámara.*[306]

Ainda, registra-se a imunidade das instituições de ensino e culturais, conforme **art. 69**: "Las instituciones de enseñanza privada y las culturales de la misma naturaleza estarán exoneradas de impuestos nacionales y municipales, como subvención por sus servicios."[307]

---

[304] PERU. [Constituição (1993)]. **Constitución Política del Perú**. Oficialía Mayor del Congreso.

[305] URUGUAI. [Constituição (1967)]. **Constitución de la República**. Constitución 1967 con las modificaciones plebiscitadas el 26 de noviembre de 1989, el 26 de noviembre de 1994, el 8 de diciembre de 1996 y el 31 de octubre de 2004.

[306] URUGUAI. [Constituição (1967)]. **Constitución de la República**. Constitución 1967 con las modificaciones plebiscitadas el 26 de noviembre de 1989, el 26 de noviembre de 1994, el 8 de diciembre de 1996 y el 31 de octubre de 2004.

[307] URUGUAI. [Constituição (1967)]. **Constitución de la República**. Constitución 1967 con las modificaciones plebiscitadas el 26 de noviembre de 1989, el 26 de noviembre de 1994, el 8 de diciembre de 1996 y el 31 de octubre de 2004.

A Venezuela garante a imunidade tributária recíproca no **art. 180.**[308]

A revisitação de outros sistemas jurídicos é interessante até mesmo para que se tenha elementos fortes a serem utilizados para fins comparativos com a Constituição de 1988.

Antecipa-se, desde já, que, em termos de imunidades tributárias, o Brasil está muito à frente de outros países, trazendo rol de garantias elevadas ao texto constitucional e, assim, evitando que esse tema fique a cargo das incertezas ou mudanças com o "interesse do dia" do legislador infraconstitucional.

Trata-se, sim, de limitação ao exercício do poder tributante do Estado e direito do cidadão-contribuinte. Democraticamente elevada ao texto constitucional, as imunidades devem ser maximizadas e otimizadas, pois essa foi a escolha do Constituinte.

3.4.3 Instituto da imunidade explicita ou implicitamente identificado no texto constitucional

Há divergência de entendimento quando se debate a (não) exaustão da imunidade no texto constitucional positivo.

Na verdade, quando o tema em questão vem à análise, pode-se notar a existência de três correntes de pensamento distintas: (1) a imunidade tributária é preexistente ao Estado e, por conseguinte, à Constituição; (2) a imunidade tributária estaria prevista de forma taxativa e expressa no texto constitucional, sendo uma classe finita; e (3) a partir do texto constitucional é possível sustentar a presença da imunidade tributária no texto constitucional nas formas explícita e implícita.

Ricardo Lobo Torres desenvolveu o raciocínio voltado a defender que a (1) imunidade tributária é preexistente ao Estado e, consequentemente, à Constituição. Isso porque o instituto seria ligado aos direitos humanos, notadamente igualdade e liberdade.[309]

De natureza principiológica e por independer de qualquer positivação escrita, a imunidade tributária seria visualizada como instrumento para implementação de direitos e garantias fundamentais.

---

[308] VENEZUELA. [Constituição (1999)]. Constitucion de la Republica Bolivariana de Venezuela. **Gaceta Oficial Extraordinaria,** nº 36.860 de fecha 30 de diciembre de 1999.

[309] TORRES, Ricardo Lobo. **Os direitos humanos e a tributação:** imunidades e isonomia. *In:* TORRES, Ricardo Lobo. Tratado de direito constitucional financeiro e tributário. Rio de Janeiro: Renovar, 2005. v. 3.

A imunidade seria ligada à moral, ou melhor, direitos morais, e não aos direitos jurídicos.

Nessa linha de raciocínio, o texto constitucional pode até, ou melhor, se limitar a declarar a imunidade tributária.

O autor assinalava que a Constituição declarava a presença de imunidades - ainda que desnecessário por ser algo anterior à existência do Estado e ligado aos direitos morais - e positiva regras de não-incidência tributária.

Essas regras seriam opções do Constituinte, originário ou derivado, afastando a tributação, a partir de escolhas políticas e que passaram a ser positivadas no ordenamento jurídico.

Por não estarem ligadas ao catálogo de direitos fundamentais, especialmente quando se tem em vista a igualdade e as liberdades, as regras não podem ser classificadas como imunidades. Por isso, o autor rotula como não-incidência constitucional, e não como imunidade, as exonerações, por exemplo, dos sindicatos, livros, energia elétrica, combustíveis, operações societárias de empresas etc.

Enfim, para Ricardo Lobo Torres, a imunidade tributária não se confunde com outras exonerações tributárias, ainda que elevadas ao texto constitucional positivo. Com estreito elo com direitos humanos, notadamente quando se tem em vista a igualdade e liberdades, a imunidade é preexistente ao Estado e à Constituição, ligado a direitos morais e, assim, independe de qualquer tipo de ação específica para ser assegurada em máxima medida.

Portanto, a Constituição pode até declarar e evidenciar, entretanto, a existência da imunidade independe desse ato.

Uma segunda linha de raciocínio defende que a (2) imunidade tributária precisaria estar positivada expressamente no texto constitucional, tratando-se, assim, de classe finita. Esse seria o entendimento de Paulo de Barros Carvalho.[310]

O autor desenvolve raciocínio de que a imunidade precisa estar redigida no texto constitucional. Com isso, pode-se visualizar a incompetência das pessoas políticas de direito constitucional interno.

Paulo de Barros Carvalho defende essa linha, diga-se, rígida, para sustentar a presença da imunidade tributária. Assim, a regra de imunidade deve ser expressa no texto constitucional, não comportando entendimento implícito.

---

[310] CARVALHO, Paulo de Barros. **Curso de direito tributário**. 27. ed. São Paulo: Saraiva, 2016, p. 194.

Entretanto, a atribuição dessa linha rígida a Paulo de Barros de Carvalho deve ser vista com pequena ressalva, tendo em vista que, mais adiante em sua obra, há opinião jurídica expressa de que, caso não tivesse sito positivada expressamente a imunidade tributária recíproca, tal como está no texto constitucional vigente, seria necessário reconhecê-la implicitamente, como decorrente do princípio federativo e da autonomia municipal.[311]

Numa terceira corrente de entendimento, a qual se filia, a (3) imunidade tributária pode ser aferida do texto constitucional nas formas explícita e implícita.

Aqui, a imunidade tributária não se limita à visualização expressa ou explícita literalmente presente no texto constitucional. Portanto, independentemente de previsão de regra expressa no texto normativo, a imunidade pode ser identificada levando em conta os princípios e objetivos de ordem constitucional.

Como exemplo, pode-se citar a intitulada imunidade tributária recíproca. Independentemente de regra expressa constitucional, não se admite a tributação exercida por um ente em face do outro, sob pena de ofensa ao princípio federativo. Em outras palavras, ainda que inexistisse a regra constitucional da imunidade recíproca, o instituto deve ser observado, em respeito aos princípios constitucionais, em específico, do pacto federativo.

A propósito, Luis Eduardo Schoueri, ao aduzir que o rol de imunidades não é exaustivo, lembra

> o caso das repartições consulares estrangeiras, que estão afastadas da pretensão tributária brasileira por causa de um costume internacional: embora a Constituição seja silente a tal respeito, a tributação da propriedade detida por uma embaixada, por exemplo, seria inadmissível.[312]

Misabel Derzi, igualmente, defende a presença da imunidade implícita.[313]

Nota-se, assim, que a terceira corrente, à qual, como dito, se filia, corresponde a equilíbrio entre as outras duas.

Enquanto a primeira linha trata a imunidade ligada à moral e aos direitos humanos, não exigindo positivação expressa, a segunda exige normatização rígida e finita no texto constitucional.

---

[311] CARVALHO, Paulo de Barros. **Curso de direito tributário**. 27. ed. São Paulo: Saraiva, 2016, p. 198.

[312] SCHOUERI, Luis Eduardo. **Direito tributário**. 6. ed. São Paulo: Saraiva, 2016, p. 430.

[313] DERZI, Misabel Abreu Machado. A imunidade recíproca, o princípio federal e a Emenda Constitucional n. 3, de 1993. **RDTributário,** São Paulo, n. 62, p. 76-98, 1998a.

Como exposto anteriormente, o instituto da competência tributária deve ser interpretado de forma mais rígida e inflexível, não comportando ampliações ou extensões. É dizer que a tributação, no Estado Fiscal, é vista como forma – em alguma medida – de ingresso pelo Estado na propriedade privada. Logo, a interpretação, nesse tipo de situação, deve ser conservadora e restritiva. Assim, qualquer ampliação depende de agir específico do Constituinte Derivado e, após, do legislador infraconstitucional, responsável por instituir tributos.

Vale sempre relembrar que foi opção do Constituinte de elevar o Sistema Tributário Nacional a nível constitucional. Portanto, estando a competência tributária ativa no texto constitucional, o espaço para o agir do legislador infraconstitucional e para interpretação judicial, ainda que do Supremo Tribunal, ficam reduzidos e limitados.

Não é o que ocorre com a imunidade. No caso de ampliação de interpretação, a propriedade privada, cláusula pétrea, não será violada. É possível levar a sério os demais princípios constitucionais para otimizar o instituto da imunidade.

Claro, não se pode ter ações desmedidas e inconsequentes, sob pena de direitos serem desproporcionalmente violados, notadamente, a igualdade. Assim, a extensão ou a concessão da imunidade de forma forçada ou a partir de interpretação irresponsável pode conduzir no severo problema do tratamento desigual ou odioso, que não merece guarida no direito positivo.

Nesse espeque, a terceira linha de pensamento, acima tratada, parece ser a mais adequada com tudo aquilo que vem sendo exposto: a imunidade tributária será retirada do texto constitucional positivo, isto é, inicialmente a partir da visualização expressa ou explícita, mas não refuta a aferição a partir de interpretação extensiva, ampliativa e, até mesmo, implícita.

3.4.4 Natureza jurídica da imunidade tributária: regra de delimitação da competência tributária

Na seção anterior, apontou-se a necessidade de a imunidade tributária estar prevista no texto no constitucional, ainda que venha a ser implicitamente identificada. Não se defende a presença da imunidade apenas quando estiver expressamente escancarada no texto normativo.

Ainda que decorrente, explícita ou implicitamente, do texto constitucional, a doutrina nacional diverge quanto à natureza jurídica da imunidade tributária.

Didaticamente é possível identificar, pelo menos, cinco linhas de entendimento.

Com Amílcar Falcão[314] surgiu a concepção de que a (1) imunidade seria norma constitucional especial ou qualificada de não-incidência tributária. E mais, essa norma especial suprimiria a competência tributária.

Talvez com inspiração na teoria de Amílcar Falcão, José Souto Maior Borges defende a ideia de que a imunidade tributária seria espécie de não incidência tributária qualificada.[315]

Para o autor, a não incidência pode ser (a) pura ou genérica e (b) qualificada.

Na não incidência pura ou genérica, os pressupostos fáticos e jurídicos inexistem e, por isso, não atraem as hipóteses de incidências tributárias.

A não incidência qualificada, aquela decorrente do texto constitucional ou legislação infraconstitucional, suprime a competência tributária.

Regina Helena Costa critica este raciocínio.[316] Para a Ministra, a não incidência seria irrelevante para o Direito, por não se tratar de fato jurídico, mas extrajurídico.

As normas que tratam de imunidade são tidas como estruturantes, ou seja, dispõem acerca da metodologia de se criar outras normas.

As normas estruturantes não incidem sobre fatos.

E mais, a (não) incidência ficaria no patamar infraconstitucional. A competência tributária não cria tributos, apenas abre espaço ou concede aptidão para que os entes federados a exerçam. A instituição dos tributos depende de ação específica no âmbito infraconstitucional.

A imunidade tributária não pode ser vista como (2) exclusão de competência tributária. Paulo de Barros Carvalho é muito claro ao refutar essa argumentação sob o fundamento de que não se pode admitir sucessão cronológica dos fenômenos competência tributária e imunidade. Em outras palavras, apenas se exclui ou suprime algo que já existe.[317]

A competência e a imunidade trazem normas estruturantes previstas no âmbito constitucional e, por isso, ainda que se esforce, é impossível visualizar

[314] FALCÃO, Amílcar de Araújo. Imunidade e isenção tributária. Instituição de assistência social. **RDA,** Rio de Janeiro, n. 66, p. 367-375, 1961.

[315] BORGES, José Souto Maior. **Teoria geral da isenção tributária**. 3. ed. São Paulo: Malheiros, 2001.

[316] COSTA, Regina Helena. **Imunidades tributárias**. 3. ed. São Paulo: Malheiros Editores, 2015, p. 46.

[317] CARVALHO, Paulo de Barros. **Curso de direito tributário**. 27. ed. São Paulo: Saraiva, 2016.

sucessão de atos ou cronologia de um suposto exercício da competência tributária com o surgimento da obrigação tributária e a posterior exclusão com a presença da imunidade.

Portanto, a competência e a imunidade são cronologicamente simultâneas.

Luciano Amaro objetivamente defende que a imunidade tributária seria (3) apenas técnica legislativa que visa excluir do campo tributável determinadas situações que, por opção, não devem ser gravadas.[318]

Isso porque, para o autor, a não-incidência, que seria ampla, abarcando, dessa feita, a imunidade, isenção, alíquota zero e redução da base de cálculo. Assim, a determinação da presença de um instituto jurídico ou outro dependeria da técnica legislativa adotada.

Baleeiro sustentava que a imunidade seria (4) limitação constitucional ao poder de tributar. Essa expressão imortalizou-se no cenário jurídico.[319]

No entanto, com o cuidado necessário, visualiza-se a imunidade como uma faceta das limitações ao poder de tributar. Essas, as limitações constitucionais ao poder de tributar, que são mais amplas, abarcam a imunidade, bem como a competência e os princípios.

Regina Helena Costa assinala que "a repartição de competências tributárias, os princípios e as imunidades configuram limitações ao poder de tributar. Os dois últimos são a face mais visível de tais limitações, como assevera Luciano Amaro."[320]

A rigor, a competência tributária é uma limitação ao poder de tributar: o Estado só pode exercê-la observando as hipóteses constitucionalmente previstas, isto é, levando em conta a aptidão constitucionalmente outorgada. Mesmo assim, o exercício da competência pelo ente federado será limitado, tendo em vista que os princípios e as imunidades ainda demarcam o campo de atuação.

O exercício da tributação deve observar a competência tributária ativa, constitucionalmente atribuída pelo texto constitucional para os entes federados. O seu efetivo exercício depende necessariamente de agir específico do legislador infraconstitucional, uma vez que a Constituição apenas atribui

---

[318] AMARO, Luciano. **Direito tributário brasileiro.** 21. ed. São Paulo: Saraiva, 2016.

[319] BALEEIRO, Aliomar. **Limitações constitucionais ao poder de tributar**. 7. ed. Rio de Janeiro: Forense, 1997.

[320] AMARO, Luciano. **Direito tributário brasileiro.** 21. ed. São Paulo: Saraiva, 2016, p. 41

a aptidão. O exercício da tributação deve observar, ademais, os contornos impostos à competência tributária advindos dos princípios e das imunidades.

Hugo de Brito Machado defende a imunidade tributária como (5) limitação constitucional às competências tributárias.[321] Nessa hipótese, a competência tributária sofreria limitações ou reduções, verdadeiros obstáculos trazidos pelas regras de imunidade.

Nessa perspectiva, o que se teria é a negativa da competência tributária ativa ou a criação de barreira para o exercício da tributação.

Entende-se que a imunidade seria regra que delimita a competência tributária.

O raciocínio é compartilhado por Paulo de Barros Carvalho [322] e Misabel Derzi.[323]

Diferentemente da última corrente exposta, a imunidade não limitaria a competência. Na realidade, as regras constitucionais se ligam e formam o conteúdo da competência tributária.

Nessa linha de raciocínio, as regras de competência decorrem do texto constitucional, a partir de entrecruzamento de diversos dispositivos. Assim, as denominadas regras de imunidade delimitam ou dão contorno às regras de competência.

De igual patamar e nível, as regras de competência e imunidade interagem, ou melhor, sofrem entrecruzamento sempre compatível que resulta na fixação objetiva e clara da competência tributária.

Pode-se trazer um exemplo.

O imposto sobre a renda e proventos de qualquer natureza é de competência privativa da União, nos termos do **art. 153, III da CRFB**. Entretanto, com esse dispositivo que trata da atribuição da competência, concorrem ou entrecruzam outros dispositivos igualmente de *status* constitucional, como o disposto no **art. 150, VI, "c"**, que veda a instituição do imposto sobre partidos políticos, entidades sindicais dos trabalhadores e instituições de educação e de assistência social.

---

[321] MACHADO, Hugo de Brito. **Curso de direito tributário**. 28. ed. São Paulo: Malheiros, 2007.

[322] CARVALHO, Paulo de Barros. **Curso de direito tributário**. 27. ed. São Paulo: Saraiva, 2016.

[323] BALEEIRO, Aliomar. **Limitações constitucionais ao poder de tributar**. 7. ed. Rio de Janeiro: Forense, 1997.

Logo, uma – não se fala aqui de única – regra constitucional de competência tributária poderia ser formulada: a União pode instituir imposto sobre renda e proventos de qualquer natureza, exceto sobre templos de qualquer culto.

Assim, a imunidade tributária não pode ser vista como não incidência, ainda que qualificada, supressão de competência, simples técnica legislativa ou ser confundida, igualada ou tratada como sinônimo de as limitações constitucionais ao poder de tributar. Essas – as limitações constitucionais ao poder de tributar –, como já exposto, compreendem a competência, imunidade e princípios.

A imunidade tributária deve ser vista como regra que delimita ou dá contorno à competência tributária, numa perspectiva cronologicamente concomitante e normativamente com o mesmo *status* constitucional.

3.4.5 Imunidades tributárias e a diferenciação para não competência, não-incidência, isenção, alíquota zero e redução da base de cálculo

As imunidades tributárias devem ser visualizadas concomitantemente com as competências tributárias. Afinal, o contorno ou a delimitação dessas se darão com o entrecruzamento de dispositivos constitucionais. Em regra, um dispositivo outorgando para determinado(s) ente(s) e outro delimitando ou dando densidade e concretude para o exercício da competência e, por conseguinte, ao exercício da tributação.

Nessa dissociação de diversos institutos jurídicos, vale esclarecer sobre a não competência.

A não competência é tratada, por parte da doutrina, como não incidência, ao menos, uma de suas diferentes espécies.

Luciano Amaro aponta a existência do instituto da não incidência que compreende imunidade, isenção, não incidência pura e alíquota zero.[324]

Entende-se que a não competência seria fenômeno extrajurídico.

Trata-se de situações existentes no mundo dos fatos ou mundo real, podendo ou não ter relevância econômica, exteriorizando ou não capacidade contributiva, mas que está fora do rol de competências tributárias previsto na Constituição.

A título de ilustração simples, citem-se alguns fenômenos naturais, como respirar, dormir, sonhar, locomover etc. Estes fenômenos estão fora do campo de competência, ou melhor, pode-se dizer que são não competências tributárias.

---

[324] AMARO, Luciano. **Direito tributário brasileiro.** 21. ed. São Paulo: Saraiva, 2016.

Ainda a título de exemplificação, agora com repercussão jurídica e econômica, propõe-se outro modelo. A compra e venda de carro - negócio jurídico regulado pelo Código Civil -realizada por pessoas físicas. A operação, embora com relevância jurídica, exteriorize circulação de riqueza e demonstre a existência de capacidade contributiva, seria um exemplo de não competência tributária. Isso porque, igualmente, esse negócio jurídico está fora do rol de competências tributárias estipuladas pela Lei Maior.

A não incidência seriam as situações que, inicialmente, estão dentro do campo de competência, mas que não foram contempladas para efetiva tributação pelo ente federado competente.

Embora a Constituição tenha outorgado a competência tributária, o legislador infraconstitucional deixou de contemplar determinadas situações na seara do exercício do poder tributante.

O IPVA é imposto de competência tributária ativa do Distrito Federal e dos estados. Assim, a cada 1º de janeiro de cada ano, os estados cobram, por meio de lei prévia, o imposto incidente sobre carros de passeio, motocicletas etc. Agora, como exemplifica Schoueri, imagine que alguém possua uma patinete motorizada. Por ser veículo automotor, compreendido, em princípio, na competência do estado e Distrito Federal. Será caso de não incidência, já que não estará compreendido dentro do campo de incidência da norma, isto é, da lei estadual.[325]

A isenção, por sua vez, tem o seu tratamento legal no **CTN, art. 175 e seguintes.**[326] O tratamento legal atribuído à isenção seria de exclusão do crédito tributário.

Enquanto as imunidades são tratadas pela Constituição, as isenções são reservadas formal e materialmente às leis ordinárias.

---

325 SCHOUERI, Luis Eduardo. **Direito tributário**. 6. ed. São Paulo: Saraiva, 2016, p. 246.

326 "Art. 175. Excluem o crédito tributário:
I - a isenção;
II - a anistia.
Parágrafo único. A exclusão do crédito tributário não dispensa o cumprimento das obrigações acessórias dependentes da obrigação principal cujo crédito seja excluído, ou dela conseqüente."
BRASIL. Lei nº 5.172, de 25 de outubro de 1966. Dispõe sobre o Sistema Tributário Nacional e institui normas gerais de direito tributário aplicáveis à União, Estados e Municípios. **Diário Oficial da União**, Brasília, DF, 27 out. 1966c

Em síntese, Luciano Amaro assinala que "basicamente, a diferença entre a imunidade e a isenção está em que a primeira atua no plano da definição de competência, e a segunda opera no plano do exercício da competência."[327]

De acordo com o tratamento legal atribuído à isenção, classicamente autores defendiam a incidência de duas normas em momentos diferentes.[328]

No primeiro momento haveria a incidência da norma tributária dando ensejo ao surgimento da obrigação tributária principal. Em seguida, num segundo momento, incidiria a norma de isenção, excluindo, portanto, o crédito tributário.

O entendimento clássico, amparado na literalidade do **art. 175 do CTN**, não tem acolhida na doutrina brasileira.

Alfredo Augusto Becker ensinava que a regra de isenção consistiria na regra negativa que estabelece o exercício do poder tributante.[329]

Paulo de Barros Carvalho assinala que "não há cronologia na autuação de normas vigorantes num dado sistema, quando contemplam idêntico fato do relacionamento social."[330]

Regina Helena Costa aduz que as isenções são normas de estrutura, isto é, estabelecem a incompetência para tributar. E mais, as isenções são regras parciais de exceção, que fazem frente à regra geral decorrente daquela que atribui competência tributária.[331]

A isenção tributária, decorrente de disposição legal expressa, atua na regra matriz de incidência tributária. Em outras palavras, ao se vislumbrar o campo de incidência tributária, torna-se necessário observar todas as disposições legais atinentes à hipótese, regras e exceções, para que se possa alcançar a formulação jurídica.

Desse modo, a regra excepcional de isenção concorre com a regra geral de incidência. Logo, preponderaria a regra excepcional e, por conseguinte, obstruindo o surgimento da incidência.

---

327 AMARO, Luciano. **Direito tributário brasileiro.** 21. ed. São Paulo: Saraiva, 2016, p. 177.

328 FALCÃO, Amílcar de Araújo. **Fato gerador da obrigação tributária.** Atualizada por Flávio Bauer Novelli. 6. ed. Rio de Janeiro: Forense, 1995, p. 132.

329 BECKER, Alfredo Augusto. **Teoria geral do direito tributário.** 3. ed. São Paulo: Lejus, 2002.

330 CARVALHO, Paulo de Barros. **Curso de direito tributário**. 27. ed. São Paulo: Saraiva, 2016, p. 453.

331 COSTA, Regina Helena. **Imunidades tributárias**. 3. ed. São Paulo: Malheiros Editores, 2015, p. 116.

Certeiro o ensinamento de Sacha Calmon Navarro Coêlho:

> Achamos que a norma de isenção não é. E se não é, não pode ser não juridicizante. Não sendo também não incide. As normas não derivam de textos legais isoladamente tomados, por isso que se projetam do contexto jurídico. A norma é resultante de uma combinação de leis ou de artigo de leis (existentes no sistema jurídico). As leis e artigos de leis (regras) legais que definem fatos tributáveis se conjugam com as previsões imunizantes e isencionais para compor uma única hipótese de incidência: a da norma jurídica de tributação. Assim, para que ocorra a incidência da norma de tributação, é indispensável que os fatos jurígenos contidos na hipótese de incidência ocorram no mundo. E esses "fatos jurígenos" são fixados após a exclusão de todos aqueles considerados não tributáveis em virtude de previsões expressas de imunidade e isenção.[332]

Compreende-se isenção como regra de exceção à regra geral de incidência tributária, prevista em lei ordinária promulgada no âmbito do ente federado constitucionalmente competente. Trata-se de norma de estrutura que concorre ou entrecruza abstratamente no âmbito normativo com a norma de incidência. Por ser excepcional prevalece sobre a norma geral de incidência. Logo, impede o surgimento do fato gerador da obrigação tributária.

A alíquota zero, diferentemente da isenção, atua no consequente normativo da regra matriz de incidência. Nessa vertente, "[...] traduz a redução de uma das grandezas que compõe o aspecto quantitativo, restando preservada a hipótese de incidência tributária."[333]

A utilização desse mecanismo jurídico, para fins práticos, é de grande valia para o Poder Executivo, especialmente quando precisa agir no campo extrafiscal.

Como já tratado anteriormente, a Constituição abre espaço para que, em caráter excepcional, as alíquotas possam ser tratadas pelo Executivo.

É dizer que o conteúdo da legalidade tributária constitucional decorre do entrecruzamento de dispositivos constitucionais em que, como regra, impõe o dever de instituir e majorar tributo por meio de leis. Como exceção, prevê as hipóteses em que as alíquotas poderão ser tratadas pelo Executivo, ora

---

332 COÊLHO, Sacha Calmon Navarro. Normas jurídicas e preposições sobre normas jurídicas – prescrições jurídicas – o papel dos intérpretes. **Revista Dialética de Direito Tributário**, São Paulo, n. 173, p. 123, fev. 2010.

333 COSTA, Regina Helena. **Imunidades tributárias**. 3. ed. São Paulo: Malheiros Editores, 2015, p. 116.

com liberdade para reduzir, restabelecer e aumentar, desde que observados os parâmetros legais – II, IPI, IOF e IE –, ora para reduzir e restabelecer – ICMS-combustível e Cide- combustível – porém, sendo vedado majorar.

Não se pode perder de vista que a redução tributária deve ocorrer por intermédio de lei específica, conforme se visualiza no princípio da especificidade.

Nessa linha de raciocínio, as alíquotas zero passam a ser importante mecanismo jurídico à disposição para o agir extrafiscal do Estado por meio do Poder Executivo, desde que observado, por óbvio, os parâmetros constitucionais.

A isenção deve ser prevista em lei.

As alíquotas zero, claro, podem ser previstas em lei, embora não seja muito usual e tampouco racional. As alíquotas zero, nos termos permitidos pela Constituição, são instrumentos disponíveis para ação extrafiscal e por independer de processo legislativo solene.[334]

Em alguns casos, as modificações de alíquotas, seja para reduzir a zero, seja para aumentar, além de independer de processo legislativo solene, não precisam observar as anterioridades do exercício e nonagesimal.

A redução da base de cálculo é outro mecanismo adotado corriqueiramente no País. Sem previsão constitucional, a medida é adotada como mecanismo de se praticar reduções tributárias e, por conseguinte, empreender a conhecida "guerra fiscal".

Com destaque para o ICMS, vale lembrar que a Constituição e a **Lei Complementar n. 24/75** preveem que as modificações de alíquotas devem passar pelo crivo do CONFAZ. Como meio de burlar tal expediente, estados não modificam as alíquotas, porém reduzem a base de cálculo, um dos elementos que compõem o aspecto quantitativo.

O discurso de que o impedimento de modificação sem aprovação pelo Conselho Nacional de Política Fazendária (Confaz) se restringe às alíquotas, e não à base de cálculo, não convence. O expediente é forçado, chega a ser tosco, nas palavras de Schoueri[335], com nítido propósito de descumprir o objetivo constitucional, violando, pois, série de princípios, em especial, o pacto federativo.

---

334 MACHADO, Hugo de Brito. **Curso de direito tributário**. 33. ed. São Paulo: Malheiros, 2013, p. 239.

335 SCHOUERI, Luis Eduardo. **Direito tributário**. 6. ed. São Paulo: Saraiva, 2016, p. 257.

Antes de finalizar esta seção, em que se expressou, ainda que em síntese, as diferenças existentes entre imunidade, não competência, não incidência, isenção, alíquota zero e redução da base de cálculo, cabe trazer alguns registros, num total de três.

O primeiro é que os institutos jurídicos em destaque, exceto redução da base de cálculo, proporcionam resultado matemático e financeiro igual a zero, afastando dever de pagar tributo. Entretanto, aqui se propôs a trazer, ainda que objetivamente, as distinções, demonstrando que os referidos institutos são ontologicamente distintos na perspectiva jurídica.

O segundo destaque necessário se refere à exposição aqui desenvolvida, que tem como foco de abordagem o aspecto normativo abstrato. É importante trazer esse registro até mesmo para não dar margem de interpretação duvidosa e, por conseguinte, atestar incoerência argumentativa levando em conta outros trabalhos anteriormente desenvolvidos.[336]

Note-se que os institutos jurídicos nesta seção em estudo foram dissociados, mas, em nenhum momento, se propôs a analisar, até aqui, quando ou os motivos que sustentam a previsão ou concessão de imunidades, isenções etc.

Até para fins de registro, é de se dizer que a previsão ou concessão desses institutos, no campo abstrato normativo, se fundam em dois pilares: (1º) técnico – quando se demonstra a ausência de capacidade contributiva da pessoa; (2º) político – não leva em conta capacidade contributiva, mas, na verdade, outros objetivos, preferencialmente – assim se espera – constitucionalmente legítimos.

A capacidade contributiva pode nortear as ações do Constituinte e do legislador infraconstitucional, sendo certo que o resultado, conforme o caso, passa a ser direito positivo.

No entanto, a capacidade contributiva não pode ser vista restritivamente. Como direito constitucional autônomo, limitador do Estado Tributário, a capacidade contributiva norteará o Constituinte e o legislador infraconstitucional, responsável pela instituição de tributos, bem como poderá ser visualizada e aplicada em casos concretos, para o afastamento, total ou parcial, do tributo surgido após a incidência da hipótese tributária.

---

[336] MELO, João Paulo Fanucchi de Almeida. **Princípio da capacidade contributiva**: a sua aplicação nos casos concretos. São Paulo: Quartier Latin, 2012.

Em resumo, a capacidade contributiva deve ser vislumbrada pelo legislador em sentido amplo, sobretudo ao tratar de imunidades e isenções. Contudo, isso não restringe a capacidade contributiva que pode ser aplicada e observada em casos concretos, não se limitando, pois, nessa linha, ao âmbito legislativo e normativo.[337]

Por fim, o terceiro ponto que merece registro refere-se a assinalar – embora discorde-se – que, no aspecto jurisprudencial, o STF tem entendido que reduções de alíquotas e, especialmente, de base de cálculo, por alterarem ou reduzirem a carga tributária efetiva, são hipóteses de isenções parciais.

O Tribunal, ao julgar o **Tema 299**, "Aproveitamento integral de créditos do ICMS pago na operação antecedente em hipóteses de redução parcial da base de cálculo na operação subsequente.", concluiu que a redução da base de cálculo configura isenção parcial, motivo pelo qual deve ocorrer a anulação proporcional dos créditos das operações anteriores, salvo determinação em sentido contrário na legislação estadual.[338]

Esse fundamento tem servido de parâmetro para determinar a anulação ou estorno proporcional de créditos de ICMS de empresas nas situações em que a sua operação de revenda tiver carga tributária efetiva inferior à operação anterior, a de aquisição.

Pelos motivos já expostos, não se pode olvidar que se tem institutos jurídicos ontologicamente distintos. Adicionalmente, cumpre lembrar que a lei, em específico, o CTN, não prevê o instituto criado pela jurisprudência, a tal isenção parcial.

Ora, a isenção e decorre de norma excepcional que concorre ou entrecruza com a norma geral da incidência tributária. Por ser excepcional, acaba por preponderar.

As reduções de alíquotas e base de cálculo estão presentes no consequente normativo, modificando, em alguma monta, o aspecto quantitativo.

Não cabe a dissociação de isenção total e parcial. No direito positivo existe a isenção. Essa não se confunde, no aspecto jurídico, com os demais institutos tratados nesta seção.

---

337 MELO, João Paulo Fanucchi de Almeida. **Princípio da capacidade contributiva**: a sua aplicação nos casos concretos. São Paulo: Quartier Latin, 2012.

338 BRASIL. Superior Tribunal de Justiça (Tribunal Pleno). **Recurso Extraordinário nº 635.5688/RS**. Recorrente: Santa Lúcia S/A. Recorrido: Estado Rio Grande do Sul. Relator: Ministro Gilmar Mendes. Brasília, DF, 16 out. 2014i.

3.4.6 Imunidade tributária e espécies tributárias: não se limita aos impostos

Inicialmente, as imunidades tributárias são visualizadas, com maior nitidez, nos impostos.

Por serem desvinculados de ação estatal e buscarem exteriorização de capacidade contributiva, os impostos historicamente representam o exercício do poder estatal em decorrência do exercício da soberania.

As imunidades tributárias dos impostos são vistas como contrabalanceamento a esse poder, notadamente quando se pretende prestigiar e otimizar princípios de status constitucional.

Entretanto, embora possam ser evidenciadas com maior intensidade e clareza para os impostos, as imunidades também estão ou poderão estar presentes quando se tem em vista outras espécies tributárias, ainda que vinculadas.

Textualmente, a Constituição trata das imunidades tributárias em 34 (trinta e quatro) dispositivos constitucionais. Neste cenário, são "8 hipóteses de imunidades genéricas (concernentes tão somente a impostos) e 26 imunidades específicas (11 referentes a impostos, 11 relativas a taxas e 4 referentes a contribuições)."[339]

Não se pode olvidar que, no que se refere às contribuições e taxas, por serem tributos vinculados, a interpretação e aplicação das imunidades são restritas, ou seja, preliminarmente não se vislumbra a possibilidade de extensão para hipóteses além do que se encontra positivado no texto constitucional.

É importante registrar, por outro lado, que o foco da exposição se refere às imunidades tributárias.

Assim, vale apontar e reiterar o que foi defendido em outros trabalhos, isto é, eventuais afastamentos de pagar taxas e contribuições – gerais e de melhoria, total ou parcialmente, poderão ocorrer em respeito ao princípio da capacidade contributiva, que, por óbvio, não se confunde com as imunidades.[340]

Os custos do Estado com o serviço público prestado ou posto à disposição, com o exercício do poder de polícia e com eventual obra pública, poderão

---

[339] COSTA, Regina Helena. **Imunidades Tributárias**. 3. ed. São Paulo: Malheiros Editores, 2015, p. 148.

[340] MELO, João Paulo Fanucchi de Almeida. **Princípio da capacidade contributiva**: a sua aplicação nos casos concretos. São Paulo: Quartier Latin, 2012.

ser limitadores máximo da arrecadação. Assim, como os tributos vinculados servem para remunerar, e não para fazer caixa, o Estado não deve desvirtuar e cobrar valores acima dos custos efetivos.

Por sua vez, a capacidade contributiva poderá nortear a ação do legislador, concedendo, por exemplo, isenções, ou ser utilizada num caso concreto com o fito de afastar insuportável tributação que eventualmente atinja o mínimo existencial ou tenha caráter confiscatório.

Por fim, quanto aos Empréstimos Compulsórios, que muito se assemelha aos impostos, especialmente quanto ao eventual aspecto material, as imunidades tributárias terão vez. Ora, a título de ilustração, admitir que a União institua e cobre Empréstimo Compulsório dos Municípios, levando em conta receita, faturamento, renda, patrimônio etc. dos estados e municípios seria flagrante violação ao pacto federativo.

3.4.7 Conceito

Hugo de Brito Machado conclui que

> Imunidade é o obstáculo criado por uma norma da Constituição que impede a incidência de lei ordinária de tributação sobre determinado fato, ou em detrimento de determinada pessoa, ou categoria de pessoas.
>
> É possível dizer-se que a imunidade é uma forma qualificada de não incidência. Realmente, se há imunidade, a lei tributária não incide, porque é impedida de fazê-lo pela norma superior, vale dizer, pela norma da Constituição.[341]

Paulo de Barros Carvalho, ao entender que deve estar prevista de forma expressa no texto constitucional e inadmite regra implícita para o instituto, assim define imunidade tributária:

> Classe finita e imediatamente determinável de normas jurídicas, contidas no texto da Constituição da República, e que estabelecem, de modo expresso, a incompetência das pessoas políticas de direito constitucional interno para expedir regras instituidoras de tributos que alcancem situações específicas e suficientemente caracterizadas.[342]

---

[341] MACHADO, Hugo de Brito. **Curso de direito tributário**. 33. ed. São Paulo: Malheiros, 2013, p. 234.

[342] CARVALHO, Paulo de Barros. **Curso de direito tributário**. 27. ed. São Paulo: Saraiva, 2016, p. 194-195.

Por sua vez, Regina Helena Costa assinala que

> A imunidade tributária, então, pode ser definida como a exoneração, fixada constitucionalmente, traduzida em norma expressa impeditiva da atribuição de competência tributária ou extraível, necessariamente, de um ou mais princípios constitucionais, que confere direito público subjetivo a certas pessoas, nos termos por ela delimitados, de não se sujeitarem à tributação.[343]

Por fim, Misabel Derzi define

> A imunidade é regra constitucional expressa (ou implicitamente necessária), que estabelece a não-competência das pessoas políticas da Federação para tributar certos fatos e situações, de forma amplamente determinada, delimitando negativamente, por meio de redução parcial, a norma de atribuição de poder tributário.[344]

Na mesma linha, apontam-se entendimentos de outros teóricos.[345]

A partir de toda a exposição feita nesta seção reservada às imunidades tributárias, propõe-se reflexão particular do instituto.

Entende-se que merece simpatia a teoria defendida por Ricardo Lobo Torres[346] de que a imunidade é preexistente ao Estado e, por ter estreita ligação com direitos humanos e liberdades, independe de positivação expressa no texto constitucional.

Esse entendimento teria ainda maior força, assim se visualiza, caso a opção do Constituinte fosse de elaborar um texto sintético, e não analítico.

---

343 COSTA, Regina Helena. **Imunidades tributárias**. 3. ed. São Paulo: Malheiros Editores, 2015, p. 58.

344 DERZI, Misabel Abreu Machado. A imunidade recíproca, o princípio federal e a Emenda Constitucional n. 3, de 1993. **RDTributário,** São Paulo, n. 62, p. 76-98, 1998a.

345 Luciano Amaro: "A imunidade tributária é, assim, a qualidade da situação que não pode ser atingida pelo tributo, em razão da norma constitucional que, à vista de alguma especificidade pessoal ou material dessa situação, deixou-a fora do campo sobre qual é autorizada a instituição do tributo." (AMARO, Luciano. **Direito tributário brasileiro.** 21. ed. São Paulo: Saraiva, 2016, p. 176).
Leandro Paulsen: "Havendo imunidade, resta ausente a própria competência tributária relativamente ao fato, operação ou pessoa imunizados. Sequer pode o legislador, no caso de imunidade, determinar a incidência da norma tributária impositiva." (PAULSEN, Leandro. **Curso de direito tributário**. 3. ed. Porto Alegre: Livraria do Advogado, 2010, p. 180).

346 TORRES, Ricardo Lobo. Os direitos humanos e a tributação: imunidades e isonomia. *In:* TORRES, Ricardo Lobo. **Tratado de direito constitucional financeiro e tributário**. Rio de Janeiro: Renovar, 2005. v. 3.

Assim como várias outras constituições modernas, a Constituição de 1988 é classificada como analítica. Trata-se de opção dos constituintes e meio adotado para implementar a segurança jurídica.

Nesse cenário, a Constituição analítica de 1988 traz, de forma extensa, normas – os denominados princípios e regras – e objetivos; garante direitos, impõe obrigações e regula a ação do Estado, bem como traça metas ou objetivos a perseguir até serem alcançados.

Até por isso, a Constituição abre espaço para que a interpretação e aplicação do direito possa ser mutante, considerando o momento da tomada de decisões. Em outros termos, o texto constitucional positivo abre espaço para que ocorram mutações jurídicas levando em conta o avanço social em sentido amplo, notadamente no que toca a direitos fundamentais.

Do texto constitucional é possível retirar diversos princípios, inclusive materialmente ligados ao direito tributário.

Apenas a título de menção, cita-se os princípios democráticos, dignidade da pessoa humana, pluralismo político, federativo/pacto federativo, presunção de inocência, moralidade, impessoalidade etc. Restritivamente à seara tributária, com o destaque que sempre merecem, a segurança jurídica e a justiça fiscal.

Ainda à luz do texto constitucional positivo, extraem-se objetivos a serem perseguidos constantemente até que um dia – assim se espera – possam ser concretizados. Por exemplo, erradicação da pobreza, justiça social, desenvolvimento nacional, redução das desigualdades regionais etc.

Nesse espeque, visualizando o texto constitucional, em específico, que trata traz princípios e objetivos, as imunidades não podem ser visualizadas apenas quando se tem tratamento explícito.

Elas podem ser identificadas implicitamente, desde que sustentadas por princípios constitucionais.

As imunidades, que podem ser implícita ou explicitamente identificáveis no texto constitucional, possuem sustentação em três pilares, que podem ser identificados separados ou conjuntamente.

Como primeiro pilar, registra-se o campo abstrato normativo, em que se propõe densificar, otimizar ou implementar a capacidade contributiva. Assim, atribui-se imunidade para pessoas e situações que não ostentam, abstratamente e em caráter geral, capacidade contributiva.

O segundo, objetiva instrumentalizar a concretização ou densificar valores e princípios constitucionalmente eleitos.

Nesses dois pilares, em especial, as imunidades podem ser vislumbradas de forma explícita e implícita. A interpretação dessas imunidades - tema que será desenvolvido adiante - poderá ser extensiva, teleológica, ou seja, menos restritiva. Em outras palavras, para implementação desses dois primeiros pilares das imunidades, a interpretação e aplicação não merecem ser restritivas.

Diferentemente ocorre no terceiro pilar. Por advir de negociação política e que acabou sendo positivado no ordenamento jurídico, não se identifica, inicialmente, robustez sistêmica que o justifique.

Por se encontrar positivado no texto constitucional, delimitando o exercício de competência tributária ativa, não se pode refutar a presença da imunidade, ainda que se tratando de resultado de negociação política pura e simples.

Nesse terceiro pilar, que não se tem amparo em princípios e valores ou na implementação da capacidade contributiva, entende-se que a interpretação e aplicação devem ser restritivas, e não ampliativas e extensivas.

As imunidades, que se estruturam e exsurgem a partir de três pilares, acabam por dar maior concretude e densidade para princípios e valores constitucionais. Elas auxiliam na formatação de conteúdos inicialmente abstratos.

Ademais, as imunidades podem ser visualizadas como instrumentos ou meios para aperfeiçoamento de valores e princípios constitucionais.

Por fim, as imunidades, existentes no texto constitucional, ladeiam com as regras de competências, se relacionam ou entrecruzam, dando o contorno necessário para todas as aptidões constitucionais para posterior criação de tributos.

Em resumo, as imunidades tributárias existem e se justificam com o (1) objetivo de efetivar juridicamente vontade política que passa a ser direito positivo, se levado ao texto constitucional, sem qualquer lógica ou amparo sistêmico. Nessa hipótese, as interpretações e aplicações devem ser restritivas, conforme será mais bem explorado nas páginas seguintes. Em especial, (2) implementam valores, princípios e objetivos de ordem constitucional, com destaque para a capacidade contributiva. Nessa vertente, a identificação pode ser implícita e abre espaço para interpretações extensiva e ampliativa. Adicionalmente, as imunidades podem dar concretude ou densificar princípios e valores ou serem utilizadas como instrumentos ou meios para otimizar objetivos e princípios de ordem constitucional. Expressa ou implicitamente previstas, acabam por concorrer ou entrecruzar com as regras de competência, ao final, delimitando-as e dando contorno, concretude e exatidão.

3.4.8 Hipóteses constitucionais

3.4.8.1 Classificações

As imunidades tributárias são expressas e implícitas no texto constitucional. No último caso, as implícitas, as imunidades decorrem de princípios constitucionais.

Para fins didáticos, a doutrina[347] divide as imunidades em: (1) genéricas/gerais e específicas; (2) excludentes e incisivas; (3) ontológica e política; (4) explícitas e implícitas; (5) incondicionada e condicionada e (6) objetivas, subjetivas e mistas.

As imunidades genéricas são atreladas às questões subjetivas das pessoas constitucionalmente contempladas e abrangem impostos - de forma ampla - que recaiam sobre a renda, patrimônio e serviços.

As imunidades específicas são delimitadas e restritivas, contemplando, assim, apenas um imposto e situação pontual. Por exemplo, a imunidade tributária do ICMS nas "prestações de serviço de comunicação nas modalidades de radiodifusão sonora e de sons e imagens de recepção livre e gratuita".[348]

As excludentes e as incisivas claramente demonstram como as imunidades correlacionam com as regras constitucionais de competência, dando contornos e balizamentos. As excludentes reservam determinada situação a uma exação tributária e, paralelamente, afastam da tributação outros tributos. Para ilustrar, vale lembrar a exclusividade da incidência do Imposto sobre operações de crédito, câmbio e seguro, ou relativas a títulos ou valores mobiliários (IOF) no caso do "ouro, quando definido em lei como ativo financeiro ou instrumento cambial".[349]

As incisivas, por sua vez, trazem o rol de hipóteses em que tributos poderão recair e, numa mesma perspectiva, acabam por impedir a incidência de outros. Como exemplo, o **art. 155, § 3º da CRFB** que prevê a possibilidade de incidência, em relação aos impostos, apenas de ICMS, II e IE, nas "[...] operações relativas a energia elétrica, serviços de telecomunicações, derivados de petróleo, combustíveis e minerais do País."[350]

---

[347] COSTA, Regina Helena. **Imunidades tributárias**. 3. ed. São Paulo: Malheiros Editores, 2015.

[348] Art. 155, § 2º, X, 'd' da CRFB.

[349] Art. 153, § 5º da CRFB.

[350] BRASIL. [Constituição (1988)]. Constituição da República Federativa do Brasil. **Diário Oficial da União,** Brasília, DF, 5 out. 1988.

As imunidades ontológicas são corolário de princípios constitucionais e a presença seria garantida independentemente de tratamento constitucional específico ou expresso. É o caso das imunidades dos entes federados, as denominadas recíprocas que, embora tenham tratamento constitucional reservado na Constituição de 1988, essa literalidade seria dispensada, bastando, para tanto, o respeito otimizado do princípio federativo. Em outros termos, ainda que as imunidades recíprocas não estivessem positivadas expressamente no texto constitucional no **art. 150, VI, "a" da CRFB**, mesmo assim elas teriam vez por serem decorrentes do princípio federativo.

As imunidades políticas, por outro lado, são elevadas ao texto constitucional por vontade e tratativa política. Claro, não se admite arbitrariedade ou ações infundadas por parte do constituinte. Entretanto, o tratamento constitucional é conjugado da vontade política e do interesse de implementar, prestigiar ou dar maior concretude ao princípio.

Nas imunidades políticas a (não) ausência de capacidade contributiva não é levada em conta. O que se visa é atender princípios.

As imunidades explícitas são aquelas que decorrem da literalidade do texto constitucional. A seu turno, as imunidades implícitas, diretamente ligadas com as ontológicas, estarão presentes independentemente de redação expressa na Constituição, bastando, para tanto, a sua aferição ou dedutibilidade de princípios. É o caso do princípio federativo.

As imunidades são de aplicação e eficácia imediatas. Ainda que ocorra "[...] eventual hipótese de omissão legislativa não implicará a inviabilização da fruição da exoneração fiscal."[351] Assim, o exercício da imunidade tributária subjetiva que, logo será tratado, deve atender parâmetros fixados no âmbito infraconstitucional, no caso, o art. 14 do CTN.[352]

---

[351] COSTA, Regina Helena. **Imunidades Tributárias**. 3. ed. São Paulo: Malheiros Editores, 2015, p. 145.

[352] "Art. 14. O disposto na alínea c do inciso IV do artigo 9º é subordinado à observância dos seguintes requisitos pelas entidades nele referidas:

I – não distribuírem qualquer parcela de seu patrimônio ou de suas rendas, a qualquer título;

II - aplicarem integralmente, no País, os seus recursos na manutenção dos seus objetivos institucionais;

III - manterem escrituração de suas receitas e despesas em livros revestidos de formalidades capazes de assegurar sua exatidão.

§ 1º Na falta de cumprimento do disposto neste artigo, ou no § 1º do artigo 9º, a autoridade competente pode suspender a aplicação do benefício.

Nessa linha, a imunidade tributária subjetiva fica condicionada ao atendimento e preenchimento dos requisitos tratados em sede de lei complementar nacional. Contudo, é importante frisar, mais uma vez, que eventual omissão legislativa não pode inviabilizar o exercício do direito constitucional à imunidade tributária.

Por outro lado, as imunidades tributárias incondicionadas são aquelas que objetivamente se aplicam, bastando, para isso, tão somente a observância do comando constitucional. Logo, não há previsão e nem necessidade de regulamentação no âmbito infraconstitucional, ainda que para trazer condicionantes ou requisitos a serem observados.

As imunidades tributárias podem ser classificadas, ainda, como objetivas, subjetivas e mistas.

As objetivas são aquelas que não levam em conta questões pessoais ou subjetivas. Deve-se visualizar, para tanto, situações, fatos ou bens, que constitucionalmente estarão imunes à tributação.

Um bom exemplo seria a imunidade tributária dos livros, jornais e periódicos. O produtor e o revendedor não são levados em consideração, bem como a (in)existência de capacidade contributiva. É dizer que a circulação e venda desses bens estão imunes ao exercício da tributação.

As imunidades subjetivas, por outro lado, levam em conta a pessoalidade ou sujeito que estará contemplado para o exercício desse direito constitucional. O Constituinte contemplou com as imunidades tributárias tendo como norte a natureza jurídica da pessoa jurídica ou prestigiando o papel social desempenhando.

Este rol de imunidades contemplas um total de nove categorias:

> temos três categorias de pessoas jurídicas de Direito Público e seis categorias de pessoas jurídicas de Direito Privado. Em relação às primeiras a finalidade pública lhes é inerente diante do regime jurídico a que se sujeitam; no que tange às últimas é o desempenho de atividades socialmente relevantes que justifica a atribuição da imunidade.[353]

---

§ 2º Os serviços a que se refere a alínea c do inciso IV do artigo 9º são exclusivamente, os diretamente relacionados com os objetivos institucionais das entidades de que trata este artigo, previstos nos respectivos estatutos ou atos constitutivos."

BRASIL. Lei nº 5.172, de 25 de outubro de 1966. Dispõe sobre o Sistema Tributário Nacional e institui normas gerais de direito tributário aplicáveis à União, Estados e Municípios. **Diário Oficial da União**, Brasília, DF, 27 out. 1966c.

[353] COSTA, Regina Helena. **Imunidades tributárias**. 3. ed. São Paulo: Malheiros Editores, 2015, p. 140.

As imunidades tributárias mistas são aquelas que correlacionam situações ligadas às pessoas contempladas pelo direito, levando em conta as suas questões particulares e subjetivas, bem como fatos, bens, produtos, mercadorias etc. Assim, para a presença deste tipo de imunidade tributária, deve-se conjugar os dois elementos, objetivo e subjetivo.

Um exemplo seria a não incidência do ITR "[...] sobre pequenas glebas rurais, definidas em lei, quando as explore o proprietário que não possua outro imóvel."[354] Nesse exemplo, nota-se a exigência constitucional de dois critérios, um objetivo e outro subjetivo. O critério objetivo seria a delimitação para determinado bem, no caso, "pequena gleba rural". Por sua vez, o critério subjetivo leva em conta a questão pessoal do "proprietário que não possua outro imóvel" e que "explore a pequena gleba rural".

Schoueri [355] defende, ainda, que a imunidade dos templos de qualquer culto seria exemplo de imunidades mistas. O tema será tratado na seção 3.4.8.2.2, na passagem que se pretende revisitar a imunidade tributária aqui apenas mencionada.

3.4.8.2 Imunidades tributárias genéricas

Com as classificações desenvolvidas, propõe-se, como metodologia, trazer a exposição se valendo da divisão existente entre genéricas e específicas.

3.4.8.2.1 Imunidade tributária recíproca

a) Revisitação histórica

Para esta passagem do texto, em específico, remete-se o leitor ao item que tratou especificamente do princípio do federalismo. Decerto, os fundamentos ali tratados devem ser observados neste trecho.

A referência inicial de imunidade tributária recíproca remete aos Estados Unidos, no ano de 1819, oportunidade em que a Suprema Corte julgou o caso *Mac Culloch v. Maryland.*

Enxuta e objetiva, a Constituição americana – inclusive as suas emendas – não tratou especificamente da imunidade tributária recíproca. Desnecessário, como exposto, tendo em vista que, esse instituto jurídico decorre do princípio federativo. Assim, a positivação expressa apenas reforçará a sua ideia e proporcionará maior segurança jurídica.

---

[354] Art. 153, § 4º da CRFB.

[355] SCHOUERI, Luis Eduardo. **Direito tributário**. 6. ed. São Paulo: Saraiva, 2016, p. 460 e ss.

No precedente paradigma oriundo da Corte norte-americana, Alexandre de Moraes muito bem sintetiza:

> Corte entendeu pela impossibilidade do Estado de Maryland tributar filiais do Banco nacional, tendo MARSHALL definido como previsão constitucional implícita a impossibilidade de "taxação" estadual em instrumentos federais, expondo que se os Estados pudessem taxar instrumentos utilizados pelo Governo Federal, no exercício de suas atribuições, poderiam intervir no exercício de suas competências constitucionais. No referido julgamento, MARSHALL cunhou a famosa frase, citada internacionalmente, de que "o poder de tributar envolve o poder de destruir" (*the power to tax involves the power to destroy)*, ao afirmar que "o direito de taxar, sem limite nem contraste, é, na sua essência, o direito e exterminar, ou de destruir; e, se uma instituição nacional pode ser assim destruída, todas as outras poderão, igualmente, ser destruídas".[356]

Ainda nos Estados Unidos, pouco mais adiante, a Suprema Corte concluiu que os estados igualmente estão imunes a qualquer tentativa do exercício do poder tributante federal. Concluiu-se, nos casos *Buffington v. Day, United States v. Baltimore and Ohio Railroad Co* e *Pollok v. Farnesr's Loan & Trust Co.*, que admitir a tributação de um ente em face de outro proporcionaria interferência ou restrição do exercício de atribuições ou competências constitucionais. Em outras palavras, a tributação, se exercida, reduziria as possibilidades de concretização de deveres impostos pela constituição.

Influenciado pelo direito-norte americano, Rui Barbosa defendeu a importação desse entendimento. Logo, na **Constituição de 1891**, restou positivado, no **art. 10**, o seguinte: "É proibido aos Estados tributar bens e rendas federais ou serviços a cargo da União, e reciprocamente."[357]

Destaca-se que a Constituição, naquele momento, tratava da imunidade de tributos, e não apenas dos impostos.

Mais uma vez revisitando o direito norte-americano, Alexandre de Moraes recorda que, nos anos 30 do século passado, as imunidades recíprocas deveriam se restringir ao exercício de atividades intergovernamentais.

---

[356] BRASIL. Supremo Tribunal Federal (2. Turma). **Arguição de Descumprimento de Preceito Fundamental nº 560.** Requerente: Confederação Nacional do Transporte. Requerido: Câmara Municipal de Campinas. Relator: Ministro Alexandre de Moraes. Brasília, DF, 13 dez. 2019a.

[357] BRASIL. [Constituição (1891)]. Constituição da República dos Estados Unidos do Brasil. **Diário Oficial da União**, Rio de Janeiro, RJ, 24 de fevereiro de 1891.

Logo, as operações mercantis operadas por entes federados não estariam abarcadas pela imunidade em exposição.[358]

No plano internacional, pode-se visualizar a positivação da imunidade recíproca textualmente no texto constitucional de alguns países.

O México, em seu **art. 115, IV, "c"**, da Constituição[359], e a Venezuela no **art. 180** também da sua Constituição[360], igualmente positivam o instituto.

---

[358] BRASIL. Supremo Tribunal Federal (2. Turma). **Arguição de Descumprimento de Preceito Fundamental nº 560**. Requerente: Confederação Nacional do Transporte. Requerido: Câmara Municipal de Campinas. Relator: Ministro Alexandre de Moraes. Brasília, DF, 08 de março de 2019.

[359] *"Artículo 115. Los estados adoptarán, para su régimen interior, la forma de gobierno republicano, representativo, democrático, laico y popular, teniendo como base de su división territorial y de su organización política y administrativa, el municipio libre, conforme a las bases siguientes:*
[...]
Los municipios administrarán libremente su hacienda, la cual se formará de los rendimientos de los bienes que les pertenezcan, así como de las contribuciones y otros ingresos que las legislaturas establezcan a su favor, y en todo caso:
[...]
Los ingresos derivados de la prestación de servicios públicos a su cargo.
Las leyes federales no limitarán la facultad de los Estados para establecer las contribuciones a que se refieren los incisos a) y c), ni concederán exenciones en relación con las mismas. Las leyes estatales no establecerán exenciones o subsidios en favor de persona o institución alguna respecto de dichas contribuciones. Sólo estarán exentos los bienes de dominio público de la Federación, de las entidades federativas o los Municipios, salvo que tales bienes sean utilizados por entidades paraestatales o por particulares, bajo cualquier título, para fines administrativos o propósitos distintos a los de su objeto público.
Los ayuntamientos, en el ámbito de su competencia, propondrán a las legislaturas estatales las cuotas y tarifas aplicables a impuestos, derechos, contribuciones de mejoras y las tablas de valores unitarios de suelo y construcciones que sirvan de base para el cobro de las contribuciones sobre la propiedad inmobiliaria.
Las legislaturas de los Estados aprobarán las leyes de ingresos de los municipios, revisarán y fiscalizarán sus cuentas públicas. Los presupuestos de egresos serán aprobados por los ayuntamientos con base en sus ingresos disponibles, y deberán incluir en los mismos, los tabuladores desglosados de las remuneraciones que perciban los servidores públicos municipales, sujetándose a lo dispuesto en el artículo 127 de esta Constitución.
Los recursos que integran la hacienda municipal serán ejercidos en forma directa por los ayuntamientos, o bien, por quien ellos autoricen, conforme a la ley" (MÉXICO. [Constituição (1917)]. Constitución Política de los Estados Unidos Mexicanos. Constitución publicada en el Diario Oficial de la Federación el 5 de febrero de 1917. Última reforma publicada DOF 08-05-2020.)

[360] *"Artículo 180. La potestad tributaria que corresponde a los Municipios es distinta y autónoma de las potestades reguladoras que esta Constitución o las leyes atribuyan al Poder Nacional o Estadal sobre determinadas materias o actividades.*
Las inmunidades frente a la potestad impositiva de los Municipios, a favor de los demás entes políticos territoriales, se extiende sólo a las personas jurídicas estatales creadas por ellos, pero no a concesionarios ni a otros contratistas de la Administración Nacional o de los Estados." (VENEZUELA. [Constituição (1999)]. Constitucion de la Republica Bolivariana de Venezuela. **Gaceta Oficial Extraordinaria** N° 36.860 de fecha 30 de diciembre de 1999.

A Constituição de 1988 positivou expressamente a imunidade tributária recíproca no **art. 150, VI, "a" c/c § 2º e 3º e art. 173, § 2º.**

b) Princípio federativo e capacidade contributiva como fundamentos da imunidade tributária recíproca

Dois elementos importantes sustentam as imunidades tributárias recíprocas. A sua existência implícita no direito norte-americano e expressa no direito brasileiro decorre dos denominados princípios (1) da capacidade contributiva e (2) federativo.

Os entes federados podem ter capacidade econômica, mas não detêm capacidade contributiva.

Isso porque todo o produto da arrecadação deve ser revertido em favor do bem comum, observando as leis orçamentárias. Não há saldo ou exteriorização de riqueza, portanto, capacidade contributiva, fonte apta para efetivação do exercício do poder tributante.

Se inexiste capacidade contributiva, juridicamente inviável a incidência de tributação.

As imunidades tributárias recíprocas devem ser observadas ainda em respeito ao princípio federativo.

Com a observância do princípio federativo, conforme trazido por Misabel Derzi, a liberdade e a igualdade serão igualmente prestigiadas.[361]

Schoueri sintetiza: "[...] o dispositivo do art. 150, VI, "a", da Constituição Federal deve ser lido em conjunto com o Princípio Federativo, de um lado, e com o Princípio da capacidade contributiva, de outro, todos em conjunto, determinando o alcance da imunidade."[362]

Sem dúvidas, estes são os elementos – capacidade contributiva e princípio federativo - que conjuntamente e em igual grau de importância impulsionaram a presença, ou melhor, a positivação, no Brasil de forma expressa, das imunidades recíprocas.

Com isso, "Governo não paga a governo".[363]

---

[361] BALEEIRO, Aliomar. **Direito tributário brasileiro**. 12. ed., **rev., atual. e ampl.** Atualizada por Misabel Abreu Machado Derzi. Rio de Janeiro: Forense, 2013, p. 125.

[362] SCHOUERI, Luis Eduardo. **Direito tributário**. 6. ed. São Paulo: Saraiva, 2016, p. 440.

[363] COÊLHO, Sacha Calmon Navarro. **Curso de direito tributário brasileiro**. 14. ed. Rio de Janeiro: Forense, 2015, p. 254.

Para fechar esta seção, acrescenta-se, ainda, o denominado princípio da autonomia dos Municípios, conforme abordagem de Paulo de Barros Carvalho.[364]

c) A redação da imunidade tributária recíproca na Constituição de 1988

A imunidade tributária recíproca possui abrigo nos **arts. 150, VI, 'a' c/c §§2º e 3º da Constituição**:

> Art. 150. Sem prejuízo de outras garantias asseguradas ao contribuinte, é vedado à União, aos Estados, ao Distrito Federal e aos Municípios:
>
> VI - instituir impostos sobre:
>
> patrimônio, renda ou serviços, uns dos outros;
>
> [...]
>
> § 2º - A vedação do inciso VI, «a», é extensiva às autarquias e às fundações instituídas e mantidas pelo Poder Público, no que se refere ao patrimônio, à renda e aos serviços, vinculados a suas finalidades essenciais ou às delas decorrentes.
>
> § 3º - As vedações do inciso VI, «a», e do parágrafo anterior não se aplicam ao patrimônio, à renda e aos serviços, relacionados com exploração de atividades econômicas regidas pelas normas aplicáveis a empreendimentos privados, ou em que haja contraprestação ou pagamento de preços ou tarifas pelo usuário, nem exonera o promitente comprador da obrigação de pagar imposto relativamente ao bem imóvel.[365] (destaca-se)

Propõe-se adicionar, ainda, o disposto no art. 173, § 2º da Constituição:

> Art. 173. Ressalvados os casos previstos nesta Constituição, a exploração direta de atividade econômica pelo Estado só será permitida quando necessária aos imperativos da segurança nacional ou a relevante interesse coletivo, conforme definidos em lei.
>
> [...]
>
> § 2º As empresas públicas e as sociedades de economia mista não poderão gozar de privilégios fiscais não extensivos às do setor privado.[366]

---

[364] CARVALHO, Paulo de Barros. **Curso de direito tributário**. 27. ed. São Paulo: Saraiva, 2016, p. 197.

[365] BRASIL. [Constituição (1988)]. Constituição da República Federativa do Brasil. **Diário Oficial da União,** Brasília, DF, 5 out. 1988.

[366] BRASIL. [Constituição (1988)]. Constituição da República Federativa do Brasil. **Diário Oficial da União,** Brasília, DF, 5 out. 1988.

Pela redação constitucional expressa e numa interpretação literal, na essência, pode-se extrair o seguinte: (1) Aplicação apenas aos impostos, uma das espécies tributárias; (2) só teria cabimento nos impostos que incidam sobre patrimônio, renda ou serviços; (3) há extensão para as autarquias e fundações. Logo, empresas públicas e sociedades de economia mista não fazem jus à imunidade tributária; (4) no caso das fundações e autarquias, as imunidades compreendem impostos sobre patrimônio, renda e serviços, desde que se tenha vínculo com as atividades essenciais ou delas decorrentes; (5) a imunidade será afastada quando ocorrer exploração da atividade econômica, regulamentada pelo direito privado; (6) a imunidade igualmente será afastada em caso de remuneração com preços ou tarifas; (7) a imunidade tributária recíproca não exonera o promitente comprador de pagar impostos relativos ao imóvel.

Ocorre que, como se verá, em matéria de imunidade tributária recíproca, a interpretação literal jamais foi adotada pelo STF, motivo pelo qual os apontamentos acima não correspondem à realidade prática.

d) Imunidade tributária recíproca com status de cláusula pétrea: ADI 939

A **Emenda Constitucional n. 03/93**, em seu **art. 2º**, abriu espaço para que a União instituísse o imposto sobre movimentação ou transmissão de valores e de créditos e direitos de natureza financeira. O **§ 2º** do mesmo dispositivo constitucional permitia o exercício da tributação em face dos entes federados, não sendo aplicada a imunidade tributária recíproca.

Devidamente provocado, o STF, ao julgar **a ADI 939**, Confederação Nacional dos Trabalhadores do Comércio x Presidente da República, concluiu pela inconstitucionalidade, sob o fundamento de violação ao princípio federativo.[367]

A referida ADI é importante marco no cenário jurídico brasileiro, pelo menos por duas razões: (1ª) é possível declarar inconstitucionalidade de emenda constitucional e (2ª) eleva os direitos positivados no art. 150 da CRFB ao patamar de cláusulas pétreas, o que impede emenda constitucional que vise aniquilar ou restringir direitos ali assegurados.

---

[367] BRASIL. Supremo Tribunal Federal (Tribunal Pleno). **Ação Direta de Inconstitucionalidade nº 939-7**. Requerente: Confederação Nacional dos Trabalhadores no Comércio. Requerido: Presidente da República. Relator: Sydney Sanches. Brasília, DF, 15 de dezembro de 1993.

e) Imunidade tributária recíproca não se limita aos impostos classificados pelo CTN

É de se lembrar que a **Constituição de 1891** previa a imunidade tributária para tributos, e não apenas para os impostos, tal como a **Constituição de 1988**. O atual texto, para que implemente maior equilíbrio entre os entes, não resguardou a imunidade tributária recíproca aos tributos rotulados como vinculados.

A propósito, tem vez no ordenamento jurídico brasileiro, desde 1963, a **Súmula 324 do STF**: "A imunidade do art. 31, V, da Constituição Federal não compreende as taxas." [368]

Nesse cenário, sendo, *a priori*, aplicada às espécies tributárias impostos, pergunta-se: apenas para os impostos infraconstitucionalmente classificados como incidentes sobre renda, patrimônio e serviços?

De pronto, como resposta, pode-se apontar que a partir do julgamento da **ADI 939**, acima tratada, é possível constatar que a imunidade tributária recíproca não se limita aos impostos que incidem sobre renda, patrimônio e serviços, conforme distinção infraconstitucional decorrente do que dispõe o CTN.

A **ADI 939** julgou inconstitucional, sob o fundamento de violação ao princípio federativo, emenda constitucional que abria espaço para cobrança de imposto sobre movimentação ou transmissão de ativos da União aos demais entes federados. No caso, a "literalidade" constitucional ficou no plano secundário e corretamente foi maximizada a extensão da imunidade tributária recíproca.

No âmbito do STF é possível identificar alguns precedentes reconhecendo a imunidade tributária recíproca quando se põe em pauta o IOF.

Em 1996, no **RE 196.415-PR**, caso União x Município de Campo Mourão, o acórdão proferido pelo TRF-4 foi mantido e o direito à imunidade foi reconhecido.[369]

No caso, a União aduziu que a imunidade recíproca é restrita ao patrimônio, à renda e aos serviços das entidades de direito público. O caso tratava de imposto sobre a produção e a circulação. Como segundo fundamento, alegou-se que o Município, quando efetua aplicações financeiras, está desenvolvendo exploração de atividade econômica que não lhe é própria.

[368] BRASIL. Supremo Tribunal Federal. **Súmula nº 324**. A imunidade do art. 31, V, da Constituição Federal não compreende as taxas. Brasília, DF, 13 dez. 1963g

[369] BRASIL. Supremo Tribunal Federal (1. Turma). **Recurso Extraordinário nº 196.415**. Recorrente: União Federal. Recorrido: Município de Campo Mourão. Relator: Ministro Ilmar Galvão. Brasília, DF, 21 de maio de 1996b.

Acompanhado pelos demais, o Relator, Ministro Ilmar Galvão decidiu que, haja vista não existir norma que impeça os entes políticos de manter os seus ativos financeiros aplicados no mercado financeiro, ao abrigo dos efeitos da inflação, encontram-se sob a proteção da imunidade. E mais, pelo disposto no **art. 150, VI, "a" da CRFB**, não se trata de isenção, mas sim de imunidade, que não está sujeita a interpretação restritiva.

Alguns meses depois, em novembro do mesmo ano, a mesma conclusão foi alcançada na **ACO 468-3**, caso Estado do Mato Grosso x União Federal.[370]

Destaca-se, aqui, que o IOF, bem como o ICMS e o IPI, são classificados, pelo CTN, como impostos sobre produção e circulação - CTN, Título III, Cap. IV, art. 46 e seguintes, conforme muito bem lembrado pelo Ministro Carlos Velloso no julgamento do **RE 203.755-9**, caso Estado do Espírito Santo x Instituto de Ensino Superior Professor Nelson Abel de Almeida.[371]

Visualiza-se, assim, que há mais de vinte anos, o STF, quando aprecia imunidade tributária recíproca e IOF, tem se afastado da literalidade, interpretando e aplicando o direito à luz da melhor exegese atinente ao federalismo.

f) A imunidade tributária recíproca não pode ser utilizada para beneficiar particulares

Revisitando a história por Baleeiro [372], tem-se notícia que, sob a égide das **Constituições de 1891 e 1934**, a imunidade recíproca era maximizada e, assim, acabava por privilegiar particulares. Os pagamentos feitos a servidores públicos e aos prestadores de serviços públicos eram acobertados pela imunidade.

Um fato que marcou Baleeiro foi a edição do **Decreto-Lei n. 1.564/39** que anulou decisão proferida pelo STF, após o Tribunal ter negado direito à imunidade tributária para magistrados do Estado da Bahia, que se insurgiam em face do imposto de renda.[373]

---

370 BRASIL. Supremo Tribunal Federal (Tribunal Pleno). **Ação Cível Originária nº 468.** Recorrente: Estado do Mato Grosso do Sul. Recorrido: União Federal. Relator: Octávio Gallotti. Brasília, DF, 11 de novembro de 1996e.

371 BRASIL. Supremo Tribunal Federal (2. Turma). **Recurso Extraordinário nº 203.755-9.** Recorrente: Estado do Espírito Santo. Recorrido: Instituto de Ensino Superior Professor Nelson Abel de Almeida. Relator: Carlos Velloso. Brasília, DF, 17 de setembro de 1996c.

372 BALEEIRO, Aliomar. **Direito tributário brasileiro**. 12. ed., **rev., atual. e ampl.** Atualizada por Misabel Abreu Machado Derzi. Rio de Janeiro: Forense, 2013, p.132.

373 BALEEIRO, Aliomar. **Limitações constitucionais ao poder de tributar**. 8. ed. Rio de Janeiro: Forense, 2010, p. 406.

Ainda no ano de **1939**, com a experiência da edição de Decreto-Lei com a finalidade de reformar decisão judicial, para não se sujeitar novamente a esse tipo de situação, noticiou Baleeiro que o Ministro Carlos Maximiliano proferiu voto no **MS 623**, em tom melancólico e, embora deixando claro que tivesse posição diversa, concedeu segurança para reconhecer a imunidade em favor de magistrado do Estado do Rio de Janeiro.[374]

O **Constituinte de 1946** tratou de dar tratamento igualitário e tentou afastar os privilégios odiosos. Vale a ressalva, contudo, ao disposto no **art. 203**: "Nenhum impôsto gravará diretamente os direitos do autor, nem a remuneração de professôres e jornalistas".[375]

A **Constituição de 1969**, ou, caso se prefira, **Emenda Constitucional n. 1**, concedeu imunidade de imposto de renda nos casos de "[...] ajuda de custo e diárias pagas pelos cofres públicos na forma da lei", conforme art. 21, IV.[376]

A **Constituição de 1988**, por sua vez, conforme visto anteriormente, não se contentou em positivar a igualdade geral. Com influência de experiências em que privilégios eram recorrentes, o Poder Constituinte de 1988 criou regra constitucional da imunidade tributária, conforme se observa do **art. 150, II.**[377]

Dando ainda maior densidade e concretude para a igualdade tributária, o **§ 3º do art. 150 da CRFB**[378], tal como a disposição inserida no **art. 19 § 1º da Constituição de 1969**[379], prevê expressamente que os serviços públicos explorados por particulares se sujeitam à tributação.

---

[374] BALEEIRO, Aliomar. **Limitações constitucionais ao poder de tributar**. 8. ed. Rio de Janeiro: Forense, 2010, p. 407.

[375] BRASIL. [Constituição (1946)]. Constituição dos Estados Unidos do Brasil. **Diário Oficial da União,** Rio de Janeiro, publicado em 19 set. 1946, republicado em 25 set. 1946 e 15 out. 1946.

[376] BRASIL. Emenda Constitucional nº 1, de 17 de outubro de 1969. Edita o novo texto da Constituição Federal de 24 de janeiro de 1967. **Diário Oficial da União,** Brasília, DF, publicado em 20 out. 1969c, retificado em 21 out. 1969 e republicado em 30 out. 1969.

[377] BRASIL. [Constituição (1988)]. Constituição da República Federativa do Brasil. **Diário Oficial da União,** Brasília, DF, 5 out. 1988.

[378] BRASIL. [Constituição (1988)]. Constituição da República Federativa do Brasil. **Diário Oficial da União,** Brasília, DF, 5 out. 1988.

[379] BRASIL. Emenda Constitucional nº 1, de 17 de outubro de 1969. Edita o novo texto da Constituição Federal de 24 de janeiro de 1967. **Diário Oficial da União,** Brasília, DF, publicado em 20 out. 1969c, retificado em 21 out. 1969 e republicado em 30 out. 1969.

Aplicando a hipótese constitucional, talvez o precedente paradigmático após a Constituição de 1988 seja a **ADI 3089-2**, caso Associação dos Notários e Registradores do Brasil (ANOREG-BR) x Presidente da República.[380]

O Ministro Carlos Britto, relator, julgava procedente a ação, sob o fundamento central de que seriam "típicas atividades estatais, mas não são serviços públicos propriamente".

Adiantando voto, Ministro Sepúlveda Pertence julgou a ação improcedente, entendendo que se trataria de atividade estatal delegada e, enquanto atividade privada, há espaço para cobrança do ISS.

O Redator do acórdão, Ministro Joaquim Barbosa, dentre outros fundamentos, assinalou que a imunidade recíproca só se aplica quando o ente político presta o serviço. Logo, caso o serviço seja prestado por meio de permissão, concessão ou delegação, em caráter privado, não há que se falar em imunidade.

Tratando-se de imunidade tributária subjetiva, para o seu reconhecimento é necessário observar o sujeito a ser constitucionalmente contemplado, e não o produto, mercadoria ou, conforme o caso ilustrado, o serviço.

g) Imunidade tributária recíproca e Atividade Econômica/ Domínio Econômico

Nos termos do direito constitucional positivo, notadamente a partir do **art. 170**, que se reserva a tratar da Ordem Econômica e Financeira, pode-se extrair que o exercício da atividade econômica é reservado à iniciativa privada.

Melhor explicando, a atividade econômica contará com a participação do Estado, que exercerá a sua função típica, isto é, "Como agente normativo e regulador da atividade econômica, o Estado exercerá, na forma da lei, as funções de fiscalização, incentivo e planejamento, sendo este determinante para o setor público e indicativo para o setor privado", conforme disposto no art. **174 da Constituição.**[381]

Essas são as atividades do Estado atuando na atividade econômica.

---

380 BRASIL. Supremo Tribunal Federal (Tribunal Pleno). **Ação Direta de Inconstitucionalidade nº 3089-2**. Requerente: Associação dos notários e registradores do Brasil. Requerido: Presidente da República. Relator para acórdão: Joaquim Barbosa. Brasília, DF, 13 de fevereiro de 2008a.

381 BRASIL. [Constituição (1988)]. Constituição da República Federativa do Brasil. **Diário Oficial da União,** Brasília, DF, 5 out. 1988.

O Estado deixará de atuar e passará a intervir na atividade econômica nas hipóteses restritivas do **art. 173 da CRFB**: "[...] a exploração direta de atividade econômica pelo Estado só será permitida quando necessária aos imperativos da segurança nacional ou a relevante interesse coletivo, conforme definidos em lei."[382]

Em síntese, conforme ensina Eros Grau, o Estado atuará na atividade econômica, exercendo a sua função típica, que é aquela elencada no art. 174 da Constituição. Contudo, excepcionalmente nas hipóteses do art. 173 da CRFB, o Estado poderá agir atipicamente e ser interventor na atividade econômica; ele sai do seu campo natural de atuação e age no setor que lhe é a *priori* estranho, motivo pelo qual se classifica ou rotula como intervenção.[383]

Para viabilizar o exercício atípico de sua função na atividade econômica, oportunidade em que figurará como interventor, o Estado pode lançar mão das empresas públicas e sociedades de economia mista.

No caso em que o Estado intervém na atividade econômica e a executa, como se da iniciativa privada fosse, a Constituição vem a delinear os contornos necessários para tanto. Por isso, os princípios da ordem econômica constitucional, igualmente com o que ocorre com o setor privado, norteiam as ações do Estado.

De forma a complementar ao princípio da livre concorrência e, talvez, do tratamento favorecido para empresas de pequeno porte - **art. 170, IV e IX da CRFB**[384], o **art. 173, § 2º** foi coerente e linear ao prever que "As empresas públicas e as sociedades de economia mista não poderão gozar de privilégios fiscais não extensivos às do setor privado."[385]

Ora, caso o Estado venha a intervir na atividade econômica, concorrendo no mercado, para que a igualdade e livre concorrência sejam otimizadas, não há que se falar em imunidade para empresas públicas e sociedades de economia mista. É dizer que essas devem concorrer no mercado, sobretudo no aspecto tributário, em iguais condições com o setor privado.

---

[382] BRASIL. [Constituição (1988)]. Constituição da República Federativa do Brasil. **Diário Oficial da União,** Brasília, DF, 5 out. 1988.

[383] BRASIL. [Constituição (1988)]. Constituição da República Federativa do Brasil. **Diário Oficial da União**, Brasília, DF, 5 out. 1988.

[384] BRASIL. [Constituição (1988)]. Constituição da República Federativa do Brasil. **Diário Oficial da União,** Brasília, DF, 5 out. 1988.

[385] BRASIL. [Constituição (1988)]. Constituição da República Federativa do Brasil. **Diário Oficial da União,** Brasília, DF, 5 out. 1988.

Contudo, com base nas considerações de Schoueri, o entendimento acerca da (não) garantia de imunidade, notadamente quando voltada ao setor público, deve ser balizado com entendimento que seja mais racional e compatível com o texto da Constituição.[386]

Assim, tem-se o seguinte: (1) atuando fora do domínio econômico, a imunidade tributária há que ser preservada, em respeito ao pacto federativo e à ausência de capacidade contributiva. (2) ingressando no domínio econômico, a imunidade tributária poderá ser preservada, em caráter especial, caso os recursos obtidos sejam direcionados para os seus fins legais ou estatutários, claro, desde que eleitos pelo Constituinte. Trata-se de uma forma de minimizar os investimentos assistenciais praticados pela entidade imune. Portanto, enquanto o setor privado paga impostos, a entidade imune investe em assistência.

h) Imunidade tributária recíproca das autarquias e fundações

A **Constituição de 1946**, por meio da Emenda Constitucional n. 18, positivou expressamente entendimento jurisprudencial e doutrinário de que as autarquias fazem *jus* à imunidade. Deste então, inclusive na Constituição de 1988, há previsão expressa.

Antes da positivação expressa, o STF chegou a editar três súmulas tratando das autarquias, naquele momento - até 1946, ainda implícitas: súmula 73[387], súmula 74[388], súmula 75.[389]

A **Súmula 73** merece destaque porque evidencia o histórico do STF em otimizar e maximizar as imunidades tributárias, claro, desde que observados parâmetros e balizas, em especial, a vedação de busca de lucro.

---

[386] SCHOUERI, Luis Eduardo. **Direito tributário**. 6. ed. São Paulo: Saraiva, 2016, p. 432.

[387] BRASIL. Supremo Tribunal Federal. **Súmula nº 73**. A imunidade das autarquias, implicitamente contida no art. 31, V, "a", da Constituição Federal, abrange tributos estaduais e municipais. Brasília, DF, 13 dez. 1963b.

[388] BRASIL. Supremo Tribunal Federal. **Súmula nº 74**. O imóvel transcrito em nome de autarquia, embora objeto de promessa de venda a particulares, continua imune de impostos locais. Brasília, DF, 13 dez. 1963c.

[389] BRASIL. Supremo Tribunal Federal. **Súmula nº 75**. Sendo vendedora uma autarquia, a sua imunidade fiscal não compreende o imposto de transmissão "inter vivos", que é encargo do comprador. Brasília, DF, 13 dez. 1963d.

A **Súmula 74** não produz mais efeitos, tendo em vista a sua superação pela **Súmula 583**: "Promitente-Comprador de imóvel residencial transcrito em nome de autarquia é contribuinte do imposto predial territorial urbano."[390]

A **Súmula 583**, datada de 1976, teve nítido viés de evitar que particulares fossem beneficiados pela imunidade tributária recíproca.

Vale registro de que, naquela época, o STF apreciava matérias de ordem constitucional e infraconstitucional. Assim, considerando que, em regra, as leis municipais preveem comprador e vendedor como contribuintes do Imposto sobre transmissão bens inter vivos (ITBI), o STF, naquele momento, não se viu restringido de formar entendimento de ponto atinente à imunidade tributária levando em conta tratamento infraconstitucional.

Esse entendimento, acabou se consagrando no STF, de forma acertada, posto levar em conta a ideia de igualdade e capacidade contributiva, evitando, assim, privilegiar particulares. Logo, a Constituição de 1988 referendou tal entendimento e positivou de forma expressa o final do que se encontra disposto no **art. 150, § 3º da CRFB**: "[...] nem exonera o promitente comprador da obrigação de pagar imposto relativamente ao bem imóvel."[391]

É de se destacar que o STF enquadrou a Ordem dos Advogados do Brasil e a Caixa de Assistência de advogados como autarquias profissionais. Dessa forma, a imunidade tributária recíproca foi reconhecida para fins de IOF, conforme **AgRg no RE 259.976/RS**, caso OAB/RS x União Federal[392], **RE 233.843/MG**, caso Município de Belo Horizonte x Caixa de Assistência de Advogados de Minas Gerais.[393], e **RE 405.267-MG**, caso Município de Belo Horizonte x Caixa de Assistência dos Advogados de Minas Gerais[394].

As fundações foram contempladas pela imunidade tributária recíproca a partir da positivação da **Constituição de 1988**.

---

[390] BRASIL. Supremo Tribunal Federal. **Súmula nº 583**. Promitente-Comprador de imóvel residencial transcrito em nome de autarquia é contribuinte do imposto predial territorial urbano. Brasília, DF, 5 de dezembro de 1976.

[391] BRASIL. [Constituição (1988)]. Constituição da República Federativa do Brasil. **Diário Oficial da União,** Brasília, DF, 5 out. 1988.

[392] BRASIL. Supremo Tribunal Federal (2. Turma). **Agravo Regimental no Recurso Extraordinário nº 259.976**. Agravante: União. Agravado: Ordem dos Advogados - Seção do Rio Grande do Sul. Relator: Ministro Joaquim Barbosa. Brasília, DF, 23 mar.

[393] BRASIL. Supremo Tribunal Federal (2. Turma). **Recurso Extraordinário nº 233.843**. Recorrente: Município de Belo Horizonte. Recorrida: Caixa de Assistência de Advogados de Minas Gerais. Relator: Joaquim Barbosa. Brasília, DF, 1 dez. 2009j.

[394] BRASIL. Supremo Tribunal Federal (Tribunal Pleno). **Recurso Extraordinário nº 405.267**. Recorrente: Município de Belo Horizonte. Recorrido: Caixa de Assistência dos Advogados de Minas Gerais. Relator: Ministro Edson Fachin. Brasília, DF, 6 set. 2018b.

i) Imunidade tributária recíproca aplicadas para empresas públicas e sociedades de economia mista

Caso a literalidade do texto constitucional seja aplicada, as empresas públicas e sociedades de economia mista se sujeitarão ao exercício do poder tributante, não tendo direito à imunidade tributária.

Vale lembrar que o ponto crucial para (não) garantir a imunidade não é estrutura jurídica ou nome atribuído - empresa pública, sociedade de economia mista, autarquia ou fundação. O relevante é identificar (1) a atuação no setor público; (2) ingressando no setor privado, torna-se necessário verificar a exteriorização da capacidade contributiva. É dizer que, caso os recursos obtidos sejam endereçados aos fins legais e estatutários, a capacidade contributiva inexistirá e a imunidade deve ser prestigiada em máxima medida.

No caso empresas públicas e sociedades de economia mista que existem e buscam auferir lucro, a imunidade tributária não tem vez.

Ao tratar do tema, Misabel Derzi é taxativa

> Assim, essa regra não deve ser aplicada, quando o serviço, em sua essência, for público, desempenhado em regime de Direito Público, monopolizado ou não pelo Estado. Se ele é desenvolvido segundo as regras e princípios do Direito Público, a imunidade se faz presente, ainda que o legislador denomine o ente de "empresa pública". Nesses casos, estaremos em face de verdadeira autarquia, em que pese o nome legalmente atribuído.[395]

Portanto, a regra expressa no **art. 173, § 2º da Constituição**, acima transcrito e tratado, não tem interpretação e aplicação literal.

Revisitando o repertório jurisprudencial do STF, alguns casos valem ser recordados, não somente no que se refere à conclusão, mas, em especial, aos fundamentos jurídicos desenvolvidos, a *ratio decidendi*.

O *case* de destaque no STF se refere à decisão que garantiu imunidade tributária para os Correios, a saber o **RE 407.099-5**, caso ECT x Município de São Borja/RS[396], julgado em 2004, e, posteriormente, a Ação Cível Originária - **ACO 959/RN**, caso ECT x Estado do Rio Grande do Norte [397], decidido em 2008.

---

[395] BALEEIRO, Aliomar. **Direito tributário brasileiro**. 12. ed., **rev., atual. e ampl.** Atualizada por Misabel Abreu Machado Derzi. Rio de Janeiro: Forense, 2013, p. 130.

[396] BRASIL. Supremo Tribunal Federal (2. Turma). **Recurso Extraordinário nº 407.099-5**. Recorrente: Empresa Brasileira de Correios e Telégrafos. Recorrido: Município de São Borja. Relator: Carlos Velloso. Brasília, DF, 22 de junho de 2004b.

[397] BRASIL. Supremo Tribunal Federal (Tribunal Pleno). **Ação Cível Originária nº 959-4**. Recorrente: Empresa Brasileira de Correios e Telégrafos ECT. Recorrido: Estado do Rio Grande do Norte. Relator: Menezes Direito. Brasília, DF, 17 de março de 2008b.

No primeiro caso, o Ministro Carlos Velloso, relator do caso, sustentou a necessidade de distinguir empresa pública que exerce atividade econômica da empresa pública que presta serviço público.

A Empresa Brasileira de Correios e Telégrafos (ECT) é prestadora de serviço público de prestação obrigatória e exclusiva do Estado.

Segundo o Relator, "distinguir empresa pública que presta serviço público de empresa pública que exerce atividade econômica, atividade empresarial, concorrendo com empresas privadas. A primeira, sempre sustentei, tem natureza jurídica de autarquia. [...]."

Adicionalmente, Carlos Velloso recorda que o patrimônio da ECT integra o conceito de fazenda pública, portanto, impenhorável, estando sujeito à regra do **art. 100 da CRFB.**[398]

No segundo caso, a **ACO 959/RN**, o tema foi levado ao pleno. Mais uma vez, o relator foi o Ministro Carlos Velloso, que, em síntese, repetiu os fundamentos trazidos no caso de 2004.

Carlos Britto, seguindo o relator, enfatizou que a atividade é privativa e exclusiva da União, sendo excluída da iniciativa privada.

Vencido, Marco Aurélio Mello defende a aplicação literal do texto constitucional, excluindo, assim, as empresas públicas do exercício do direito à imunidade.

Cerca de um ano após, teve julgamento a **ACO 765-1/RJ**, caso ECT x Estado do Rio de Janeiro.[399]

Ação ajuizada pela ECT para obter pronunciamento no sentido da inexigibilidade, pelo Estado do Rio de Janeiro, do IPVA e do afastamento de sanções decorrentes do não-pagamento do tributo, uma vez que desempenha atividades típicas de serviço público obrigatório e exclusivo.

O Ministro Marco Aurélio, em voto objetivo, cita voto anterior proferido na **ACO 959-4/RN**, acima tratado.

---

[398] BRASIL. Supremo Tribunal Federal (2. Turma). **Recurso Extraordinário nº 407.099-5**. Recorrente: Empresa Brasileira de Correios e Telégrafos. Recorrido: Município de São Borja. Relator: Carlos Velloso. Brasília, DF, 22 de junho de 2004b.

[399] BRASIL. Supremo Tribunal Federal (Pleno). **Ação Cível Originária nº 765-1**. Autora: Empresa Brasileira de Correios e Telégrafos - ECT. Réu: Estado do Rio de Janeiro. Relator: Ministro Marco Aurélio. Relator para o acórdão: Ministro Menezes Direito. Brasília, DF, 13 maio 2009c.

Abriu a divergência o Ministro Menezes Direito, sob o fundamento de que a ECT presta serviço público e não atividade econômica em sentido estrito, possuindo natureza autárquica e, por conseguinte, fazendo *jus* à imunidade pleiteada.

Por sua vez, o Ministro Lewandowski modifica posição anterior e traz voto inédito. Assim, desenvolve o raciocínio de que a ECT presta serviço público, mas também exerce atividade econômica que visa o lucro, como se privada fosse, especialmente pelas suas franqueadas. Com fundamento na igualdade tributária e na literalidade do **art. 173, § 2º da Constituição**, que veda tratamento diferenciado em questão tributária para as empresas públicas, o Ministro decide alterar seu posicionamento e votou pela improcedência da Ação.

Por sua vez, o Ministro Eros Grau vota pela procedência da Ação, contestando a fundamentação trazida por Lewandowski. Segundo o magistrado, a vedação do artigo se aplica somente para empresas estatais que exploram atividade própria do setor privado, e não a empresas estatais que prestam serviço público. O Ministro ainda frisa que o fato de a ECT ser franqueada não descaracteriza sua natureza de prestadora de serviço público.

Nesta fase do julgamento tem início debate sobre as "franqueadas". Lewandowski expressa sua estranheza de "terceirizar" a imunidade para todas as quase mil e quinhentas franqueadas da ECT que prestam serviço de caráter comercial. Ao final, os ministros acabam convergindo no sentido de que a imunidade se restringe à ECT, uma vez que ela não alcança entidades privadas que exerçam atividade econômica.

Por seu lado, Joaquim Barbosa, que não participou do julgamento da **ACO 959/RN**, julga parcialmente procedente a ação. Para tanto, fundamenta que a ECT é uma empresa "anfibológica", tendo em vista que, ora atua como estatal ora atua como empresa privada. Logo, o ente tributante deveria fazer a triagem entre o que é serviço postal e o que tem natureza econômica.

O Min. Carlos Britto também julga procedente a ação, defendendo o valor fundamental que os Correios têm como serviço público para integração nacional. Ainda, tece comentários distinguindo o lucro obtido por empresa pública do lucro obtido por empresa privada. Ambas possuem lucro, mas a primeira vê o lucro como "*meio*" para continuar prestando sua atividade, que são revertidos em prol da atividade, enquanto a segunda vê o lucro como um "*fim*".

Ao final, a ação foi julgada procedente, tendo sido designado relator Menezes de Direito. Na oportunidade ficaram vencidos Marco Aurélio Mello e Lewandowski.

Merecem registros, ainda, dois pontos: (1º) a divergência de fundamentação de Joaquim Barbosa e (2º) com o julgamento do pleno, os Ministros passaram a decidir monocraticamente.

Poucos meses depois, especificamente em 5/8/2009, foi julgado a Arguição de Descumprimento de Preceito Fundamental - **ADPF 46-7/DF**, caso Associação Brasileira das Empresas de Distribuição (Abraed) x ECT. [400]

O ponto central em discussão diz respeito à (não) exclusividade da ECT na prestação de serviços públicos postais.

Após longo e intenso debate, concluiu-se que "nem todos os serviços postais estão submetidos ao 'monopólio' ou prestação exclusiva da União. Logo, os serviços postais abrangidos pelo 'monopólio' devem ser interpretados restritivamente."[401] Desse modo, "[...] o Tribunal reconheceu que 'a prestação exclusiva pela União da atividade postal limita-se ao conceito de carta, cartão-postal, correspondência-agrupada e fabricação de selos.' " [402]

No que se refere à parte criminal, em específico, **artigo 42 da Lei n. 6.538** [403], decidiu-se que sua aplicação deve ficar restrita às hipóteses previstas pelo **artigo 9º**[404], ou seja, carta, cartão-postal, correspondência-agrupada e fabricação de selos.

---

[400] BRASIL. Supremo Tribunal Federal (Pleno). **Arguição de Descumprimento de Preceito Fundamental nº 46-7**. Arguente: Associação Brasileira das Empresas de Distribuição - ABRAED. Arguido: Empresa Brasileira de Correios e Telégrafos. Relator: Marco Aurélio. Relator para o acórdão: Eros Grau. Brasília, DF, 5 ago. 2009e.

[401] BRASIL. Supremo Tribunal Federal (Pleno). **Arguição de Descumprimento de Preceito Fundamental nº 46**-7. Arguente: Associação Brasileira das Empresas de Distribuição - ABRAED. Arguido: Empresa Brasileira de Correios e Telégrafos. Relator: Marco Aurélio. Relator para o acórdão: Eros Grau. Brasília, DF, 5 ago. 2009e.

[402] BRASIL. Supremo Tribunal Federal (Pleno). **Arguição de Descumprimento de Preceito Fundamental nº 46-7**. Arguente: Associação Brasileira das Empresas de Distribuição - ABRAED. Arguido: Empresa Brasileira de Correios e Telégrafos. Relator: Marco Aurélio. Relator para o acórdão: Eros Grau. Brasília, DF, 5 ago. 2009e.

[403] BRASIL. Lei nº 6.538, de 22 de junho de 1978. Dispõe sobre Serviços Postais. **Diário Oficial da União**, Brasília, DF, 23 jun. 1978b.

[404] BRASIL. Lei nº 6.538, de 22 de junho de 1978. Dispõe sobre Serviços Postais. **Diário Oficial da União**, Brasília, DF, 23 jun. 1978b.

Para finalizar essa abordagem específica, talvez motivado pelos fundamentos trazidos pelo Ministro Joaquim Barbosa na **ACO 765-1**, o Município de Curitiba propôs tributar, a título de ISSQN, os serviços que não eram prestados com exclusividade ou em sede de monopólio, conforme decidido na **ADPF 46-7/DF**.

Teve vez na pauta do STF, em 2013, o **RE 601.392/PR**, caso ECT x Município de Curitiba.[405] Por pequena maioria, a imunidade tributária foi garantida de forma ampla, não se limitando aos serviços abarcados pela exclusividade ou monopólio, nos termos da Constituição. Para tanto, o fundamento determinante foi a tese do "subsídio cruzado":

> No caso dos Correios, entende-se por "subsídio cruzado" a utilização do resultado positivo das atividades desenvolvidas no regime de concorrência como fonte de financiamento indireto para garantir a prestação de um serviço público postal. A extensão da imunidade recíproca aos serviços prestados em regime de concorrência tem o objetivo de evitar que parte deste "resultado positivo" seja desviada para o pagamento de impostos, o que, na prática, afetaria o financiamento dos serviços públicos postais.[406]

Em outra oportunidade, no ano de 2015, o STF reiterou o entendimento ao julgar o **RE 627.051/PE**, caso ECT x Estado de Pernambuco.[407] Com base no argumento e na conclusão do **RE 601.392**, garantiu-se a imunidade de ICMS-transporte.[408]

Com esta revisão histórica dos precedentes dos casos que envolvem a ECT, pode-se elencar, ao menos, três pontos importantes: (1º) não se aplica a literalidade do texto constitucional, tendo espaço interpretação ampliativa ou

---

405 BRASIL. Supremo Tribunal Federal (Plenário). **Recurso Extraordinário nº 601.392**. Recorrente: Empresa Brasileira de Correios e Telégrafos - ECT. Recorrido: Município de Curitiba. Relator: Ministro Joaquim Barbosa. Redator do acórdão: Ministro Gilmar Mendes. Brasília, DF, 28 fev. 2013b.

406 HORVATH, Estevão; PINHEIRO, Hendrick. Imunidade recíproca e os serviços públicos na visão do Supremo Tribunal Federal. *In*: FRATTARI, Rafhael; LOBATO, Valter. **30 anos da Constituição Federal de 1988**: uma nova era na tributação? Belo Horizonte: Arraes editores, 2019. cap. 12, p. 201-216.

407 BRASIL. Supremo Tribunal Federal (Tribunal Pleno). **Recurso Extraordinário nº 627.051**. Recorrente: Empresa Brasileira de Correios e Telégrafos. Recorrido: Estado do Pernambuco. Relator: Dias Toffoli. Brasília, DF, 12 nov. 2014f.

408 BRASIL. Supremo Tribunal Federal (Plenário). **Recurso Extraordinário nº 601.392**. Recorrente: Empresa Brasileira de Correios e Telégrafos - ECT. Recorrido: Município de Curitiba. Relator: Ministro Joaquim Barbosa. Redator do acórdão: Ministro Gilmar Mendes. Brasília, DF, 28 fev. 2013b.

extensiva. Por isso, ECT, empresa pública que é, faz *jus* à imunidade tributária. (2º) O direito não se estende aos franqueados, limitando-se às ECTs. Com isso, coerentemente com o princípio de que particulares não podem ser beneficiados com a imunidade, o STF não garante a imunidade para os franqueados. O raciocínio jurídico é semelhante ao que fora lançado na **ADI 3089-2**, caso Associação dos Notários e Registradores do Brasil Anoreg-BR) x Presidente da República.[409] (3º) Todos os valores recebidos pela ECT em contraprestação aos serviços pagos, abarcados ou não pelo monopólio ou exclusividade, farão *jus* à imunidade tributária, em respeito à teoria do subsídio cruzado.

Ainda, nesta passagem que se propõe a revisitar a jurisprudência do STF, é possível citar que, em alguns casos, foi reconhecida a imunidade tributária recíproca para sociedades de economia mista.

No **RE 253.472**, julgado em 2005, caso Companhia de Docas do Estado de São Paulo (Codesp) x Município de Santos, por maioria, reconheceu-se a imunidade de IPTU.[410]

A Codesp é sociedade de economia mista, que tem a União como acionista majoritária, totalizando 99,97% das ações. O objetivo é realizar a administração e a exploração comercial do Porto de Santos e dos demais portos ou instalações portuárias que já estejam ou que vierem a lhe ser incorporadas.

Por maioria, tendo como voto condutor de Joaquim Barbosa, o STF concluiu que pelo não conhecimento do recurso em relação às taxas. No que se refere ao IPTU, desenvolveu-se raciocínio de que a Codesp tem como objeto a exploração de portos marítimos, fluviais e lacustres, que são serviços públicos. Ademais, sustentou-se que não há indícios de que a Codesp opere em mercado de livre acesso e com o intuito primordial de auferir vantagem econômica para a União. Por fim, assinalou-se que, no caso concreto, a Codesp é uma Instrumentalidade da União, uma entidade derivada criada com a finalidade de executar serviço público. Portanto, a imunidade tributária foi reconhecida, para fins de IPTU, à Codesp.

---

[409] BRASIL. Supremo Tribunal Federal (Tribunal Pleno). **Ação Direta de Inconstitucionalidade nº 3089-2**. Requerente: Associação dos notários e registradores do Brasil. Requerido: Presidente da República. Relator para acórdão: Joaquim Barbosa. Brasília, DF, 13 de fevereiro de 2008a.

[410] BRASIL. Supremo Tribunal Federal (Plenário). **Recurso Extraordinário nº 253.472**. Recorrente: Companhia de Docas do Estado de São Paulo – CODESP. Recorrido: Município de Santos. Relator: Ministro Marco Aurélio. Relator para o acórdão: Ministro Joaquim Barbosa. Brasília, DF, 25 ago. 2010j.

A título de resultado do julgamento, ficaram vencidos, nessa oportunidade, os Ministros Marco Aurélio, Lewandowski e Cesar Peluso.

Do ano de 2007, pode-se citar a Ação Cautelar - **AC 1550-2/RO**, caso Companhia de Águas e Esgotos de Rondônia (Caerd) x Município de Guajará Mirim.[411]

O caso tem uma questão processual interessante. Isso porque, de forma não usual, o STF admitiu concessão de liminar em cautelar, antes mesmo da chegada ou envio do Tribunal de Justiça de Rondônia de Agravo para destrancar Recurso Extraordinário, com o fito de suspender os efeitos do Acórdão do Tribunal de Justiça.

Os precedentes/fundamentos da ECT foram utilizados de empréstimo como causa de decidir e, ao final, o direito à imunidade foi reconhecido. Como fundamento relevante, o STF apontou a necessidade de distinguir empresas públicas e sociedade de economia mista de acordo com os seus objetivos, ou seja, não poderá requerer a imunidade quando atuar - leia-se intervir - e, quando for prestadora de serviço público, poderá exercer esse direito.

Do mesmo modo, em 2008, Questão de Ordem em **Ação Cautelar n. 1851-0**, caso Caerd x Município de Porto Velho.[412] O STF teve a mesma conclusão alcançada quando do julgamento da **AC 1550-2/RO**, acima tratada.

Mais recentemente, em 2012, no **AgRg no RE 631.309**, caso Município de São Paulo. x Companhia de Tecnologia de Saneamento Ambiental - CETESB,[413] o mesmo raciocínio alcançado nos precedentes acima indicados foi adotado, isto é, por se tratar de serviços públicos obrigatórios e de responsabilidade do estado, na hipótese, fornecimento de água e tratamento de esgoto, a imunidade tributária deveria ser aplicada.

---

[411] BRASIL. Supremo Tribunal Federal (2. Turma). **Ação Cautelar nº 1.550-2**. Recorrente: Companhia de Águas e Esgotos de Rondônia - CAERD. Recorrido: Município de Guajará Mirim. Relator: Ministro Gilmar Mendes. Brasília, DF, 6 fev. 2007a.

[412] BRASIL. Supremo Tribunal Federal (2. Turma). **Questão de Ordem em Ação Cautelar nº 1.851-0**. Recorrente: Companhia de Águas e Esgotos de Rondônia - CAERD. Recorrido: Município de Porto Velho. Relatora: Ministra Ellen Gracie. Brasília, DF, 16 jul. 2008.

[413] BRASIL. Supremo Tribunal Federal (2. Turma). **Agravo Regimental no Recurso Extraordinário nº 631.309**. Agravante: Município de São Paulo. Agravada: Companhia de Tecnologia de Saneamento Ambiental - CETESB. Relator: Ministro Ayres Britto. Brasília, DF, 27 mar. 2012b.

No **AgRG no RE n. 610.517/RJ**, ação Casa da Moeda do Brasil x Município do Rio de Janeiro, a garantia da imunidade foi observada, levando em conta o regime de monopólio das atividades exercidas e a delegação outorgada pela União.[414]

Ao julgar o **AgRg no RE 363.412-BA**, caso Empresa Brasileira de Infra-Estrutura Aeroportuária (Infraero) x Município de Salvador, por exercer como atividade-fim serviço de infraestrutura aeroportuária, que é monopólio da União, o dever de pagar ISS foi afastado, sob o correto argumento da imunidade recíproca.[415]

No ano de 2014, destaca-se o **AgRg no ARE 763.000**, caso Município de Vitória x Companhia Espírito Santense de Saneamento - CESAN.[416] O fato de existir a cobrança de taxas para servir de contrapartida aos serviços prestados não foi forte o suficiente para afastar o direito à imunidade.

Em 2017, no **RE 897.104**, caso Município de Juiz de Fora x Cemig Distribuição S/A. a cobrança de tarifas pelas sociedades de economia mista prestadora de serviço público igualmente não desnaturaria o exercício do direito constitucional.[417]

Como forma de decidir, identifica-se que o fundamento do subsídio cruzado é relevante para o alcance da conclusão para manutenção da imunidade. A natureza de ingresso, taxa, tarifa, ou potencial caráter lucrativo, não são mais importantes do que a tese ou fundamento central adotada, como mencionado, o subsídio cruzado.

Merece nota que o entendimento firmado pelo STF não foi formulado de forma unânime, tendo votos divergentes.

---

[414] BRASIL. Supremo Tribunal Federal (2. Turma). **Agravo Regimental no Recurso Extraordinário nº 610.517.** Agravante: Município do Rio de Janeiro. Agravado: Casa da Moeda do Brasil - CMB. Relator: Min. Celso de Mello. Brasília/DF, 03 jun. 2014.

[415] BRASIL. Supremo Tribunal Federal (2. Turma). **Agravo Regimental no Recurso Extraordinário nº 363.412.** Agravante: Município de Salvador. Agravado: Empresa Brasileira de Infra-Estrutura Aeroportuária - Infraero. Relator: Min. Celso de Mello. Brasília/DF, 07 ago. 2007.

[416] BRASIL. Supremo Tribunal Federal (1. Turma). **Agravo Regimental no Recurso Extraordinário nº 763.000.** Agravante: Município de Vitória. Agravado: Companhia Espírito Santense de Saneamento - CESAN. Relator: Min. Roberto Barroso. Brasília/DF, 19 ago. 2014.

[417] BRASIL. Supremo Tribunal Federal (1. Turma). **Agravo Regimental no Recurso Extraordinário nº 897.104.** Agravante: Município de Juiz de Fora. Agravada: Cemig Distribuição S/A. Relator: Ministro Roberto Barroso. Brasília, DF, 27 out. 2017i.

Igualmente, parte da doutrina diverge dessa conclusão, como, por exemplo, Regina Helena Costa.[418]

Para essa corrente, que discorda do reconhecimento da imunidade para atividades igualmente exercidas pela iniciativa privada, em regime de livre concorrência e, por conseguinte, não estando reservada ao monopólio estatal.

Entretanto, vale reafirmar, que, em que pese a respeitável divergência, o entendimento do STF, como instituição, é o que foi resumido e explanado ao longo desta seção em específico.

Assim, revisitando os precedentes mais recentes, pode-se atestar que **Súmula 76 do STF**, "As sociedades de economia mista não estão protegidas pela imunidade fiscal do art. 31, V, *a*, Constituição Federal"[419], editada em 1963, embora não expressamente cancelada, se encontra superada na Corte.

j) Imunidade tributária nas parcerias público-privadas nas hipóteses de subvenções para investimentos

Dando maior dinamismo para Administração Pública, como alternativa às tradicionais delegações e concessões, em 2004 foi aprovada Lei n. 11.079/04, que trata das parcerias público-privadas.

Diferentemente da concessão comum, em que a adjudicação ocorrerá pela própria vencedora e a remuneração decorrerá do pagamento de tarifas por terceiros, nas parcerias público-privadas, o adjudicatário precisará constituir sociedade de propósito específico e receberá recursos tanto do Poder Público, parceiro no projeto, quanto de terceiros, por meio das mencionadas tarifas.

A sociedade de propósito específico visa concretizar determinado objetivo e deve ter prazo de validade, ainda que ocorram prorrogações, se necessário.

Sendo o objetivo da sociedade a concretização de investimento público, por exemplo, uma obra, observando-se os requisitos legais, adiante mencionados, os investimentos/aportes feitos pelo parceiro público não poderão sofrer tributação, tendo em vista, em regra[420], a imunidade tributária.

---

[418] COSTA, Regina Helena. **Imunidades tributárias**. 3. ed. São Paulo: Malheiros Editores, 2015, p. 276.

[419] BRASIL. Supremo Tribunal Federal. **Súmula nº 76.** As sociedades de economia mista não estão protegidas pela imunidade fiscal do art. 31, V, "a", Constituição Federal. Brasília, DF, 13 dez. 1963e.

[420] Não será o caso de imunidade tributária, por exemplo, do imposto de renda das transferências de capital da União. "É que elas não são receita propriamente dita, nem lucro das parcerias privadas não se enquadrando nas hipóteses de incidência do Imposto sobre a

Isso porque os valores investidos, as chamadas transferências de capital, resultarão na mutação patrimonial do ente federado, uma vez que, atingido o propósito específico, ao final, a obra permanecerá no patrimônio público.

Em outros termos, a sociedade de propósito específico auferirá recursos oriundos das tarifas e das transferências de capital governamentais do parceiro e, nos termos do objetivo traçado pelo ente federado, realizará obras públicas e poderá explorá-las, conforme o caso concreto. Ao final da parceria, o imobilizado continuará sendo patrimônio público. Dessa forma, os recursos públicos endereçados pelo Poder Público apenas transitarão nas contas da sociedade e, por conseguinte, não se agregarão ao patrimônio privado.

Assim, a imunidade tributária há que ser reconhecida, caso sejam observados os requisitos do **art. 30 da Lei 12.973/14**: (1) os recursos do poder público sejam investidos no patrimônio público; (2) não se distribua lucros e eventuais sobras não sejam endereçadas para despesas de custeio ou correntes; (3) ao término da sociedade de propósito específico, os valores deverão ser devolvidos aos entes federados.

Não tem fundamento jurídico, sob o prisma do federalismo, que, por exemplo, o Estado de Minas Gerais faça uma parceria público-privada com uma empresa privada, formalizada por meio de sociedade de propósito específico, para construir e administrar uma rodovia estadual por trinta anos, sendo que, neste caso, o ente federado investirá cinquenta milhões de reais para a obra. Esse valor, ao ingressar na conta da sociedade privada, não deverá ser tributado, uma vez que não incorporará patrimônio privado, mas sim será revertido numa obra – a rodovia – que será patrimônio público.

O valor mencionado acima apenas transitará na conta da sociedade e desaguará na concretização da obra pública, não sendo objeto de distribuição de lucros, ingresso ou acréscimo patrimonial privado e utilizado para pagamento de contas correntes ou de custeio.

Nesse sentido, vale citar as lições de Misabel Derzi, Sacha Calmon, Eduardo Coelho e Valter Lobato:

Renda, nem tampouco das contribuições sociais [...]" DERZI, Misabel de Abreu Machado; COELHO, Sacha Calmon Navarro; COELHO, Eduardo Junqueira; LOBATO, Valter de Souza. Da imunidade das subvenções para investimento nas parcerias público-privadas. *In*: ROCHA, Valdir de Oliveira (coord.). **Grandes questões atuais do direito tributário**. São Paulo: Dialética, 2014.

> Pois bem, quando se defende a aplicação da imunidade recíproca às subvenções para investimento em infraestrutura pública, como nas parcerias público-privadas (se os valores correspondentes podem ser segregados e não correspondem nem tampouco a receita de custeio ou à remuneração pelo serviço prestado, apropriável como lucro), então o princípio federal deve ser respeitado. As obras de infraestrutura, que não podem ser incorporadas ao patrimônio privado, mas permanecem no domínio do ente estatal (Estado ou União) não podem ser atingidas pelo Imposto Predial e Territorial de algum município, nem tampouco os valores em si – mera entrada na empresa privada para fazer frente ao investimento em infraestrutura pública – igualmente não podem ser identificados como "renda" ou "receita" propriamente da pessoa privada concessionária, já que não devem se destinar ao custeio geral da atividade econômica, nem serem apropriados privadamente como lucro. Se as subvenções para investimento em infraestrutura estadual configuram recursos correspondentes a aportes públicos, que podem e devem mesmo retornar ao ente estadual, finda a concessão ou extinta a parceria, então a incidência do Imposto sobre a Renda será amputação da renda e do patrimônio do Ente federado envolvido.[421]

Por fim, vale dizer que as normas contábeis previstas na Lei n. 11.941/09 – reconhecimento de receita e posterior exclusão no Livro de Apuração do Lucro Real – não possuem o condão de modificar o enquadramento jurídico em destaque, ou seja, a presença da imunidade tributária.

k) Síntese conclusiva sobre imunidade recíproca na Constituição e nos precedentes do STF

Conforme desenvolvido, no que se refere às imunidades tributárias recíprocas, a literalidade do texto constitucional, para todos os fins pragmáticos, não é observada, caso se examinem a jurisprudência e doutrina dominante.

Assim, pode-se sintetizar o entendimento da seguinte forma:

A imunidade tributária recíproca se aplica à espécie tributária impostos.

Especialmente revisitando a jurisprudência, o STF não tem reduzido a imunidade tributária recíproca aos impostos que, segundo o CTN, incidiriam sobre renda, patrimônio e serviços. Por isso, entes federados, autarquias e fundações não se sujeitam, por exemplo, ao IOF.

---

421 DERZI, Misabel de Abreu Machado; COELHO, Sacha Calmon Navarro; COELHO, Eduardo Junqueira; LOBATO, Valter de Souza. Da imunidade das subvenções para investimento nas parcerias público-privadas. *In*: ROCHA, Valdir de Oliveira (coord.). **Grandes questões atuais do direito tributário**. São Paulo: Dialética, 2014.

Diferentemente da literalidade do art. 173, § 2º da CRFB, as empresas públicas e sociedades de economia mista podem se valer da imunidade tributária recíproca. Para isso, o serviço deve ser público, prestado sob o regime de monopólio e não se deve buscar lucro.

A imunidade tributária recíproca deve ser estendida às Parcerias público-privadas (PPP), quando houver subvenção pública, desde que os requisitos do art. 30 da Lei n. 12.973/14 sejam observados, em especial, que os valores sejam integralizados/revertidos ao patrimônio público e não ocorra distribuição de recursos/lucros.

No que se refere às atividades essenciais ou delas decorrentes como condição para se fazer jus à imunidade tributária recíproca e prestação de serviços disponíveis para o livre mercado, o STF tem interpretação historicamente ampla/extensiva e teleológica. Assim, a tese do "subsídio cruzado" tem sido observada, fazendo com que recursos obtidos em contraprestação de serviços não reservados ao monopólio fiquem imunes, tendo em vista a ausência de perseguição do lucro e o endereçamento para manutenção das empresas públicas ou sociedades de economia mista. Enfatizando, a imunidade tributária não será afastada quando o serviço estiver presente no livre mercado e for prestado por entidade imune. Não há que se falar em concorrência desleal e violação à livre concorrência, caso a entidade imune reverta os valores auferidos para os seus próprios fins.

1. Ainda que se tenha pagamento de taxas ou tarifas, o STF tem garantido o direito à imunidade, caso os demais elementos - não buscar lucro e reverter os valores para os fins de sua própria manutenção - sejam observados.

2. De fato, a imunidade tributária não exonera o promitente comprador de pagar impostos relativos ao imóvel. Isso porque ele terá a posse qualificada, ou seja, com *animus domini*, o que atrai a incidência do IPTU. Por esse motivo também - não é o único - pode-se dizer que o IPTU não se limita, quanto ao aspecto material, ao instituto jurídico da propriedade, nos termos do art. 1228 do Código Civil.[422]

---

[422] "Art. 1.228. O proprietário tem a faculdade de usar, gozar e dispor da coisa, e o direito de reavê-la do poder de quem quer que injustamente a possua ou detenha. [...]" (BRASIL. Lei nº 10.406, de 10 de janeiro de 2002. Institui o Código Civil. **Diário Oficial da União,** Brasília, DF, 11 jan. 2002a).

3.4.8.2.2 Imunidade dos templos de qualquer culto

Templo, palavra de origem latina, *templum*, é o local em que se destina ao culto.

Sacha Calmon recorda que, em Roma, o culto era praticado em locais abertos, amplos e elevados. Atualmente, os templos, em regra, são edificações.[423]

Como anteriormente visto, a imunidade de templos de qualquer culto surgiu no Egito. Templos e sacerdotes eram agraciados com a imunidade. Naquele momento histórico, os templos, que eram imunes, serviam ainda de refúgio para pessoas que visavam afastar do governo, inclusive no que se refere ao exercício da pretensão tributária.[424]

O propósito de se garantir esse tipo de imunidade pode ser visualizado como meio de se tentar garantir e prestigiar a liberdade religiosa. Dessa forma, a tributação não pode ser exercida para que não se limitem ou criem obstáculos para o exercício da liberdade religiosa.

E mais, a liberdade religiosa, como direito positivo, é vista como princípio e, assim, norteia a interpretação e a aplicação do direito.

No âmbito internacional, a **Declaração dos Direitos Humanos de 1948**, restou consagrada a liberdade religiosa, conforme artigo XVIII:

> Todo ser humano tem direito à liberdade de pensamento, consciência e religião; este direito inclui a liberdade de mudar de religião ou crença e a liberdade de manifestar essa religião ou crença, pelo ensino, pela prática, pelo culto e pela observância, em público ou em particular.[425]

Mais à frente, o **Pacto Internacional de Direitos Civis e Políticos**, datado de 1966, que foi promulgado e internalizado no Brasil em 1992 por intermédio do **Decreto n. 592**[426], ao tratar das liberdades, consignou expressamente a liberdade religiosa, entre os **arts. 18 e 20 e no 27.**[427]

---

423 COÊLHO, Sacha Calmon Navarro. **Curso de direito tributário brasileiro**. 14. ed. Rio de Janeiro: Forense, 2015, p. 261.

424 SCHOUERI, Luis Eduardo. **Direito tributário**. 6. ed. São Paulo: Saraiva, 2016, p. 455.

425 ORGANIZAÇÃO DAS NAÇÕES UNIDAS. **Declaração Universal dos Direitos Humanos.** Paris: ONU, 1948.

426 BRASIL. Decreto nº 592, de 6 julho de 1992. Atos internacionais. Pacto Nacional sobre Direitos Civis e Políticos. Promulgação. **Diário Oficial da União**, Brasília, DF, publicado em 7 jul. 1992c.

427 ARTIGO 18
1. Toda pessoa terá direito a liberdade de pensamento, de consciência e de religião. Esse direito implicará a liberdade de ter ou adotar uma religião ou uma crença de sua escolha e

Em 1981, a Declaração de Eliminação de Todas as Formas de Intolerância e Discriminação Fundadas na Religião ou nas Convicções da Organização das Nações Unidas[428], igualmente consagrou a liberdade religiosa, em seu art. 1º:

> Artigo 1º
>
> §1. Toda pessoa tem o direito de liberdade de pensamento, de consciência e de religião. Este direito inclui a liberdade de ter uma religião ou qualquer convicção a sua escolha, assim como a liberdade de manifestar sua religião ou suas convicções individuais ou coletivamente, tanto em público como em privado, mediante o culto, a observância, a prática e o ensino.
>
> §2. Ninguém será objeto de coação capaz de limitar a sua liberdade de ter uma religião ou convicções de sua escolha.

---

a liberdade de professar sua religião ou crença, individual ou coletivamente, tanto pública como privadamente, por meio do culto, da celebração de ritos, de práticas e do ensino.
2. Ninguém poderá ser submetido a medidas coercitivas que possam restringir sua liberdade de ter ou de adotar uma religião ou crença de sua escolha.
3. A liberdade de manifestar a própria religião ou crença estará sujeita apenas à limitações previstas em lei e que se façam necessárias para proteger a segurança, a ordem, a saúde ou a moral públicas ou os direitos e as liberdades das demais pessoas.
4. Os Estados Partes do presente Pacto comprometem-se a respeitar a liberdade dos pais e, quando for o caso, dos tutores legais - de assegurar a educação religiosa e moral dos filhos que esteja de acordo com suas próprias convicções.
ARTIGO 19
1. ninguém poderá ser molestado por suas opiniões.
2. Toda pessoa terá direito à liberdade de expressão; esse direito incluirá a liberdade de procurar, receber e difundir informações e idéias de qualquer natureza, independentemente de considerações de fronteiras, verbalmente ou por escrito, em forma impressa ou artística, ou por qualquer outro meio de sua escolha.
3. O exercício do direito previsto no parágrafo 2 do presente artigo implicará deveres e responsabilidades especiais. Conseqüentemente, poderá estar sujeito a certas restrições, que devem, entretanto, ser expressamente previstas em lei e que se façam necessárias para:
a) assegurar o respeito dos direitos e da reputação das demais pessoas;
b) proteger a segurança nacional, a ordem, a saúde ou a moral públicas.
ARTIGO 20
1. Será proibida por lei qualquer propaganda em favor da guerra.
2. Será proibida por lei qualquer apologia do ódio nacional, racial ou religioso que constitua incitamento à discriminação, à hostilidade ou a violência.
[...]
ARTIGO 27
Nos Estados em que haja minorias étnicas, religiosas ou lingüísticas, as pessoas pertencentes a essas minorias não poderão ser privadas do direito de ter, conjuntamente com outros membros de seu grupo, sua própria vida cultural, de professar e praticar sua própria religião e usar sua própria língua.

[428] ORGANIZAÇÃO DAS NAÇÕES UNIDAS. **Resolução 36/55.** Declaração sobre a eliminação de todas as formas de intolerância e discriminação fundadas na religião ou nas convicções. Paris: ONU, 1981.

> §3. A liberdade de manifestar a própria religião ou as próprias convicções estará sujeita unicamente às limitações prescritas na lei e que sejam necessárias para proteger a segurança, a ordem, a saúde ou a moral pública ou os direitos e liberdades fundamentais dos demais.

No Brasil, os movimentos internacionais referendando a liberdade religiosa foram devidamente observados e, consequentemente, internalizados no direito positivo, com *status* constitucional.

Dessa forma, as **Constituições de 1891, art. 11, § 2º**[429], **1934, art. 17, II**[430], e **1937, art. 32, 'b'**[431] proibiam o embaraço aos cultos pelo exercício da tributação.

A **Constituição de 1946** foi a primeira que reconheceu direta e ostensivamente a imunidade para os templos de qualquer culto, como se nota do **art. 31, V, 'b'**[432].

Segundo Tácio Lacerda Gama, a positivação dessa imunidade na Constituição foi iniciativa de Baleeiro, atendendo pleito de Jorge Amado.[433]

As **Constituições de 1967 e 1969** igualmente referendaram a imunidade em apreciação, conforme se depreende, respectivamente, dos **arts. 20, III, 'b'** [434], e **19, III,'b'** [435].

A **Constituição de 1988**, por sua vez, positivou expressamente essa imunidade tributária no art. **150, VI, "b", e § 4º da Constituição**. Na verdade, o real ou total conteúdo decorre do entrecruzamento desses dispositivos citados com os **arts. 5, VI, e 19 da CRFB.**

---

429 BRASIL. [Constituição (1981)]. Constituição da República dos Estados Unidos do Brasil. **Diário Oficial da União**, Rio de Janeiro, 16 jul. 1934

430 BRASIL. [Constituição (1934)]. Constituição da República dos Estados Unidos do Brasil. **Diário Oficial da União**, Rio de Janeiro, 24 fev. 1981.

431 BRASIL. [Constituição (1937)]. Constituição dos Estados Unidos do Brasil. **Diário Oficial da União**, Rio de Janeiro, publicado em 10 nov. 1937, republicado em 18 nov. 1937 e 19 nov. 1937

432 BRASIL. [Constituição (1946)]. Constituição dos Estados Unidos do Brasil. **Diário Oficial da União,** Rio de Janeiro, publicado em 19 set. 1946, republicado em 25 set. 1946 e 15 out. 1946.

433 GAMA, Tácio Lacerda. Controvérsias sobre a imunidade dos templos de qualquer culto na jurisprudência recente do STF. P. 846 cap. 47. *In*: FRATTARI, Rafhael; LOBATO, Valter. **30 anos da Constituição Federal de 1988**: uma nova era na tributação? Belo Horizonte: Arraes editores, 2019. cap. 47, p. 846.

434 BRASIL. [Constituição (1967)]. Constituição da República Federativa do Brasil de 1967. **Diário Oficial da União**, Brasília, DF, 24 jan. 1967a.

435 BRASIL. Emenda Constitucional nº 1 Constituição, de 17 de outubro de 1969. Edita o novo texto da Constituição Federal de 24 de janeiro de 1967. Brasília/DF, 30 out. 1969.

A título de registro, vale apontar que outros países garantem a imunidade de templos.

Antes, ressalta-se que várias constituições de Estados Nacionais defendem a liberdade religiosa e dos templos, mas, não necessariamente, positivaram expressamente a imunidade tributária.

Pois bem.

Misabel Derzi destaca que a Constituição da Alemanha prevê a possibilidade de igrejas cobrarem impostos. Assim, o dízimo espiritual passa a ser imposto. O denominado *Kirchensteur* seria adicional do imposto de renda, do imposto patrimonial ou do imposto territorial.[436]

Na mesma linha, a **Áustria** prevê o imposto eclesiástico, nos termos da **Lei n. 1.874**, denominada *Law on Recognition of Churches.*[437]

O Chile, em seu **art. 19, n. 6º** estipula a imunidade em questão:

> *Artículo 19.- La Constitución asegura a todas las personas:*
>
> *[...]*
>
> *6º.- La libertad de conciencia, la manifestación de todas las creencias y el ejercicio libre de todos los cultos que no se opongan a la moral, a las buenas costumbres o al orden público.*
>
> *Las confesiones religiosas podrán erigir y conservar templos y sus dependencias bajo las condiciones de seguridad e higiene fijadas por las leyes y ordenanzas.*
>
> *Las iglesias, las confesiones e instituciones religiosas de cualquier culto tendrán los derechos que otorgan y reconocen, con respecto a los bienes, las leyes actualmente en vigor. Los templos y sus dependencias, destinados exclusivamente al servicio de un culto, estarán exentos de toda clase de contribuciones;* [438]

Misabel Derzi destaca que, em decisão de 1970, a Corte Constitucional dos Estados Unidos julgou constitucional a "[...] 'guarda' do domingo, assim como a prática de reconhecimento de imunidade tributária para as propriedades das igrejas."[439]

---

[436] BALEEIRO, Aliomar. **Direito tributário brasileiro**. 12. ed., **rev., atual. e ampl.** Atualizada por Misabel Abreu Machado Derzi. Rio de Janeiro: Forense, 2013, p.151.

[437] ÁUSTRIA. Lei nº 68/1.874 [Law on Recognition of Churches]. **Imperial Law Gazette (RGBI.).**

[438] CHILE. [Constituição (1980)]. **Constitución Política de la República de Chile.** Ministerio Secretaría General de la Presidencia.

[439] BALEEIRO, Aliomar. **Direito tributário brasileiro**. 12. ed., **rev., atual. e ampl.** Atualizada por Misabel Abreu Machado Derzi. Rio de Janeiro: Forense, 2013, p.150.

O Uruguai, na Constituição de 1967, prevê que

> *Artículo 5º.- Todos los cultos religiosos son libres en el Uruguay. El Estado no sostiene religión alguna. Reconoce a la Iglesia Católica el dominio de todos los templos que hayan sido total o parcialmente construidos con fondos del Erario Nacional, exceptuándose sólo las capillas destinadas al servicio de asilos, hospitales, cárceles u otros establecimientos públicos. Declara, asimismo, exentos de toda clase de impuestos a los templos consagrados al culto de las diversas religiones.*[440]

a) Previsão na Constituição de 1988

Art. 5º Todos são iguais perante a lei, sem distinção de qualquer natureza, A previsão constitucional da imunidade tributária dos templos de qualquer culto decorre da conjugação de quatro dispositivos constitucionais.

São eles: **art. 5º, VI, 19, I, 150, III, 'b', e 150, § 4º**:

> garantindo-se aos brasileiros e aos estrangeiros residentes no País a inviolabilidade do direito à vida, à liberdade, à igualdade, à segurança e à propriedade, nos termos seguintes:
>
> [...]
>
> VI - é inviolável a liberdade de consciência e de crença, sendo assegurado o livre exercício dos cultos religiosos e garantida, na forma da lei, a proteção aos locais de culto e a suas liturgias;
>
> [...]
>
> Art. 19. É vedado à União, aos Estados, ao Distrito Federal e aos Municípios:
>
> I - estabelecer cultos religiosos ou igrejas, subvencioná-los, embaraçar-lhes o funcionamento ou manter com eles ou seus representantes relações de dependência ou aliança, ressalvada, na forma da lei, a colaboração de interesse público;
>
> [...]
>
> Art. 150. Sem prejuízo de outras garantias asseguradas ao contribuinte, é vedado à União, aos Estados, ao Distrito Federal e aos Municípios:
>
> [...]
>
> VI - instituir impostos sobre:
>
> [...]
>
> templos de qualquer culto;
>
> [...]
>
> § 4º - As vedações expressas no inciso VI, alíneas «b» e «c», compreendem somente o patrimônio, a renda e os serviços, relacionados com as finalidades essenciais das entidades nelas mencionadas.

---

[440] URUGUAI. [Constituição (1967)]. **Constitución de la República**. Constitución 1967 con las modificaciones plebiscitadas el 26 de noviembre de 1989, el 26 de noviembre de 1994, el 8 de diciembre de 1996 y el 31 de octubre de 2004.

A previsão constitucional da imunidade tributária dos templos de qualquer culto decorre da conjugação desses quatro dispositivos constitucionais transcritos.

Os dois primeiros dispositivos, que são princípios, auxiliam na interpretação e aplicação do direito, em específico, da imunidade tributária dos templos de qualquer culto.

O **art. 5º, VI da Constituição**, de pronto, traz a ideia de que a diversidade religiosa deve ser prestigiada.

Sacha Calmon atesta "o templo, dada a isonomia de todas as religiões, não é só a catedral católica, mas a sinagoga, a casa espírita kardecista, o terreiro de candomblé ou de umbanda, a igreja protestante, shinoísta ou budista e a mesquita maometana."[441]

Assim, ao Estado compete ficar distante e viabilizar o livre exercício da religião, o que não significa dizer que não deva exercer o poder de polícia e fiscalizar para impedir ilegalidades e excessos, e proteger o exercício dos cultos.

Por sua vez, o **art. 19, I da Constituição** expressa que o Estado é laico. Mais uma vez, aponta a necessidade de o Estado se manter distante, evitando qualquer tipo de relação com templos ou exercício da religião, e impondo o dever de permitir o funcionamento, sem que qualquer embaraço seja praticado.

Dessa forma, poderia exsurgir o raciocínio plausível de que bastariam estes dispositivos, arts. 5ºº VI e 19, I da CRFB, para se garantir a imunidade tributária. Afinal, ao Estado cabe proteger e não criar embaraços aos templos. Sendo a tributação forma de embaraço, conforme histórica frase de Marshall, "o poder de tributar envolve o poder de destruir" (*the power to tax involves the power to destroy),* por corolário lógico, a imunidade em questão poderia decorrer desses dois dispositivos.

Entretanto, o Constituinte deu maior contorno, segurança e previsibilidade, para imunidade dos templos de qualquer culto ao tratar do **art. 150, III, 'b' e § 4º da CRFB**, que deve ser lido, observado e interpretado, com os outros dois dispositivos em questão.

[441] COÊLHO, Sacha Calmon Navarro. **Curso de direito tributário brasileiro**. 14. ed. Rio de Janeiro: Forense, 2015, p. 261.

b) Classificação doutrinária da imunidade tributária dos templos

Quanto à classificação da imunidade em estudo, existe divergência entre doutrinadores.

De início, numa leitura apressada, como a imunidade recai sobre templos de qualquer culto, a leitura rápida e descontextualizada poderia levar à conclusão de que essa imunidade seria objetiva. Isso porque ela contemplaria um bem ou objeto, no caso, o templo.

Deve-se afastar dessa leitura. Ora, não é o templo que pratica o culto. Na verdade, quem pratica o culto é a Igreja, pessoa jurídica, que tem a propriedade do templo – edificação.

Regina Helena Costa lembra que

> os templos não possuem patrimônio, renda e serviços, mas sim a pessoa jurídica que os detém. Se a imunidade vincula-se ao patrimônio, à renda e aos serviços relacionados com as finalidades essenciais da entidade mencionada na alínea 'b' do inciso VI do art. 150 (§ 4º), trata-se da própria Igreja – esta, sim, possuidora de patrimônio, renda e serviços.[442]

Então, nessa vertente expositiva, a imunidade tributária em estudo seria subjetiva, e não objetiva.

Contudo, como alternativa de pensamento e de classificação, Schoueri defende que se trata de imunidade tributária mista, possuindo, portanto, os aspectos objetivo e subjetivo.

Em relação ao aspecto objetivo, Schoueri assinala que a imunidade será do templo, ou seja, a edificação, o local, o prédio em que se realizam os cultos. Assim, independentemente de quem seja o proprietário jurídico do imóvel, em sentido amplo, caso esteja presente a figura do templo de qualquer culto, a imunidade tributária deve ser assegurada.[443]

Assim, imóveis de propriedade de pessoas físicas ou de pessoas jurídicas que atuam na atividade econômica que estejam cedidos, emprestados, alugados etc. para Igreja que, naquele local, pratique cultos religiosos, a imunidade há que ser preservada.

Em termos práticos, pela presença da imunidade tributária, os municípios não poderiam cobrar IPTU do proprietário ou da Igreja, caso na edificação ou local exista templo de qualquer culto.

---

[442] COSTA, Regina Helena. **Imunidades tributárias**. 3. ed. São Paulo: Malheiros Editores, 2015, p. 172.

[443] SCHOUERI, Luis Eduardo. **Direito tributário**. 6. ed. São Paulo: Saraiva, 2016, p. 461.

Embora não se tenha visto debates e análises específicas dessa tese no STF, o que leva à conclusão de que se trata de tema ainda excipiente, vale mencionar que há precedente não acolhendo esta argumentação, no **RE 325.822**, caso Mitra Diocesana de Jales e outras x Prefeito Municipal de Jales[444]

Registra-se que alguns municípios, como Belo Horizonte/MG[445], por lei, garantem isenção para os templos de qualquer culto.

Claro, para a corrente que defende a imunidade dos templos, objetivamente se verificando, seria incabível tratar de isenção. O tratamento constitucional da matéria afasta a possibilidade e a necessidade de o legislador infraconstitucional se dedicar ao tema.

Quanto ao aspecto subjetivo da imunidade em estudo, deve-se ter em vista o fato de que templo não aferirá renda e nem prestará serviços. Por isso, faz-se necessário levar em conta que a imunidade em questão se direciona à pessoa jurídica possuidora ou proprietária do templo de culto religioso. Assim, nos termos do § 4º do art. 150 da Constituição, as rendas e serviços que prestar serão imunes ao exercício do poder tributante.

c) Imunidade tributária (ir)restrita às finalidades essenciais

Como se nota ao longo desta obra, ao revisitar o instituto das imunidades tributárias, dedica-se atenção especial para identificar a forma de se interpretar e aplicar, sendo que, para tanto, os precedentes são revisitados.

Pois bem.

Numa leitura mais restritiva da imunidade dos templos de qualquer culto adviria da interpretação literal do **art. 150, § 4º da Constituição**, notadamente na passagem em que aponta a garantia da imunidade para pessoas jurídicas "[...] relacionados com as finalidades essenciais das entidades nelas mencionadas."[446]

As finalidades essenciais são ligadas à realidade e ao dia a dia da entidade. Estão diretamente correlacionadas ao seu propósito, razão de existir.

---

[444] BRASIL. Supremo Tribunal Federal (Tribunal Pleno). **Recurso Extraordinário nº 325.822-2.** Recorrentes: Mitra Diocesana de Jales e outras. Recorrido: Prefeito Municipal de Jales. Relator: Ilmar Galvão. Brasília, DF, 18 dez. 2002g.

[445] "Art. 4º: Ficam isentos de IPTU os imóveis edificados, ocupados como templo de qualquer culto por entidades religiosas que desenvolvam atividades sócio-assistenciais, observadas as disposições contidas em regulamento. Parágrafo único. O disposto no *caput* deste artigo estende-se a imóvel edificado e ocupado por entidade de assistência social ou de educação infantil sem fim lucrativo registrada no respectivo conselho setorial." (BELO HORIZONTE. Lei Municipal nº da Lei nº 8.291/2001).

[446] BRASIL. [Constituição (1988)]. Constituição da República Federativa do Brasil. **Diário Oficial da União,** Brasília, DF, 5 out. 1988.

Nessa linha de pensamento, recursos obtidos de doações e dízimos estariam imunes. Por outro lado, os recursos obtidos de outras fontes – revendas de pães, doces, aplicações financeiras, aluguéis etc. – não se sujeitariam à imunidade.

Para fins de imunidades tributárias, a interpretação literal não tem recebido grande acolhida na jurisprudência e na doutrina.

Dessa forma, respeitados os parâmetros anteriormente tratados, a função pública, a ausência de capacidade contributiva e a inexistência de interesse em perquirir o lucro, não adentrando na ordem econômica para fins concorrenciais, a imunidade tributária há que ser garantida.

Assim, entidades que resolverem buscar outros meios para obtenção de recursos, não se restringindo aos meios tradicionais, para se manter, não devem se sujeitar à tributação.

É de conhecimento que, artesanalmente, de forma desorganizada e com apoio de voluntários, igrejas produzem ou revendem pães, bolos e doces em geral.

O produto dessas operações é revertido para os seus fins, sendo, como dito, alternativa ou fator adicional para sua manutenção.

Inexiste capacidade contributiva e, tampouco, perseguição do lucro. Não há impacto na livre concorrência e, muito menos, relevância no mercado.

Claro, poderia gerar dúvidas e ser objeto de análise mais profunda, merecedora de reflexão, se a entidade tiver parque industrial ou lojas de grande extensão, com produção e vendas comparáveis com os agentes que atuam livremente no mercado.

Contudo, definitivamente, essa não é a regra com que, público e notoriamente, se depara.

A observância da neutralidade é ponto importante para esse tipo de análise. No entanto, é possível verificar com maior clareza, caso a caso.

Historicamente, o STF igualmente tem dado intepretação ampla e teleológica para imunidade tributária dos templos.

No **RE 325.822/SP**, caso Mitra Diocesana de Jales e outras x Prefeito Municipal de Jales, reconheceu-se imunidade para instituição religiosa sobre "IPTU sobre imóveis de sua propriedade que se encontram alugados". [447]

---

[447] SCHOUERI, Luis Eduardo. **Direito tributário.** 6. ed. São Paulo: Saraiva, 2016, p. 461.

No **RE 578.692-9/BA**, caso São Jorge e Cemitério Britânico x Município de Salvador, concluiu-se que os cemitérios são extensão de entidades de cunho religioso e, por isso, fazem *jus* à imunidade tributária. Vale ressaltar que, no acórdão, ficou consignado que jazigos explorados comercialmente não são imunes, ainda que a família possa cultuar a memória nesse local.[448] Isso porque a imunidade é subjetiva, isto é, leva em conta o sujeito constitucionalmente contemplado, no caso, os templos, e não as pessoas ligadas ao falecido que oram perante os jazigos nos cemitérios.

No Agravo Regimental no Agravo em Recurso Especial - **AgRg no ARE 895.972**, caso Município do Rio de Janeiro x Igreja Universal do Reino de Deus, o STF entendeu que "o fato de os imóveis estarem sendo utilizados como escritório e residência de membros da entidade não afasta a imunidade [...]".[449]

3.4.8.2.3 Imunidade tributária sobre patrimônio, renda ou serviços dos partidos políticos, inclusive suas fundações, das entidades sindicais dos trabalhadores, das instituições de educação e de assistência social, sem fins lucrativos, atendidos os requisitos da lei

a) Revisitação histórica

A **Constituição de 1946** positivou a imunidade de bens e serviços de "Partidos Políticos, instituições de educação e de assistência social, desde que as suas rendas sejam aplicadas integralmente no País para os respectivos fins."[450]

O texto constitucional de 1946 tinha duas características que merecem destaque.

A primeira se refere à suposta limitação da imunidade para bens e serviços, o que poderia proporcionar, numa leitura restritiva, conclusão de que renda não estaria imune.

---

[448] BRASIL. Supremo Tribunal Federal (Tribunal Pleno). **Recurso Extraordinário nº 578.562-9.** Recorrente: Sociedade da Igreja de São Jorge e Cemitério Britânico. Recorrido: Município de Salvador. Relator: Eros Grau. Brasília, DF, 21 de maio de 2008e.

[449] BRASIL. Supremo Tribunal Federal (1. Turma). **Agravo Regimental no Recurso Extraordinário com Agravo nº 895.972.** Agravante: Município do Rio de Janeiro. Agravada: Igreja Universal do Reino de Deus. Relator: Ministro Roberto Barroso. Brasília, DF, 2 fev. 2016a.

[450] BRASIL. [Constituição (1946)]. Constituição dos Estados Unidos do Brasil. **Diário Oficial da União,** Rio de Janeiro, publicado em 19 set. 1946, republicado em 25 set. 1946 e 15 out. 1946.

A segunda, a Constituição, naquele momento, previa as condições para o exercício da imunidade em apreço: (1) aplicar os recursos no País e que (2) a renda obtida fosse redirecionada aos fins da entidade.

A **Constituição de 1967**, no **art. 20, III**, normatizou a imunidade sobre "patrimônio, a renda ou os serviços de Partidos Políticos e de instituições de educação ou de assistência social, observados os requisitos fixados em lei."[451]

O texto constitucional, dessa feita, fez prever expressamente a imunidade sobre a renda, não se limitando a bens e serviços. E mais, o Constituinte de 1967 modificou, ainda, ao trazer patrimônio, por ser mais amplo, em vez de bens.

Destaque-se que foram retiradas do texto constitucional as condições ou critérios para o exercício da imunidade subjetiva, ficando a cargo da legislação infraconstitucional.

Semelhante redação foi utilizada pela **Constituição de 1969**, ou, caso prefira, **Emenda Constitucional 01**, ao positivar **o art. 19, III, "c"**, a imunidade ora em enfoque: "o patrimônio, a renda ou os serviços dos partidos políticos e de instituições de educação ou de assistência social, observados os requisitos da lei."[452]

Em termos de comparação com outros Estados Nacionais, vale apontar que o Peru, no **art. 19 da Constituição**, cuja redação foi transcrita anteriormente, prevê a imunidade para instituições de ensino.[453]

Em sentido semelhante, a Constituição do Uruguai assim positivou no **art. 69**: "*Las instituciones de enseñanza privada y las culturales de la misma naturaleza estarán exoneradas de impuestos nacionales y municipales, como subvención por sus servicios.*"[454]

b) A redação na Constituição de 1988

A imunidade tributária em estudo possui abrigo nos **arts. 150, VI, 'c' c/c §4º da Constituição de 1988**:

---

451 BRASIL. [Constituição (1967)]. Constituição da República Federativa do Brasil de 1967. **Diário Oficial da União**, Brasília, DF, 24 jan. 1967a.

452 BRASIL. Emenda Constitucional nº 1, de 17 de outubro de 1969. Edita o novo texto da Constituição Federal de 24 de janeiro de 1967. **Diário Oficial da União,** Brasília, DF, publicado em 20 out. 1969c, retificado em 21 out. 1969 e republicado em 30 out. 1969.

453 PERU. [Constituição (1993)]. **Constitución Política del Perú**. Oficialía Mayor del Congreso.

454 URUGUAI. [Constituição (1967)]. **Constitución de la República**. Constitución 1967 con las modificaciones plebiscitadas el 26 de noviembre de 1989, el 26 de noviembre de 1994, el 8 de diciembre de 1996 y el 31 de octubre de 2004.

> Art. 150. Sem prejuízo de outras garantias asseguradas ao contribuinte, é vedado à União, aos Estados, ao Distrito Federal e aos Municípios:
>
> VI - instituir impostos sobre:
>
> patrimônio, renda ou serviços dos partidos políticos, inclusive suas fundações, das entidades sindicais dos trabalhadores, das instituições de educação e de assistência social, sem fins lucrativos, atendidos os requisitos da lei;
>
> [...]
>
> § 4º - As vedações expressas no inciso VI, alíneas «b» e «c», compreendem somente o patrimônio, a renda e os serviços, relacionados com as finalidades essenciais das entidades nelas mencionadas.(grifos do autor).[455]

Adicione-se, ainda, neste rol normativo, o disposto no **art. 195, § 7º da Constituição**:

> Art. 195. A seguridade social será financiada por toda a sociedade, de forma direta e indireta, nos termos da lei, mediante recursos provenientes dos orçamentos da União, dos Estados, do Distrito Federal e dos Municípios, e das seguintes contribuições sociais:
>
> [...]
>
> § 7º São isentas de contribuição para a seguridade social as entidades beneficentes de assistência social que atendam às exigências estabelecidas em lei. (grifos do autor). [456]

Considerando o disposto no texto constitucional, numa interpretação literal, seria possível concluir o seguinte: (1) aplicação apenas aos impostos, uma das espécies tributárias; (2) só teria cabimento aos impostos que incidam sobre patrimônio, renda ou serviços; (3) apenas entidades sindicais dos trabalhadores, e não dos empregadores, fazem *jus* à imunidade; (4) é necessário que não se tenha fins lucrativos;. (5) a imunidade tributária, nesse caso, dependeria de lei infraconstitucional, que teria a responsabilidade de arrolar as condições para o efetivo exercício do direito; (6) a imunidade compreende impostos sobre patrimônio, renda e serviços, desde que se tenha vínculo com as finalidades essenciais; (7) no caso de contribuição para seguridade social, haveria a presença de isenção, instituto ontologicamente distinto de imunidade; (8) ainda sobre a contribuição para seguridade social, as entidades beneficentes de assistência social, portanto, espectro reduzido, podem se valer

---

455 BRASIL. [Constituição (1988)]. Constituição da República Federativa do Brasil. **Diário Oficial da União,** Brasília, DF, 5 out. 1988.

456 BRASIL. [Constituição (1988)]. Constituição da República Federativa do Brasil. **Diário Oficial da União,** Brasília, DF, 5 out. 1988.

do direito à isenção; (9) por fim, torna-se necessário que lei traga as exigências para o exercício da isenção das contribuições para a seguridade social.

Antes de avançar, cumpre destacar que foi na Constituição de 1988 que, pela primeira vez, as entidades sindicais dos trabalhadores foram contempladas com a imunidade.

c) Os valores prestigiados pelo Constituinte

A imunidade tributária do **art. 150, VI, 'c' da Constituição**, diferentemente da recíproca, não pode ser implicitamente visualizada. Depende, assim, de previsão ou tratamento expresso, como muito bem fez o Constituinte de 1988.

As escolhas não podem ser discricionárias e infundadas, sob pena de retrocesso e resvalo em privilégios odiosos.

Sacha Calmon lembra que, assim como os templos, os partidos políticos, ligados à política, não são alvo de maiores críticas quando se garante imunidade tributária constitucional. Contudo, o mesmo não ocorre com as entidades educacionais e assistenciais.[457] Isso porque, não raras vezes, acusações, e até mesmo comprovações, de que desvio de finalidade é praticado, para atender interesses escusos de particulares, são trazidas à tona.

No que se refere aos partidos políticos, a imunidade tributária a eles concedida pelo Constituinte, tem como objetivo otimizar ou maximizar o exercício da democracia participativa pelo cidadão. Há ligação estreita com o pluralismo partidário, o regime democrático, previsto no **art.1º da CRFB**, e direitos fundamentais da pessoa humana, nos termos do art. **17 da Constituição.**[458]

Não se pode deixar de registrar que, para existência jurídica dos partidos políticos, os preceitos constitucionais e legais devem ser observados, como estabelece o **§ 2º do art. 17 da Constituição.**[459]

É de se destacar, ainda, que não atuam no mercado/domínio econômico e não exteriorizam capacidade contributiva.

---

457 COÊLHO, Sacha Calmon Navarro. **Curso de direito tributário brasileiro**. 14. ed. Rio de Janeiro: Forense, 2015, p. 262 e 263.

458 BRASIL. [Constituição (1988)]. Constituição da República Federativa do Brasil. **Diário Oficial da União,** Brasília, DF, 5 out. 1988.

459 "[...] § 2º Os partidos políticos, após adquirirem personalidade jurídica, na forma da lei civil, registrarão seus estatutos no Tribunal Superior Eleitoral."
BRASIL· [Constituição (1988)]. Constituição da República Federativa do Brasil. **Diário Oficial da União,** Brasília, DF, 5 out. 1988.

As entidades sindicais dos trabalhadores veem na imunidade tributária instrumento viabilizador para liberdade associativa prevista no **art. 8º da Constituição.**[460] Adicionalmente, estimula que trabalhadores se reúnam e organizadamente possam ter maior participação no seio social, fiscalizando, atuando e pleiteando direitos, notadamente, àqueles ligados ao trabalho e emprego.

Com menor poderio econômico e mecanismos de organização pela luta de direitos, comparativamente com as entidades dos empregadores, nitidamente o Constituinte trouxe a imunidade tributária como meio ou instrumento garantidor para que os objetivos traçados possam ser mais facilmente alcançados.

A propósito, a não extensão da imunidade tributária para entidades sindicais dos empregadores é alvo de críticas por parte da doutrina. Assim leciona Hugo de Brito Machado, ao defender que "[...] a imunidade deve abranger as entidades em geral [...]".[461]

É cabível e oportuna a argumentação de concessão da imunidade em sentido amplo, ainda que se diga que as entidades dos empregadores possam angariar recursos com maior facilidade.

Contudo, democraticamente, o Constituinte resolveu trazer esta limitação, dando, como visto, força ao direito ao associativismo e, ademais, à luta e defesa de direitos sociais dos trabalhadores, especialmente daqueles arrolados nos **arts. 6º e 7º da Constituição.**

Parece claro que o Constituinte, de certa forma, presumiu que as entidades sindicais patronais teriam maiores possibilidades econômicas para implementação a comparar com as entidades dos trabalhadores, motivo pelo qual a imunidade, no último caso, foi restritiva e delimitada.

As entidades educacionais e as entidades assistenciais farão *jus* à imunidade tributária caso atendam aos requisitos previstos em lei e sejam sem fins lucrativos.

Nitidamente, o Constituinte estimula que entidades privadas venham, em colaboração com o Estado, a implementar esses direitos prestigiados pela Constituição. Essas entidades agregam e agem em campos que o Estado ainda

---

[460] BRASIL. [Constituição (1988)]. Constituição da República Federativa do Brasil. **Diário Oficial da União,** Brasília, DF, 5 out. 1988.

[461] MACHADO, Hugo de Brito. **Curso de direito tributário**. 33. ed. São Paulo: Malheiros, 2013, p. 293.

falha ou está ausente, pelo senso comum. Portanto, não se pode olvidar o nítido interesse público.

Sem fins lucrativos, essas entidades podem exteriorizar capacidade econômica, contudo, não terão capacidade contributiva. Portanto, o afastamento da tributação não se restringe à opção política da imunidade. No caso, acrescenta-se que a ausência de capacidade contributiva impede qualquer exercício do poder tributante.

As entidades educacionais devem observar o preceito constitucional reservado entre os arts. **205 e 214 da Constituição**.

Caso a entidade educacional não tenha recebido autorização legal para funcionamento, a imunidade não pode ser contemplada. No caso Fundação Instituto de Pesquisas Contábeis, Atuariais e Financeiras (Fipecapi) x União Federal, **AgRg no RE 378.666-DF**, o relator, Ricardo Lewandowski relembrou que pelos termos do **art. 209, II da CRFB**, é possível a prestação de serviços educacionais por entidade privada, desde que ela observe os ditames legais. Entretanto, não se deve estender a imunidade tributária para entidades que não possuem autorização para funcionamento. Se assim o for, seria o mesmo que fomentar a atividade em desconformidade com a legislação.[462]

No mesmo sentido, cita-se o **Ag.Rg. no RE 862.852**, caso Instituto Euvaldo Lodi (IEL/ES) x Município de Vitória, cuja *ratio decidendi* teve como parte da fundamentação:

> Assim, se o texto constitucional, na parte que trata da educação, estabelece condições para o exercício do ensino, não há como reconhecer a caracterização de uma instituição educacional sem o cumprimento das normas gerais de educação nacional e sem a autorização e a avaliação de qualidade pelo Poder Público.[463]

Com esse pensamento, embora tenha sido mencionado que a imunidade deve ser interpretada de forma teleológica, o reconhecimento desse direito não pode ser garantido às instituições que não atendam aos requisitos legais, especialmente os reguladores, para o devido funcionamento.

---

462 BRASIL. Supremo Tribunal de Justiça (2. Turma). **Agravo Regimental no Recurso Extraordinário nº 378.666**. Agravante: Fundação Instituto de Pesquisas Contábeis, Atuariais e Financeiras – FIPECAFI. Agravado: Distrito Federal. Relator: Min. Ricardo Lewandowski. Brasília/DF, 03 abr. 2012c.

463 BRASIL. Supremo Tribunal de Justiça (2. Turma). **Agravo Regimental no Recurso Extraordinário nº 862.852**. Agravante: Instituto Euvaldo Lodi. Agravado: Município de Vitória. Relator: Min. Dias Toffoli. Brasília/DF, 24 nov. 2015.

Claro, as entidades educacionais que tenham caráter lucrativo, ainda que exerçam atividade relevante que é dever do Estado e que sejam autorizadas a funcionar, não podem se valer da imunidade tributária.

As entidades assistenciais têm objetivos semelhantes àqueles reservados às entidades previdenciárias, caso se confronte o disposto no art. 201 com o art. 203 da CRFB.

Nos termos do **art. 203 da CRFB**,

> A assistência social será prestada a quem dela necessitar, independentemente de contribuição à seguridade social, e tem por objetivos:
>
> I – a proteção à família, à maternidade, à infância, à adolescência e à velhice; o amparo às crianças e adolescentes carentes;
>
> II - a promoção da integração ao mercado de trabalho;
>
> III - a habilitação e reabilitação das pessoas portadoras de deficiência e a promoção de sua integração à vida comunitária;
>
> IV – a garantia de um salário mínimo de benefício mensal à pessoa portadora de deficiência e ao idoso que comprovem não possuir meios de prover à própria manutenção ou de tê-la provida por sua família, conforme dispuser a lei (grifo do autor) [464]

O ponto que merece grande destaque, nessa passagem, se refere ao acesso à assistência social de forma universal e gratuita, isto é, tal como a saúde, independe de pagamento de contribuição.

Em outras palavras, a seguridade social, que compreende a tríade saúde – previdência – assistência social, nos termos do **art. 194 da CRFB**, deverá ser implementada e garantida independentemente de pagamento de contribuições nos casos da saúde e da assistência social. É reforço à ideia de que o Estado deve garantir e proporcionar direitos e garantias fundamentais de forma universal.

Entretanto, a gratuidade em questão sofre temperamentos, conforme restará explicitado mais adiante.

d) Norma de eficácia contida e aplicabilidade imediata

O preceito constitucional dos **arts. 150, VI, 'c' e § 7º do art. 195** da Constituição prevê a necessidade de atender requisitos em lei.

Uma vez observada a dicção constitucional, é necessário ter cautela para não concluir que se trata de norma de eficácia limitada, ou seja, aquela que não recebeu do constituinte "[...] normatividade suficiente para sua aplicação, o

---

[464] BRASIL. [Constituição (1988)]. Constituição da República Federativa do Brasil. **Diário Oficial da União,** Brasília, DF, 5 out. 1988.

qual deixou para o legislador ordinário a tarefa de completar a regulamentação das matérias nelas traçadas em princípio ou esquema."[465]

A imunidade tributária está diretamente entrelaçada com o exercício da competência tributária constitucional, como visto. Não cabe, em nenhuma medida, a restrição sob o fundamento de que é necessária lei infraconstitucional trazendo as condicionantes.

Por isso, trata-se de norma de eficácia contida ou restringível. Dessa forma, como ensina Barroso, trata-se das normas que "[...] receberam, igualmente, normatividade suficiente para reger os interesses que cogitam, mas preveem meios normativos (leis, conceitos genéricos etc.) que podem reduzir a eficácia e aplicabilidade."[466]

Tal como defendido por Paulo de Barros Carvalho[467], Regina Helena Costa[468], com o entendimento de que se trata de norma de eficácia contida, aduz que (1) não haverá frustração da vontade do Constituinte, que ficará suscetível à ação do legislador infraconstitucional, que poderá exercer o seu juízo de conveniência e oportunidade; (2) sendo essa imunidade de direito e garantia fundamental, conforme **ADI 939-7**[469], a aplicabilidade é imediata, nos termos do **art. 5º, § 1º da CRFB**: "As normas definidoras dos direitos e garantias fundamentais têm aplicação imediata."[470]

Contudo, vale registrar que o STF, no Mandado de Injunção - **MI 232/RJ**, caso Centro de Cultura Prof. Luiz Freire x Congresso Nacional,[471] por meio de voto condutor de Celso de Mello acabou concluindo que a norma seria de eficácia limitada. Em adição, apontou-se que o exercício do direito à imunidade

---

465 BARROSO, Luís Roberto. **Curso de direito constitucional contemporâneo**. 5 ed. São Paulo: Saraiva, 2015., p. 249.

466 BARROSO, Luís Roberto. **Curso de direito constitucional contemporâneo**. 5 ed. São Paulo: Saraiva, 2015., p. 248-249.

467 CARVALHO, Paulo de Barros. **Curso de direito tributário**. 27. ed. São Paulo: Saraiva, 2016, p. 200.

468 COSTA, Regina Helena. **Imunidades tributárias**. 3. ed. São Paulo: Malheiros Editores, 2015, p. 178-179.

469 BRASIL. Supremo Tribunal Federal (Tribunal Pleno). **Ação Direta de Inconstitucionalidade nº 939-7**. Requerente: Confederação Nacional dos Trabalhadores no Comércio. Requerido: Presidente da República. Relator: Sydney Sanches. Brasília, DF, 15 de dezembro de 1993.

470 BRASIL. [Constituição (1988)]. Constituição da República Federativa do Brasil. **Diário Oficial da União,** Brasília, DF, 5 out. 1988.

471 BRASIL. Supremo Tribunal Federal. **Mandado de Injunção nº 232/RJ.** Requerente: Centro de Cultura Prof. Luiz Freire. Requerido: Congresso Nacional. Relator: Ministro Moreira Alves. Brasília/DF, 2 ago. 1991.

não seria restringido, tendo em vista que o **art. 14 do CTN**, recepcionado pela Constituição de 1988, trazia os requisitos ou contrapartidas para o exercício do direito.

e) Requisitos constitucionais

– Ausência de finalidade lucrativa

Para a imunidade em estudo, a Constituição exige que (1) não se tenha caráter lucrativo e que (2) ocorra limitação/restrição para o patrimônio, a renda e os serviços relacionados com as finalidades das entidades.

Os partidos políticos e suas fundações e as entidades sindicais dos trabalhadores não objetivam lucro, motivo pelo qual, presumidamente, são sem fins lucrativos. Adicionalmente, não possuem capacidade contributiva, ainda que exteriorizem a capacidade econômica.

Claro, a presunção não pode ser tida como absoluta, competindo à fiscalização tributária verificar eventual desvio de finalidade, notadamente quando se identifica que pessoas naturais usam as entidades para obter benefícios ou vantagens ilegais em seu favor.

Os desavisados às vezes se impressionam com o montante de recursos que entram nos caixas das instituições educacionais e assistenciais, a formação e o tamanho dos seus patrimônios. Se houver exteriorização de capacidade econômica, que não se confunde com capacidade contributiva, muitos não conseguem compreender a manutenção ou garantia da imunidade, caindo no falso entendimento de que se busca ou tem lucro.

Estes critérios – montante de recursos movimentados e tamanho do patrimônio – são irrelevantes para fins de manutenção ou garantia da imunidade tributária.

O preponderante, na verdade, é que as entidades não tenham caráter lucrativo, isso é, todos os recursos obtidos sejam revertidos em favor dos nobres propósitos que justificam as existências.

Nessa linha argumentativa, em que se repete para frisar, as entidades não podem ser utilizadas como mecanismos de distribuir resultados para os seus dirigentes. Assim, todo o recurso obtido deve ser revertido em favor do objetivo institucional.

É possível obter *superávit* no final de um exercício, por exemplo, entretanto, ele não pode ser alvo de redirecionamento para os dirigentes, sendo imprescindível que sejam realocados para os propósitos das entidades imunes.

O lucro é ligado à ideia de empresa. As entidades educacionais e assistenciais sem fins lucrativos não existem para "[...] dar lucro ao seu criador, mas para atingir uma finalidade altruísta."[472]

Hugo de Brito Machado com precisão assevera

> Não ter fins lucrativos não significa, de modo nenhum, ter receitas limitadas aos custos operacionais. Elas na verdade podem e devem ter sobras financeiras, até para que possam progredir, modernizando e ampliando suas instalações. O que não podem é distribuir lucros. São obrigadas a aplicar todas as suas disponibilidades na manutenção dos seus objetivos institucionais.[473]

É importante consignar que as entidades elencadas no **art. 150, VI "c" da CRFB** não se confundem com entidades filantrópicas. Para se valer da imunidade tributária em estudo, a filantropia não é condição ou requisito constitucional.

As entidades filantrópicas sobrevivem de doações ou repasses estatais e revertem tais recursos em favor do próximo, prestando serviço em sentido amplo ou exercendo a assistência social. Na filantropia, as pessoas com menores possibilidades e oportunidades experimentam auxílio, amparo e acolhida gratuitamente.

As entidades beneficentes de assistência social podem ser equiparadas às entidades filantrópicas, posto que pelo menos uma parcela de pessoas será contemplada gratuitamente com serviços de saúde, educação, moradia etc. Contudo, nos casos em que não sejam prestados serviços gratuitamente, ainda que se tenha o caráter não lucrativo, o instituto da filantropia inexistirá.

Por isso, não basta que se tenha instituição sem fins lucrativos para que seja garantido o direito à imunidade tributária das contribuições, prevista no art. 195, § 7º da CRFB. Claro, além de ser sem fins lucrativos, a entidade precisa ser beneficente, ou melhor, entidade beneficente de assistência social.

Portanto, como dito, ao menos uma parcela de pessoas deve ser contemplada com os serviços assistenciais independentemente de pagamentos, isto é, gratuitamente.

---

472 AMARO, Luciano. **Direito tributário brasileiro.** 21. ed. São Paulo: Saraiva, 2016, p. 181.

473 MACHADO, Hugo de Brito. **Curso de direito tributário**. 33. ed. São Paulo: Malheiros, 2013, p. 293.

O relevante é que se tenha a presença de partido político ou fundação, entidade sindical dos trabalhadores, entidade educacional, entidade assistencial ou entidade beneficente que não tenham fins lucrativos.

Por isso, as entidades acima arroladas podem cobrar pelos serviços prestados. Não há qualquer impedimento e inexiste comando constitucional que afaste o direito à imunidade. Portanto, "A instituição precisa ser *non profits*, ou seja, não deve perseguir interesses econômicos, almejando a distribuição de lucros, como remuneração a seus investidores."[474]

- Limitação ao patrimônio, à renda e aos serviços relacionados com as finalidades essenciais

Caso se opte pela interpretação literal e restritiva, a imunidade tributária em enfoque abarcaria apenas o patrimônio, a renda e os serviços efetivamente utilizados para as atividades institucionais. Logo, patrimônio inutilizado ou reservado para expansão e receitas atípicas poderiam estar sujeitos ao exercício do poder tributante.

Comparativamente com a imunidade recíproca, a ora em estudo se limita às finalidades essenciais das entidades, não abarcando a expressão "às delas decorrentes".

Não obstante a clara delimitação textual, o STF tem interpretado e aplicado o direito em questão de forma mais ampla e buscando o caráter finalístico ou teleológico. Assim, permanecem imunes as receitas obtidas em decorrência de atividades estranhas desde que revertidas aos propósitos da entidade.

No caso Associação Hospital Osvaldo Cruz x Município de São Paulo, **RE 144.900-4**, reconheceu-se que preço cobrado pelo estacionamento de veículos no pátio interno da instituição não está sujeito ao ISS. Nem mesmo o fato de o estacionamento não estar ligado à atividade típica de um hospital não foi suficientemente forte para afastar a imunidade.[475]

Em sede de repercussão geral, no **RE 767.332**, caso Município de Belo Horizonte. x União Brasileira de Educação e Ensino – UBEE,[476] o STF

---

[474] BALEEIRO, Aliomar. **Direito tributário brasileiro**. 12. ed., **rev., atual. e ampl.** Atualizada por Misabel Abreu Machado Derzi. Rio de Janeiro: Forense, 2013.

[475] BRASIL. Supremo Tribunal Federal (1. Turma). **Recurso Extraordinário nº 144.900-4**. Recorrente: Associação Hospital Osvaldo Cruz. Recorrido: Município de São Paulo. Relator: Ilmar Galvão. Brasília, DF, 22 de abril de 1997c.

[476] BRASIL. Supremo Tribunal Federal (Plenário). **Repercussão Geral no Recurso Extraordinário nº 767.332**. Recorrente: Município de Belo Horizonte. Recorrida: União Brasileira de Educação e Ensino – UBEE. Relator: Ministro Gilmar Mendes. Brasília, DF, 31 out. 2013f.

reconheceu a imunidade tributária de IPTU para imóveis pertencentes a entidades imunes que estejam temporariamente ociosas. No mesmo sentido, o STF refutou argumento de que imóvel não estaria destinado às finalidades essenciais da entidade, manteve imunidade tributária e afastou dever de pagar ITBI no **RE 470.520-SP**[477].

Revisitando precedentes do STF, o principal exemplo que se tem para ilustrar a conclusão é a **Súmula Vinculante n. 52** que reproduz a redação da **Súmula 724 do STF**:

> Ainda quando alugado a terceiros, permanece imune ao IPTU o imóvel pertencente a qualquer das entidades referidas pelo art. 150, VI, c, da CF, desde que o valor dos aluguéis seja aplicado nas atividades para as quais tais entidades foram constituídas.[478]

Da redação da Súmula, pode-se visualizar dois pontos importantes: (1º) imóvel da entidade imune não estará voltado para o seu propósito institucional, tanto que estará alugado para terceiros; (2º) a entidade imune receberá aluguéis, que seria receita atípica.

Pela interpretação ampliativa e teleológica historicamente adotada pelo STF, a pessoa jurídica imune não estará sujeita ao IPTU, caso seu imóvel esteja alugado para terceiros, e ao Imposto sobre a renda das pessoas jurídicas (IRPJ), Contribuição social sobre o lucro líquido (CSLL), PIS e Cofins quanto ao recebimento de aluguéis.

Fora do mercado concorrencial, ainda que exercendo atividade atípica, a entidade não perde a imunidade.

Essa situação poderá ser afastada caso reste identificado e provado que preço reduzido é praticado em decorrência da imunidade, o que violaria a igualdade e a livre concorrência.[479] Adiciona-se, ainda, a necessidade da presença de atividade organizada e que, ainda que minimamente, a sua presença tenha relevância no mercado.

---

[477] BRASIL. Supremo Tribunal Federal (Tribunal Pleno). **Recurso Extraordinário nº 470.520/SP.** Recorrente: Serviço Nacional de Aprendizagem Comercial (SENAC). Recorrido: Município de São Paulo. Relator: Ministro Dias Toffoli. Brasília, DF, 17 set. 2013h.

[478] BRASIL. Supremo Tribunal Federal. **Súmula Vinculante** nº **52**. Ainda quando alugado a terceiros, permanece imune ao IPTU o imóvel pertencente a qualquer das entidades referidas pelo art. 150, VI, "c", da Constituição Federal, desde que o valor dos aluguéis seja aplicado nas atividades para as quais tais entidades foram constituídas. Brasília, DF, 22 jun. 2015b.

[479] SCHOUERI, Luis Eduardo. **Direito tributário**. 6. ed. São Paulo: Saraiva, 2016, p. 470.

O ingresso de entidade imune para atipicamente executar ações ou funções não a desnatura e, em adição, passa a ser importante impulsionador para a livre concorrência. Afinal, quanto mais agentes estiverem no mercado, melhor.

Claro, como antecipado logo acima, a entidade imune, sem dever de pagar tributos, não pode ter prática predatória de preço no mercado, sendo que, para tanto, é necessária prova cabal, e não meras alegações.

Assim, por exemplo, caso a Instituição Beneficente Lar de Maria venha a vender pães com valor abaixo do usual, a imunidade não deve ser afastada pelo simples argumento de que violaria a livre concorrência e a igualdade.

Para afastar o direito constitucional, é importante que sujeitos prejudicados com a suposta prática de preço reduzido sejam apresentados e que se tenha prova robusta, não cabendo alegação genérica ou "em tese".

Por isso, reforça-se a crítica feita anteriormente ao STF, quando julgou o **RE 601.720**, caso Município do Rio de Janeiro x Barrafor Veículos Ltda.[480], e **RE 594.015**, ainda não finalizado, caso Petróleo Brasileiro S/A (Petrobrás) x Município de Santos.[481]

O STF não somente afastou a imunidade tributária de imóveis de propriedade de entes federados sob, respeitosamente, a fraca alegação de que, sem a cobrança de IPTU, ocorreria desequilíbrio concorrencial, como acabou ampliando competência tributária ativa municipal sem a indispensável Emenda Constitucional, em total inobservância ao princípio democrático e separação de poderes. Admitiu-se, com isso, a incidência sobre algo que não é propriedade e nem mesmo posse com *animus domini* e exigência de quem não é proprietário ou possuidor com *animus domini.*

Não se pode olvidar que a *ratio decidendi* dos Recursos Extraordinários destacados vai totalmente de encontro ao raciocínio externado na **Súmula Vinculante n. 52**, o que resulta numa incoerência interna institucional do STF que, respeitosamente, merece atenção.

---

[480] BRASIL. Supremo Tribunal Federal (Plenário). **Recurso Extraordinário nº 601.720/RJ**. Recorrente: Município do Rio de Janeiro. Recorrido: Barrafor Veículos Ltda. Relator: Ministro Edson Fachin. Brasília, DF, 19 abr. 2017e.

[481] BRASIL. Supremo Tribunal Federal (Plenário). **Recurso Extraordinário nº 594.015/SP**. Recorrente: Petróleo Brasileiro S/A – Petrobras. Recorrido: Município de Santos. Relator: Ministro Marco Aurélio. Brasília, DF, 6 abr. 2017d

Até por isso, defende-se que um tribunal, como instituição, não deve ser coerente apenas com os dispositivos ou resultado que profere nos casos julgados. Igualmente importante, os fundamentos ou a causa de decidir sejam articulados e coerentes. Não basta que uma decisão seja argumentada, ela precisa ser fundamentada.

As decisões precisam ser das instituições, dos tribunais, e não dos juízes. Na ideia de integridade, não se pode admitir, sob pena de ofensa à segurança jurídica, que fundamentos diametralmente opostos estejam simultaneamente presentes numa Corte Suprema.

O respeito ao passado é medida que impera. No caso de superabilidade de entendimento, conforme largamente desenvolvido, forte ônus argumentativo deve ser apresentado. Enfim, o direito não precisa e nem merece ficar engessado, podendo ser modificativo, tanto no plano legislativo, quanto no judicial. O que não se pode admitir é reviravoltas jurisprudenciais infundadas ou com pouca argumentação e reflexão. O pior cenário é a incoerência de argumentos e fundamentos dentro de uma instituição.

f) O reconhecimento da imunidade tributária para impostos que não incidam somente sobre patrimônio, renda e serviços

Revisitando precedentes do STF, pode-se visualizar casos que salvaguardam direito à imunidade para impostos que, pela classificação infraconstitucional, não têm abrangência limitada ao patrimônio, renda e serviços.

Dando maior amplitude à imunidade, como tradicionalmente o faz, o STF reconhece o direito em relação ao ICMS em operações de vendas ou revendas.

No paradigma aqui revisitado, Dias Toffoli ressalta que:

> O Tribunal Pleno voltou a se manifestar sobre o tema na apreciação dos embargos de divergência no RE nº 210.251/SP, DJ de 28/11/03. Cuidou o julgado do reconhecimento da imunidade em favor de entidade de assistência social que vendia mercadorias de sua fabricação (contribuinte de direito), admitindo a premissa de que o lucro obtido fosse aplicado nas atividades institucionais.
>
> [...]
>
> No mesmo sentido, cito julgados mais recentes: ARE nº 758.886/MGAgR, Primeira Turma, Relator o Ministro **Roberto Barroso**, DJe de 20/5/14; RE nº 600.480/RS-AgR, Primeira Turma, Relator o Ministro **Marco Aurélio**, DJe de 16/8/13; ARE nº 721.176/MG-AgR, Primeira Turma, Relator o Ministro **Luiz Fux**, DJe de 13/8/13; ARE nº 690.382/RS-AgR, Segunda

Turma, Relator o Ministro **Ricardo Lewandowski**, DJe de 17/12/12; AI nº 736.607/SC-AgR, Segunda Turma, Relator o Ministro **Ayres Britto**, DJe de 19/10/11; AI nº 620.444/SC-AgR, Primeira Turma, Relatora a Ministra **Cármen Lúcia**, DJe de 5/3/10." [482]

A propósito, vale destaque passagem do voto do Ministro Gilmar Mendes no Embargos de Divergência no Recurso Extraordinário. - **Edv RE 210.251**, caso Estado de São Paulo x Instituição Beneficente Lar de Maria, foi chancelada a imunidade de ICMS nas operações de vendas/revendas e, como importante argumento, foi aduzida a ausência de violação à livre concorrência:

> Quando se diz que essa entidade vai entrar no mercado com uma vantagem comparativa diversa, é essa a intenção do contribuinte, porque essa vantagem comparativa diversa não é problema de concorrência, porque essas entidades são marginais do processo de mercado. Elas não estão no mercado para auferir na concorrência, mas para obter rendas que viabilizem as suas atividades [...] de onde essa entidade vai tirar dinheiro para investir na assistência social. Terá de recorrer a esmolas. Terá de recorrer à verba pública, a dotações orçamentárias; terá de recorrer às contribuições.[483]

A Instituição Beneficente Lar de Maria teve outro êxito no STF, no ano de 2006, nos **EDv no RE 186.175-4/SP** [484], o que a desonerou do dever de pagar ICMS.

No caso de ICMS na importação, no **AgRg no AI 476.664/RS**, caso Estado do Rio Grande do Sul x Irmandade da Santa Casa de Misericórdia de Porto Alegre, o STF manteve a decisão recorrida e garantiu direito à imunidade nas operações de importação de equipamentos médico-hospitalares por entidade hospitalar. Joaquim Barbosa asseverou que, nas operações de importação, o contribuinte do tributo é o importador, e não o vendedor. As figuras de contribuinte "de fato" e "de direito", portanto, se confundem.[485]

---

[482] BRASIL. Supremo Tribunal Federal (Tribunal Pleno). **Recurso Extraordinário nº 608.872**. Recorrente: Estado de Minas Gerais. Recorrido: Casa de Caridade de Muriaé - Hospital São Paulo. Relator: Min. Dias Toffoli. Brasília, DF, 23 de fevereiro de 2017b.

[483] BRASIL. Supremo Tribunal Federal (Tribunal Pleno). **Recurso Extraordinário nº 210.251-2**. Recorrente: Estado de São Paulo. Recorrido: Instituição Beneficente Lar de Maria. Relator: Ellen Gracie. Brasília, DF, 26 de fevereiro de 2003a.

[484] BRASIL. Supremo Tribunal Federal (Tribunal Pleno). **Recurso Extraordinário nº 186.175-4**. Recorrente: Estado de São Paulo. Recorrido: Instituição Beneficente Lar de Maria. Relatora: Ellen Grace. Brasília, DF, 23 de agosto de 2006a.

[485] BRASIL. Supremo Tribunal Federal (2. Turma). **Agravo Regimental no Agravo de Instrumento nº 476.664**. Agravante: Estado do Rio Grande do Sul. Agravada: Irmandade da Santa Casa de Misericórdia de Porto Alegre. Relator: Ministro Joaquim Barbosa. Brasília, DF, 6 abr. 2010i.

No **RE 203.755-9**, caso Estado do Espírito Santo x Instituto de Ensino Superior Professor Nelson Abel de Almeida [486], o recurso do Estado foi desprovido e, unanimemente, reconheceu-se a imunidade para fins de ICMS nas aquisições feitas pelo Recorrido.

No **RE 87.913**, caso União Federal x Santa Casa de Misericórdia de Birigui, o STF reconheceu imunidade para fins de II na operação de importação de aparelho de "raio x". Com causa de decidir, o relator, Ministro Rodrigues Alckmin assinalou que o bem pertence ao patrimônio da Santa Casa e, por isso, seria possível garantir a imunidade do II.[487]

Há precedentes, ainda, garantido imunidade para IOF. Em 1996, no **RE 196.415-PR**, caso União x Município de Campo Mourão[488], o acórdão proferido pelo TRF-4 foi mantido e o direito à imunidade foi reconhecido. Ainda, cita-se o **AgRg no RE 259.976/RS**, caso OAB/RS x União Federal[489], **RE 233.843/MG**, caso Município de Belo Horizonte x Caixa de Assistência de Advogados de Minas Gerais [490], e **RE 405.267-MG**, caso Município de Belo Horizonte x Caixa de Assistência dos Advogados de Minas Gerais[491].

---

486 BRASIL. Supremo Tribunal Federal (2. Turma). **Recurso Extraordinário nº 203.755-9.** Recorrente: Estado do Espírito Santo. Recorrido: Instituto de Ensino Superior Professor Nelson Abel de Almeida. Relator: Carlos Velloso. Brasília, DF, 17 de setembro de 1996c.

487 BRASIL. Supremo Tribunal Federal (1. Turma). **Recurso Extraordinário nº 87.913.** Recorrente: União Federal. Recorrido: Santa Casa de Misericórdia de Birigui. Relator: Rodrigues Alckmin. Brasília, DF, 9 de dezembro de 1977.

488 BRASIL. Supremo Tribunal Federal (1. Turma). **Recurso Extraordinário nº 196.415.** Recorrente: União Federal. Recorrido: Município de Campo Mourão. Relator: Ministro Ilmar Galvão. Brasília, DF, 21 de maio de 1996b.

489 BRASIL. Supremo Tribunal Federal (2. Turma). **Agravo Regimental no Recurso Extraordinário nº 259.976.** Agravante: União. Agravado: Ordem dos Advogados – Seção do Rio Grande do Sul. Relator: Ministro Joaquim Barbosa. Brasília, DF, 23 mar. 2010a.

490 BRASIL. Supremo Tribunal Federal (2. Turma). **Recurso Extraordinário nº 233.843.** Recorrente: Município de Belo Horizonte. Recorrida: Caixa de Assistência de Advogados de Minas Gerais. Relator: Joaquim Barbosa. Brasília, DF, 1 dez. 2009j.

491 BRASIL. Supremo Tribunal Federal (Tribunal Pleno). **Recurso Extraordinário nº 405.267.** Recorrente: Município de Belo Horizonte. Recorrido: Caixa de Assistência dos Advogados de Minas Gerais. Relator: Ministro Edson Fachin. Brasília, DF, 6 set. 2018b.

g) A imunidade dos impostos deve atender requisitos da lei complementar

– A hipótese dos impostos

O **art. 150, VI, III, "c" da Constituição** garante a imunidade para impostos às pessoas jurídicas nele elencadas, desde que não possuam caráter lucrativo e que os requisitos da lei sejam atendidos.

Como exposto anteriormente, montante movimentado, *superávit*, tamanho do patrimônio etc. não são lucros ou não apontam a presença do caráter lucrativo. Nesse quesito, constitucionalmente vedada é a distribuição de resultados ou que os dirigentes ou fundadores tirem proveito das entidades contempladas pelas imunidades.

Restou articulado que não se trata de norma de eficácia limitada o fato de a Constituição prever a necessidade de que sejam "atendidos os requisitos da lei". O que se tem, na verdade, é norma de eficácia contida e aplicabilidade imediata, por se estar diante de direito e garantia fundamental.

Há linha de entendimento de que lei complementar e lei ordinária podem tratar de imunidade tributária dos impostos. O raciocínio está pautado, em síntese, no sentido de que a lei complementar poderia trazer os pressupostos centrais e à lei ordinária caberia pormenorizá-los ou regulamentá-los.

Entretanto, não raras as vezes a legislação ordinária, editada pelo próprio ente, acabava alargando as hipóteses tratadas em lei complementar, criando requisitos e reduzindo o pleno exercício da imunidade.

Com precisão, Sacha Calmon refuta a utilização de lei ordinária, uma vez que, assim sendo, o próprio ente federado competente acabaria regulamentando limitações postas em face deles.[492]

Na mesma linha de pensamento Schoueri, que é enfático ao assinalar:

> Efetivamente, pífia seria a imunidade, se seu gozo dependesse da decisão do próprio poder tributante. Melhor seria falar em isenção, não em imunidade. Ao exigir lei complementar, assegurou o constituinte que nenhum legislador ordinário (federal, estadual distrital ou municipal) tivesse qualquer influência quanto aos requisitos para seu gozo.[493]

---

[492] COÊLHO, Sacha Calmon Navarro. Imunidades tributárias. *In:* SILVA MARTINS, Ives Gandra da (coord.). **Imunidades tributárias**. São Paulo: Centro de Extensão Universitária/ Ed. RT, 1998, p. 223-239.

[493] SCHOUERI, Luis Eduardo. **Direito tributário**. 6. ed. São Paulo: Saraiva, 2016, p. 473.

Adicionalmente a esse forte argumento, deve-se ter em mente a necessidade de interpretar o texto constitucional com unidade, justeza e conformidade. Logo, a resposta de qual veículo legislativo a ser adotado é claramente extraída do **art. 146, II da CRFB**, que textualmente reserva à lei complementar "regular as limitações constitucionais ao poder de tributar"[494].

Conforme amplamente exposto, as limitações constitucionais ao poder de tributar compreendem os princípios, as competências e as imunidades. Nesse sentido, a leitura do **art. 150, VI, "c" da Constituição** deve ser feita em conjunto com o disposto no art. 146, II da CRFB, o que conduzirá na inafastável conclusão de que cabe à lei complementar nacional trazer os requisitos para o exercício do direito constitucional à imunidade.

Ainda, por meio de lei complementar nacional, os requisitos serão os mesmos para todos os níveis da federação, evitando, assim, potencial edição de quase 6.000 (seis mil) leis diversas tratando do tema. Imagine se cada ente subnacional resolve editar lei regulamentando imunidades tributárias?

Assim, por exemplo, será reduzido o risco de uma pessoa jurídica ter reconhecido administrativamente o seu direito à imunidade em um município e, em outro, não. Até mesmo, município reconhecer, e o estado ou Distrito Federal concluir em sentido diverso.

A lei complementar nacional, portanto, evita que ente federado venha a criar regras para si, limitando exercício da competência tributária, bem como uniformiza em todo território os requisitos para o pleno exercício do direito constitucional.

– A hipótese das contribuições para seguridade social

A exposição deste ponto relativamente às contribuições para seguridade social deve ser dissociada daquela reservada aos impostos.

Historicamente, a imunidade das contribuições para seguridade social, pelas entidades de assistência social, sempre foi alvo de grandes debates judiciais, primeiramente em face do Instituto Nacional do Seguro Social (INSS) e, após a "Super Receita" no ano de 2007, da Receita Federal do Brasil.

A sua previsão constitucional tem sustentáculo na ausência de capacidade contributiva e no objetivo ou princípio da solidariedade fiscal.

---

494 BRASIL. [Constituição (1988)]. Constituição da República Federativa do Brasil. **Diário Oficial da União,** Brasília, DF, 5 out. 1988.

Enquanto o **art. 150, VI, "c" da CRFB** garante a imunidade tributária - espécie tributária impostos - para partidos políticos, entidades sindicais dos trabalhadores, instituições de educação e assistência social, desde que não tenham caráter lucrativo e atendam aos requisitos previstos em lei complementar nacional, o art. **195, § 7º da CRFB** prevê a isenção - leia-se imunidade - "[...] de contribuição para a seguridade social às entidades beneficentes de assistência social que atendam às exigências estabelecidas em lei."[495]

No Mandado de Injunção - **MI 232/RJ**, caso Centro de Cultura Prof. Luiz Freire x Congresso Nacional,[496] julgado em 1991, o STF apontou que o termo isenção utilizado no art. 195, § 7º da CRFB é impróprio e, por conseguinte, deve-se interpretá-lo como imunidade.

Como se nota do texto transcrito, para fins de contribuição para seguridade social, as entidades beneficentes de assistência social poderão fazer jus à imunidade tributária.

Nessa linha, duas situações devem ser visualizadas de forma dissociada: (1ª) o que seriam entidades beneficentes de assistência social? (2ª) qual lei tratará dos requisitos para o exercício do direito à imunidade?

Pois bem.

Vale revisitar pressupostos importantes, que já foram tratados.

Os partidos políticos devem observar os arts. 1º e 17 da CRFB e atender os pressupostos legais para fins de registro do estatuto no Tribunal Superior Eleitoral (TSE). Assim, por exemplo, associações, formais ou não, que visem discutir projetos políticos, ideais, ideias etc. não podem ser equiparadas aos partidos políticos. Para a criação jurídica de partido político, repita-se, os pressupostos constitucionais e legais devem ser observados.

Na mesma linha, entidade sindical, para fins de existência jurídica, deve atender os requisitos constitucionais e legais. Necessário ter em vista, inicialmente, o disposto no art. 8º da CRFB. Eventuais organizações que não atendam esses requisitos não podem ser configuradas como entidades sindicais, o que, por conseguinte, afasta o direito constitucional à imunidade.

---

[495] BRASIL. [Constituição (1988)]. Constituição da República Federativa do Brasil. **Diário Oficial da União,** Brasília, DF, 5 out. 1988.

[496] BRASIL. Supremo Tribunal Federal. **Mandado de Injunção nº 232/RJ.** Requerente: Centro de Cultura Prof. Luiz Freire. Requerido: Congresso Nacional. Relator: Min. Moreira Alves. Brasília/DF, 2 ago. 1991.

O art. 209 da CRFB abre espaço para que o ensino seja explorado pela iniciativa privada, desde que cumpra as normas gerais da educação nacional e tenha autorização e avaliação de qualidade. E mais, o art. 214 da CRFB remete à lei o dever de estabelecer

> o plano nacional de educação, de duração decenal, com o objetivo de articular o sistema nacional de educação em regime de colaboração e definir diretrizes, objetivos, metas e estratégias de implementação para assegurar a manutenção e desenvolvimento do ensino em seus diversos níveis, etapas e modalidades por meio de ações integradas dos poderes públicos das diferentes esferas federativas [...][497]

Neste sentido, o surgimento e a presença de instituições de ensino dependem de que as formalidades constitucionais e legais sejam observadas. A adequação aos pressupostos que viabilizam a edição de ato administrativo vinculado que autorize o funcionamento.

Assim, a reunião informal de alunos para aulas complementares, por exemplo, sem atender pressupostos legais, não pode ser equiparada à entidade educacional.

Até por isso, vale recordar que, com acerto, no caso Fundação Instituto de Pesquisas Contábeis, Atuariais e Financeiras (Fipecapi) x União Federal, **AgRg no RE 378.666-DF**, o STF decidiu que não se deve estender a imunidade tributária para entidades que não possuem autorização para funcionamento. Se assim o for, seria o mesmo que fomentar a atividade em desconformidade com a legislação.

Em síntese, os requisitos válidos para que se tenha a formalização jurídica das entidades contempladas com a imunidade em estudo - partidos políticos e seus institutos, entidades sindicais e instituições de educação e assistência social - não são reservadas constitucionalmente à lei complementar.

É dizer que a abertura, o funcionamento e a parte regulatória, como, por exemplo, ensino, não estão reservados à lei complementar, podendo ser tratadas em lei ordinária.

Entretanto, conforme restará melhor explicitado mais adiante, as contrapartidas para que as instituições ou entidades elencadas no art.150, VI, "c" e 195, § 7º da CRFB, façam jus à imunidade precisam ser tratadas em sede de lei complementar.

---

[497] BRASIL. [Constituição (1988)]. Constituição da República Federativa do Brasil. **Diário Oficial da União,** Brasília, DF, 5 out. 1988.

Então, o que seriam entidades beneficentes de assistência social que estão imunes às contribuições para seguridade social?

O STF há muito tem dado interpretação ampla, não se restringido àquelas entidades que implementam os objetivos delineados no **art. 203 da CRFB** sem a cobrança de contribuições.

Depois de analisar vários precedentes, o Tribunal firmou posição no sentido de equiparar entidade de previdência complementar privada que não cobre contribuição dos beneficiados à instituição de assistência social sem fins lucrativos. O tema é objeto da **Súmula 730 do STF.**[498]

O STF poderia ter alcançado interpretação restritiva do termo "entidade beneficente de assistência social", caso optasse por delimitar as hipóteses aos incisos do art. 203 da CRFB e, especialmente, exigir a universalidade e gratuidade dos serviços. Talvez, essa seria a conclusão mais fácil por independer de maior esforço hermenêutico.

Ora, bastaria dizer que seguridade social contempla saúde, previdência e assistência social e, assim, o art. 195, § 7º da CRFB garantiu imunidade tributária apenas para entidades beneficentes de assistência social, não abarcando, por conseguinte, institutos de educação e entidades ligadas à saúde e à previdência.

Com o mesmo raciocínio, o art. 150, VI, "c" garantiria a imunidade tributária para os impostos em favor dos partidos políticos, entidades sindicais dos trabalhadores, institutos de educação e assistência social. Logo, os setores da saúde e previdência igualmente não seriam contemplados com a imunidade de impostos.

O STF histórica e tradicionalmente não seguiu o caminho mais raso para o exercício da hermenêutica, notadamente quando se tem em vista o estudo da imunidade tributária. Com acerto, tratou de dar interpretação ampliada e teleológica, ao compreender que as entidades de assistência social poderiam ser enquadradas em situações diversas daquelas literalmente escritas no art. 203 da CRFB, em especial, saúde, educação e previdência. Com outras palavras, o STF não se valeu da literalidade para concluir que entidades de saúde, previdência e educação, não são de assistência social, uma vez que a Constituição dividiria ou distinguiria todos estes institutos.

---

[498] BRASIL. Supremo Tribunal Federal. **Súmula nº 730.** A imunidade tributária conferida a instituições de assistência social sem fins lucrativos pelo art. 150, VI, c, da Constituição, somente alcança as entidades fechadas de previdência social privada se não houver contribuição dos beneficiários. Brasília, DF, 11 dez. 2003f.

Até mesmo porque, a rigor, esses três pilares certamente se encaixam nos incisos do disposto no art. 203 da CRFB. Afinal, sem garantir saúde, previdência e educação, não há que se falar em proteção às pessoas, amparo às crianças e adolescentes, a integração social de pessoas com deficiências físicas e a garantia de salário mínimo de benefício aos idosos e pessoas com deficiências.

Marcante no STF, ao editar a **Súmula 730**, em que garantiu imunidade tributária para os impostos às entidades de previdência complementar, foi a conclusão de relativizar a gratuidade, que passou a ser apenas relativa, e a universalidade. Dessa forma, o STF entendeu que entidade de previdência complementar privada é entidade assistencial, embora não se tenha o caráter universal e que cobrança não seja endereçada aos beneficiados.

A conclusão alcançada pelo STF é corroborada por parte da doutrina, como, por exemplo, Misabel Derzi[499]. Contudo, é refutada por outra parte, como Regina Helena Costa.[500]

Contraponto entendimento do STF, Regina Helena Costa assinala que a Constituição de 1988 dissociou claramente entidade de assistência social da previdência, mais especificamente, previdência complementar ou fundo de pensão. Em síntese, assim assevera a autora:

> Trata-se de atividade não excludente da tributação de seus beneficiários, justificando, também, por essa razão, não estarem as instituições fechadas de previdência privada, sem fins lucrativos, que atuam paralelamente à previdência social oficial, infensas à tributação.[501]

Conquanto exista fundada divergência doutrinária sobre o tema, cumpre registrar que, pelo entendimento do STF, as instituições de assistência social contemplam as entidades de previdência, saúde, cultural e educação.

A propósito, segundo a Corte, no **RE 636.941/RS**, caso União Federal x Associação Pró-Ensino em Santa Cruz do Sul,

> [...] 'instituições de assistência social e educação' prescrita no art. 150, VI, 'c', cuja conceituação e regime jurídico aplicam-se por analogia, à expressão 'entidades beneficentes de assistência social' contida no art. 195, § 7º, à luz

[499] BALEEIRO, Aliomar. **Direito tributário brasileiro**. 12. ed., **rev., atual. e ampl.** Atualizada por Misabel Abreu Machado Derzi. Rio de Janeiro: Forense, 2013, p. 157-167.

[500] COSTA, Regina Helena. **Imunidades tributárias**. 3. ed. São Paulo: Malheiros Editores, 2015, p. 192-193.

[501] COSTA, Regina Helena. **Imunidades tributárias**. 3. ed. São Paulo: Malheiros Editores, 2015, p. 193.

> da interpretação histórica dos textos das CF/1946, CF/1967 e CF/1969 e das premissas fixadas pela Súmula n. 730.[502]

Esforçando um pouco mais a linha de raciocínio aqui proposta, questiona-se: e as instituições de educação e de saúde que cobram valores dos beneficiados?

Como visto, no que se refere aos impostos, anteriormente tratado, o que se exige é que essas instituições não tenham fins lucrativos e atenda aos requisitos previstos em lei complementar, nos termos do art. 150, VI, "c" da CRFB.

No que tange às contribuições, em vez de entidade de assistência social, o art. 195, § 7º da CRFB contempla entidade beneficente de assistência social. Assim, a gratuidade poderia ser uma necessidade para que a imunidade seja contemplada nessa hipótese.

Em que pese ser sedutora essa linha de entendimento, convence o argumento de Misabel Derzi ao assegurar a gratuidade parcial:

> Mesmo assim, nas hipóteses de assistência social, imunes segundo o art. 195, §7º, o STF sempre exigiu uma gratuidade relativa, cobrando-se de alguns para beneficiar a outros, jamais a total. E isso por fundamentos lógicos e de fundo: a instituição *por bono* que exercer suas atividades, exclusivamente por meio de doações de terceiros, ou ainda por meio de subvenções públicas, não necessita de manto imunitório. Se a imunidade existisse apenas tais entidades beneficentes, sustentadas pelo Estado ou pela caridade, ela perderia sua razão de ser.
>
> É importante, pois, deixar claro que o requisito da gratuidade total não é aplicável segundo a jurisprudência do Supremo Tribunal Federal (que admite a assistência social autossustentada), nem mesmo em relação às instituições beneficentes de assistência social, imunes às contribuições sociais [...].[503]

Entende-se como totalmente cabível a cobrança de contrapartida de parte dos contemplados, desde que alguma parcela desses sejam contemplados com redução ou com a gratuidade. Na verdade, o ideal seria que os parâmetros viessem a ser urgentemente tratados em lei, ou melhor, em lei complementar.

---

[502] BRASIL. Supremo Tribunal Federal (2. Turma). **Recurso Extraordinário nº 636.941.** Recorrente: União Federal. Recorrido: Associação Pró-Ensino em Santa Cruz do Sul. Relator: Ministro Luiz Fux. Brasília, DF, 13 fev. 2014a.

[503] BALEEIRO, Aliomar. **Direito tributário brasileiro**. 12. ed., **rev., atual. e ampl.** Atualizada por Misabel Abreu Machado Derzi. Rio de Janeiro: Forense, 2013, p. 167.

Com raciocínio objetivo e inovador, Hugo de Brito Machado assim preleciona:

> Com vistas a uma possível reforma constitucional tributária quanto às instituições de educação, preconizamos a substituição da exigência de serem sem fins lucrativos pela exigência de atribuírem tais instituições determinando percentual de suas vagas às entidades públicas que autorizam o respectivo fundamento: 10% ou 20% das vagas postas à disposição da entidade pública, para indicação de alunos a serem matriculados sem qualquer discriminação relativamente aos que pagam suas mensalidades.
>
> Com essa providência, relativamente simples, seriam abertas de uma só vez muitas vagas no ensino gratuito, com a vantagem de se garantir qualidade exatamente igual à do ensino particular. E, a custo dessa providência, o valor dos impostos que deixariam de ser cobrados das instituições de educação com certeza seria menor, comparando àquele que teria a abertura do mesmo número de vagas em escolas públicas.[504]

Relativamente ao fundamento de excluir a exigência de as entidades serem sem fins lucrativos, entende-se que esse ponto merece melhor reflexão.

Contudo, relativamente às contrapartidas propostas por Hugo de Brito Machado, compreende-se que são válidas e que os números sugeridos são pertinentes. Todavia, cabe tratar do tema o legislador nacional complementar, que há muito está atrasado.

Como corolário, vem à tona outra importante e árdua discussão: seria inconstitucional lei ordinária que venha a trazer critérios para que uma entidade seja rotulada, ou melhor, certificada como entidade beneficente de assistência social, por intermédio da emissão do Certificado de Entidades Beneficentes de Assistência Social (Cebas)?

A **Lei 12.101/09** [505] tratou de regulamentar a certificação – Cebas – e os procedimentos de isenção de contribuições para a seguridade social.

---

504 MACHADO, Hugo de Brito. **Curso de direito tributário**. 33. ed. São Paulo: Malheiros, 2013, p. 394.

505 BRASIL. Lei nº 12.101, de 27 de novembro de 2009. Dispõe sobre a certificação das entidades beneficentes de assistência social; regula os procedimentos de isenção de contribuições para a seguridade social; altera a Lei nº 8.742, de 7 de dezembro de 1993; revoga dispositivos das Leis nºs 8.212, de 24 de julho de 1991, 9.429, de 26 de dezembro de 1996, 9.732, de 11 de dezembro de 1998, 10.684, de 30 de maio de 2003, e da Medida Provisória nº 2.187-13, de 24 de agosto de 2001; e dá outras providências. **Diário Oficial da União,** Brasília, DF, publicado em 30 nov. 2009k.

Então, poderia essa mesma lei, que regulamenta o CEBAS, exigir que, por exemplo, a entidade, para ser de assistência social, dentre outros requisitos, conceda anualmente "[...] bolsas de estudo na proporção de 1 (uma) bolsa de estudo integral para cada 5 (cinco) alunos pagantes", nos termos do art. 13, III?[506]

É uma linha tênue: esse tipo de norma seria uma pormenorização infraconstitucional criando critérios objetivos para que uma entidade se enquadre como beneficente de assistência social? Nesse caso, lei complementar seria exigível?

Entende-se como necessário dividir esse ponto entidade beneficente para, pelo menos, duas frentes: (1ª) constituição, funcionamento e regulação das atividades pela entidade, inclusive que permitirá o recebimento de transferências governamentais; (2ª) contrapartidas ou exigências para o gozo da imunidade em destaque.

No que se refere à primeira frente, a Constituição prevê ou exige que lei ordinária venha a tratar o tema, nos termos dos **arts. 194 e ss., 209 e 214**.

Assim, o **art. 13, I e II da Lei 12.101/09** é material e formalmente constitucional ao prever que:

> Art. 13. Para fins de concessão ou renovação da certificação, a entidade de educação que atua nas diferentes etapas e modalidades da educação básica, regular e presencial, deverá:
>
> I - demonstrar sua adequação às diretrizes e metas estabelecidas no Plano Nacional de Educação (PNE), na forma do art. 214 da Constituição Federal;
>
> II - atender a padrões mínimos de qualidade, aferidos pelos processos de avaliação conduzidos pelo Ministério da Educação;[507]

---

[506] BRASIL. Lei nº 12.101, de 27 de novembro de 2009. Dispõe sobre a certificação das entidades beneficentes de assistência social; regula os procedimentos de isenção de contribuições para a seguridade social; altera a Lei nº 8.742, de 7 de dezembro de 1993; revoga dispositivos das Leis nºs 8.212, de 24 de julho de 1991, 9.429, de 26 de dezembro de 1996, 9.732, de 11 de dezembro de 1998, 10.684, de 30 de maio de 2003, e da Medida Provisória nº 2.187-13, de 24 de agosto de 2001; e dá outras providências. **Diário Oficial da União,** Brasília, DF, publicado em 30 nov. 2009k.

[507] BRASIL. Lei nº 12.101, de 27 de novembro de 2009. Dispõe sobre a certificação das entidades beneficentes de assistência social; regula os procedimentos de isenção de contribuições para a seguridade social; altera a Lei nº 8.742, de 7 de dezembro de 1993; revoga dispositivos das Leis nºs 8.212, de 24 de julho de 1991, 9.429, de 26 de dezembro de 1996, 9.732, de 11 de dezembro de 1998, 10.684, de 30 de maio de 2003, e da Medida Provisória nº 2.187-13, de 24 de agosto de 2001; e dá outras providências. **Diário Oficial da União,** Brasília, DF, publicado em 30 nov. 2009k.

Em outros termos, a exigência para abertura, funcionamento, requisitos exigidos para diretrizes do serviço educacional, bem como a concessão e renovação do Cebas, tenham que atender as condições previstas em lei ordinária.

A propósito, essa linha de raciocínio corrobora com entendimento antigo do STF, como se depreende do **RE 93.770/RJ**, caso Serviço Social da Indústria - Sesi - Departamento Regional do Estado do Rio de Janeiro x União Federal.[508]

Igualmente, não se vê como inconstitucional lei ordinária que crie requisitos, como, por exemplo, concessão de bolsas totais ou parciais, caso a entidade se habilite para receber recursos/repasses públicos.

Por outro lado, para o exercício do direito à imunidade, seja dos impostos, seja das contribuições da seguridade social, os requisitos a serem atendidos pelos pleiteantes, ou contrapartidas, devem estar previstos em lei complementar.

É impossível deixar de observar o disposto no **art. 146, II da CRFB**, que reserva formal e materialmente à lei complementar o dever de regular as limitações constitucionais ao poder de tributar.

Assim, vê como acertada a formulação da **Tese 32** pelo STF, fruto do julgamento do *leading case* **RE 566.622**, que foi julgado concomitantemente com as **ADIs 2.028**[509], **2036**[510], **2228**[511]e **2621**[512]:

---

508 BRASIL. Supremo Tribunal Federal (1. Turma). **Recurso Extraordinário nº 93.770-6.** Recorrente: Serviço Social da Indústria - SESI - Departamento Regional do Estado do Rio de Janeiro. Recorrida: União Federal. Relator: Ministro Soares Munoz. Brasília, DF, 17 mar. 1981a.

509 BRASIL. Supremo Tribunal Federal (Plenário). **Ação Direta de Inconstitucionalidade nº 2.028/DF.** Requerente: Confederação Nacional de Saúde-Hospitais, Estabelecimentos e Serviços - CNS. Requerido: Presidente da República. Relator: Min. Joaquim Barbosa. Relatora do acórdão: Min. Rosa Weber. Brasília/DF. 2 mar./2017.

510 BRASIL. Supremo Tribunal Federal (Plenário). **Ação Direta de Inconstitucionalidade nº 2.036/DF.** Requerente: Confederação Nacional dos Estabelecimentos de Ensino - CONFENEN. Requerido: Presidente da República. Relator: Min. Joaquim Barbosa. Relatora do acórdão: Min. Rosa Weber. Brasília/DF. 02 mar./2017.

511 BRASIL. Supremo Tribunal Federal (Plenário). **Ação Direta de Inconstitucionalidade nº 2.228/DF.** Requerente: Confederação Nacional de Saúde-Hospitais, Estabelecimentos e Serviços. Requerido: Presidente da República. Relator: Min. Joaquim Barbosa. Relatora do acórdão: Min. Rosa Weber. Brasília/DF. 2 mar./2017.

512 BRASIL. Supremo Tribunal Federal (Plenário). **Ação Direta de Inconstitucionalidade nº 2.621/DF.** Requerente: Confederação Nacional de Saúde-Hospitais, Estabelecimentos e Serviços. Requerido: Presidente da República. Relator: Min. Joaquim Barbosa. Relatora do acórdão: Min. Rosa Weber. Brasília/DF. 2 mar./2017.

> A lei complementar é forma exigível para a definição do modo beneficente de atuação das entidades de assistência social contempladas pelo art. 195, § 7º, da CF, especialmente no que se refere à instituição de contrapartidas a serem por elas observadas.[513]

Após o julgamento do plenário, os ministros passaram a decidir monocraticamente. No caso **Ag.Rg. no RO em MS n. 26.722**, caso Instituto São José x União, o ministro Roberto Barroso fundamentou que "Os requisitos materiais para o gozo de imunidade somente podem ser previstos em lei complementar"[514] e, em seguida, concluiu pela "Inconstitucionalidade da exigência de destinação de 20% da receita bruta em gratuidade (Decretos nºs 752/1993 e 2.536/1998)."[515] Assim, a única negativa de concessão do Cebas sob o fundamento de que o percentual de gratuidade não foi observado não mereceu prevalecer nesse julgado.

No mesmo sentido foi a decisão no **RO em MS n. 28.228/DF**, caso Instituto Granbery da Igreja Metodista x União Federal.[516]

Com ênfase, cabe à lei ordinária tratar da criação, manutenção, funcionamento, diretrizes regulatórias para o bom desenvolvimento das atividades, segundo os parâmetros das legislações atinentes, conforme o caso, do direito civil, direito administrativo, direito regulatório etc. Em regra, não se admite atos discricionários para permissão de exercício regular do direito, competindo à entidade atender os pressupostos exigidos para todos em lei.

De igual forma, para que a entidade receba transferências, recursos ou subvenções do Poder Público, não se vê na Constituição reserva formal e material que contrapartidas sejam tratadas em lei complementar. Para tanto, admite-se a utilização de lei ordinária.

---

513 BRASIL. Supremo Tribunal Federal (Plenário). **Recurso Extraordinário nº 566.622.** Recorrente: Sociedade Beneficente de Parobé. Recorrida: União. Relator: Ministro Marco Aurélio. Brasília, DF, 23 fev. 2017a.

514 BRASIL. Supremo Tribunal Federal (1. Turma). **Recurso em Mandado de Segurança nº 26.722.** Recorrente: Instituto São José. Recorrida: União. Relator: Ministro Roberto Barroso. Brasília, DF, 6 set. 2017i.

515 BRASIL. Decreto nº 2.536, de 6 de abril de 1998. Dispõe sobre a concessão do Certificado de Entidade de Fins Filantrópicos, a que se refere o inciso IV do art. 18 da Lei nº 8.742, de 7 de dezembro de 1993, e dá outras providências. **Diário Oficial da União,** Brasília, DF, 7 abr. 1998c.

516 BRASIL. Supremo Tribunal Federal (1. Turma). **Recurso em Mandado de Segurança nº 28.228/DF.** Recorrente: Instituto Granbery da Igreja Metodista. Recorrido: União. Relator: Ministro Roberto Barroso. Brasília, DF, 6 set. 2017j

Todavia, em relação às contrapartidas para o exercício do direito à imunidade tributária, impostos e contribuições para seguridade social, não se consegue alcançar outra conclusão diferente daquela que exige a utilização de lei complementar.

Antes de avançar, vale relembrar que a Contribuição ao PIS, que tem previsão constitucional no **art. 239**, é integrante da seguridade social e, portanto, as entidades beneficentes ou instituições de assistência social e educação terão direito à imunidade, nos termos do art. 195, § 7º, como se depreende no **RE 636.941/RS**, caso União Federal x Associação Pró-Ensino em Santa Cruz do Sul.[517]

h) Os requisitos previstos em lei complementar nacional

Conforme externado no tópico anterior, os requisitos para o exercício da imunidade tributária subjetiva, que é limitação constitucional ao poder de tributar, devem ser previstos em lei complementar, em total respeito ao disposto no **art. 146, II da CRFB**. Estes requisitos devem ser observados e aplicados tanto para os impostos quanto para as contribuições.

Passa-se, agora, a fazer releitura dos requisitos previstos/positivados no **art. 14 do CTN**, que foi recepcionado com status de lei complementar.

– Não distribuírem qualquer parcela do seu patrimônio ou de rendas a qualquer título

O CTN foi recepcionado pela Constituição, à luz do disposto no **art. 34, § 5º do ADCT**: "Vigente o novo sistema tributário nacional, fica assegurada a aplicação da legislação anterior, no que não seja incompatível com ele [...]."[518]

O CTN recebeu *status* de lei complementar, embora em sua origem ele seja formalmente fruto de lei ordinária.

Contudo, os artigos incompatíveis não foram recepcionados pelo atual texto constitucional.

Nos termos do **art. 146, II da CRFB**, as limitações constitucionais ao poder de tributar devem ser regulamentadas por lei complementar, como já

---

517 BRASIL. Supremo Tribunal Federal (2. Turma). **Recurso Extraordinário nº 636.941.** Recorrente: União Federal. Recorrido: Associação Pró-Ensino em Santa Cruz do Sul. Relator: Ministro Luiz Fux. Brasília, DF, 13 fev. 2014a.

518 BRASIL. [Constituição (1988)]. Constituição da República Federativa do Brasil. **Diário Oficial da União,** Brasília, DF, 5 out. 1988.

explorado. Com a recepção do CTN pela Constituição de 1988, os requisitos para concessão da imunidade tributária estão previstos no **art. 14 do CTN.**[519]

Adiciona-se, ainda, o disposto no **§ 1º do art. 9º do CTN.** [520]

O primeiro requisito, tratado no inciso I, tem estreito elo com a previsão constitucional de que as entidades não devem ter fins lucrativos. Dessa forma, as rendas ou patrimônio precisam ser voltadas para os fins e objetivos das entidades e das instituições. Logo, não admite que fundadores ou gestores se beneficiem, direta ou indiretamente, do patrimônio e das receitas dessas entidades.

Isso não quer dizer que as entidades ou instituições não devam ser autossuficientes e, assim, buscar o lucro, ou melhor, *superávit* ou sobra, mas sim que elas sejam redirecionadas para os seus propósitos.

Merece menção que a vedação em análise não impede que, nos termos da lei, ocorra remuneração que não se confunde com lucro e/ou patrimônio.

Assim, caso dirigente, fundador etc. da entidade imune venha a efetivamente trabalhar, com vínculo, a remuneração deve ocorrer, em contrapartida ao trabalho ou serviço prestado, em total respeito ao texto constitucional, que veda o trabalho sem remuneração, exceto o voluntário.

---

[519] "Art. 14. O disposto na alínea c do inciso IV do artigo 9º é subordinado à observância dos seguintes requisitos pelas entidades nele referidas:
I – não distribuírem qualquer parcela de seu patrimônio ou de suas rendas, a qualquer título;
II - aplicarem integralmente, no País, os seus recursos na manutenção dos seus objetivos institucionais;
III - manterem escrituração de suas receitas e despesas em livros revestidos de formalidades capazes de assegurar sua exatidão.
§ 1º Na falta de cumprimento do disposto neste artigo, ou no § 1º do artigo 9º, a autoridade competente pode suspender a aplicação do benefício.
§ 2º Os serviços a que se refere a alínea c do inciso IV do artigo 9º são exclusivamente, os diretamente relacionados com os objetivos institucionais das entidades de que trata este artigo, previstos nos respectivos estatutos ou atos constitutivos." (BRASIL. Lei nº 5.172, de 25 de outubro de 1966. Dispõe sobre o Sistema Tributário Nacional e institui normas gerais de direito tributário aplicáveis à União, Estados e Municípios. **Diário Oficial da União**, Brasília, DF, 27 out. 1966c.)

[520] "[...] O disposto no inciso IV não exclui a atribuição, por lei, às entidades nele referidas, da condição de responsáveis pelos tributos que lhes caiba reter na fonte, e não as dispensa da prática de atos, previstos em lei, assecuratórios do cumprimento de obrigações tributárias por terceiros." (BRASIL. Lei nº 5.172, de 25 de outubro de 1966. Dispõe sobre o Sistema Tributário Nacional e institui normas gerais de direito tributário aplicáveis à União, Estados e Municípios. **Diário Oficial da União**, Brasília, DF, 27 out. 1966c.)

No âmbito judicial esse raciocínio tem acolhida no STF, como, por exemplo, no **RE 93.463/RJ**, caso Prefeitura Municipal do Rio de Janeiro x Sociedade Educacional Professor Nuno Lisboa.[521]

Interessante fundamentação foi trazida pelo Desembargador Almeida Melo do Tribunal de Justiça do Estado de Minas Gerais, ao julgar o caso SEBRAE x Município de Belo Horizonte:

> [...] A teor do art. 14, I, do Código Tributário Nacional, o que faculta a tributação é o patrimônio ou as rendas (lucros) distribuíveis. A remuneração dos gerentes ou diretores-empregados, contratados pela entidade e que recebem salários fixos e previamente estabelecidos, representa custo e não infirma os requisitos conducentes ao reconhecimento da imunidade tributária, pois o fim específico assistencial é da entidade, não dos empregados que lhe prestam serviços como profissionais administradores. Rejeita-se a preliminar e dá-se provimento ao recurso.[522]

Em complemento, cumpre ressalta-se, ainda, o disposto no **art. 4°, inciso VI da Lei n. 9.790/99**, que, ao qualificar as pessoas jurídicas de direito privado sem fins lucrativos como Sociedades Civis de Interesse Público, dispõe que:

> Art. 4º Atendido o disposto no art. 3o, exige-se ainda, para qualificarem-se como Organizações da Sociedade Civil de Interesse Público, que as pessoas jurídicas interessadas sejam regidas por estatutos cujas normas expressamente disponham sobre:
>
> [...]
>
> VI - a possibilidade de se instituir remuneração para os dirigentes da entidade que atuem efetivamente na gestão executiva e para aqueles que a ela prestam serviços específicos, respeitados, em ambos os casos, os valores praticados pelo mercado, na região correspondente a sua área de atuação; [...] [523]

---

521 BRASIL, Supremo Tribunal Federal (Plenário). **Recurso Extraordinário nº 93.463.** Recorrente: Prefeitura Municipal do Rio de Janeiro. Recorrida: Sociedade Educacional Professor Nuno Lisboa. Relator: Ministro Cordeiro Guerra. Brasília, DF, 16 abr. 1982.

522 MINAS GERAIS. Tribunal de Justiça de Minas Gerais (4ª Câmara Cível). **Apelação Cível nº 1.0000.00.273832-6/000.** Apelante: SEBRAE – Serviço Brasileiro de Apoio às Micro e Pequenas Empresas. Apelado: Fazenda Pública do Município de Belo Horizonte/MG. Relator: Desembargador Almeida Melo. Belo Horizonte, MG, 17 out. 2002

523 BRASIL. Lei nº 9.790, de 23 de março de 1999. Dispõe sobre a qualificação de pessoas jurídicas de direito privado, sem fins lucrativos, como Organizações da Sociedade Civil de Interesse Público, institui e disciplina o Termo de Parceria, e dá outras providências. **Diário Oficial da União,** Brasília, DF, publicado em 24 mar. 1999a.

Assim, correta a conclusão do STF em declarar como inconstitucional o art. 55, IV da Lei n. 8.212/91, que impedia a remuneração de diretores, conselheiros, sócios, instituidores ou benfeitores. Como exposto, a remuneração em contrapartida a serviço efetivamente prestado a quem quer que seja não está no rol do art. 14 do CTN, sendo vedado lei ordinária trazer tal inovação.

Embora com redação diversa, contudo, com mesmo raciocínio externado até aqui, entende-se que são inconstitucionais, ainda que em parte, os **arts. 29, I, V e §§ da Lei n. 12.101/09**, por trazer parâmetros ou limitadores à remuneração não previstos em lei complementar, no caso, CTN:

> Art. 29. A entidade beneficente certificada na forma do Capítulo II fará jus à isenção do pagamento das contribuições de que tratam os arts. 22 e 23 da Lei nº 8.212, de 24 de julho de 1991, desde que atenda, cumulativamente, aos seguintes requisitos:
>
> I – não percebam seus diretores, conselheiros, sócios, instituidores ou benfeitores remuneração, vantagens ou benefícios, direta ou indiretamente, por qualquer forma ou título, **em razão das competências, funções ou atividades que lhes sejam atribuídas pelos respectivos atos constitutivos,** exceto no caso de associações assistenciais ou fundações, sem fins lucrativos, cujos dirigentes **poderão ser remunerados, desde que atuem efetivamente na gestão executiva, respeitados como limites máximos os valores praticados pelo mercado na região correspondente à sua área de atuação**, devendo seu valor ser fixado pelo órgão de deliberação superior da entidade, registrado em ata, com comunicação ao Ministério Público, no caso das fundações;
>
> [...]
>
> V - não distribua resultados, dividendos, **bonificações**, participações ou parcelas do seu patrimônio, sob qualquer forma ou pretexto;
>
> [...]
>
> § 1º A exigência a que se refere o inciso I do **caput** não impede:
>
> I - a remuneração aos diretores não estatutários que tenham vínculo empregatício;
>
> II - a **remuneração aos dirigentes estatutários, desde que recebam remuneração inferior, em seu valor bruto, a 70% (setenta por cento) do limite estabelecido para a remuneração de servidores do Poder Executivo federal.**
>
> § 2º A remuneração dos dirigentes estatutários referidos no inciso II do § 1º deverá obedecer às seguintes condições:
>
> I - **nenhum dirigente remunerado poderá ser cônjuge ou parente até 3º (terceiro) grau, inclusive afim, de instituidores, sócios, diretores,**

> **conselheiros, benfeitores ou equivalentes da instituição de que trata o caput deste artigo;** e
>
> II - **o total pago a título de remuneração para dirigentes, pelo exercício das atribuições estatutárias, deve ser inferior a 5 (cinco) vezes o valor correspondente ao limite individual estabelecido neste parágrafo.**
>
> **§ 3º O disposto nos §§ 1º e 2º não impede a remuneração da pessoa do dirigente estatutário ou diretor que, cumulativamente, tenha vínculo estatutário e empregatício, exceto se houver incompatibilidade de jornadas de trabalho.**[524] (destaque-se)

Nos termos do disposto do artigo acima transcrito, entende-se que as passagens destacadas em negrito são inconstitucionais.

Por um lado, o legislador avançou em 2009, por meio da Lei 12.101, em comparação com sua atividade exercida em 1991, por intermédio da Lei n. 8.212. Isso porque passou a admitir a remuneração como contrapartida a serviços prestados, tanto para os dirigentes - com limite de 70% do limite pago para servidores públicos federais - como para diretores não estatutários. Até mesmo porque, nos dias de hoje, o trabalho voluntário não pode ser imposto a ninguém e a tentativa de profissionalizar, mesmo serviços como educação, saúde e assistência, é medida que impera.

Destaque-se o dispositivo legal acima transcrito claramente divide duas figuras ou cargos: dirigentes estatutários e os diretores não estatutários que não possuam vínculo empregatício.

O primeiro cargo, diretores não estatutários, nos termos da lei, podem ser remunerados no caso de associações e fundações, desde que os valores sejam compatíveis com o mercado e comunicado o Ministério Público, se for o caso.

O segundo cargo, de dirigente estatutário, pode receber remuneração, desde que até 70% do valor praticado no serviço público federal.

Ainda, vale dizer que é possível cumular funções, desde que exista compatibilidade, no caso de dirigentes estatutários e diretor - ou nomenclatura semelhante - não estatutário, conforme § 3º do art. 29 da Lei.

---

[524] BRASIL. Lei nº 12.101, de 27 de novembro de 2009. Dispõe sobre a certificação das entidades beneficentes de assistência social; regula os procedimentos de isenção de contribuições para a seguridade social; altera a Lei nº 8.742, de 7 de dezembro de 1993; revoga dispositivos das Leis nºs 8.212, de 24 de julho de 1991, 9.429, de 26 de dezembro de 1996, 9.732, de 11 de dezembro de 1998, 10.684, de 30 de maio de 2003, e da Medida Provisória nº 2.187-13, de 24 de agosto de 2001; e dá outras providências. **Diário Oficial da União,** publicado em 30 nov. 2009k

A propósito, alinhado com raciocínio aqui desenvolvido, Schoueri traz argumento pragmático:

> Ora, considerando que as associações crescem geometricamente em importância na sociedade brasileira, seria uma visão míope esperar que elas mantivessem uma gestão amadora, composta apenas por voluntários. Se tal requisito pode ser esperado de pequenas associações, hoje se identificam entidades de grande porte, que cumprem importante papel na assistência social e na educação, cuja gestão exige a atuação profissional.[525]

De outro lado, no entanto, parametrizar a remuneração, impondo limite, impedir a concessão de bonificações e vantagens, que, como regra, devem ser extensíveis a todos os colaboradores ou para quem ocupe os mesmos cargos na instituição, são limitadores e contrapartidas indevidamente previstas em lei ordinária.

Com ênfase, não cabe à lei ordinária, dessa forma, trazer institutos diversos ou criar parâmetros incompatíveis com a lei complementar.

A rigor, ao impedir que um colaborador tenha tratamento igual àquele implementado dentro e fora da instituição sem fins lucrativos parece claramente violar festejado direito fundamental. Ora, como sustentar a desigualdade nesse caso? Há discriminação é legítima e justificante?

Igualmente não cabe à lei ordinária impor restrições de contratações de parentes.

Portanto, ainda que tais limitações fossem previstas em lei complementar, o conteúdo poderia ser questionado por violar preceitos de ordem constitucional, como a igualdade e a busca do pleno emprego.

Havendo abusos – remuneração mais alta, "trabalho fantasma", desqualificação clara e objetiva para ocupação de cargos, desvios de finalidade etc., a legislação existente está disponível para, com devido processo legal, punir exemplarmente.

Adicionalmente, a fiscalização deve investigar e verificar se, sob o pretexto de ser remuneração, há prática de distribuição disfarçada de lucros, rendas ou patrimônio. Como amparo e referência legal, basta voltar os olhos para o instituto da distribuição disfarçada de lucros, que se encontra regimentada no Regulamento do Imposto de Renda, **art. 528[526] e seguintes.**

---

525 SCHOUERI, Luis Eduardo. **Direito tributário**. 6. ed. São Paulo: Saraiva, 2016, p. 474.

526 "Art. 528. Presume-se distribuição disfarçada de lucros no negócio pelo qual a pessoa jurídica (Decreto-Lei nº 1.598, de 1977, art. 60, caput, incisos I ao IV, VI e VII):

Enfim, entende-se como inconstitucionais porque são injustificados os tratamentos diferenciados trazidos abstratamente no art. 29 da Lei n. 12.101/09. Há indícios claros de violação à igualdade de tratamento e de obstáculos para busca do pleno acesso ao emprego.

Portanto, além de inconstitucionais, ainda que parcialmente, entende-se que os dispositivos acima mencionados são desnecessários, uma vez que o instituto legal da distribuição disfarçada de lucros é suficientemente forte para suprir a necessidade de fiscalizar eventuais abusos ou desvios de finalidades.

Como contraponto à linha aqui defendida há entendimento de autores, como Regina Helena Costa, no sentido de que os referidos dispositivos "[...] constituem desdobramentos das prescrições já contidas no art. 14 do Código Tributário Nacional, que abriga os requisitos para a fruição da imunidade [...]."[527]

– Aplicarem integralmente, no País, os seus recursos na manutenção dos seus objetivos institucionais.

Há exigência, ainda, que os recursos sejam mantidos no País, sendo vedado o envio ao exterior.

I - aliena, por valor notoriamente inferior ao de mercado, bem do seu ativo a pessoa ligada;
II - adquire, por valor notoriamente superior ao de mercado, bem de pessoa ligada;
III - perde, em decorrência do não exercício de direito à aquisição de bem e em benefício de pessoa ligada, sinal, depósito em garantia ou importância paga para obter opção de aquisição;
IV - transfere a pessoa ligada, sem pagamento ou por valor inferior ao de mercado, direito de preferência à subscrição de valores mobiliários de emissão de companhia;
V - paga a pessoa ligada aluguéis, **royalties** ou assistência técnica em montante que excede notoriamente ao valor de mercado; e
VI - realiza com pessoa ligada qualquer outro negócio em condições de favorecimento, assim entendidas condições mais vantajosas para a pessoa ligada do que as que prevaleçam no mercado ou em que a pessoa jurídica contrataria com terceiros.
§ 1º O disposto nos incisos I e IV do **caput** não se aplica nas hipóteses de devolução de participação no capital social de titular, sócio ou acionista de pessoa jurídica em bens ou direitos avaliados a valor contábil ou de mercado (Lei nº 9.249, de 1995, art. 22).
§ 2º A hipótese prevista no inciso II do **caput** não se aplica quando a pessoa física transferir a pessoa jurídica, a título de integralização de capital, bens e direitos pelo valor constante na declaração de bens (Lei nº 9.249, de 1995, art. 23, § 1º).
§ 3º A prova de que o negócio foi realizado no interesse da pessoa jurídica e em condições estritamente comutativas ou em que a pessoa jurídica contrataria com terceiros exclui a presunção de distribuição disfarçada de lucros (Decreto-Lei nº 1.598, de 1977, art. 60, § 2º)." (BRASIL. Decreto nº 9.580, de 22 de novembro de 2018. Regulamenta a tributação, a fiscalização, a arrecadação e a administração do Imposto de Renda e Proventos de Qualquer Natureza. **Diário Oficial da União,** Brasília, DF, publicado em 23 nov. 2018e.

527 COSTA, Regina Helena. **Imunidades tributárias**. 3. ed. São Paulo: Malheiros Editores, 2015.

Pode-se questionar a defasagem desse comando contemporaneamente, tendo em vista o atual contexto de globalização.

Entretanto, pelo menos dois apontamentos podem ser trazidos para justificar a manutenção dessa disposição.

O primeiro, talvez com pensamento nacionalista, o que poderia ser criticado, seria no sentido de que os recursos angariados pelo exercício das atividades sejam reinvestidos nos seus propósitos dentro do País, contemplando o sofrido povo brasileiro. Afinal, a movimentação econômica da atividade sem fins lucrativos foi concretizada no Brasil, seria adequado, dessa forma, que os recursos aqui ficassem e fossem revertidos em favor da nação.

O segundo, com efeito mais pragmático, tem amparo na praticidade da fiscalização. Assim, com a manutenção dos recursos – patrimônio e rendas – no País, as autoridades competentes teriam, com maior facilidade, como verificar se os pressupostos constitucionais e legais estão sendo observados, isto é, acompanhar a não realização de desvio de finalidade.

– Manterem escrituração de suas receitas e despesas em livros revestidos de formalidades capazes de assegurar sua exatidão

Como instrumento hábil para verificar o atendimento aos requisitos do **art. 14, I do CTN** e do próprio texto constitucional, foi inserida a regra de que os documentos contábeis e fiscais devem ser regulares, observando, assim, os preceitos normativos específicos para que materialmente possa atestar a exatidão das informações.

Dessa forma, os documentos sendo idôneos devem atender às normas fiscais e contábeis e conduzirá, com segurança, a verificar se materialmente os requisitos da imunidade estão sendo observados.

Cumpre assinalar que meros erros formais nos livros e documentos fiscais ou contábeis não são suficientemente fortes para afastar a imunidade.

O objetivo do **art. 14, III do CTN** é de exigir que os documentos em referência sejam idôneos e mereçam fé, de modo que, de acordo com a conveniência e oportunidade, a fiscalização possa verificar atendimento aos pressupostos constitucionais e dos incisos I e II do art. 14 do CTN para que a imunidade possa ser correta e legalmente gozada.

Nesse sentido, o STJ tem precedentes, inclusive.

No **RESP 737.719/MG**, caso Instituto de Missionários Sacramentinos de Nossa Senhora x Município de Belo Horizonte, a ausência de registro de livros contábeis não teria o condão de afastar o direito subjetivo à imunidade, embora configure hipótese de inobservância de requisitos legais para outros segmentos do direito.[528]

No mesmo sentido, em 2012, no **AgRg no AREsp 100.911/RJ**, caso Município do Rio de Janeiro x União Brasileira de Educação e Ensino (UBEE), o relator, Ministro Humberto Martins, foi acompanhado pelos seus pares, o que conduziu na seguinte conclusão do STJ:

> [...] A escrituração exigível nos termos do inciso III do art. 14 do CTN é aquela fundada em um instrumento ou meio adequado para verificar, com exatidão, que os demais requisitos constantes nos incisos I e II estão sendo compridos. Precedente. [...][529]

Entende-se que o entendimento do STJ é acertado. Eventuais equívocos de lançamentos e contábeis, desde que não desnaturem a fidedignidade dos documentos, lançamentos e registros, não são aptos para afastar a imunidade. Assim, ainda que os livros e documentos fiscais possuam equívocos de ordem formal, não se pode olvidar que a verdade material deve ser buscada e observada.

Ademais, as entidades sem fins lucrativos presumidamente não possuem o profissionalismo comum das empresas organizadas para objetivar o lucro. Por isso, parece ser desarrazoável e desproporcional impor rigidez formal, claro, desde que a clareza da verdade material não seja prejudicada.

---

[528] "RECURSO ESPECIAL. IPTU. INSTITUIÇÃO DE EDUCAÇÃO E ASSISTÊNCIA SOCIAL. IMUNIDADE TRIBUTÁRIA (ART. 150, VI, C, DA CONSTITUIÇÃO FEDERAL). DESCUMPRIMENTO DA NORMA DO INCISO III DO ART. 14 DO CTN, EM VIRTUDE DA AUSÊNCIA DO REGISTRO DOS LIVROS CONTÁBEIS. CAUSA DE SUSPENSÃO DO BENEFÍCIO CONSTITUCIONAL, E NÃO DE SUA EXCLUSÃO. OFENSA AO ART. 21 DO CPC. NÃO-OCORRÊNCIA. RECURSO PARCIALMENTE PROVIDO.
Conforme leciona Hugo de Brito Machado, "a exigência de escrituração idônea de receitas e despesas é a exigência de um instrumento, ou meio para a aferição de que a entidade realmente atende aos demais requisitos, especialmente da ausência de fins lucrativos" (MACHADO, Hugo de Brito. **Comentários ao Código Tributário Nacional**. São Paulo: Atlas, 2003, pág. 232. v.1).
2. Conforme consta do acórdão recorrido, a perícia técnica realizada nos autos comprovou que o recorrente está organizado sob a forma de instituição de educação e assistência social, sem fins lucrativos, bem como não foi constatada nenhuma irregularidade em seus livros contábeis no período de 31 de outubro de 1992 a 30 de maio de 1993 e de 1996 a 1999.
3. Desse modo, a ausência do registro dos livros, a qual foi regularizada durante o curso do processo, não deve ser motivo para exclusão ou cancelamento do benefício, haja vista que o descumprimento da norma do inciso III do art. 14 do CTN é mera causa de suspensão do benefício, conforme dispõe o parágrafo único do mesmo dispositivo legal." (BRASIL. Superior Tribunal de Justiça. **Recurso Especial nº 737.719/MG**. Recorrente: Instituto de Missionários Sacramentinos de Nossa Senhora. Recorrido: Município de Belo Horizonte. Relatora: Ministra Denise Arruda. Brasília, DF, 11 fev. 2009n.)

[529] BRASIL. Superior Tribunal de Justiça (2. Turma). **Agravo Regimental no Agravo em Recurso Especial nº 100.911**. Agravante: Município do Rio de Janeiro. Agravado: União Brasileira de Educação e Ensino - UBEE. Amaro Matos da Cruz. Relator: Ministro Humberto Martins. Brasília, DF, 10 abr. 2012d.

Por isso, o art. 14, III do CTN é instrumento ou mecanismo que serve para auxiliar na correta e ampla avaliação do que a Constituição exige – sem fins lucrativos e direcionamento dos recursos para os propósitos da entidade ou instituição imune – e dos incisos I e II do próprio art. 14 do CTN.

É dizer que o art. 14, III do CTN não é um fim em si mesmo; na verdade, trata-se de norma instrumental ou auxiliar para elucidar os propósitos relevantes para análise de (in)existência de distribuição de lucros e patrimônio, inciso I, ou envio de recursos ao exterior, nos termos do inciso II.

Nessa linha argumentativa, entende-se que são inconstitucionais, ainda que parcialmente, as disposições contidas na lei vigente, **Lei n. 12.101/09**, nos incisos III, IV, VI e VIII do art. 29:

> Art. 29. A entidade beneficente certificada na forma do Capítulo II fará jus à isenção do pagamento das contribuições de que tratam os arts. 22 e 23 da Lei nº 8.212, de 24 de julho de 1991, desde que atenda, cumulativamente, aos seguintes requisitos:
>
> [...]
>
> III - apresente certidão negativa ou certidão positiva com efeito de negativa de débitos relativos aos tributos administrados pela Secretaria da Receita Federal do Brasil e certificado de regularidade do Fundo de Garantia do Tempo de Serviço - FGTS;
>
> IV - mantenha escrituração contábil regular que registre as receitas e despesas, **bem como a aplicação em gratuidade de forma segregada**, em consonância com as normas emanadas do Conselho Federal de Contabilidade;
>
> VI - conserve em boa ordem, **pelo prazo de 10 (dez) anos**, contado da data da emissão, os documentos que comprovem a origem e a aplicação de seus recursos e os relativos a atos ou operações realizados que impliquem modificação da situação patrimonial;
>
> [...]
>
> VIII - apresente as demonstrações contábeis e financeiras **devidamente auditadas por auditor** independente legalmente habilitado nos Conselhos Regionais de Contabilidade quando a receita bruta anual auferida for superior ao limite fixado pela Lei Complementar nº 123, de 14 de dezembro de 2006.[530] (destaque-se)

---

[530] BRASIL. Lei nº 12.101, de 27 de novembro de 2009. Dispõe sobre a certificação das entidades beneficentes de assistência social; regula os procedimentos de isenção de contribuições para a seguridade social; altera a Lei nº 8.742, de 7 de dezembro de 1993; revoga dispositivos das Leis nº 8.212, de 24 de julho de 1991, 9.429, de 26 de dezembro de 1996, 9.732, de 11 de dezembro de 1998, 10.684, de 30 de maio de 2003, e da Medida Provisória nº 2.187-13, de 24 de agosto de 2001; e dá outras providências. **Diário Oficial da União, 30 out. 2009.**

A inconstitucionalidade do inciso III parece ser bem clara por inexistir qualquer correspondência com art. 14 do CTN, tratando-se de clara inovação do ente tributante.

Não cabe, como dito, ao ente tributante normatizar imunidade tributária. Cabe tratar de isenções, e não de imunidades.

Destaca-se, ainda, que caso este comando estivesse em lei complementar, a princípio, entende-se que seria materialmente inconstitucional. Isso porque inexiste qualquer elo de raciocínio a exigir Certidão Negativa ou Positiva com efeito de negativa para entidade imune.

Ressalte-se, até mesmo para frisar posição aqui externada, que os pormenores e contrapartidas a serem trazidas no âmbito infraconstitucional, formalmente reservadas à lei complementar, devem ter conexão e racionalidade com o comando constitucional, isto é, que a entidade imune: (1) não tenha caráter lucrativo e (2) aplique os recursos obtidos em seus propósitos institucionais.

Nesse sentido, a exigência de Certidão de Regularidade fiscal, ainda que tratada em lei complementar, não tem pertinência temática para o instituto da imunidade, sendo, em última instância, meio dificultador para exercício regular de direito ou instrumento para cobrança indireta de tributo.

No que se refere ao inciso IV, a parte destacada, e somente ela, seria inconstitucional porque a exigência ali designada somente teria vez se a norma que impõe as contrapartidas fosse constitucional.

Como se defendeu que as contrapartidas exigidas pela Lei 12.101/09, tratadas no tópico anterior, são inconstitucionais, especificamente no que se refere à criação de cotas de gratuidade, conclui-se que, a norma em foco, por ser instrumental, igualmente é inconstitucional.

Não há razão lógica de impor a separação/segregação da gratuidade senão para servir de norte ou instrumento para evidenciar e clarear o cumprimento das contrapartidas, que, como exaustivamente trazido, devem ser tratadas em âmbito de lei complementar.

Nessa linha de raciocínio, caso as contrapartidas, dentre elas, as imunidades, estejam previstas em lei complementar, entende-se que tal exigência seria totalmente pertinente.

Quanto ao inciso VI, ao se exigir a guarda de documentos por 10 (dez) anos, a lei ordinária mais uma vez invade matéria reservada à lei complementar.

O STF tem entendimento firme no sentido de que os prazos prescricional e decadencial em matéria tributária devem ser fixados em lei complementar, nos termos **da Súmula Vinculante n. 08** [531] e **Tema 03 – Repercussão Geral.**[532]

Defende-se que o dispositivo não seria totalmente inconstitucional, sendo possível aproveitar o conteúdo, exceto no tocante ao prazo, que deve ser de 5 (cinco) anos.

Caso suprimido o prazo do inciso, em razão da sua inconstitucionalidade, a regra do disposto nos **arts. 150, § 4º e 173 do CTN**, que tratam da decadência em matéria tributária, seria adotada e aplicada.

É ilógico fixar o prazo de 10 anos, impondo dever legal desproporcional à entidade imune. Ora, caso a fiscalização venha a entender que a imunidade deve ser afastada, por meio de provas, com a devida motivação e respeitando o devido processo legal, o lançamento tributário somente poderia abarcar os últimos 5 (cinco) anos. Por que exigir a guarda de documentos por 10 (dez) anos? Para qual finalidade, ainda que instrumental?

Neste quesito específico, a redação legal em destaque é inconstitucional apenas na passagem que fixa prazo de 10 (dez) anos. O restante da redação pode ser aproveitada e, numa interpretação como unidade, pode-se inferir que o prazo seria de 05 (cinco) anos.

No que se refere ao inciso VIII do art. 29, a exigência de auditoria externa extrapola ao conteúdo do inciso **III do art. 14 do CTN**. Caso trazida em lei complementar, a referida exigência poderia ser reforço quanto ao cumprimento dos preceitos constitucionais e legais no sentido de evitar ou minimizar desvios de finalidades.

Não se pode perder de vista que o contador que assina documentos contábeis e fiscais tem responsabilidade de ordem pessoal, caso chancele algo manifestamente inverídico.

Entendimento em sentido diverso existe, como de Regina Helena Costa, que, no que se refere aos incisos III, VI, VII e VIII do **art. 29 da Lei n. 12.101/09**,

---

[531] BRASIL. Supremo Tribunal Federal. **Súmula Vinculante nº 8.** Diretor de sociedade de economia mista pode ser destituído no curso do mandato. Brasília, DF, 20 jun. 2008f.

[532] BRASIL. Supremo Tribunal Federal (Tribunal Pleno). **Repercussão Geral no Recurso Extraordinário nº 559.943.** Recorrente: Instituto Nacional de Seguro Social – INSS. Recorrido: Abdalla Husein Humad ME. Relatora: Ministra Cármen Lúcia. Brasília, DF, 11 set. 2007c.

> [...] constituem exigências com as quais as pessoas jurídicas estão familiarizadas, inclusive as que atuam no setor de assistência social, por contempladas em outras leis, sendo suficientes seu regramento em lei ordinária.[533]

Como exposto, estes requisitos em destaque são inovadores em matéria tributária, em específico, quando se trata de imunidades. Por isso, não se admite essa inovação ou ampliação de pressupostos para o gozo da imunidade.

Esses requisitos podem ser adotados para outras finalidades, como, por exemplo, para habilitar as instituições e entidades como aptas para receberem recursos, transferências e subvenções, mas não para fins de imunidade.

– "Suspensão" da aplicação do benefício e dever de cumprir com obrigações tributárias acessórias

A suspensão da imunidade tributária, prevista no **art. 14, § 1º do CTN**, é alvo de críticas, acertadas, pela doutrina.

A imunidade decorre do texto constitucional e, embora tenha eficácia contida, tem aplicação imediata.

Dessa forma, entende-se que a imunidade está presente, ou não. Atendidos os requisitos constitucionais e legais, o direito deve ser garantido; não observados, não há que se falar em imunidade.

Adicionalmente, não se pode admitir que norma infraconstitucional venha a sobrepor direito constitucional. O fiscal tributário, na atividade plenamente vinculada, observando o CTN ou lei local, poderia suspender direito constitucional? Não parece ser a melhor interpretação.

A única exegese possível para tal dispositivo seria no sentido de admitir que a fiscalização, caso entenda que os pressupostos constitucionais e legais para imunidade não estejam sendo observados no caso concreto, motivadamente lance o tributo devido. Neste ínterim em que se discute a (não) observância dos requisitos para imunidade, o que dá espaço para cobrança de tributo no período delimitado no exercício da fiscalização, até o desfecho administrativo, a imunidade não estará reconhecida, bem como o crédito constituído terá sua exigibilidade suspensa. Claro, sendo mantida a cobrança tributária, a entidade imune poderá ir ao Judiciário visando salvaguardar direito, em respeito à inafastabilidade da jurisdição.

---

533 COSTA, Regina Helena. **Imunidades tributárias**. 3. ed. São Paulo: Malheiros Editores, 2015, p. 343.

O CTN divide as obrigações em acessórias e principais, conforme **art. 113 do CTN**. Aquelas são independentes destas. As entidades ou instituições imunes devem cumprir com obrigações tributárias acessórias, sob pena de sanções previstas na legislação tributária.

Merece nota o **§ 1º do art. 9 do CTN**, que determina às entidades "[...] da condição de responsáveis pelos tributos que lhes caiba reter na fonte, e não as dispensa da prática de atos, previstos em lei, assecuratórios do cumprimento de obrigações tributárias por terceiros."[534]

Entidades imunes que realizam retenção na fonte e não repassam aos cofres públicos, independentemente da repercussão penal que podem sofrer os dirigentes, podem ter a "imunidade suspensa".

Alguns municípios, levando em conta o referido dispositivo e conjugando com o **§ 1º do art. 14 do CTN**, têm interpretado que, retido o tributo e não recolhido, a imunidade tributária subjetiva pode ser afastada.

3.4.8.3 Livros jornais periódicos e o papel destinado à sua impressão

Na época do Império, Dom Pedro II, nos "Conselhos à Regente", datado de **3/5/1871**, apontava três pilares fundamentais que deveriam ser observados: (1) investir na educação pública; (2) os favores deveriam observar o "bem público" e (3) respeitar a imprensa livre.

Até 1937, independentemente de previsão constitucional expressa, no Brasil pairava entendimento de se garantir liberdade à imprensa e estímulo à livre circulação da notícia. Comparativamente, o Brasil se destacava por garantir essa liberdade, o que não podia ser dito de outros países, como, por exemplo, Áustria, Turquia e Inglaterra.

A propósito, na Inglaterra existia o denominado *tax on knowledge*, imposto sobre o conhecimento, em que se cobrava tributação por página. Daí o motivo pelo qual os jornais ingleses passaram a ter páginas maiores, por óbvio visando reduzir a tributação.

Contudo, no Brasil, a censura à imprensa foi vivenciada no período compreendido entre 1937 e 1945, o denominado Estado Novo, que teve viés autoritário.

---

[534] BRASIL. Lei nº 5.172, de 25 de outubro de 1966. Dispõe sobre o Sistema Tributário Nacional e institui normas gerais de direito tributário aplicáveis à União, Estados e Municípios. **Diário Oficial da União**, Brasília, DF, 27 out. 1966c.

A censura direta impunha restrições à veiculação de novas ideias ou aquelas que fossem divergentes às do regime. Havia controle e limitações.

A censura indireta se dava por meio do tratamento diferenciado, injustificado e odioso, na lei infraconstitucional. Enquanto corrente da imprensa partidária era contemplada com benefícios fiscais previstos no campo infraconstitucional, os não partidários experimentavam alta tributação, especialmente na importação do papel linha d'água. Como consequência, órgãos de imprensa acabavam fechando as portas, por não suportarem a carga tributária imposta.

Diante desse contexto social vivenciado, reprovável aos olhos do cidadão, não restou alternativa senão elevar a imunidade em estudo ao texto constitucional.

Cumpre relembrar as discussões acerca dos argumentos de princípios e de regras, a dissociação existente entre legalidade e legitimidade, o que motivou, inclusive, desenvolvimento de raciocínio, totalmente justificável para aquele período, de que os princípios seriam metanormas e, por isso, estariam acima das regras. Eis mais um exemplo de atos odiosos e reprováveis amparados na estrita legalidade formal.

Assim, os elementos essenciais para sustentar a imunidade seriam: (1) a sua utilização como meio de combate à censura que, como visto, se dava de forma direta e indireta;[535] (2) redução do custo, o que estimula a circulação dos livros e periódicos e, ao fim, beneficia o consumidor final, o leitor, com a redução do encargo financeiro.

Nessa linha narrativa, vale registrar que, visando a quebra desse paradigma e reconhecendo o papel da imprensa no Estado Democrático, a Constituição de 1946 elevou ao texto constitucional a imunidade ora em questão.

Dias Toffoli relembra o papel preponderante do então Deputado Jorge Amado que sustentou a imunidade como meio de baratear o custo e otimizar a democratização e difusão da cultura.[536] A intervenção de Jorge Amado foi positiva e a alínea 'c' do art. 31, V da Constituição de 1946 teve a seguinte

---

535 BRASIL. Supremo Tribunal Federal (Tribunal Pleno). **Recurso Extraordinário nº 330.817**. Recorrente: Estado do Rio de Janeiro. Recorrido: Elfez Edição Comercio e Serviços LTDA. Relator: Dias Toffoli. Brasília, DF, 8 de março de 2017c.

536 BRASIL. Supremo Tribunal Federal (Tribunal Pleno). **Recurso Extraordinário nº 330.817**. Recorrente: Estado do Rio de Janeiro. Recorrido: Elfez Edição Comercio e Serviços LTDA. Relator: Dias Toffoli. Brasília, DF, 8 de março de 2017c.

redação: "[É vedado lançar impostos sobre] c) papel destinado exclusivamente à impressão de jornais, periódicos e livros."[537]

A **Constituição de 1967** seguiu a mesma linha da Constituição de 1946 e positivou a seguinte redação em seu **art. 20, III, 'd'**: "o livro, os jornais e os periódicos, assim como o papel destinado à sua impressão."[538]

A **Constituição de 1969 ou Emenda n. 1/69 à Constituição de 1967** garantiu igualmente a imunidade, nos termos do **art. 19, III, 'd'**, cuja redação era: "*d)* o livro, o jornal e os periódicos, assim como o papel destinado à sua impressão".[539]

Com a ditadura militar, especialmente após o **AI-5**, a censura retornou a ser vivenciada no País. Era a censura direta, mais uma vez amparada na estrita legalidade, oportunidade em que os jornais e revistas eram alvos dos militares, que vetavam publicações que não fossem do agrado dos detentores do poder.

Esse quadro foi superado pela **Constituição de 1988**, oportunidade em que as liberdades, de um modo geral, foram elevadas ao *status* de direitos e garantias fundamentais.

A liberdade de imprensa é importante e salutar faceta da liberdade de expressão, indispensável ao desenvolvimento dos direitos e prerrogativas da sociedade.

Constitui-se em verdadeiro estandarte da democracia.

Ainda gera fértil ambiente no qual, sem censura ou temor, diversas opiniões e ideologias podem ser conhecidas e propagadas, ensejando verdadeiro processo de cientificação, publicização e formação do pensamento dos cidadãos.

Historicamente a imprensa tem papel de relevo na difusão das informações e dos direitos legal e constitucionalmente assegurados. Mais recentemente, a liberdade de expressão, da qual a liberdade de imprensa é espécie, se revela

---

[537] BRASIL. [Constituição (1946)]. Constituição dos Estados Unidos do Brasil. **Diário Oficial da União,** Rio de Janeiro, publicado em 19 set. 1946, republicado em 25 set. 1946 e 15 out. 1946.

[538] BRASIL. [Constituição (1967)]. Constituição da República Federativa do Brasil de 1967. **Diário Oficial da União**, Brasília, DF, 24 jan. 1967a.

[539] BRASIL. Emenda Constitucional nº 1, de 17 de outubro de 1969. Edita o novo texto da Constituição Federal de 24 de janeiro de 1967. **Diário Oficial da União,** Brasília, DF, publicado em 20 out. 1969c, retificado em 21 out. 1969 e republicado em 30 out. 1969.

primordial e eficaz instrumento de controle da atividade humana, na esfera governamental ou mesmo privada.

Os piores momentos sociais foram levados a efeito quando as comunicações e meios de publicidade eram balizados, notadamente de forma prévia, marco característico dos regimes autoritários e ditatoriais.

Nesse viés, a limitação ao exercício deste direito fundamental, inarredável ao Estado Democrático de Direito somente é admitido em situações de caráter excepcional, a exemplo do verificado na vigência de estado de sítio, especificamente no **art. 139, III da Constituição da República**.

Ainda nessa linha expositiva, cumpre relembrar que a elaboração de comentário crítico tem previsão constitucional, notadamente no exercício da profissão de jornalista, forte no **artigo 5º, IX da Constituição da República**: "é livre a expressão da atividade intelectual, artística, científica e de comunicação, independentemente de censura ou licença."[540]

Nos moldes da Constituição da República, somado a todos os dispositivos já trazidos à baila, não pode ser olvidado **o art. 220**, o qual, literalmente, rechaça qualquer hipótese de censura:

> Art. 220. A manifestação do pensamento, a criação, a expressão e a informação, sob qualquer forma, processo ou veículo não sofrerão qualquer restrição, observado o disposto nesta Constituição.
>
> § 1º Nenhuma lei conterá dispositivo que possa constituir embaraço à plena liberdade de informação jornalística em qualquer veículo de comunicação social, observado o disposto no art. 5º, IV, V, X, XIII e XIV.[541]

Na Arguição de Descumprimento de Preceito Fundamental - **ADPF 130**, caso Partido Democrático Trabalhista - PDT x Presidente da República, que analisou a denominada lei de imprensa, o STF manifestou seu entendimento de que a liberdade de imprensa possui *status* absoluto, sendo vedada censura prévia.[542]

---

[540] BRASIL. [Constituição (1988)]. Constituição da República Federativa do Brasil. **Diário Oficial da União,** Brasília, DF, 5 out. 1988.

[541] BRASIL. [Constituição (1988)]. Constituição da República Federativa do Brasil. **Diário Oficial da União,** Brasília, DF, 5 out. 1988.

[542] BRASIL. Supremo Tribunal Federal (Tribunal Pleno). **Arguição de Descumprimento de Preceito Fundamental nº 130.** Arguente: Partido Democrático Trabalhista - PDT. Arguido: Presidente da República. Relator: Ministro Carlos Britto. Brasília, DF, 30 abr. 2009b.

Ainda, de acordo com parte ementa, nem mesmo publicações que possam atingir a honra, a imagem, a intimidade etc., podem ser impedidas por qualquer um dos Poderes[543].

Assim, numa ponderação de valores, segundo STF, a liberdade de imprensa prevalece sobre o denominado "bloco de direitos fundamentais", o que impede a realização de qualquer censura. Por conseguinte, aquele que se sentir atingido deverá buscar a tutela jurisdicional visando, na esfera cível, reparação de danos e/ou direito de resposta, ao passo que, na esfera criminal, poderá representar arguindo potencial cometimento de crime, especialmente, sobre a honra.

Portanto, o caminho jurídico daquele que se sentir lesado não é de pedir a (não) publicação e, especialmente, a censura prévia, tendo em vista que liberdade de imprensa prepondera. Deve, aquele que se sentir lesado, buscar tutela jurisdicional nas esferas cível e criminal, como dito.

A propósito, o STF, no julgamento em questão, enfatizou que

> [...] PROPORCIONALIDADE ENTRE LIBERDADE DE IMPRENSA E RESPONSABILIDADE CIVIL POR DANOS MORAIS E MATERIAIS. Sem embargo, a excessividade indenizatória é, em si mesma, poderoso fator de inibição da liberdade de imprensa, em violação ao princípio constitucional da proporcionalidade [...][544]

Por isso, rotineiramente se depara com julgados do STF, em sede de reclamação constitucional, cassando decisões judiciais que impedem veiculação de notícias, ideias, enfim, manifestações de um modo geral.

---

[543] "[...] ENTRE BLOCOS DE BENS DE PERSONALIDADE: O BLOCO DOS DIREITOS QUE DÃO CONTEÚDO À LIBERDADE DE IMPRENSA E O BLOCO DOS DIREITOS À IMAGEM, HONRA, INTIMIDADE E VIDA PRIVADA. PRECEDÊNCIA DO PRIMEIRO BLOCO. INCIDÊNCIA A POSTERIORI DO SEGUNDO BLOCO DE DIREITOS, PARA O EFEITO DE ASSEGURAR O DIREITO DE RESPOSTA E ASSENTAR RESPONSABILIDADES PENAL, CIVIL E ADMINISTRATIVA, ENTRE OUTRAS CONSEQUÊNCIAS DO PLENO GOZO DA LIBERDADE DE IMPRENSA. PECULIAR FÓRMULA CONSTITUCIONAL DE PROTEÇÃO A INTERESSES PRIVADOS QUE, MESMO INCIDINDO A POSTERIORI, ATUA SOBRE AS CAUSAS PARA INIBIR ABUSOS POR PARTE DA IMPRENSA. [...]" (BRASIL. Supremo Tribunal Federal (Tribunal Pleno). **Arguição de Descumprimento de Preceito Fundamental nº 130**. Arguente: Partido Democrático Trabalhista - PDT. Arguido: Presidente da República. Relator: Ministro Carlos Britto. Brasília, DF, 30 abr. 2009b).

[544] BRASIL. Supremo Tribunal Federal (Tribunal Pleno). **Arguição de Descumprimento de Preceito Fundamental nº 130**. Arguente: Partido Democrático Trabalhista - PDT. Arguido: Presidente da República. Relator: Ministro Carlos Britto. Brasília, DF, 30 abr. 2009b.

Na **Reclamação n. 16.074**, caso Luiz Eduardo Auricchio Bottura x Dublê Editorial Ltda. EPP, o Ministro Celso de Mello teve a oportunidade de reiterar posição no sentido de prestigiar a liberdade de imprensa e a liberdade de expressão de pensamento, sendo vedada qualquer censura. Ademais, o decano assinalou a possibilidade de que, caso demonstrado abuso, o Poder Judiciário poderá intervir, mas sempre *a posteriori*.[545]

Na **Reclamação n. 22.328**, caso Abril Comunicações S/A x Juíza de Direito da 7ª Vara Cível do Foro Central da Comarca do Rio de Janeiro, o Ministro Roberto Barroso, em sua fundamentação, trouxe interessante análise de conflitos entre liberdade de imprensa e direitos da personalidade. De início, pode-se notar que o Ministro lança, a título de pergunta, se a censura poderia ocorrer em razão de caráter pejorativo da matéria. Pelo que se depreende da decisão, qualquer restrição de matéria - se for o caso - somente poderia ocorrer após a publicação, posteriormente, e não antes, previamente.[546]

Na **Reclamação n. 30.157,** em que se teve a oportunidade de funcionar como patrono da Reclamante, o Ministro Ricardo Lewandowski cassou decisão proferida pelo juízo cível de Uberlândia/MG que tinha determinado à Rede Vitoriosa que não transmitisse ou veiculasse o nome e imagem do Reclamado, assim como de seu escritório de advocacia e, ainda, se abstivesse de publicar novas reportagens de cunho supostamente ofensivo.[547] No caso, a Reclamante teve acesso e divulgou gravação de diálogo de advogado que propunha acordos ilegais e imorais.

No mesmo sentido existem outras decisões do STF.

Diante desse quadro narrado, em que o objetivo principal buscado é a liberdade de informação, de manifestação, cultural, de opinião, de imprensa etc., sendo vedado, pela contemporânea interpretação e aplicação de direito constitucional, qualquer restrição, direta ou indiretamente.

---

[545] BRASIL. Supremo Tribunal Federal (2. Turma). **Agravo Regimental na Reclamação nº 16.074**. Agravante: Luiz Eduardo Auricchio Bottura. Agravado: Dublê Editorial Ltda. EPP. Relator: Ministro Celso de Mello. Brasília, DF, 4 maio 2020.

[546] BRASIL. Supremo Tribunal Federal (Tribunal Pleno). **Reclamação nº 22.328**. Reclamante: Abril Comunicações S/A. Reclamado: Juíza de Direito da 7ª Vara Cível do Foro Central da Comarca do Rio de Janeiro. Relator: Ministro Roberto Barroso. Brasília, DF, 6 mar. 2018a.

[547] BRASIL. Supremo Tribunal Federal (Tribunal Pleno). **Reclamação nº 30.157/MG**. Reclamante: Rede Vitoriosa de comunicações Ltda. Reclamado: Relator do AI nº 00095432-82.2018.8.13.0000 do Tribunal de Justiça de Minas Gerais. Relator: Ministro Ricardo Lewandowski. Brasília, DF, 23 maio 2018f

A **Constituição de 1988 positivou no art. 150, VI, 'd'** que estão imunes os "livros, jornais, periódicos e o papel destinado a sua impressão." Por isso, não se pode afastar da conclusão de que a imunidade tributária em destaque passa a ser importante elemento adicional, que agrega e eleva a relevância da busca das liberdades em comento.

Contemporaneamente, outros países preveem imunidade tributária semelhante à que se encontra positivada no texto constitucional vigente.

No Paraguai, a Constituição a prevê no **art. 83**:

> *Artículo 83. De la difusión cultural y de la exoneración de los impuestos*
>
> *Los objetos, las publicaciones y las actividades que posean valor significativo para la difusión cultural y para la educación, no se gravarán con impuestos fiscales ni municipales. La ley reglamentará estas exoneraciones y establecerá un régimen de estímulo para la introducción e incorporación al país de los elementos necesarios para el ejercicio de las artes y de la investigación científica y tecnológica, así como para su difusión en el país y en el extranjero.*[548]

O Uruguai, a seu turno, assim trata a imunidade no **art. 297, 7**:

> *Los impuestos a la propaganda y avisos de todas clases. Están exceptuados la propaganda y los avisos de la prensa radial, escrita y televisada, los de carácter político, religioso, gremial, cultural o deportivo, y todos aquellos que la ley determine por mayoría absoluta de votos del total de componentes de cada Cámara.*[549]

a) Redação na Constituição de 1988

A imunidade tributária em estudo possui abrigo no art. 150, VI, 'd' da **Constituição de 1988**:

> Art. 150. Sem prejuízo de outras garantias asseguradas ao contribuinte, é vedado à União, aos Estados, ao Distrito Federal e aos Municípios:
>
> VI - instituir impostos sobre:
>
> d) livros, jornais, periódicos e o papel destinado a sua impressão.[550]

---

[548] PARAGUAI. [Constituição (1992)]. **Constitución de la República del Paraguay.** Asunción, 20 de junio de 1992.

[549] URUGUAI. [Constituição (1967)]. **Constitución de la República**. Constitución 1967 con las modificaciones plebiscitadas el 26 de noviembre de 1989, el 26 de noviembre de 1994, el 8 de diciembre de 1996 y el 31 de octubre de 2004.

[550] BRASIL. [Constituição (1988)]. Constituição da República Federativa do Brasil. **Diário Oficial da União,** Brasília, DF, 5 out. 1988.

Com razão, Paulo de Barros Carvalho critica a redação constitucional nos seguintes termos: "há indisfarçável redundância, porquanto o jornal é um periódico, aliás, de periodicidade diária, na maioria das vezes, segundo a sua própria etimologia." [551] De fato, bastaria a previsão de "livros" e "periódicos", sendo dispensável o termo "jornais".

Considerando o disposto no texto constitucional, numa interpretação literal, seria possível concluir o seguinte: (1) aplicação apenas aos impostos, uma das espécies tributárias; (2) a imunidade tributária é objetiva, por desonerar livros, jornais e periódicos. Logo, o que não estiver dentro destes termos, como, por exemplo, álbuns, catálogos etc., não estarão imunes à tributação; (3) apenas livros, jornais e periódicos impressos farão jus à imunidade tributária. Isso porque o texto constitucional, ao tratar do papel usado para impressão delimita o espectro imune; (4) exceto o papel, todos os demais insumos serão tributados.

b) Valores prestigiados pelo Constituinte

Regina Helena Costa assinala que a imunidade em questão prestigia série de valores extraídos do próprio texto constitucional:

> [...] liberdade de comunicação, a liberdade de manifestação do pensamento, a expressão da atividade intelectual, artística, científica, visando ao acesso à informação e à difusão da cultura e da educação, bem como o direito exclusivo dos autores de utilização, publicação ou reprodução das suas obras, transmissível aos herdeiros pelo tempo que a lei fixar (art. 5º, IV, IX, XIV e XXVII, art. 205, 215 e 220.)
>
> Destaque-se, especialmente, o teor dos arts. 206, I – segundo o qual o ensino será ministrado com base, dentre outros, no princípio da "liberdade de aprender, ensinar, pesquisar e divulgar o pensamento, a arte e o saber" – e, 220, caput, da Constituição, que estatui que a 'manifestação do pensamento, a criação, a expressão e a informação, sob qualquer forma, processo ou veículo não sofrerão qualquer restrição', observado o disposto na própria Lei Maior.[552]

Sacha Calmon enfatiza que a imunidade em estudo assegura "[...] a liberdade de expressão e opinião e partejam o debate das ideais, em prol da cidadania, além de simpatizar com o desenvolvimento da cultura, educação e da informação."[553]

---

[551] CARVALHO, Paulo de Barros. **Curso de direito tributário**. 27. ed. São Paulo: Saraiva, 2016, p. 201.

[552] COSTA, Regina Helena. **Imunidades tributárias**. 3. ed. São Paulo: Malheiros Editores, 2015, p. 202.

[553] COÊLHO, Sacha Calmon Navarro. **Curso de direito tributário brasileiro**. 14. ed. Rio de Janeiro: Forense, 2015, p. 270.

Enfim, evitando ser repetitivo, uma vez que os apontamentos justificantes foram trazidos na passagem que tratou da revisitação histórica, em síntese, pode-se atestar que a imunidade em destaque tem alguns princípios ou objetivos relevantes e valores que são tutelados: (1) reconhecimento da importância da imprensa, que deveria livremente difundir as informações, fatos, notícias etc.; (2) necessidade de baratear o custo, estimulando a circulação e atendendo as expectativas do consumidor final, o leitor; (3) meio de incentivo para difusão da cultura, educação, história, enfim, o conhecimento em geral; (4) proteção do papel, insumo básico utilizado para os fins buscados pela imunidade; (5) defesa às ações ilegítimas, ainda que sob o manto da legalidade e do falso discurso de extrafiscalidade; (6) estímulo para manutenção e prosseguimento dos grupos economicamente menos prestigiados.

c) Imunidade tributária objetiva

A imunidade tributária desconsiderará questões subjetivas, pessoais ou individuais do sujeito que realizar a comercialização de livros, jornais e periódicos. Não há que se analisar em ausência ou presença de capacidade contributiva do sujeito passivo.[554] O que se tem em vista, nesse caso, são os bens destacados que, por mandamento constitucional, não estarão sujeitos à tributação.

Nessa linha, "a imunidade em exame não alcança outros tributos que não os impostos que incidam sobre os objetos de tutela constitucional. Alargar-se o alcance da imunidade em tela é transformar seu caráter objetivo em subjetivo - de maior abrangência, como sabido."[555]

Essa imunidade não visa beneficiar particulares. Claro, isso não afastará direito subjetivo daquele que se enquadrar na hipótese do **art. 150, VI "c" da CRFB**. Contudo, o fundamento será este, e não no **art. 150, VI, "d"**, ora em análise.

Vale mencionar que Marco Aurélio Mello votou reconhecendo a imunidade tributária para o Imposto sobre a renda das pessoas jurídicas (IRPJ) e Contribuição social sobre o lucro líquido (CSLL) de empresa dedicada exclusivamente à produção de artes gráficas e editorial. No **AI 742.113**, bem como no **Ag.Rg no AI 742.113**, caso Jotageeme Artes Gráficas e Editora Ltda x União Federal, o Ministro assinalou o seguinte:

---

554 SCHOUERI, Luis Eduardo. **Direito tributário**. 6. ed. São Paulo: Saraiva, 2016, p. 479.

555 COSTA, Regina Helena. **Imunidades tributárias**. 3. ed. São Paulo: Malheiros Editores, 2015, p. 203.

> Na decisão impugnada, assentei a imunidade da agravada quanto ao Imposto de Renda Pessoa Jurídica - IRPJ e à Contribuição Social sobre o Lucro Líquido - CSLL, por entender implicar o esvaziamento da norma constitucional a óptica restritiva, adotada na origem, a contemplar a imunidade presentes livros, jornais, periódicos e o papel destinado à impressão, excluído o resultado final das pessoas jurídicas produtoras desses bens.[556]

O Relator ficou vencido no julgamento colegiado. Prevaleceu o voto do Min. Dias Toffoli, que foi acompanhado pelo Min. Luis Roberto Barroso.

Mais recentemente, no **RE 628.122/SP**, caso Lex Editora S/A x União, o STF entendeu ser constitucional a cobrança de tributo que incidisse sobre o faturamento, no caso, o Finsocial, por "não alcançado pela imunidade objetiva prevista no art. 150, VI "d", da Constituição."[557]

d) A imunidade tributária deve ser garantida para livros e periódicos independentemente do conteúdo publicado

Inicialmente, deve-se dividir livros e periódicos com e sem conteúdo.

No caso das publicações, ou melhor, livros e periódicos sem conteúdo, como, por exemplo, livro-razão, livro de atas etc. que estão mais para caderno ou conjunto de folhas encadernadas, não seriam tutelados pela imunidade.

Para fazer jus à imunidade, torna-se necessária a presença de conteúdo, até mesmo por estar intrinsicamente ligado à própria concepção de livro.

Embora periódico, porém sem conteúdo, calendário não teve imunidade reconhecida pelo STF no **RE 87.633/SP**, caso Ernesto Rotschild S/A – Indústria e Comércio x Estado de São Paulo.[558]

Tendo conteúdo, o livro ou o periódico, a imunidade deve ser garantida ou seria possível trazer algum tipo de restrição? Por exemplo, seria possível não garantir imunidade tributária para os periódicos pornográficos?

---

[556] BRASIL. Supremo Tribunal Federal (1. Turma). **Agravo Regimental no Agravo de instrumento n° 742.113**. Agravante: União Federal. Agravado: Jotageeme Artes Gráficas e Editora LTDA. Relator: Marco Aurélio. Brasília, DF, 18 de fevereiro de 2014b.

[557] BRASIL. Supremo Tribunal Federal (Plenário). **Recurso Extraordinário nº 628.122**. Recorrente: Lex Editora S/A. Recorrida: União. Relator: Ministro Gilmar Mendes. Brasília, DF, 19 jun. 2013e.

[558] BRASIL. Supremo Tribunal Federal (2. Turma). **Recurso Extraordinário nº 87.633-2**. Recorrente: Ernesto Rotschild S/A – Indústria e Comércio. Recorrido: Estado de São Paulo. Relator: Ministro Cordeiro Guerra. Brasília, DF, 15 dez.1978d.

Sacha Calmon, com precisão, assinala

> Certamente haverá casos em que o não reconhecimento da imunidade obterá unanimidade. O confronto não se dará nos casos extremos, mas nos casos médios. Em suma, tudo dependerá da valoração - a partir da mundividência dos juízes - do que seja entretenimento, cultura, educação, ciência e saber. É que livro, jornal e periódico possuem conceituação, até certo ponto, precisa. São veículos continentes. O que, do ponto de vista ético-axiológico, estará em julgamento será o conteúdo das publicações.[559]

No mesmo sentido, Schoueri assevera que "[...] não cabe ao aplicador da lei condicionar a imunidade a que o conteúdo da publicação seja 'adequado'".[560] E mais ainda, que livro escolar, provavelmente, para uma maioria, tenha maior relevância e mereça tratamento mais benéfico, o "[...] constituinte não admitiu qualquer diferenciação para efeitos tributários: tratando-se de livro, jornal ou periódico, está assegurada a imunidade, qualquer que seja seu conteúdo."[561]

Exsurge a argumentação de que a neutralidade deve prevalecer e, assim, que qualquer livro ou periódico deve ser imune à tributação, a partir de critério objetivo. Claro, desde que traga algum conteúdo, conforme exposto.

Essa conclusão afasta desnecessárias ponderações axiológicas de livros (não) fazem jus à imunidade tributária, evitando, assim, subjetivismos e, até mesmo, censura, o que é constitucionalmente vedado.

Numa sociedade plural, todas as preferências, conteúdos, informações devem ter circulação otimizada e incentivada, sendo extremamente complicado e, provavelmente ilegítimo, determinado grupo, ainda que seja de magistrados, realizar qualquer tipo de seleção.

e) Livro e periódicos na jurisprudência do Supremo Tribunal Federal

Há linha de entendimento de que apenas o livro impresso estaria imune à tributação, tendo em vista que a Constituição, ao tratar de "livro" e "papel destinado a sua impressão" teria restringido o exercício de direito ou agido limitativamente.

---

559 COÊLHO, Sacha Calmon Navarro. **Curso de direito tributário brasileiro**. 14. ed. Rio de Janeiro: Forense, 2015.

560 SCHOUERI, Luis Eduardo. **Direito tributário**. 6. ed. São Paulo: Saraiva, 2016, p. 480.

561 SCHOUERI, Luis Eduardo. **Direito tributário**. 6. ed. São Paulo: Saraiva, 2016, p. 480.

Na verdade, a redação constitucional, art. 150, VI, "d", trouxe tal redação porque, naquele momento, 1988, a realidade se limitava à existência de livro físico ou impresso. Não se tinha livro eletrônico. Por óbvio, o Constituinte não poderia tratar de algo que sequer existia naquele momento.

Ainda, não se pode perder de vista argumentos levantados por alguns na Europa para sustentar a tributação de livros e periódicos eletrônicos.

O principal seria que esses produtos se equiparariam a serviços, o que atrairia tributação mais alta. Como corolário, aponta-se que o custo seria menor comparativamente com a comercialização de impressos, desde material utilizado até a distribuição, razão pela qual a imunidade ou desoneração não poderia prevalecer.

Pois bem.

O livro é o meio utilizado para difundir a história, a cultura, as informações, o conhecimento geral e garantir direitos de crítica e posicionamentos. O meio, o instrumento etc. utilizado é irrelevante.

Na história, os livros já foram confeccionados com os mais variados materiais: entrecasca de árvores, folha de palmeira, bambu reunido com fios de sedas, sedas, papiro etc.

Atualmente, o livro está também materializado em *e-book*, *e-readers* etc. A tecnologia está presente, sendo diversos os meios utilizados para se produzir um livro. Assim, não se pode olvidar que o suporte do livro (in)tangível seria elemento acidental no conceito de livro.

Com esse raciocínio, que será melhor explorado à frente, o direito à imunidade foi corretamente assegurado aos livros eletrônicos.

Por sua vez, periódicos são publicações que ocorrem em intervalos iguais, conforme bem apontado pelo Ministro Leitão de Abreu no **RE 77.867/SP**, caso Municipalidade de São Paulo x EMGETEC - Empresa Nacional Gráfica e Editora Técnica Ltda.[562]

No STF, em que historicamente se utiliza a interpretação teleológica para julgar casos que envolvem imunidade tributária, afastando-se da literalidade, pode-se notar, ao longo dos anos, precedentes que se voltaram à reflexão dos conceitos de livros e periódicos. Na verdade, os precedentes sempre otimizaram ou maximizaram a imunidade dos livros e periódicos.

---

562 BRASIL. Supremo Tribunal Federal (2. Turma). **Recurso Extraordinário nº 77.867.** Recorrente: Municipalidade de São Paulo. Recorrida: EMGETEC - Empresa Nacional Gráfica e Editora Técnica Ltda. Relator: Leitão de Abreu. Brasília, DF, 12 nov. 1974b.

No **RE 101.441/RS,** caso Guias Telefônicos do Brasil LTDA. x Município de Porto Alegre, o voto vencedor prolatado pelo Min. Sydney Sanches sustentou que listas telefônicas se enquadrariam constitucionalmente em "periódicos". E mais, periódicos sem caráter noticioso, discursivo, literário, filosófico etc., ou seja, aqueles que possuem informações genéricas e inespecíficas também fazem jus à imunidade constitucional.[563] Como fundamento adicional para decidir, o Relator apontou que as listas telefônicas possuem utilidade pública.

O resultado do julgamento foi apertado, tendo sido formada maioria, com seis votos favoráveis à imunidade contra cinco contrários.

Embora se concorde com a conclusão para reconhecer a imunidade, um dos fundamentos apresentados pelo relator, utilidade pública, não parece ser o mais adequado. Na verdade, convence mais o raciocínio de Célio Borja de que a lista telefônica tem forma de livro ou periódico e presta informação.[564]

A tese vencida neste julgamento já teve amparo no STF, quando do julgamento do Recurso em Mandado de Segurança - **RMS 17.804**, caso Listas Telefônicas Brasileiras S/A x União, relatado por Djaci Falcão.[565]

Com fundamento na interpretação teleológica no **RE 183.403-0/SP**, caso Bosch Telecom Limitada x Estado de São Paulo, a Segunda Turma reconheceu a imunidade tributária para as apostilas. Segundo o Relator, Min. Marco Aurélio, que foi seguido pelos demais, os manuais técnicos implementam a educação e a cultura, sendo certo que a apostila e o livro possuem o mesmo objetivo "[...] ou seja, a veiculação de mensagem, a comunicação do pensamento num contexto de obra de cultura."[566]

---

[563] BRASIL. Supremo Tribunal Federal (Tribunal Pleno). **Recurso Extraordinário nº 101.441-5.** Recorrente: Guias Telefônicas do Brasil LTDA. Recorrido: Prefeitura Municipal de Porto Alegre. Relator: Sydney Sanches. Brasília, DF, 4 de novembro de 1987b.

[564] BRASIL. Supremo Tribunal Federal (Tribunal Pleno). **Recurso Extraordinário nº 101.441-5.** Recorrente: Guias Telefônicas do Brasil LTDA. Recorrido: Prefeitura Municipal de Porto Alegre. Relator: Sydney Sanches. Brasília, DF, 4 de novembro de 1987b.

[565] BRASIL, Supremo Tribunal Federal (1. Turma). **Recurso em Mandado de Segurança nº 17.804.** Recorrente: Listas Telefônicas Brasileiras S/A. Recorrida: União. Relator: Ministro Djaci Falcão. Brasília, DF, 5 de dezembro de 1967d.

[566] BRASIL. Supremo Tribunal Federal (2. Turma). **Recurso Extraordinário nº 183.403-0.** Recorrente: Estado de São Paulo. Recorrido: Bosch Telecom Limitada. Relator: Marco Aurélio. Brasília, DF, 7 de novembro de 2000d.

No **RE 221.239-6**, caso Editora Globo S/A x Estado de São Paulo, o STF reconheceu imunidade tributária para álbum de figurinhas. Segundo a Relatora, Min. Ellen Gracie, que foi acompanhada por todos os seus pares, não há restrição constitucional em relação à forma de apresentação da publicação. Por isso, figura, fotos, gravuras etc. devem ser contemplados pela imunidade. Em conclusão, foi reconhecida a imunidade tributária para álbum de figurinhas que tinha como tema a novela da Rede Globo intitulada "Que Rei Sou Eu".[567]

No **RE 471.022/RS**, caso Estado do Rio Grande do Sul x Comércio e Representações Corel LTDA, em decisão monocrática, o Min. Carlos Britto sustentou que "mapas geográficos se enquadram, como publicações periódicas, nesse enfoque, gozando de imunidade."[568]

No **RE 941.463**, caso União x Comic Store Comercial Ltda - ME, o STF reconheceu a imunidade tributária aos jogos estratégicos de carta.[569]

Desse julgado, pode-se extrair entendimento do que pode se compreender como livro:

> O vocábulo "livro" contido no artigo 150, inciso VI, alínea "d", da Constituição Federal não se restringe à convencional coleção de folhas de papel, cortadas, dobradas e unidas em cadernos, mas sim em qualquer suporte (disco, disquete, cartões, vídeos e outros), nos quais seja possível antever a divulgação de material literário", assenta o acórdão. Segundo o TRF-3, importados difundem não só imagens de personagens, mas também fragmentos descritivos das características e aventuras relativas a eles, as quais, juntas, completam o todo de tais histórias de ficção infanto-juvenil. Entende ainda ser irrelevante o fato de que, além de se prestar a transmitir conhecimento, mesmo que lúdico, o produto seja utilizado como a de jogo de competição, pois isso não retira sua característica de assemelhado a obra literária." [570]

---

[567] BRASIL. Supremo Tribunal Federal (2. Turma). **Recurso Extraordinário n° 221.239-6**. Recorrente: Editoria Globo S/A. Recorrido: Estado de São Paulo. Relator: Ellen Gracie. Brasília, DF, 25 de maio de 2004a.

[568] BRASIL. Supremo Tribunal Federal (Tribunal Pleno). **Recurso Extraordinário n° 471.022**. Recorrente: Estado do Rio Grande do Sul. Recorrido: Comércio e Representações Corel LTDA. Relator: Carlos Britto. Brasília, DF, 29 de outubro de 2008h.

[569] BRASIL. Supremo Tribunal Federal (1. Turma). **Recurso Extraordinário n° 941.463**. Recorrente: União Federal. Recorrido: Comic Store Comercial LTDA. Relator: Dias Toffoli. Brasília, DF, 23 de fevereiro de 2016c.

[570] BRASIL. Supremo Tribunal Federal (1. Turma). **Recurso Extraordinário n° 941.463**. Recorrente: União Federal. Recorrido: Comic Store Comercial LTDA. Relator: Dias Toffoli. Brasília, DF, 23 de fevereiro de 2016c.

No mesmo sentido, **RE 656.203/SP**, caso União x Devir Livraria Ltda.[571]

Coerente à sua tradição histórica, o STF decidiu, em sede de repercussão geral, no **RE 330.817**, caso Estado do Rio de Janeiro x Elfez Edição Comércio e Serviços Ltda., que o livro eletrônico ou digital, bem como o seu suporte, deveriam estar imunes aos impostos.[572]

Ainda amparado no viés teleológico, audiolivro, independentemente do suporte, como por exemplo, *Compact Disc* (CD), também deve ser imune aos impostos. Dias Toffoli assinala que "O aumento da interação parece estar associado ao processo evolutivo da cultura escrita."[573]

Em adição, o Ministro apresenta o fundamento da interpretação evolutiva, portanto, não se limitando apenas à interpretação histórica e teleológica do instituto. Assinalou que

> a interpretação das imunidades tributárias deve se projetar no futuro e levar em conta os novos fenômenos sociais, culturas e tecnológicos. Com isso, evita-se o esvaziamento das normas imunizantes por meio lapso temporal, além de propiciar a constante atualização do alcance dos seus preceitos.[574]

A título de decisão, o STF, em julgamento unânime, trouxe os seguintes fundamentos: (1) a Constituição não prevê que apenas livros confeccionados em papel (suporte) estariam imunes. "A variedade de tipos de suporte (tangível ou intangível) que um livro pode ter aponta para a direção de que ele só pode ser considerado como elemento acidental no conceito de livro".[575] Assim, deve-se garantir a imunidade ao livro digital (*e-book*); (2) atualmente, o livro não se limita ao escrito, em que o leitor deve decifrar o

---

[571] BRASIL. Supremo Tribunal Federal (2. Turma). **Agravo Regimental no Recurso Extraordinário nº 656.203**. Agravante: União. Agravado: Devir Livraria Ltda. Relatora: Ministra Cármen Lúcia. Brasília, DF, 25 de setembro de 2012g.

[572] BRASIL. Supremo Tribunal Federal (Tribunal Pleno). **Recurso Extraordinário nº 330.817**. Recorrente: Estado do Rio de Janeiro. Recorrido: Elfez Edição Comercio e Serviços LTDA. Relator: Dias Toffoli. Brasília, DF, 8 de março de 2017c.

[573] BRASIL. Supremo Tribunal Federal (Tribunal Pleno). **Recurso Extraordinário nº 330.817**. Recorrente: Estado do Rio de Janeiro. Recorrido: Elfez Edição Comercio e Serviços LTDA. Relator: Dias Toffoli. Brasília, DF, 8 de março de 2017c.

[574] BRASIL. Supremo Tribunal Federal (Tribunal Pleno). **Recurso Extraordinário nº 330.817**. Recorrente: Estado do Rio de Janeiro. Recorrido: Elfez Edição Comercio e Serviços LTDA. Relator: Dias Toffoli. Brasília, DF, 8 de março de 2017c.

[575] BRASIL. Supremo Tribunal Federal (Tribunal Pleno). **Recurso Extraordinário nº 330.817**. Recorrente: Estado do Rio de Janeiro. Recorrido: Elfez Edição Comercio e Serviços LTDA. Relator: Dias Toffoli. Brasília, DF, 8 de março de 2017c.

signo da escrita. Por isso, o *audio book* também é imune, independentemente do suporte utilizado; (3) Os leitores digitais, os *e-readers*, também devem ser imunes, ainda que contemplem funções acessórias para o exercício da leitura, como, por exemplo, dicionário, marcadores de texto, escolha da fonte etc. Por conseguinte, aparelhos que também podem ser usados para leitura, porém, possuem outras funcionalidades, como celulares, *tablets*, *smartphone*, *laptop* etc. não podem ser imunes.

Por consequência, a tese de **Repercussão Geral**, tombada sob o **n. 593**, teve a seguinte redação: "A imunidade tributária constante do art. 150, VI, 'd', da CF/88 aplica-se ao livro eletrônico (e-book), inclusive aos suportes exclusivamente utilizados para fixá-lo."[576]

f) Insumos de livros e periódicos físicos e eletrônicos ou digitais e serviços que prestam à confecção do produto final

Aprofundando um pouco mais na imunidade em estudo, outra passagem que merece atenção se refere à (não) extensão, por meio de interpretação mais ampla e menos literal, da imunidade aos insumos utilizados e serviços executados para concretização do trabalho, tais como, publicidade e transporte ou distribuição.

Superada a análise de que é identificável, no STF, a interpretação ampla do que pode ser compreendido como livro ou periódico, nessa fase, questiona-se: (1) apenas papel estaria imune ou outros insumos também seriam abarcados pela imunidade? (2) serviços, prestados ou tomados, diretos ou indiretos para o produto final, também estariam contemplados pela imunidade?

Uma primeira linha de pensamento, mais restritiva, poderia atestar que apenas o produto acabado, livro e periódico, e o papel adquirido para sua confecção estariam imunes. Nada além disso.

A segunda linha, mais aceita, defende interpretação mais ampla e que visa otimizar a imunidade em questão. Para tanto, é necessário observar todo o ciclo operacional, e não apenas o produto final e acabado pronto para venda aos leitores.

Assim, para que, de fato, ocorra a redução do custo e a imunidade perseguida seja otimizada, não se pode olvidar que, para a neutralidade ser

---

576 BRASIL. Supremo Tribunal Federal (Tribunal Pleno). **Recurso Extraordinário nº 330.817.** Recorrente: Estado do Rio de Janeiro. Recorrido: Elfez Edição Comercio e Serviços LTDA. Relator: Ministro Dias Toffoli. Brasília, DF, 8 mar. 2017c.

alcançada, as aquisições de insumos, material de uso e de consumo, ativo permanente etc. devem ser desonerados de tributação.

Se apenas o papel adquirido for imune, todos os demais insumos e equipamentos adquiridos para produção de livros e periódicos deverão ser repassados ao leitor, consumidor final, aumentando o custo.

Este não é o propósito do texto constitucional, que, como visto, tem por objetivo garantir as liberdades, difundir a informação, conhecimento e cultura, bem como evitar que ocorra censura, ainda que a indireta.

Conforme trazido anteriormente, o regime de autoritarismo, vivido entre 1937 e 1945, foi o evento social marcante para que a imunidade em análise fosse elevada ao texto constitucional no ano de 1946 e se tornasse direito positivado. Por meio desse instrumento, dentre vários outros, combatem-se regimes não democráticos.

Ora, se apenas o produto acabado e o papel usado da impressão são imunes, numa visão restritiva, basta o ditador ou autoritário aumentar o custo dos demais insumos, exceto papel usado na impressão, por meio de tributos, para inviabilizar a liberdade de imprensa.

Com o poder centralizado e se valendo de legalidade estrita, tal como historicamente adotado pelo nazismo e fascismo, a majoração de tributos não seria na venda do produto acabado ou do papel adquirido para impressão, mas sim na tinta, maquinário, plásticos utilizados para encadernar etc.

Definitivamente, não foi esse o propósito em 1946 e nas constituições seguintes, pelo menos nas democráticas.

Portanto, registre-se que os insumos, em sentido amplo, também devem ser imunes, afastando-se de qualquer restrição ou limitação a tão somente papel. Ora, se livro, produto final, e papel, principal material utilizado, são imunes, não há lógica de se engessar os demais produtos utilizados durante o processo.

Misabel Derzi [577], Regina Helena Costa[578] e Hugo de Brito Machado [579], dentre outros, defendem essa linha de entendimento.

---

577 BALEEIRO, Aliomar. **Direito tributário brasileiro**. 12. ed., **rev., atual. e ampl.** Atualizada por Misabel Abreu Machado Derzi. Rio de Janeiro: Forense, 2013, p. 171-176.

578 COSTA, Regina Helena. **Imunidades tributárias**. 3. ed. São Paulo: Malheiros Editores, 2015, p. 208.

579 MACHADO, Hugo de Brito. **Curso de direito tributário**. 33. ed. São Paulo: Malheiros, 2013, p. 295.

Entretanto, o STF oscila historicamente ao apreciar o ponto ora proposto, o que leva a concluir que ainda está longe de se atestar a existência de posição firmada.

Favoravelmente à linha aqui defendida, podem-se citar alguns precedentes.

No **RE 102.141/RJ**, caso que envolveu a Encyclopédia Britânnica Editores Ltda. x Município do Rio de Janeiro, a Corte, por maioria, a partir do voto prolatado pelo Min. Carlos Madeira, garantiu imunidade tributária aos serviços "[...] consistentes na redação, composição, atualização, correção e revisão das aludidas obras, em face da imunidade para confecção do livro."[580] Ainda divergindo do relator Aldir Passarinho, o Redator sustentou que "considerar imune apenas o livro como produto acabado, seria restringir exatamente os valores que o formam e que a Constituição protege."[581]

No **RE 202.149-RS**, caso Grupo Editorial Sinos S.A. x União, em julgamento na Segunda Turma, a maioria formada pelos Ministros Marco Aurélio, Cármem Lúcia e Carlos Brito, reconheceu a imunidade do IPI - importação de peças sobressalentes para equipamento de preparo e acabamento de chapas de impressão offset. Como fundamentos centrais, o voto do Redator, Marco Aurélio, assinalou que a expressão "papel" é simplesmente exemplificativa e que a interpretação teleológica e finalística deveria ser utilizada. Ficaram vencidos os Ministros Menezes de Direito e Ricardo Lewandowski.[582]

Já no **RE 204.234**, caso Zero Hora Editora Jornalística S/A x Estado do Rio Grande do Sul, o STF garantiu imunidade do ICMS-Importação para equipamentos gráficos.[583]

---

580 BRASIL. Supremo Tribunal Federal (2. Turma). **Recurso Extraordinário nº 102.141-1.** Recorrente: Encyclopaedia Britannica Editores LTDA. Recorrido: Prefeitura Municipal do Rio de Janeiro. Relator: Carlos Madeira. Brasília, DF, 18 de outubro de 1985.

581 BRASIL. Supremo Tribunal Federal (2. Turma). **Recurso Extraordinário nº 102.141-1.** Recorrente: Encyclopaedia Britannica Editores LTDA. Recorrido: Prefeitura Municipal do Rio de Janeiro. Relator: Carlos Madeira. Brasília, DF, 18 de outubro de 1985.

582 BRASIL. Supremo Tribunal Federal (1. Turma). **Recurso Extraordinário nº 202.149.** Recorrente: União Federal. Recorrido: Grupo Editorial Sinos S/A. Relator: Marco Aurélio. Brasília, DF, 26 de abril de 2011b.

583 BRASIL. Supremo Tribunal Federal (Plenário). **Recurso Extraordinário nº 204.234-0.** Recorrente: Zero Hora Editora Jornalística S/A. Recorrido: Estado do Rio Grande do Sul. Relator: Ministro Maurício Corrêa. Brasília, DF, 11 dez. 1996f.

No **RE 212.112**, caso União Federal x Grupo Editorial Sinos S/A, a imunidade foi reconhecida para o II na importação de chapas para gravação Elfasol.[584]

Por sua vez, o **RE 212.297**, caso Grupo Editorial Sinos S/A x Estado do Rio Grande do Sul, garantiu-se imunidade, para fins de ICMS-Importação, para galões de desemulsionador EL-215-901.[585]

Ainda, o **RE 238.570**, caso União x Diário de Pernambuco S/A, foi admitida a imunidade para peças de reposição utilizadas em máquinas de confecção de jornais.[586]

No caso Estado de São Paulo x Empresa Folha da Manhã S/A, **RE 174.476**, concluiu-se que "o benefício constitucional alcança não só o papel utilizado diretamente na confecção dos serviços referidos, como também insumos nela consumidos, como são os filmes e papéis fotográficos."[587]

Contudo, restringindo um pouco, o **RE 178.863/SP**, caso Empresa Folha da Manhã S/A x Estado de São Paulo, o STF apontou que a interpretação ampliativa somente teria vez no que se refere aos materiais relacionados com papel. Na oportunidade, Carlos Velloso, vencido, defendeu a imunidade mais ampla, nos termos aqui defendidos.[588]

Por consequência, foi editada a **Súmula 657 do STF**: "a imunidade prevista no art. 150, VI, 'd' da CF abrange os filmes e papéis fotográficos necessários à publicação de jornais e periódicos."[589]

---

[584] BRASIL. Supremo Tribunal Federal (2. Turma). **Recurso Extraordinário nº 212.112-6.** Recorrente: União Federal. Recorrido: Grupo Editorial Sinos S/A. Relator: Ministro Carlos Velloso. Brasília/DF, 20 out. 1997.

[585] BRASIL. Supremo Tribunal Federal (2. Turma). **Recurso Extraordinário nº 212.297-1.** Recorrente: Grupo Editorial Sinos S/A. Recorrido: Estado do Rio Grande do Sul. Relator: Ministro Ilmar Galvão. Brasília/DF, 31 out. 1997e.

[586] BRASIL. Supremo Tribunal Federal (2. Turma). **Recurso Extraordinário nº 238.570.** Recorrente: União. Recorrido: Diário de Pernambuco S/A. Relator: Ministro Néri da Silveira. Brasília/DF, 01 dez. 1998.

[587] BRASIL. Supremo Tribunal Federal (Plenário). **Recurso Extraordinário nº 174.476-6.** Recorrente: Estado de São Paulo. Recorrido: Empresa Folha da Manhã S/A. Relator: Ministro Marco Aurélio. Brasília, DF, 26 set. 1996d.

[588] BRASIL. Supremo Tribunal Federal (2. Turma). **Recurso Extraordinário nº 178.863-1.** Recorrente: Empresa Folha da Manhã S/A. Recorrido: Estado de São Paulo. Relator: Ministro Carlos Velloso. Brasília, DF, 25 de março de 1997b.

[589] BRASIL. Supremo Tribunal Federal. **Súmula nº 657.** A imunidade prevista no art. 150, VI, "d", da Constituição Federal abrange os filmes e papéis fotográficos necessários à publicação de jornais e periódicos. Brasília/DF, 13 out. 2003.

Desfavoravelmente ao raciocínio aqui em destaque, apontam-se alguns precedentes.

Aplicando a Súmula 657, em que se nega a imunidade para insumos não consumidos para produção de papéis, o STF negou, no **RE 216.857/RS**, caso Grupo Editorial Sinos S/A x Estado de Rio Grande do Sul, direito à imunidade para tinta especial para utilização no jornal.[590] Ainda, no que se refere a equipamentos que compõem o parque gráfico, o STF igualmente negou direito à imunidade no **RE 215.798/RS**, caso União Federal x Hora Zero Editora Jornalística S/A.[591]

No **RE 230.782/SP**, caso Município de São Paulo x Artestilo Compositora Gráfica Ltda., decidiu-se que serviço de composição gráfica, que integra o processo produtivo, está sujeito ao ISSQN.[592] Na mesma linha, o **AgRg no RE 434.826**, caso Ediminas S/A Editora Gráfica Industrial de Minas Gerais x Município de Belo Horizonte.[593]

Quanto aos serviços de transmissão de anúncios e/ou propaganda, o STF chegou a reconhecer a imunidade, conforme **RE 87.049/SP**, caso Prefeitura Municipal de Piracicaba x Empresa "O Diário Ltda.". [594] No entanto, atualmente, a posição é desfavorável à imunidade, conforme Embargo de Declaração em Agravo em Recurso Extraordinário - **ED em Agravo em RE 807.093/MG**, caso Esdeva Indústria Gráfica S/A. x Município de Juiz de Fora.[595]

---

590 BRASIL. Supremo Tribunal Federal (1. Turma). **Recurso Extraordinário nº 216.857-2**. Recorrente: Grupo Editorial Sinos S/A. Recorrido: Estado de Rio Grande do Sul. Relator: Ministro Moreira Alves. Brasília, DF, 5 dez. 1997f.

591 BRASIL. Supremo Tribunal Federal (1. Turma). **Recurso Extraordinário nº 215.798-8**. Recorrente: União Federal. Recorrida: Hora Zero Editora Jornalística S/A. Relator: Ministro Ilmar Galvão. Brasília, DF, 16 dez. 1997g.

592 BRASIL. Supremo Tribunal Federal (1. Turma). **Recurso Extraordinário nº 230.782-1**. Recorrente: Município de São Paulo. Recorrida: Artestilo Compositora Gráfica Ltda. Relator: Ministro Ilmar Galvão. Brasília, DF, 13 jun. 2000b.

593 BRASIL. Supremo Tribunal Federal (2. Turma). **Agravo Regimental no Recurso Extraordinário nº 434.826**. Agravante: Ediminas S/A Editora Gráfica Industrial de Minas Gerais. Agravado: Município de Belo Horizonte. Relator: Ministro Cezar Peluso. Redator do Acórdão: Ministro Celso de Mello. Brasília, DF, 19 nov. 2013g.

594 BRASIL, Supremo Tribunal Federal (Tribunal Pleno). **Recurso Extraordinário nº 87.049**. Recorrente: Prefeitura Municipal de Piracicaba. Recorrida: Empresa "O Diário Ltda.". Relator: Ministro Cunha Peixoto. Brasília, DF, 13 abr.1978a.

595 BRASIL. Supremo Tribunal Federal (2. Turma). **Embargos de Declaração no Recurso Extraordinário com Agravo nº 807.093**. Embargante: Esdeva Indústria Gráfica S/A. Embargado: Município de Juiz de Fora. Relator: Ministro Ricardo Lewandowski. Brasília, DF, 5 ago. 2014c.

Aos serviços de transporte que distribuem livros e periódicos, o STF não reconhece imunidade, conforme **AgRg no RE 568.454/RS**, caso Sindicato das Empresas Distribuidoras de Assinaturas de Periódicos do Estado do Rio de Janeiro x Município do Rio de Janeiro.[596]

No Agravo Regimental em Recurso Extraordinário - **AgRg. no Agravo em RE n. 1.100.204/SP**, caso Estado de São Paulo x Editora e Distribuidora - Edipress Ltda[597], concluiu-se, por maioria da Primeira Turma, que, na hipótese da imunidade prevista no **art. 150, VI, "d" da CRFB**, não seria possível a interpretação ampla e irrestrita, motivo pelo qual autorizou a cobrança tributária na importação de máquina automática grampeadeira.

O STF tem aplicado a Súmula 657, o que, inclusive, tem viabilizado o julgamento monocrático pelos ministros.

Entende-se que falta ao STF debruçar com intensidade e de forma exclusiva no tema, enfrentando diretamente o ponto central aqui tocado: (1) a imunidade abarcaria apenas o papel ou abrangeria todo o ciclo operacional de produção? (2) quanto aos insumos, embora não se restrinja ao papel destinado à impressão, o reconhecimento do direito apenas teria vez na hipótese restritiva quando ligado a esse? Logo, outros insumos estariam fora?

Não se nega que o STF tem precedentes direcionados para visão desfavorável à daqui defendida. Eles até podem ser vistos como formando maioria.

Contudo, como anotado, há importantes precedentes seguindo a linha ampliativa, inclusive recentes - vide **RE 202.149/RS**[598], existem posições individuais já externadas favoráveis ao que se defende, como Marco Aurélio Mello e Celso de Melo, e, especialmente, não se identificou julgamento recente temático ou restritivo para debruçar e concluir sobre os temas aqui problematizados.

---

[596] BRASIL. Supremo Tribunal Federal (2. Turma). **Agravo Regimental no Recurso Extraordinário nº 568.454**. Agravante: Sindicato das Empresas Distribuidoras de Assinaturas de Periódicos do Estado do Rio de Janeiro. Agravado: Município do Rio de Janeiro. Relator: Ministro Teori Zavascki. Brasília, DF, 11 jun. 2013d.

[597] BRASIL. Supremo Tribunal Federal (1. Turma). **Agravo Regimental no Recurso Extraordinário com Agravo nº 1.100.204**. Agravante: Estado de São Paulo. Agravado: Editora e Distribuidora - Edipress Ltda. Relator: Min. Marco Aurélio. Relator do acórdão: Min. Alexandre de Moraes. Brasília/DF, 15 mai. 2018.

[598] BRASIL. Supremo Tribunal Federal (1. Turma). **Recurso Extraordinário nº 202.149**. Recorrente: União Federal. Recorrido: Grupo Editorial Sinos S/A. Relator: Marco Aurélio. Brasília, DF, 26 abr. 2011b.

A propósito, pertinente a colocação de Luis Eduardo Schoueri no sentido de esclarecer a posição pessoal divergente do Ministro Celso de Mello:

> [...] embora S.Exa. tenha votado no sentido de que a imunidade alcança apenas o papel ou materiais assemelhados ao papel, recusando a extensão da imunidade aos insumos destinados à produção de livros, jornais e periódicos, fica claro no voto que o i. Ministro assim procedia em respeito à orientação majoritária e contrariamente a seu entendimento. [599]

3.4.8.3.1 Imunidade tributária para fonogramas e videofonogramas musicais produzidas ou interpretadas por brasileiros

Fonogramas e videofonogramas musicais produzidos no Brasil contendo obras musicais ou literomusicais de autores brasileiros e/ou obras em geral interpretadas por artistas brasileiros bem como os suportes materiais ou arquivos digitais que os contenham, salvo na etapa de replicação industrial de mídias ópticas de leitura a *laser*, têm direito à imunidade tributária.

a) Os fundamentos históricos específicos

A Lei de Direito Autoral, **Lei n. 9.610/88**, no **art. 5, IX** definia fonograma como "toda fixação de sons de uma execução ou interpretação ou de outros sons, ou de uma representação de sons que não seja uma fixação incluída em uma obra audiovisual". Segundo Luis Eduardo Schoueri, se valendo de doutrina especializada, o mesmo dispositivo é utilizado para definir videofonograma.[600]

Ainda de acordo com a lei específica, obra audiovisual tem definição própria, n**o art. 5, VIII, 'i'**:

> resulta da fixação de imagens com ou sem som, que tenha a finalidade de criar, por meio de sua reprodução, a impressão de movimento, independentemente dos processos de sua captação, do suporte usado inicial ou posteriormente para fixá-lo, bem como os meios utilizados para sua veiculação.

Em 2013 foi positivada a **Emenda Constitucional n. 75**, proposta pelo Deputado Otávio Leite, que teve como objetivo inserir no texto constitucional a alínea 'e' no art. 150, V. A mais nova imunidade tem nítido viés indutor ou extrafiscal: proteção do mercado cultural e musical nacional é um dos mecanismos para se combater a conhecida "pirataria".

---

599 SCHOUERI, Luis Eduardo. **Direito tributário**. 6. ed. São Paulo: Saraiva, 2016, p. 483.

600 SCHOUERI, Luis Eduardo. **Direito tributário**. 6. ed. São Paulo: Saraiva, 2016, p. 485.

Como o texto constitucional se refere à videofonogramas e fonogramas, o setor cinematográfico não está abarcado pela imunidade tributária. A norma constitucional não contempla "obras audiovisuais".

As restrições da Emenda Constitucional, ao prever imunidade tributária apenas para obras produzidas ou interpretadas por artistas brasileiros violaria o princípio da igualdade geral, que se encontra positivado no art. 5, *caput*, da Constituição. Pela literalidade da Emenda Constitucional, artistas e intérpretes estrangeiros, residentes no País, não teriam a sua arte contemplada pela imunidade tributária.

Contudo, a literalidade deve ser afastada e a interpretação da norma imunizante deve ser conjugada ou entrecruzada com art. 5, *caput* da CRFB, ou melhor, art. 150, VI, 'e' c/c art. 5, *caput* da CRFB.[601]

Não se exige, pelo texto constitucional, que seja utilizada língua estrangeira.

As músicas instrumentais também são contempladas pela imunidade.

Os suportes materiais ou arquivos digitais, meio utilizado, para se inserir as obras musicais ou literomusicais são imunes.

No caso Governador do Estado do Amazonas x Congresso Nacional, **ADI 5.058**, o STF concluiu que a Emenda Constitucional nº 75 não violaria a regra dos Atos das Disposições Constitucionais Transitórias (ADCT) que prevê benefícios fiscais exclusivos para a Zona Franca de Manaus.[602]

No voto condutor, Alexandre de Moraes assinalou que o Constituinte Derivado Reformador poderia exercer a sua função plenamente e que o disposto nos **arts. 40 e 92 do ADCT**, que tratam da Zona Franca, não é cláusula pétrea. Em adição, a modificação constitucional em nada afetaria o regime jurídico fiscal em destaque, inexistindo violação à segurança jurídica.

3.4.8.4 Imunidades tributárias específicas

Nesta seção, a proposta é de revisitar as imunidades específicas. Será possível notar que as disposições constitucionais que serão analisadas são

---

[601] Neste sentido, vide COÊLHO, Sacha Calmon Navarro. **Curso de direito tributário brasileiro.** 14. ed. Rio de Janeiro: Forense, 2015, p. 278.

[602] BRASIL. Supremo Tribunal de Justiça (Plenário). **Ação Direta de Inconstitucionalidade nº 5.058/DF.** Requerente: Governador do Estado do Amazonas. Requerido: Congresso Nacional. Relator: Min. Alexandre de Moraes. Brasília/DF, 20 set. 2019.

mais diretas e concretas, o que limita a margem de interpretação do direito. Ainda, essas imunidades são classificadas, em regra, como políticas ou como instrumentos de política tributária extrafiscal.

3.4.8.4.1 Impostos

a) Imposto sobre a renda e proventos de qualquer natureza (IR)

As imunidades específicas, em regra, possuem caráter objetivo e direto e decorrem de decisões políticas, ou seja, escolhas feitas pelo Constituinte Originário e Derivado. Por isso, o critério de escolha nem sempre tem amparo na (ausência de) capacidade contributiva ou em valores constitucionalmente tutelados, como, por exemplo, busca pela otimização da democracia, divulgação de informações e cultura etc.

Em termos de Imposto de Renda, claro, referente às imunidades específicas, e não às genéricas, atualmente não existe qualquer previsão constitucional.

Todavia, vale lembrar que, na redação originária, antes da Emenda Constitucional n. 20/98, o art. **153, § 2º, II da CRFB** previa

> não incidirá, nos termos e limites fixados em lei, sobre rendimentos provenientes de aposentadoria e pensão, pagos pela previdência social da União, dos Estados, do Distrito Federal e dos Municípios, a pessoa com idade superior a sessenta e cinco anos, cuja renda total seja constituída, exclusivamente, de rendimentos do trabalho."[603]

Como se nota, o texto constitucional abarcava a imunidade para os rendimentos provenientes de aposentadoria e pensão, ou seja, de proventos, nos termos do **art. 43, II do CTN.**[604] Logo, os rendimentos do trabalho e do capital, ou seja, renda, na linha do disposto no **art. 43, I do CTN**[605], estaria imune ao exercício do poder tributante.

Nota-se que o objetivo da imunidade estava alinhado com objetivos de ordem constitucional, como, amparo ao idoso e dignidade da pessoa humana.

---

603 BRASIL. [Constituição (1988)]. Constituição da República Federativa do Brasil. **Diário Oficial da União,** Brasília, DF, 5 out. 1988.

604 BRASIL. Lei nº 5.172, de 25 de outubro de 1966. Dispõe sobre o Sistema Tributário Nacional e institui normas gerais de direito tributário aplicáveis à União, Estados e Municípios. **Diário Oficial da União**, Brasília, DF, 27 out. 1966c e retificado em 31 out. 1966.

605 BRASIL. Lei nº 5.172, de 25 de outubro de 1966. Dispõe sobre o Sistema Tributário Nacional e institui normas gerais de direito tributário aplicáveis à União, Estados e Municípios. **Diário Oficial da União**, Brasília, DF, 27 out. 1966c e retificado em 31 out. 1966.

Por meio de Emenda Constitucional, a referida imunidade foi revogada. Chamado a decidir, o STF entendeu que a Emenda seria constitucional, uma vez que regra revogada não estava ligada às cláusulas pétreas A decisão foi alcançada no **RE 372.660/SP**, caso Caixa Econômica Federal x Nadi de Jesus Fraga e outros.[606]

b) Imposto sobre produtos industrializados (IPI)

No que toca ao IPI, a imunidade específica tem nítido caráter extrafiscal, posto que estimula a exportação de produtos industrializados, conforme se depreende **do art. 153, § 3º, III da CRFB.**[607] É um verdadeiro incentivo ao mercado interno.

c) Imposto sobre a propriedade territorial rural (ITR)

Em relação ao ITR, a imunidade também possui viés extrafiscal. Ao se garantir a imunidade, o objetivo é de estimular a permanência do homem no campo, que a propriedade rural exerça a sua função social e, ainda, a produtividade seja colocada como objetivo.

A disposição constitucional específica está no **art. 153, § 4º, II da CRFB**: "não incidirá sobre pequenas glebas rurais, definidas em lei, quando as explore o proprietário que não possua outro imóvel."[608]

Trata-se de norma de eficácia contida, por permitir que lei venha a estipular o que seriam as "pequenas glebas rurais".

Para fazer *jus* à imunidade, três requisitos devem ser concomitantemente observados: (1) pequena gleba rural, nos termos da lei; (2) exploração pelo proprietário; (3) não possuir outro imóvel.

Referente ao primeiro requisito, a **Lei nº 9.393/96**, veio a tratar da matéria, definindo pequena gleba rural, nos termos do art. 2º:

> Art. 2º Nos termos do art. 153, § 4º, *in fine*, da Constituição, o imposto não incide sobre pequenas glebas rurais, quando as explore, só ou com sua família, o proprietário que não possua outro imóvel.

---

[606] BRASIL. Supremo Tribunal Federal. **Recurso Extraordinário nº 372.660.** Recorrente: Caixa Econômica Federal. Recorrido: Nadi de Jesus Fraga e outros. Relator: Min. Celso de Mello. Brasília/DF, 12 mar. 2003.

[607] BRASIL. [Constituição (1988)]. Constituição da República Federativa do Brasil. **Diário Oficial da União,** Brasília, DF, 5 out. 1988.

[608] BRASIL. [Constituição (1988)]. Constituição da República Federativa do Brasil. **Diário Oficial da União,** Brasília, DF, 5 out. 1988.

> Parágrafo único. Para os efeitos deste artigo, pequenas glebas rurais são os imóveis com área igual ou inferior a:
>
> I - 100 ha, se localizado em município compreendido na Amazônia Ocidental ou no Pantanal mato-grossense e sul-mato-grossense;
>
> II - 50 ha, se localizado em município compreendido no Polígono das Secas ou na Amazônia Oriental;
>
> III - 30 ha, se localizado em qualquer outro município.[609]

Quanto ao segundo requisito, exploração pelo proprietário, defende-se linha pouco mais ampla, ou seja, não se vê como desatendido o preceito constitucional caso a produção conte com a ajuda da família do proprietário e, até mesmo, eventual de terceiros.

A exploração pelo proprietário, na perspectiva constitucional, está ligada ao raciocínio de que o proprietário esteja na linha de frente no exercício do trabalho, tendo relação direta e pessoal com a atividade fim.

Eventual intervenção de terceiros não desnatura a imunidade. A propósito, seria antagônico, num eventual afastamento do proprietário por motivos de saúde, excluir o direito à imunidade caso a produção venha a ser interrompida.

Já o terceiro requisito é autoexplicativo, não merecendo maiores ponderações. A regra é clara ao impedir que o proprietário tenha outro imóvel.

Contudo, visando minimizar as delimitações constitucionais para o gozo da imunidade, a **Lei 9.393/96, artigo 3º, II** [610], concedeu isenção, instituto jurídico diverso embora proporcione a mesma repercussão econômica, desde que: (1) observe os limites ou dimensão da propriedade fixados para fins de imunidade; (2) o proprietário o explore só ou com sua família, admitida ajuda eventual de terceiros; (3) não possua imóvel urbano.

Como se nota, para fins de isenção, admite-se a exploração de terceiros e da família e que se tenha mais de um imóvel ou matrículas diversas, desde que, somadas as metragens, não ultrapassem os limites do **art. 2º**.

---

609 BRASIL. Lei nº 9.393, de 19 de dezembro de 1996. Dispõe sobre o Imposto sobre a Propriedade Territorial Rural - ITR, sobre pagamento da dívida representada por Títulos da Dívida Agrária e dá outras providências. **Diário Oficial da União**, Brasília, DF, 20 dez. 1996g.

610 BRASIL. Lei nº 9.393, de 19 de dezembro de 1996. Dispõe sobre o Imposto sobre a Propriedade Territorial Rural - ITR, sobre pagamento da dívida representada por Títulos da Dívida Agrária e dá outras providências. **Diário Oficial da União**, Brasília, DF, 20 dez. 1996g.

No direito estrangeiro, destaca-se que a Bolívia, conforme **art. 394, I da Constituição**, prevê imunidade tributária à pequena propriedade agrária.[611]

Ainda, registre-se que Bolívia, **art. 394, II da Constituição**[612], **Equador, art. 57, n. 4 da Constituição**[613], e Paraguai, **art. 64 da Constituição**[614], preveem imunidades tributárias para terras indígenas.

d) Imposto sobre operações relativas à circulação de mercadorias e sobre prestações de serviços de transporte interestadual e intermunicipal e de comunicação (ICMS)

As hipóteses de imunidades do ICMS estão previstas nos arts. **155, § 2º, X da CRFB.**[615]

A primeira segue o mesmo raciocínio adotado no IPI: deve-se estimular a exportação. Por isso, as mercadorias destinadas ao exterior e os serviços prestados para tomadores que estão fora do País não se sujeitarão à incidência do ICMS.

Um elemento relevante que não merece ser esquecido é a previsão constitucional visando manter e autorizar o aproveitamento de crédito nas operações ou prestações anteriores ou que antecedem a exportação. Em outros termos, de forma específica, o Constituinte não determinou o estorno ou anulação de créditos das operações anteriores em razão da exportação que é imune.

Esse raciocínio tem impacto relevante na não-cumulatividade do IPI e do ICMS tratou da consequência jurídica na hipótese de venda para ente federado ou outra pessoa jurídica imune, isso é, o industrial e/ou (re)vendededor deverá anular ou estornar o crédito da operação anterior, sendo vedado o aproveitamento do referido crédito. A propósito, vale lembrar do **Tema 299 do STF**: "A redução da base de cálculo do ICMS equivale à isenção parcial, o que acarreta a anulação proporcional do crédito relativo às operações anteriores, salvo disposição em lei estadual em sentido contrário."

---

611 BOLÍVIA. [Constituição (2009)]. **Constitución Política del Estado (CPE).** 7 Febrero 2009.

612 BOLÍVIA. [Constituição (2009)]. **Constitución Política del Estado (CPE).** 7 Febrero 2009.

613 EQUADOR. [Constituição (2008)]. **Constitucion de la Republica del Ecuador 2008**. Decreto Legislativo 0. Registro Oficial 449 de 20 out. 2008. Ultima modificación: 13 jul. 2011.

614 PARAGUAI. [Constituição (1992)]. **Constitución de la República del Paraguay**. Assunción, 20 de junio de 1992.

615 BRASIL. [Constituição (1988)]. Constituição da República Federativa do Brasil. **Diário Oficial da União,** Brasília, DF, 5 out. 1988.

Dessa forma, nota-se a atenção especial do Constituinte para repercussão econômica do ICMS-Importação. A determinação de anulação ou estorno do crédito em razão da imunidade, tal como previsto na regra geral na não-cumulatividade constitucional, conforme **art. 155, § 2º, II** da CRFB, não é condizente com o fim constitucionalmente pretendido. Por isso, nos casos de exportações, os créditos das operações anteriores são mantidos, não devendo ser estornados ou anulados.

Talvez mais ligada à regra de divisão de competência propriamente dita do que imunidade, a Constituição prevê, no **art. 155, § 2º, X, "b"** a não incidência "sobre operações que destinem a outros Estados petróleo, inclusive lubrificantes, combustíveis líquidos e gasosos dele derivados, e energia elétrica."[616]

Com o comando constitucional, o objetivo é defender o exercício da tributação no estado de "destino", e não no de "origem". Assim, estados e Distrito Federal não contemplados pelas riquezas em destaque seriam prestigiados com a arrecadação do ICMS, evitando desiquilíbrio federativo que poderia ocorrer, caso os tributos ficassem ou fossem repartidos com estado de origem.

A propósito, a regra aqui mencionada é utilizada como um dos fundamentos do Estado do Rio de Janeiro na **ADI 4.917**, caso Governador do Estado do Rio de Janeiro x Presidente da República[617], para defender partilha diferenciada dos *royalties* do petróleo, prestigiando os "estados confrontantes" ou "estados produtores". Em outros termos, sustenta-se, na ADI, que a regra do ICMS no destino nas operações que envolvem as mercadorias referidas seria contrapartida à manutenção da maior parcela dos *royalties* para os "estados confrontantes" ou "estados produtores".[618]

O **art. 153, § 5º da CRFB**[619] prevê que o ouro, quando definido em lei como ativo financeiro ou instrumento cambial, sujeita-se exclusivamente ao IOF, sendo vedada a incidência de qualquer outro imposto.

---

616 BRASIL. [Constituição (1988)]. Constituição da República Federativa do Brasil. **Diário Oficial da União,** Brasília, DF, 5 out. 1988.

617 BRASIL, Supremo Tribunal Federal. **Medida Cautelar na Ação Direta de Inconstitucionalidade nº 4.917.** Requerente: Governador do Estado do Rio de Janeiro. Requerido: Presidente da República. Relatora: Min. Cármen Lúcia. Brasília/DF, 18 mar. 2013.

618 BRASIL, Supremo Tribunal Federal. **Medida Cautelar na Ação Direta de Inconstitucionalidade nº 4.917.** Requerente: Governador do Estado do Rio de Janeiro. Requerido: Presidente da República. Relatora: Min. Cármen Lúcia. Brasília/DF, 18 mar. 2013.

619 BRASIL. [Constituição (1988)]. Constituição da República Federativa do Brasil. **Diário Oficial da União,** Brasília, DF, 5 out. 1988.

De forma desnecessária ou redundante, contudo demonstrando a importância de se delimitar competência tributária, o **art. 155, § 2º, X, "c" da CRFB**[620] estipula a não incidência de ICMS no ouro "ativo-financeiro".

Há imunidade, ainda, "nas prestações de serviço de comunicação nas modalidades de radiodifusão sonora e de sons e imagens de recepção livre e gratuita", nos termos do **art. 155, § 2º, X, "c" da CRFB**[621]. Sem circulação de riqueza e ostentação de capacidade contributiva, o exercício do poder tributante, nessa operação, seria racionalmente indevido. Claro, nas operações pagas, a tributação deve ser praticada, tal como o é.

Embora possa parecer se tratar de regra de imunidade, entende-se que a hipótese do **art. 155, § 3º da CRFB** delimita competência tributária, ao prever que haverá incidência apenas de ICMS, II e IE, "sobre operações relativas a energia elétrica, serviços de telecomunicações, derivados de petróleo, combustíveis e minerais do País."[622]

Destaque-se que a restrição constitucional se limita aos impostos, o que, por conseguinte, não impede que as referidas operações sejam tributadas por taxas e contribuições. Antes da Emenda Constitucional n. 33/01, o STF não acolhia a tese de imunidade de PIS e Cofins nas operações de energia elétrica, o que resultou, inclusive, na edição, em 2003, da **Súmula 659.**[623]

Claro, a Súmula seria utilizada para nortear julgamento de casos propostos antes da edição da Emenda Constitucional. Após a referida Emenda Constitucional, não se pode olvidar que a controvérsia jurídica ficou prejudicada, tendo em vista a modificação dos institutos jurídicos, ou seja, em vez de impostos, o art. 155, § 3º da CRFB passou a tratar genericamente de tributos.

---

620 BRASIL. [Constituição (1988)]. Constituição da República Federativa do Brasil. **Diário Oficial da União,** Brasília, DF, 5 out. 1988.

621 BRASIL. [Constituição (1988)]. Constituição da República Federativa do Brasil. **Diário Oficial da União,** Brasília, DF, 5 out. 1988.

622 BRASIL. [Constituição (1988)]. Constituição da República Federativa do Brasil. **Diário Oficial da União,** Brasília, DF, 5 out. 1988.

623 "É legítima a cobrança da Cofins, do PIS e do Finsocial sobre as operações relativas a energia elétrica, serviços de telecomunicações, derivados de petróleo, combustíveis e minerais do país. (BRASIL, Supremo Tribunal Federal. **Súmula 659**. É legítima a cobrança da Cofins, do PIS e do Finsocial sobre as operações relativas a energia elétrica, serviços de telecomunicações, derivados de petróleo, combustíveis e minerais do país. Brasília, DF, 13 out. 2003h).

e) Imposto sobre transmissão bens intervivos (ITBI)

No que se refere ao ITBI, a Constituição trata da imunidade no **art. 156, § 2º, I:**

> não incide sobre a transmissão de bens ou direitos incorporados ao patrimônio de pessoa jurídica em realização de capital, nem sobre a transmissão de bens ou direitos decorrente de fusão, incorporação, cisão ou extinção de pessoa jurídica, salvo se, nesses casos, a atividade preponderante do adquirente for a compra e venda desses bens ou direitos, locação de bens imóveis ou arrendamento mercantil.[624]

A Constituição, dessa forma, tenta estimular ou não dificultar a realização dos atos societários, dando maior dinamismo ao setor empresarial.

Por outro lado, tomou o cuidado necessário para limitar risco de planejamento tributário abusivo, como o conhecido "casa e separa", operação em que, em vez de fazer a compra e venda direta, os envolvidos constituem pessoa jurídica, integralizam capital social, um com dinheiro e o outro com o imóvel, para, em momento posterior, fazer a extinção ou cisão da pessoa jurídica, de modo que quem entrou com dinheiro sai com imóvel e quem entrou com imóvel fica com o dinheiro.

Por esse motivo e por decisão política, tratou o Constituinte de não garantir a imunidade para o ITBI às pessoas jurídicas que tenham atividade preponderantemente imobiliária, ou seja, quando se tem 50% (cinquenta porcento ou mais) da receita operacional decorrente dessa atividade, conforme definido pelo **CTN,** no **art. 37.**[625]

Operações de transferências de imóveis desapropriados para fins de reforma agrária

Como uma das medidas adotadas para política agrícola e fundiária da reforma agrária, a Constituição tratou de prever imunidade tributária nas operações de desapropriação, nos termos do **art. 184, § 5º da CRFB**: "São isentas de impostos federais, estaduais e municipais as operações de transferência de imóveis desapropriados para fins de reforma agrária."[626]

---

624 BRASIL. [Constituição (1988)]. Constituição da República Federativa do Brasil. **Diário Oficial da União,** Brasília, DF, 5 out. 1988.

625 BRASIL. Lei nº 5.172, de 25 de outubro de 1966. Dispõe sobre o Sistema Tributário Nacional e institui normas gerais de direito tributário aplicáveis à União, Estados e Municípios. **Diário Oficial da União**, Brasília, DF, 27 out. 1966c

626 BRASIL. [Constituição (1988)]. Constituição da República Federativa do Brasil. **Diário Oficial da União,** Brasília, DF, 5 out. 1988.

A tecnicidade do Constituinte ao utilizar o termo isenção deve ser desconsiderada. Deve-se ler como imunidade tributária, em vez de isenção, conforme já decidido pelo STF e com aval de balizada doutrina tributária nacional.

Trata-se de garantia em favor do cidadão de, ao experimentar a desapropriação, não lhe serem cobrados impostos. Fez bem o Constituinte, embora desnecessário, à luz do direito constitucional positivo.

Isso porque não há possibilidade de incidência de impostos federais. A indenização recebida em decorrência da desapropriação não configura acréscimo, mas substituição patrimonial.

Não há cabimento de incidência de ICMS, Imposto sobre a transmissão *causa mortis* e doação, de quaisquer bens ou direitos (ITCD) ou IPVA, levando em conta os aspectos materiais.

Não se pode cogitar em incidência de ITBI na operação. Isso porque, tal como ocorre com o usucapião, a desapropriação é aquisição originária da propriedade e, por conseguinte, impede qualquer alegação de materialização da hipótese de incidência, posto inexistir a transmissão.

Menciona-se caso julgado pelo STF, em que se negou extensão da imunidade ao terceiro, estranho à relação, que adquiriu títulos da dívida agrária.

O **RE 169.628-1/DF**, caso MPF (Recorrente) x Bramazônia-Brasil Amazonas Agro Industrial Comércio Importação e Exportação Ltda[627], o relator, Ministro Maurício Corrêa consignou que a imunidade do **art. 184, § 5º da CRFB** visa implementar a imunidade tributária e não onerar o procedimento expropriatório ou dificultar a realização da reforma agrária. Assim, os títulos da dívida agrária são indenização e não podem ser tributados, em razão do caráter indenizatório. Contudo, o terceiro estranho, que não participa do negócio referente à reforma agrária, não pode ser contemplado pela imunidade. Quem deve ser contemplado é o expropriado, nessa fase direta da operação, e não terceiro possuidor, que adquiriu títulos com redução de preço e visando lucro.

[627] BRASIL. Supremo Tribunal Federal (2. Turma). **Recurso Extraordinário nº 169.628-1/DF.** Recorrente: Ministério Público Federal. Recorrido: Bramazônia-Brasil Amazonas Agro Industrial Comércio Importação e Exportação Ltda. Relator: Min. Maurício Corrêa. Brasília, DF, 28 set. 1999c.

Constituinte em 1988, Nelson Jobim explicou que o referido dispositivo tem como finalidade afastar problema que anteriormente se vivenciou com o lucro imobiliário: a pessoa era expropriada, havia pagamento por meio de títulos e, em seguida, era chamada para pagar IR. Portanto, sem liquidez, muitas das vezes, para pagar imposto.

3.4.8.4.2 Taxas

Pela sua própria natureza, as taxas não se sujeitariam à imunidade. Afinal, elas são cobradas em contrapartida aos serviços prestados ou postos à disposição ou pelo exercício do poder de polícia do Estado, conforme **art. 145, II da CRFB.**[628]

Assim, com equivalência razoável ao custo estatal, as taxas são cobradas para cobrir o seu custo, e não para fazer caixa.

Por isso, não se fala em imunidade, *a priori*, para as taxas.

Todavia, por opção do Constituinte de 1988, visando prestigiar valores e princípios caros ao regime democrático, ao exercício da cidadania e à dignidade da pessoa humana, o texto vigente contempla onze hipóteses de imunidades para as taxas.

O **art. 5º, XXXIV da CRFB**[629] garante imunidade de taxas para as hipóteses de exercício do "direito de petição aos Poderes Públicos em defesa de direitos ou contra ilegalidade ou abuso de poder" e "a obtenção de certidões em repartições públicas, para defesa de direitos e esclarecimento de situações de interesse pessoal".

O **art. 5º, LXXIII da CRFB**[630] traz claro objetivo de estimular a preservação do patrimônio público ou de entidade de que o Estado participe, à moralidade administrativa, ao meio ambiente e ao patrimônio histórico e cultural, ao garantir legitimidade ativa *ad causam* para que cidadão proponha ação popular, independentemente de pagamento de custas processuais - que são taxas - e ônus de sucumbência. Entretanto, a desoneração fica ressalvada na hipótese de estar presente a má-fé.

---

628 BRASIL. [Constituição (1988)]. Constituição da República Federativa do Brasil. **Diário Oficial da União,** Brasília, DF, 5 out. 1988.

629 BRASIL. [Constituição (1988)]. Constituição da República Federativa do Brasil. **Diário Oficial da União,** Brasília, DF, 5 out. 1988.

630 BRASIL. [Constituição (1988)]. Constituição da República Federativa do Brasil. **Diário Oficial da União,** Brasília, DF, 5 out. 1988.

Para implementar o acesso à jurisdição aos hipossuficientes, o **art. 5º, LXXIV da CRFB** garante "assistência jurídica integral e gratuita aos que comprovarem insuficiência de recursos."[631]

Implementando a dignidade da pessoa humana e o exercício da cidadania, bem como respeitando a capacidade contributiva como princípio tributário, a Constituição garante, no **art. 5º, LXXVI**, aos reconhecidamente pobres, a gratuidade para o registro civil de nascimento e a certidão de óbito.[632]

Os remédios heróicos, *habeas corpus* e *habeas data*, são gratuitos, nos termos do **art. 5º, LXXVII da CRFB.**[633]

O art. **208, I da CRFB**[634] prevê a gratuidade para o ensino fundamental. O serviço será prestado pelo Estado independentemente de taxa.

Ainda no setor educacional, o **art. 206, IV** garante a "gratuidade do ensino público em estabelecimentos oficiais".[635]

A propósito, no **RE 500.171**, caso Universidade Federal de Goiás x Marcos Alves Lopes e outros., o STF assim manifestou:

> [...] a gratuidade do ensino público em estabelecimentos oficiais, conforme se lê no caput do art. 206, IV, configura um princípio. Um princípio que não encontra qualquer limitação, no tocante aos distintos graus de formação acadêmica. [...] O que não se mostra factível, do ponto de vista constitucional, é que as universidades públicas, integralmente mantidas pelo Estado, criem obstáculos de natureza financeira para o acesso dos estudantes aos cursos que ministram, ainda que de pequena expressão econômica, a pretexto de subsidiar alunos carentes, como ocorre no caso dos autos. [...] Não se afigura razoável, ademais, que se cobre uma taxa de matrícula dos estudantes das universidades públicas, em especial das federais, visto que a CF/1988, no art. 212, determina à União que aplique, anualmente, nunca menos de 18% da receita resultante de impostos na manutenção e desenvolvimento do ensino."[636]

---

[631] BRASIL. [Constituição (1988)]. Constituição da República Federativa do Brasil. **Diário Oficial da União,** Brasília, DF, 5 out. 1988.

[632] BRASIL. [Constituição (1988)]. Constituição da República Federativa do Brasil. **Diário Oficial da União,** Brasília, DF, 5 out. 1988.

[633] BRASIL. [Constituição (1988)]. Constituição da República Federativa do Brasil. **Diário Oficial da União,** Brasília, DF, 5 out. 1988.

[634] BRASIL. [Constituição (1988)]. Constituição da República Federativa do Brasil. **Diário Oficial da União,** Brasília, DF, 5 out. 1988.

[635] BRASIL. [Constituição (1988)]. Constituição da República Federativa do Brasil. **Diário Oficial da União,** Brasília, DF, 5 out. 1988.

[636] BRASIL. Supremo Tribunal Federal (Tribunal Pleno). **Recurso Extraordinário nº 500.171.** Recorrente: Universidade Federal de Goiás. Recorrido: Marcos Alves Lopes e outros. Relator: Ricardo Lewandowski. Brasília, DF, 13 ago. 2008.

Em consequência dessa fundamentação, foi editada a **Súmula Vinculante n. 12**: "A cobrança de taxa de matrícula nas universidades públicas viola o disposto no art. 206, IV, da Constituição Federal."[637]

O **art. 226, § 1º da CRFB**, para garantir a presença da família, que merece proteção do Estado, prevê que "O casamento é civil e gratuita a celebração."[638]

Seguindo o dever de amparar as pessoas idosas, dando-lhes bem-estar e dignidade, o **art. 230, § 2º da CRFB** concede, aos maiores de sessenta e cinco anos, a gratuidade dos transportes coletivos urbanos.[639]

3.4.8.4.3 Contribuições

Na Reforma Administrativa de 1998, **Emenda Constitucional n. 20/98**, fez positivar a imunidade de contribuições para seguridade social sobre aposentadoria e pensão concedidas pelo Regime Geral de Previdência Social, nos termos do **art. 195, II da CRFB.**[640] A propósito, a redação do referido dispositivo foi alterada pela **Emenda Constitucional n. 103/19**, mantendo, entretanto, o conteúdo.

Para estimular a não aposentadoria de servidores que completassem os requisitos constitucionais, a **Emenda Constitucional n. 20** concedeu isenção - leia-se imunidade - à contribuição previdenciária até que restasse preenchida a aposentadoria compulsória constitucional. Posteriormente, Emenda Constitucional n. 41/2003 revogou esta disposição e abriu espaço para o exercício da tributação.

A revogação desta imunidade ensejou demanda judicial, as **ADIs 3.128/DF**, caso Associação Nacional dos Procuradores da República - ANPR. x Congresso Nacional,[641] e **3.105/DF**, caso Associação Nacional dos Membros

---

[637] BRASIL. Supremo Tribunal Federal. **Súmula Vinculante nº 12**. A cobrança de taxa de matrícula nas universidades públicas viola o disposto no art. 206, IV, da Constituição Federal. Brasília, DF, 22 ago. 2008.

[638] BRASIL. [Constituição (1988)]. Constituição da República Federativa do Brasil. **Diário Oficial da União,** Brasília, DF, 5 out. 1988.

[639] BRASIL. [Constituição (1988)]. Constituição da República Federativa do Brasil. **Diário Oficial da União,** Brasília, DF, 5 out. 1988.

[640] BRASIL. [Constituição (1988)]. Constituição da República Federativa do Brasil. **Diário Oficial da União,** Brasília, DF, 5 out. 1988.

[641] BRASIl. Supremo Tribunal Federal (Tribunal Pleno). **Ação Direta de Inconstitucionalidade nº 3.128/DF.** Requerente: Associação Nacional dos Procuradores da República - ANPR. Requerido: Congresso Nacional. Relatora: Min. Ellen Grazie. Relator para o acórdão: Min. Cezar Peluso. Brasília, DF, 18 ago. 2004.

do Ministério Público - CONAMP x Congresso Nacional [642], oportunidade em que o STF concluiu que a Emenda Constitucional n. 41/03, art. 10, seria constitucional, por não ter atingido direitos e garantias fundamentais. Foi citado, como precedente, o **RE 372.600**, caso Anizio Neder e outros x Estado de São Paulo. [643]

Importante mencionar, ainda, que o **art. 149, § 2º, I da CRFB** prevê a não incidência das contribuições sociais e de intervenção no domínio econômico sobre as receitas decorrentes de exportação.[644]

Provocado, o STF não acolheu a tese dos contribuintes de imunidade da CSLL, que tinha amparo no raciocínio de que lucro pressupõe receita, logo, se a imunidade prevista no texto constitucional abrange receitas decorrentes de exportação, por conseguinte, o lucro líquido igualmente não poderia ser tributado, em razão da imunidade. Prevaleceu, no **RE 474.132/SC**, caso Inlogs Logística Ltda. x União Federal,[645] e no **RE 566.259/RS**, caso A. Guerra S/A Implementos Rodoviários x União Federal,[646] o entendimento de que somente o resultado imediato da operação estaria imune e em respeito ao denominado princípio da garantia do desenvolvimento.

3.4.9 Interpretação e aplicação das imunidades tributárias

Quando se propõe a tratar de interpretação e aplicação do direito tributário, pode-se dizer que vem à mente de forma imediata o disposto entre os **arts. 107 e 112 do CTN.**

---

[642] BRASIl. Supremo Tribunal Federal (Tribunal Pleno). **Ação Direta de Inconstitucionalidade nº 3.105/DF.** Requerente: Associação Nacional dos Membros do Ministério Público - CONAMP. Requerido: Congresso Nacional. Relatora: Min. Ellen Grazie. Relator para o acórdão: Min. Cezar Peluso. Brasília, DF, 18 ago. 2004.

[643] BRASIL, Supremo Tribunal Federal (2. Turma). **Recurso Extraordinário nº 372.600.** Recorrente: Anizio Neder e outros. Recorrido: Estado de São Paulo. Relatora: Min. Ellen Gracia. Brasília, DF, 16 dez. 2003.

[644] BRASIL. [Constituição (1988)]. Constituição da República Federativa do Brasil. **Diário Oficial da União,** Brasília, DF, 5 out. 1988.

[645] BRASIL. Supremo Tribunal Federal (Tribunal Pleno). **Recurso Extraordinário nº 474.132.** Recorrente: Inlogs Logística Ltda. Recorrido: União Federal. Relator: Ministro Gilmar Mendes. Brasília, DF, 12 ago. 2010d.

[646] BRASIL. Supremo Tribunal Federal (Tribunal Pleno). **Recurso Extraordinário nº 566.259.** Recorrente: A. Guerra S/A Implementos Rodoviários. Recorrido: União Federal. Relator: Ministro Ricardo Lewandowski. Brasília, DF, 12 ago. 2010e.

Em 1966, o legislador infraconstitucional, com grande ligação com a legalidade estrita ou taxatividade, vem, no **art. 108 do CTN**, arrolar ordem sucessiva ou hierarquizada para interpretação da legislação tributária, no caso de ausência de previsão expressa: analogia – contudo, é vedada a tributação por analogia, conforme o parágrafo primeiro do referido dispositivo, princípios gerais do direito tributário, princípios gerais de direito público e a equidade, nesse caso, desde que não dispense o pagamento de tributo.[647]

Destaque-se, ainda, que o **art. 111 do CTN** traz verdadeira limitação ao intérprete, que não poderia se afastar da literalidade nos casos de isenção, suspensão e exclusão do crédito tributário e dispensa de obrigações tributárias acessórias.[648]

A regulamentação do CTN quanto à interpretação e aplicação do direito tributário é, especialmente nos dias de hoje, questionável. Esse ponto pode ficar a cargo de trabalho específico e apartado. Ainda prevaleceria esta sistemática de interpretação trazida pelo CTN, após decurso de prazo superior a cinquenta anos da sua promulgação?

Entende-se que, em qualquer segmento do direito, inclusive no tributário, as técnicas de interpretação são outras, conforme se tratará logo adiante. Entretanto, de início, vale indicar que toda e qualquer interpretação deve ser à luz do direito constitucional, ou melhor, direito constitucional-tributário positivo.

O Constituinte por feliz opção elevou o sistema tributário a nível constitucional. Por isso, com rico sistema constitucional tributário, não se pode admitir que a interpretação e a aplicação sigam à risca o disposto no CTN, legislação infraconstitucional com mais de cinquenta anos de vigência.

Assim, critérios trazidos no âmbito infraconstitucional para fins de interpretação e aplicação de direito, além de questionáveis, não vinculam, por motivo muito simplista: as imunidades possuem *status* constitucional, razão pela qual deve-se adotar a metodologia de interpretação de normas constitucionais.

Imunidades tributárias são normas formalmente constitucionais e materialmente de direito tributário.

---

647 BRASIL. Lei nº 5.172, de 25 de outubro de 1966. Dispõe sobre o Sistema Tributário Nacional e institui normas gerais de direito tributário aplicáveis à União, Estados e Municípios. **Diário Oficial da União**, Brasília, DF, 27 out. 1966c.

648 BRASIL. Lei nº 5.172, de 25 de outubro de 1966. Dispõe sobre o Sistema Tributário Nacional e institui normas gerais de direito tributário aplicáveis à União, Estados e Municípios. **Diário Oficial da União**, Brasília, DF, 27 out. 1966c.

Não cabe ao legislador infraconstitucional vincular ou limitar como se deve interpretar e aplicar direito constitucional. Se assim o fosse, restaria clara incoerência, posto que, dessa forma, seria possível ocorrer delimitação de normas constitucionais por imposição de norma infraconstitucional, o que violaria o princípio da hierarquia normativa.

Como se deve interpretar as normas constitucionais imunizantes?

Talvez seja inviável cravar um método a ser seguido de forma rígida e insuperável. Até mesmo porque o direito está em constante evolução.

Pois bem.

A interpretação constitucional necessariamente remete à teoria de Savigny, fundador da Escola Histórica do Direito, ainda na metade do século XIX.

Para os sistemas jurídicos codificados, a exemplo do brasileiro, Savigny propôs os seguintes elementos para interpretação jurídica: (1) literal ou gramatical; (2) histórico e (3) sistemático. Mais adiante será adicionada a (4) interpretação teleológica.

Na interpretação gramatical ou literal, o intérprete busca o sentido das palavras, na sua perspectiva mais exata possível. Assim, deve-se recorrer à etimologia, filologia e à semântica.

José Adércio Leite Sampaio aponta que, nos Estados Unidos, há linha de entendimento que defende o sentido literal dos enunciados constitucionais. E mais, essa corrente seria dividida entre os "originalistas" e "não originalistas".[649]

De um lado, os primeiros defendem rigidez no sentido de que se deve empregar as palavras previstas nas normas de acordo com o conteúdo ou concepção do momento em que foram criadas. Do outro lado, os "não originalistas" defendem que o método gramatical deva ser usado levando-se em conta a realidade e aos valores do momento em que se interpreta.

Não se pode perder de vista que o Constituinte nem sempre se vale de termos técnicos. Como exemplo clássico do direito tributário, recorda-se que o texto constitucional, em algumas passagens, trata de isenção, quando, na realidade, se tem imunidade, conforme interpretação de décadas do STF e da doutrina nacional.

---

649 SAMPAIO, José Adércio Leite. **Teoria da constituição e dos direitos fundamentais.** Belo Horizonte: Del Rey, 2013, p. 410.

Na interpretação sistemática busca-se a unidade e harmonia do sistema. Não se interpretam as "normas em tiras", conforme ensina Eros Grau.[650] Deve-se interpretar o sistema como um todo, ou seja, com unidade, justeza e conformidade.

O sistema jurídico não admite antinomias. Daí porque, a cada modificação constitucional ou legal, se tem, conforme o caso, a (não) recepção e as revogações explícitas ou implícitas - critérios hierárquico, cronológico e de especialização.

Na interpretação histórica, que tem muita força no *common law* e que ganha cada vez mais espaço no Brasil pela teoria dos precedentes judiciais, busca-se revisitar normas constitucionais anteriores para fins de comparações ou compreender o sentido buscado pelo legislador - *mens legislatoris*. Com o decorrer dos anos da promulgação da norma, a vontade do legislador acaba perdendo espaço para sentido objetivo e autônomo da norma - *mens legis*.

Ainda, busca-se verificar como se deu o processo legislativo. Para isso, as sessões públicas são analisadas - hoje com maior tranquilidade em razão da publicidade escancarada com as transmissões ao vivo em canais de televisão, como TV Câmara e TV Senado, e acesso às gravações - e a visualização da exposição de motivos.

Na interpretação teleológica se pretende alcançar a finalidade da norma, a sua essência, a sua razão de ser, a busca para os fins socais que se propõe, a justiça, a segurança jurídica, o bem-estar e a dignidade da pessoa humana.[651]

José Adércio Leite Sampaio propõe duas classificações para interpretação de normas constitucionais: (1ª) por quem promove e (2ª) quanto ao resultado.[652]

No que se refere ao primeiro grupo, quem promove, pode-se subdividir em três: (1ª) autêntica - quem promove é o próprio autor da norma; (2ª) doutrinária - realizada pelos teóricos ou jurisconsultos; (3ª) jurisprudencial - quando efetivada pelo Poder Judiciário.

---

650 GRAU, Eros Roberto. **A ordem econômica na Constituição de 1988**: interpretação e crítica. 14. ed. rev. atual. Belo Horizonte: Malheiros editores, 2010.

651 BARROSO, Luís Roberto. **Curso de direito constitucional contemporâneo**. 5 ed. São Paulo: Saraiva, 2015, p. 331.

652 SAMPAIO, José Adércio Leite. **Teoria da constituição e dos direitos fundamentais.** Belo Horizonte: Del Rey, 2013, p. 419 e 420.

No que se refere ao resultado, pode-se igualmente subdividir em três: (1ª) declaratória – na hipótese de convergência clara entre a redação e a vontade do constituinte; (2ª) restritiva – quando ocorrer diminuição ou restrição da literalidade para atender à vontade do constituinte; (3ª) ampliativa – extensiva, generosa ou liberal.

Ainda segundo José Adércio Leite Sampaio, a interpretação ampliativa terá vez sempre que se pretenda assegurar direitos, garantias, liberdades etc. Por seu turno, a interpretação restritiva será cabível quando se pretender atingir as esferas jurídicas individuais subjetivas, como, por exemplo, sanções de todas as naturezas e exercício da tributação. Conclui que

> Em síntese, as normas que estabelecem deveres, ônus ou exceções devem ser interpretadas de maneira restritiva, enquanto as normas que criam direitos ou faculdades recebem a interpretação ampliadora, segundo o brocardo: *odiosa restringenda* e *favorabilia amplianda*.[653]

Com ligação com a interpretação ampliativa ou extensiva, aponta-se a interpretação construtiva, oportunidade em que se alcançam consequências implícitas ou pressupostos.

O exercício da interpretação do direito não merece – assim se pensa – ficar restrito a um dos métodos acima delineados. Na verdade, o ideal é que se faça a combinação, sempre que possível, de todos eles.

Com isso,

> A interpretação, portanto, deve levar em conta o texto da norma (interpretação gramatical), sua conexão com outras normas (interpretação sistemática), sua finalidade (interpretação teleológica) e aspectos do seu processo de criação (interpretação histórica.[654]

Ressalta-se que o intérprete e aplicador do direito, especialmente os juízes, não devem criar direito ou trazer à tona as suas preferências ou escolhas, sob pena de ofensa ao princípio democrático, sendo cabível, ao exercer a sua função constitucional, apenas revelar o conteúdo, extensão e consequências da norma.

Esse modelo de interpretação e aplicação do direito é de grande valia para o método tradicional de subsunção do direito, especialmente nos países codificados.

---

[653] SAMPAIO, José Adércio Leite. **Teoria da constituição e dos direitos fundamentais.** Belo Horizonte: Del Rey, 2013, p. 420.

[654] BARROSO, Luís Roberto. **Curso de direito constitucional contemporâneo**. 5 ed. São Paulo: Saraiva, 2015, p. 326.

A interpretação clássica do direito, aqui tratada, não deve ser desconsiderada e tampouco se conclui que houve a superabilidade. Na verdade, vem recebendo ingredientes adicionais nas últimas décadas. Isso para auxiliar na superação da legalidade estrita e o denominado positivismo, dando, assim, maior ênfase ao modelo de princípios, em detrimento do modelo de regras.

Foi realizada a releitura da teoria dos princípios. Atestou-se que, no Brasil, ainda, o Poder Judiciário e boa parte da doutrina se encontram no denominado paradigma moderno, isto é, colocando os princípios em posição superior comparativamente com as regras.

Defendeu-se, contudo, a necessidade de observância do paradigma contemporâneo. Isso porque, nessa vertente, princípios e regras não experimentam hierarquização, sendo que cada espécie normativa tem o seu espaço e importância no ordenamento jurídico.

Não cabe mais a superabilidade de uma regra sob o fraco discurso de que existiria princípio jurídico que conduziria a conclusão nesse sentido. A regra, oriunda do Legislativo, recebe presunção de constitucionalidade e a sua superação depende de importante e legítimo ônus argumentativo visando alcançar objetivo de cunho constitucional e a justiça, em total respeito ao princípio democrático.

Evidente que não se defende linha inflexível da aplicação de regras. Isso poderia conduzir à defesa do positivismo jurídico.

No entanto, tal como defendido por Humberto Ávila, Robert Alexy e, até mesmo, Dworkin - que se dedica a entender a (in)validade da regra para sustentar a aplicação no modelo "tudo-ou-nada" - a superabilidade da regra com argumento de princípio deve ser excepcional e depende de forte ônus argumentativo, desde que se busquem decisões que tenham sustentáculo constitucional e que visem, acima de tudo, implementar a justiça.

Retomando o ponto ora tratado, pode-se dizer que, com isso, atualmente a metodologia clássica de interpretação do direito, desenvolvida por Savigny, se divide em (1) literal/gramatical; (2) histórica; (3) sistemática e (5) teleológica, recebe, nos dias de hoje, novos elementos como: (5) supremacia da Constituição; (6) unidade da Constituição; (7) harmonização, adequação ou concordância prática; (8) razoabilidade e proporcionalidade; (9) efetividade; (10) eficácia integradora da Constituição; (11) no âmbito infraconstitucional ou no controle de constitucionalidade, interpretação conforme a Constituição.

Luis Roberto Barroso defende a tese da mutação constitucional.[655] Para o autor, hoje ministro do STF, as constituições devem ter permanência, evitando-se novas constituintes originárias. Admite-se, contudo, a ação do constituinte derivado.

Assim, seguindo a ideia de continuidade das constituições ao longo dos anos, décadas e, até mesmo séculos, não se pode olvidar que conteúdos, ideias, concepções merecem ser revistos, tendo como finalidade adequar ao momento social vivenciado. Ou seja, "os mortos não podem governar os vivos."[656]

As mutações constitucionais podem acontecer formalmente, por ação específica do constituinte derivado ou pelo legislador infraconstitucional – claro, agindo em conformidade com as possibilidades da Constituição, ou informalmente, nesse caso, quando conceitos são modificados pela interpretação e aplicação do direito.

Barroso sustenta o cabimento da mutação constitucional, com maior nitidez, nas denominadas cláusulas abertas, cujo conteúdo será integrado no momento da interpretação e/ou aplicação do direito, como, por exemplo, ordem pública, dignidade da pessoa humana etc.

Em direito tributário, pode-se exemplificar: vedação ao confisco, capacidade contributiva, igualdade tributária etc.

Talvez o exemplo mais emblemático da denominada mutação constitucional seria a igualdade geral. O seu conteúdo e alcance modificou na história e levando em conta o contexto social.

É dizer que a igualdade no Estado Liberal era diferente de igualdade no Estado Social ou nos dias de hoje. Atualmente, a ideia de igualdade no Brasil é diferente da concepção de igualdade no Chile, cujo sistema jurídico sofre grande influência da religião e, com maior rigor e extensão, nos países mulçumanos e árabes.

Longe de prever o futuro, mas, quando, de fato, houver claramente igualdade no Brasil entre homens e mulheres, as ações afirmativas, como cota mínima em registro de candidaturas para eleições, serão dispensadas. Elas ainda são importantes instrumentos necessários para tanto e devem ser espaço até que o fim seja efetiva ou definitivamente alcançado.

---

[655] BARROSO, Luís Roberto. **Curso de direito constitucional contemporâneo**. 5 ed. São Paulo: Saraiva, 2015, p. 157 e ss.

[656] BARROSO, Luís Roberto. **Curso de direito constitucional contemporâneo**. 5 ed. São Paulo: Saraiva, 2015, p. 157.

Enfim, independentemente da terminologia adotada, mutação constitucional, e dos critérios ou métodos de interpretação e aplicação do direito constitucional, deve-se ter como objetivo central, como ensina José Tarcízio de Almeida Melo:

> A verdadeira interpretação tem conteúdo político e social, porque o povo é o autor e o destinatário da lei. A norma é uma relação de poder entre governantes e governados. A norma é feita para uma realidade concreta e não para a abstração cerebrina de gênios do direito.[657]

O direito não pode ser visto com um fim em si.

Regina Helena Costa, ao tratar das imunidades genéricas, defende que a interpretação deve ser teleológica-sistemática. Isso porque os objetivos são claramente visualizados no texto constitucional e, por conseguinte, "deve o intérprete realizar a interpretação mediante a qual aquele será atingido em sua plenitude, sem restrições ou alargamentos do espectro eficacial da norma, não autorizados pela própria Lei Maior."[658] Ainda, as imunidades devem ser visualizadas como liberdade e, dessa forma, merecem ser interpretadas, ou seja, generosamente.

Por outro lado, as imunidades específicas, muitas das vezes políticas, que abarcam situações diretas e objetivas, dificilmente tangenciada por direitos fundamentais, devem ter aplicação ou abrangência limitada.[659]

Como anteriormente dito, em termos de interpretação e aplicação do direito constitucional, especificamente no que se refere às imunidades, não se pode cravar qual seria aprioristicamente a metodologia mais adequada.

Contudo, revisitando os precedentes, tal como se propôs ao longo desta seção, não se pode olvidar que o critério utilizado pelo STF para interpretar e aplicar imunidade é o sistemático-teleológico, tal como defendido por Regina Helena Costa, cujo resultado, nos ensinamentos de José Adércio Leite Sampaio, é ampliativa, extensiva, liberal ou generosa.

---

657 ALMEIDA MELO, José Tarcízio de. **Direito constitucional do Brasil**. Belo Horizonte: Del Rey, 2008, p. 65.

658 COSTA, Regina Helena. **Imunidades tributárias**. 3. ed. São Paulo: Malheiros Editores, 2015, p. 127.

659 COSTA, Regina Helena. **Imunidades tributárias**. 3. ed. São Paulo: Malheiros Editores, 2015, p. 128.

Ora, em termos de imunidade recíproca, como visto, o STF, afastando-se da literalidade e dando interpretação ampliativa e condizente com os princípios que a sustentam, o federativo, (ausência) de capacidade contributiva e autonomia municipal: (1) não garante imunidade apenas para os impostos sobre renda, patrimônio e serviços, de acordo com a classificação infraconstitucionalmente adotada pelo CTN. Há precedentes garantidos para o IOF e ICMS-Importação e IPI-Importação; (2) em que pese a redação expressa do art. 173, § 2º da CRFB e art. 150, VI, § 2º da CRFB, há casos que garantiram a imunidade para sociedades de economia mista e empresas públicas; (3) a propósito, no que se refere às empresas públicas, o STF reconheceu a tese do "subsídio cruzado", ou seja, mesmo as receitas oriundas de atividades disponíveis para o livre mercado e não abarcadas pelo monopólio estariam imunes; (4) imóveis serão imunes, ainda que temporariamente ociosos ou desocupados.

Aos templos de qualquer culto, com objetivo de garantir a liberdade religiosa, o STF tem garantido imunidade, a título de IPTU, de imóveis, quando alugados para terceiros, e receitas de aluguéis, desde que o produto seja destinado aos seus propósitos. Não há limitação, assim, para garantia da imunidade para imóveis usados ou destinados aos seus fins específicos. A propósito, o templo de qualquer culto recebe interpretação ampliativa quando se garante imunidade para cemitérios ou casas paroquiais.

A **Súmula Vinculante n. 52** talvez seja o exemplo mais claro da metodologia adotada pelo STF ao longo dos anos, ao garantir interpretação ampliada para partidos políticos, instituições de ensino, instituições de assistência social e sindicatos de empregados:

> Ainda quando alugado a terceiros, permanece imune ao IPTU o imóvel pertencente a qualquer das entidades referidas pelo art. 150, VI, c, da CF, desde que o valor dos aluguéis seja aplicado nas atividades para as quais tais entidades foram constituídas.[660]

Quanto às imunidades de livros e periódicos e papel destinado à impressão, pode-se notar que o STF tem postura histórica não muito linear. Relativamente aos livros e periódicos, o STF adota linha ampliativa, tanto que reconheceu direito para álbuns de figurinha, lista telefônica, mapas, jogos,

---

[660] BRASIL. Supremo Tribunal Federal. **Súmula Vinculante nº 52**. Ainda quando alugado a terceiros, permanece imune ao IPTU o imóvel pertencente a qualquer das entidades referidas pelo art. 150, VI, "c", da Constituição Federal, desde que o valor dos aluguéis seja aplicado nas atividades para as quais tais entidades foram constituídas. Brasília, DF, 22 jun. 2015b.

livro eletrônico etc. No entanto, quanto aos insumos, embora o STF não tenha restringido para papeis, não se pode atestar que, na jurisprudência mais recente tenha sido garantido o direito para tintas especiais e ativo permanente em geral.

Quanto às imunidades específicas, a margem de interpretação e aplicação fica delimitada. Isso porque trata-se de regras constitucionais diretas e objetivas, cujo método de subsunção é suficiente, não sustentadas em princípios ou objetivos de ordem constitucional, mas frutos de ajustes políticos específicos.

Portanto, em sede de conclusão, pode-se apontar que:

a) Não se deve apontar previamente método de interpretação e aplicação de normas, escolhendo um em detrimento de outro. Na verdade, o ideal é que todo o círculo seja utilizado no exercício da interpretação e aplicação do direito, ou seja, os critérios da metodologia clássica - literal/gramatical, histórico, sistêmico e teleológico - bem como da contemporânea - unidade, conformidade, harmonia, supremacia, eficácia, efetividade, proporcionalidade e razoabilidade. Portanto, em termos de imunidades tributárias, assim como qualquer instituto do direito, não se deve aprioristicamente trazer o método correto ou adequado para interpretar e aplicar. Com ênfase, o ideal é que todos os métodos sejam revisitados para que seja garantido que a busca da resposta correta tenha sido realizada com muito esforço e que a decisão tenha como objetivo alcançar fundamentos legítimos à luz do direito democraticamente positivado, e não em preferências pessoais.

b) Contudo, pode-se identificar, a partir de revisitação de precedentes, que o STF tem adotado, como causa de decidir ou *ratio decidendi*, a interpretação teleológica ou sistêmica-teleológica, quando o assunto em pauta é imunidades tributárias, notadamente as genéricas.

REFERÊNCIAS

A TEORIA dos precedentes à luz da teoria de Ronald Dworkin. Palestrante: Flávio Quinaud Pedron. Rio de Janeiro: EMERJ, 24 jun. 2018. Vídeo. Color. 1h56m07s. Disponível em: https://www.youtube.com/watch?v=8fS5kAhPlt8 . Acesso em: 15 dez. 2019.

ABRAHAM, Marcus. **Curso de direito tributário brasileiro.** Rio de Janeiro: Forense, 2018.

ALEXANDRINO, Marcelo; PAULO, Vicente. **Direito tributário na Constituição e no STF**: teoria e jurisprudência. 17. ed. rev., atual. e ampl. Rio de Janeiro: Método, 2014.

ALEXY, Robert. **Teoria dos direitos fundamentais**. Tradução de Virgílio Afonso da Silva. São Paulo: Malheiros, 2008.

ALVES, Henrique Napoleão; BUSTAMANTE, Thomas. A interpretação literal no direito tributário brasileiro: uma proposta de interpretação para o artigo 111 do CTN. *In:* ÁVILA, Humberto (org.). **Fundamentos de direito tributário.** São Paulo: Marcial Pons, 2012.

AMARAL, Paulo Adyr Dias do; RODRIGUES, Raphael Silva. **A motivação do lançamento tributário e o novo código de processo civil.** Belo Horizonte: D'Plácido, 2017.

AMARAL, Paulo Adyr Dias do; RODRIGUES, Raphael Silva. **Lições preliminares de direito tributário:** limites ao poder do Estado. Belo Horizonte: Edições Superiores, 2018.

AMARO, Luciano. **Direito tributário brasileiro.** 21. ed. São Paulo: Saraiva, 2016.

ASCENÇÃO, José de Oliveira. **O direito:** introdução e teoria geral: uma perspectiva luso-brasileira. 10. ed. Coimbra: Almedina, 1997.

ATALIBA, Geraldo. **Hipótese de incidência tributária**. 6. ed. São Paulo: Malheiros Editores, 2006.

ÁVILA, Humberto Bergmann. Argumentação jurídica e a imunidade do livro eletrônico. **Revista da Faculdade de Direito da UFRGS**, Porto Alegre, v. 19, p. 157-181, mar. 2001b.

ÁVILA, Humberto Bergmann. Estatuto do contribuinte: conteúdo e alcance. **Revista Eletrônica de Direito do Estado (REDE),** Salvador, Instituto Brasileiro de Direito Público, n. 12, nov./dez./jan., 2008a.

ÁVILA, Humberto Bergmann. "Neoconstitucionalismo": entre a "ciência do direito" e o "direito da ciência". **Revista Eletrônica de Direito do Estado (REDE),** Salvador, Instituto Brasileiro de Direito Público, n. 17, jan./fev./mar., 2009.

ÁVILA, Humberto Bergmann. A distinção entre princípios e regras e a redefinição do dever de proporcionalidade. **Revista Diálogo Jurídico,** Salvador, v.1, n.4, jul. 2001a.

ÁVILA, Humberto Bergmann. A teoria dos princípios e o direito tributário. **Revista Dialética de Direito Tributário,** São Paulo, n.125, p.33-49, fev. 2006a.

ÁVILA, Humberto Bergmann. **Competências tributárias**. São Paulo: Malheiros, 2018.

ÁVILA, Humberto Bergmann. **Segurança jurídica:** entre permanência, mudança e realização no direito tributário. São Paulo: Malheiros, 2011.

ÁVILA, Humberto Bergmann. **Sistema constitucional tributário**. 2. ed. São Paulo: Saraiva, 2006b.

ÁVILA, Humberto Bergmann. Sobre os princípios constitucionais tributários. **Revista de Direito Tributário,** São Paulo, ano 15, n.55, p.143-155, jan./mar. 1991.

ÁVILA, Humberto Bergmann. **Teoria da igualdade tributária**. São Paulo: Malheiros, 2008b.

ÁVILA, Humberto Bergmann. **Teoria dos princípios**. 8. ed. São Paulo: Malheiros, 2008c.

ÁVILA, Humberto. **Teoria da segurança jurídica**. 5. ed. rev. atual. e ampl. São Paulo: Malheiros, 2019.

BALEEIRO, Aliomar. **Limitações constitucionais ao poder de tributar**. 8. ed. Rio de Janeiro: Forense, 2010.

BALEEIRO, Aliomar. **Limitações constitucionais ao poder de tributar**. 7. ed. Rio de Janeiro: Forense, 1997.

BALEEIRO, Aliomar. **Direito tributário brasileiro**. 12. ed., **rev., atual. e ampl.** Atualizada por Misabel Abreu Machado Derzi. Rio de Janeiro: Forense, 2013.

BARRETO, Vicente de Paula (coord.). **Dicionário de filosofia do direito**. São Leopoldo, RS: Unisinos, 2006.

BARROS, Suzana de Toledo. **O princípio da proporcionalidade e o controle de constitucionalidade das leis restritivas de direitos fundamentais**. 2. ed. Brasília, DF: Brasília Jurídica, 2000.

BARROSO, Luís Roberto. **O direito constitucional e a efetividade de suas normas:** limites e possibilidades da constituição brasileira. 8 ed. atual. Rio de Janeiro: Renovar, 2006.

BARROSO, Luís Roberto. **Curso de direito constitucional contemporâneo:** os conceitos fundamentais e a construção do novo modelo. 5 ed. São Paulo: Saraiva, 2015.

BASTOS, Celso Ribeiro. **Curso de direito constitucional**. 22. ed. São Paulo: Celso Bastos Editora, 2002.

BATISTA JÚNIOR, Onofre Alves. Imunidade e os impostos circulatórios. Direito Público: **Revista Jurídica da Advocacia-Geral do Estado de Minas Gerais,** Belo Horizonte, v. 1, n. 1, p. 99-122, jul./dez. 2004a.

BATISTA JÚNIOR, Onofre Alves. **Princípio constitucional da eficiência administrativa**. Belo Horizonte: Editora Mandamentos, 2004b.

BATISTA JÚNIOR, Onofre Alves. **O outro leviatã e a corrida ao fundo do poço**. São Paulo: Almedina, 2015.

BATISTA JÚNIOR, Onofre Alves. Por que a "guerra fiscal"? Os desafios do Estado na modernidade líquida. **Revista Brasileira de Estudos Políticos,** Belo Horizonte, v. 102, p. 305-341, 2011.

BATISTA JÚNIOR, Onofre Alves. **Transações administrativas**. São Paulo: Quartier Latin, 2007.

BATISTA JÚNIOR, Onofre Alves; CAMPOS, Sarah. A Administração Pública consensual na modernidade líquida. **Fórum Administrativo**, Belo Horizonte, ano 14, n. 155, p.31-43, jan. 2014.

BATISTA JÚNIOR, Onofre Alves; MUZZI FILHO, Carlos Victor. A guerra fiscal do ICMS e os critérios especiais de tributação para prevenir desequilíbrios da concorrência. **Revista Dialética de Direito Tributário**, Belo Horizonte, v. 233, p. 51-62, 2015.

BATISTA JÚNIOR, Onofre Alves; OLIVEIRA, Ludmila Mara Monteiro de; MAGALHAES, Tarcísio Diniz (org.). **Estudos críticos do direito tributário**: ano I. Belo Horizonte: Arraes Editores, 2018.

BATISTA JÚNIOR, Onofre Alves; OLIVEIRA, Ludmila Mara Monteiro de; MAGALHÃES, Tarcísio Diniz. Liberalismo, desigualdade e direito tributário. **Revista Brasileira de Estudos Políticos,** Belo Horizonte, v. 110, p. 217-272, 2015.

BECHO, Renato Lopes. **Lições de direito tributário**: teoria geral e constitucional. São Paulo: Saraiva, 2011.

BECKER, Alfredo Augusto. **Teoria geral do direito tributário**. 3. ed. 2. tir. São Paulo: Lejus, 2002.

BEISSE, Heinrich. O critério econômico na interpretação das leis tributárias segundo a mais recente jurisprudência alemã. *In:* MACHADO, Brandão (org.). **Direito tributário**: estudos em homenagem ao professor Ruy Barbosa Nogueira. São Paulo: Saraiva, 1984.

BÔAS, Bruno Villas. Salário do setor público cresce o dobro do privado. **Valor econômico**, Rio de Janeiro, 19 dez. 2018. Disponível em: https://www.valor.com.br/brasil/6032429/salario-do-setor-publico-cresce-o-dobro-do privado?utm_medium=Social&utm_campaign=Compartilhar%E2%80%A6 Acesso em:1 jan. 2019.

BOBBIO, Norberto. **A era dos direitos**. Tradução Carlos Nelson Coutinho. 19. Reimpressão. Rio de Janeiro: Elsevier, 1992.

BOLÍVIA. [Constituição (2009)]. **Constitución Política del Estado (CPE).** 7 Febrero 2009.

BONAVIDES, Paulo. **A constituição aberta:** temas políticos e constitucionais da atualidade, com ênfase no federalismo das regiões. São Paulo: Malheiros, 2004.

BORGES, José Souto Maior. **Teoria geral da isenção tributária**. 3. ed., **rev. e atual.** São Paulo: Malheiros, 2001.

BREYNER, Frederico Menezes. **Benefícios fiscais inconstitucionais e a proteção da confiança do contribuinte**. Rio de Janeiro: Lumen Juris, 2013.

BUSTAMANTE, Thomas da Rosa de. Interpreting plans: a critical view of scott Shapiro's planning theory of law. **Australian Journal of Legal Philosophy,** v. 37, p. 219-250, 2012a. Disponível em: https://papers.ssrn.com/sol3/papers.cfm?abstract_id=2206307 . Acesso em: 4 jul. 2020.

BUSTAMANTE, Thomas da Rosa de. Princípios, regras e conflitos normativos: um modelo para a justificação de decisões contra legem a partir da teoria jurídica de Robert Alexy. **Pensar,** Fortaleza, v. 15, n.2, p. 603-627, 2010.

BUSTAMANTE, Thomas da Rosa de. **Teoria do precedente judicial:** a justificação e a aplicação das regras jurisprudenciais. São Paulo: Noeses, 2012b.

CANARIS, Claus-Wilhelm. **Pensamento sistemático e conceito de sistema na ciência do direito**. 3. ed. Introdução e tradução de A. Menezes Cordeiro. Lisboa: Fundação Calouste Gulbenkian, 2002.

CANOTILHO, José Joaquim Gomes. **Direito constitucional e teoria da constituição.** 7. ed. Coimbra: Almedina, 2003.

CARNEIRO, Cláudio. **Curso de direito tributário e financeiro**. 4. ed. São Paulo: Saraiva, 2012.

CARRAZA, Roque Antônio. **Curso de direito constitucional tributário**. 10 ed. São Paulo: Malheiros, 2011.

CARVALHO FILHO, José dos Santos. **Manual de direito administrativo**. 11. ed. Rio de Janeiro: Lumem Juris, 2004.

CARVALHO, José Murilo de. **D. Pedro II**. São Paulo: Companhia das Letras, 2007.

CARVALHO, Kildare Gonçalves. **Direito constitucional didático**. 5. ed. Belo Horizonte: Del Rey, 1997.

CARVALHO, Paulo de Barros. Enunciados, normas e valores jurídicos tributários. **Revista de Direito Tributário**, São Paulo, n.69, 1997. Trabalho apresentado no 10º Congresso Brasileiro de Direito Tributário, 1996, São Paulo.

CARVALHO, Paulo de Barros. O princípio da capacidade contributiva como limitação constitucional do poder de tributar. **Revista Internacional de Direito Tributário**, Belo Horizonte, n.8, p. 417-424, jul./dez. 2007.

CARVALHO, Paulo de Barros. **Curso de direito tributário**. 27. ed. São Paulo: Saraiva, 2016.

CASTILHO, Paulo Cesar Baria de. **Confisco tributário**. São Paulo: Revista dos Tribunais, 2002.

CASTRO, Paulo Rabello de. **O mito do governo grátis:** o mal das políticas econômicas e as lições de 13 países para o Brasil mudar. Rio de Janeiro: Edições de Janeiro, 2014.

CHILE. [Constituição (1980)]. **Constitución Política de la República de Chile.** Ministerio Secretaría General de la Presidencia.

CLEVE, Clémerson Merlin. **Atividade legislativa do poder executivo**. São Paulo: Editora Revista dos Tribunais, 2011.

COÊLHO, Sacha Calmon Navarro. **Comentários à Constituição de 1988** - Sistema tributário. 6. ed. Rio de Janeiro: Forense, 1997.

COÊLHO, Sacha Calmon Navarro. Imunidades tributárias. *In*: MARTINS, Ives Gandra da Silva (coord.). **Imunidades tributárias**. São Paulo: Centro de Extensão Universitária/Ed. RT, 1998.

COÊLHO, Sacha Calmon Navarro. Normas jurídicas e preposições sobre normas jurídicas – prescrições jurídicas – o papel dos intérpretes. **Revista Dialética de Direito Tributário**, São Paulo, n. 173, p. 123, fev. 2010.

COÊLHO, Sacha Calmon Navarro. **O controle de constitucionalidade das leis e o poder de tributar na CF/1988.** 4. ed. rev. e atual. Rio de Janeiro: Forense, 2016.

COÊLHO, Sacha Calmon Navarro. **Segurança jurídica:** irretroatividade das decisões judiciais prejudiciais aos contribuintes. Rio de Janeiro: Forense, 2013.

COÊLHO, Sacha Calmon Navarro. **Teoria geral do tributo, da interpretação e da exoneração tributária:** o significado do art. 116, parágrafo único, do CTN. São Paulo: Dialética, 2003.

COÊLHO, Sacha Calmon Navarro. **Curso de direito tributário brasileiro**. 14. ed. Rio de Janeiro: Forense, 2015.

COÊLHO, Sacha Calmon Navarro; DERZI, Misabel Abreu Machado; SANTIAGO, Igor Mauler; MOREIRA, André Mendes. **Direito, justiça e poder de tributar:** questões fiscais das empresas de mineração: desafios para o desenvolvimento no Estado Democrático de Direito. Belo Horizonte: Del Rey, 2012.

COMBRARROS VILLANUEVA, Victória Eugênia. La interpretación econômica como critério de interpretación jurídica (algunas reflexiones a propósito del concepto de "propiedad económica" en el impuesto sobre el patrimonio). **Revista Española de Derecho Financeiro,** Civitas, n.44, p. 493, out./dez.1984.

COMPARATO, Fábio Konder. **Ética:** direito, moral e religião no mundo moderno. São Paulo: Companhia das Letras, 2006.

CONTI, José Maurício. **Princípios tributários da capacidade contributiva e da progressividade.** São Paulo: Dialética, 1997.

COSTA, Alcides Jorge. História da tributação: do Brasil-Colônia ao Imperial. *In:* SANTI, E. (org.). **Curso de direito tributário e finanças públicas**: do fato à norma, da realidade ao conceito jurídico. São Paulo: Editora Saraiva, 2008.

COSTA, Regina Helena. **Princípio da capacidade contributiva**. 3. ed. São Paulo: Malheiros Editores, 2003.

COSTA, Regina Helena. **Imunidades tributárias**. 3. ed. São Paulo: Malheiros Editores, 2015.

CRUZ, Álvaro Ricardo de Souza. **Hermenêutica jurídica em debate**: o constitucionalismo brasileiro entre a teoria do discurso e a ontologia existencial. Belo Horizonte: Fórum, 2007.

CRUZ, Álvaro Ricardo de Souza. **Jurisdição constitucional democrática**. Belo Horizonte: Del Rey, 2004.

CRUZ, Álvaro Ricardo de Souza. **O discurso científico na modernidade**: o conceito de paradigma é aplicável ao direito? Rio de Janeiro: Editora Lumen Juris, 2009.

CRUZ, Álvaro Ricardo de Souza; DUARTE, Bernardo de Souza Cruz. **Além do positivismo jurídico**. Belo Horizonte: Arraes Editores, 2013.

DAHL, Robert Alan. Tomada de decisões em uma democracia: a Suprema Corte como uma entidade formuladora de políticas nacionais. **Revista de Direito Administrativo,** Rio de Janeiro, v.252, 2009. Disponível em: http://bibliotecadigital.fgv.br/ojs/index.php/rda/issue/view/560. Acesso em: 14 dez. 2020.

DELOITTE TOUCHE TOHMATSU LIMITED. **Taxation and investment in Germany 2017**. UK: Deloitte, 2017. Disponível em https://www2.deloitte.com/content/dam/Deloitte/global/Documents/Tax/dttl-tax-germanyguide-2017.pdf. Acesso em: 1 ago. 2020.

DERZI, Misabel Abreu Machado. A imunidade recíproca, o princípio federal e a Emenda Constitucional n. 3, de 1993. **RDTributário,** São Paulo, n. 62, p. 76-98, 1998a.

DERZI, Misabel Abreu Machado. **Direito tributário, direito penal e tipo**. 3. ed. rev. ampl. atual. Belo Horizonte: Fórum, 2018.

DERZI, Misabel Abreu Machado. Federalismo como princípio moral: novas tendencias conceituais. *In*: DANTAS, José André Wanderley; ROSENBLATT, Paulo (coord.). **Direito tributário:** os 30 anos do Sistema Tributário Nacional na constituição: estudos em homenagem a Ricardo Lobo Torres. Recife: Ed. dos Organizadores, 2018. v.2. p. 83-107.

DERZI, Misabel Abreu Machado. Igualdade. ISS. Sociedades prestadoras de serviços profissionais. Advocacia. Constitucionalidade do Decreto-lei nº 406/68; Progressividade. IPTU. *In*: DERZI, M.A.M (coord.). **Construindo o direito tributário na constituição**: uma análise da obra do Ministro Carlos Mário Velloso. Belo Horizonte: Del Rey, 2004, p. 93-133.

DERZI, Misabel Abreu Machado. **Limitações constitucionais ao poder de tributar**. 7. ed. Rio de Janeiro: Forense, 1997. Notas de atualização da obra de Aliomar Baleeiro.

DERZI, Misabel Abreu Machado. Sobre o desrespeito aos princípios constitucionais da não-cumulatividade (neutralidade), da seletividade e da capacidade contributiva nos impostos sobre o consumo. **Revista da Associação Brasileira de Direito Tributário**, Belo Horizonte, Ano 11, n.516, p.181-197, jan./ago. 2000.

DERZI, Misabel Abreu Machado. **Tipos e conceitos**: a incompatibilidade do modo de pensar por tipos as regras de competência tributária constitucionais. 2019. No prelo.

DERZI, Misabel Abreu Machado. Tipos e conceitos: a incompatibilidade do modo de pensar por tipos as regras de competência tributária constitucionais. **Revista da Faculdade de Direito da UFMG,** Belo Horizonte, v. 30-31, 1998b.

DERZI, Misabel Abreu Machado. **Direito tributário, direito penal e tipo**. São Paulo: Revista dos Tribunais, 2007.

DERZI, Misabel Abreu Machado. **Modificações da jurisprudência**: proteção da confiança, boa-fé objetiva, e irretroatividade como limitações constitucionais ao poder judicial de tributar. São Paulo: Noeses, 2009.

DERZI, Misabel Abreu Machado; BATISTA JÚNIOR, Onofre Alves; MOREIRA, André Mendes. **Estado federal e a tributação**: das origens à crise atual. Belo Horizonte: Arrais Editores, 2015a. (Coleção federalismo e tributação, v.1).

DERZI, Misabel Abreu Machado; BATISTA JÚNIOR, Onofre Alves; MOREIRA, André Mendes. **Estado federal e guerra fiscal no direito comparado.** Belo Horizonte: Arraes Editores, 2015b. (Coleção federalismo e tributação, v.2).

DERZI, Misabel Abreu Machado; BATISTA JÚNIOR, Onofre Alves; MOREIRA, André Mendes. **Estado federal e guerra fiscal no Brasil.** Belo Horizonte: Arraes Editores, 2015c. (Coleção federalismo e tributação, v. 3).

DERZI, Misabel Abreu Machado; BATISTA JÚNIOR, Onofre Alves; MOREIRA, André Mendes. **Estado federal e guerra fiscal:** uma perspectiva jurídico-filosófica. Belo Horizonte: Arraes Editores, 2015d. (Coleção federalismo e tributação, v.4).

DERZI, Misabel de Abreu Machado; COELHO, Sacha Calmon Navarro; COELHO, Eduardo Junqueira; LOBATO, Valter de Souza. Da imunidade das subvenções para investimento nas parcerias público-privadas. *In*: ROCHA, Valdir de Oliveira (coord.). **Grandes questões atuais do direito tributário**. São Paulo: Dialética, 2014.

DERZI, Misabel Abreu Machado; MELO, João Paulo Fanucchi de Almeida (org.). **Justiça fiscal**. Belo Horizonte: Del Rey, 2016.

DERZI, Misabel de Abreu Machado; BUSTAMANTE, Thomas da Rosa de. A análise econômica de Posner e a ideia de Estado de Direito em Luhmann: breves considerações críticas. **Revista da Faculdade de Direito UFMG**, Belo Horizonte, p.327-352, 2013. Número especial em memória do Prof. Washington Peluso.

DIAS, Hugo Reis; MELO, João Paulo Fanucchi de Almeida. Aspecto Material do ISSQN (Análise da Súmula Vinculante n. 31/STF – Não incidência de ISSQN sobre locação de bens móveis, a decisão do STF sobre leasing e seus desdobramentos e perspectivas). *In*: GODOI, M.S.; TEIXEIRA, A.A; BREYNER, F.M.; LOBATO, V.S. (coord.). **Os repetitivos e súmulas do STF e STJ em matéria tributária (*distinguishing e overruling*)**. Belo Horizonte: D'Plácido, 2017.

DINIZ, Maria Helena. **Lei de introdução ao código civil brasileiro interpretada**. 5.ed. São Paulo: Saraiva,1999.

DWORKIN, Ronald. **O império do direito**. Tradução de Jefferson Luiz Camargo. 2. ed. São Paulo: Martins Fontes, 2007.

DWORKIN, Ronald. **Levando os direitos a sério**. Tradução de Nelson Boeira. 3. ed. São Paulo: Editora WMF Martins Fontes, 2010.

DWORKIN, Ronald. **O império do direito**. Tradução de Jefferson Luiz Camargo. 2. ed. São Paulo: Martins Fontes, 2007.

ELKABBACH, Laure-Anne. **Édouard Philippe** *va recevoir vendredi les représentants des collectivités locales, annonce* **Gérald** *Darmanin* **Gérald** *Darmanin*. ***Public Sénat***, *27 mai* 2020. Disponível em: https://www.publicsenat.fr/article/parlementaire/edouard-philippe-va-recevoir-vendredi-les-representants-des-collectivites. Acesso em: 3 dez 2020.

ENGISCH, Karl. **Introdução ao pensamento jurídico**. Tradução portuguesa de J. Baptista Machado. 7. ed. Lisboa: Fundação Calouste Gulbenkian, 1996.

FALCÃO, Amílcar de Araújo. **Fato gerador da obrigação tributária.** Atualizada por Flávio Bauer Novelli. 6. ed. Rio de Janeiro: Forense, 1995.

FALCÃO, Amílcar de Araújo. Imunidade e isenção tributária. Instituição de assistência social. **RDA,** Rio de Janeiro, n. 66, p. 367-375, 1961.

FANUCCHI, Fábio. **Curso de direito tributário brasileiro**. 4. ed. São Paulo: Resenha tributária, 1980. v. 1.

FERNANDES, Simone Lemos. **Contribuições neocorporativas:** na constituição e nas leis. Belo Horizonte: Del Rey, 2004.

FERRAZ, Luciano; GODOI Marciano Seabra de; SPAGNOL, Werther Botelho. **Curso de direito financeiro e tributário.** Belo Horizonte: Fórum, 2014.

FRATTARI, Rafhael; LOBATO, Valter. **30 anos da Constituição Federal de 1988**: uma nova era na tributação? Belo Horizonte: Arraes editores, 2019.

GALLO, Franco. **Las razones del fisco:** ética y justicia en los tributos. Tradução de José Rozas Valdés y Francisco Cañal. Madrid: Marcial Pons, 2011.

GALUPPO, Marcelo Campos. **Da idéia à defesa**: monografias e teses jurídicas. Belo Horizonte: Mandamentos, 2003.

GAMA, Tácio Lacerda. Controvérsias sobre a imunidade dos templos de qualquer culto na jurisprudência recente do STF. P. 846 cap. 47. *In*: FRATTARI, Rafhael; LOBATO, Valter. **30 anos da Constituição Federal de 1988**: uma nova era na tributação? Belo Horizonte: Arraes editores, 2019. cap. 47, p. 846.

GASPAR, Romain. *Versement du FCTVA: le rétropédalage du gouvernement.* **La Gazette.fr**, França, 25 juin. 2020. Disponível em: https://www.lagazettedescommunes.com/685524/versement-du-fctva-le-retropedalage-du-gouvernement/. Acesso em 3 dez 2020.

GODOI, Marciano Seabra de *et al.* **Sistema tributário nacional na jurisprudência do STF.** São Paulo: Dialética, 2002.

GODOI, Marciano Seabra de. Finanças públicas brasileiras: diagnóstico e combate dos principais entraves à igualdade social e ao desenvolvimento econômico. **Finanças *públicas*, tributação e desenvolvimento,** Rio de Janeiro, v. 5, n. 5, 2017. Disponível em: https://www.e-publicacoes.uerj.br/index.php/rfptd/article/view/25565/0 . Acesso em: 18 abr. 2020.

GODOI, Marciano Seabra de. **Justiça, igualdade e direito tributário**. São Paulo: Dialética, 1999.

GODOI, Marciano Seabra de. **Questões atuais do direito tributário na jurisprudência do STF.** São Paulo: Dialética, 2006.

GOLDSCHIMIDT, Fabio Brun. **O princípio do não-confisco no direito tributário**. São Paulo: Revista dos Tribunais, 2003.

GONÇALVES, José Arthur Lima. **Isonomia na norma tributária.** São Paulo: Malheiros, 1993.

GONZALEZ, Luis Manuel Alonso. **Los impuestos autonomicos de caracter extrafiscal**. Madrid: Marcial Pons, 1995.

GRAPPERHAUS, Ferdinand H. M. **O tributo ao longo dos tempos:** uma história em imagens. Tradução de André Mendes Moreira. Belo Horizonte: Fórum, 2019.

GRAU, Eros Roberto. **A ordem econômica na Constituição de 1988**: interpretação e crítica. 14. ed. rev. atual. Belo Horizonte: Malheiros editores, 2010.

GRIMM, Dieter. **Constituição e política.** Belo Horizonte: Del Rey, 2006.

HESSE, Konrad. **Elementos de direito constitucional da República federal da Alemanha.** Tradução Luís Afonso Heck. Porto Alegre: Sérgio Antonio Fabris Editor, 1998.

HORTA, Raul Machado. **Direito Constitucional.** 2 ed. Belo Horizonte: Del Rey, 1999.

HORVATH, Estevão; PINHEIRO, Hendrick. Imunidade recíproca e os serviços públicos na visão do Supremo Tribunal Federal. *In*: FRATTARI, Rafhael; LOBATO, Valter. **30 anos da Constituição Federal de 1988**: uma nova era na tributação? Belo Horizonte: Arraes editores, 2019. cap. 12, p. 201-216.

INSTITUTO BRASILEIRO DE GEOGRAFIA E ESTATÍSTICA. **Estatísticas do século XX.** Rio de Janeiro: IBGE, 2007. Disponível em: https://biblioteca.ibge.gov.br/index.php/biblioteca-catalogo?view=detalhes&id=237312. Acesso em: 6 jan. 2020.

INSTITUTO BRASILEIRO DE GEOGRAFIA E ESTATÍSTICA. **Sistema de contas nacionais:** contas nacionais. Rio de Janeiro: IBGE, 1947-2011. Disponível em: https://seriesestatisticas.ibge.gov.br/series.aspx?vcodigo=SCN49 . Acesso em: 29 jul. 2020.

KELSEN, Hans. **A ilusão da justiça**. Tradução de Sergio Tellaroli. 4. ed. São Paulo: Martins Fontes, 2008.

KELSEN, Hans. **Jurisdição constitucional**. Tradução de Alexandre Krug, Eduardo Brandão e Maria Ermantina de Almeida Prado Galvão. 2 ed. São Paulo: Martins Fontes, 2007.

KFOURI JÚNIOR, Anis. **Curso de direito tributário**. 2. ed. São Paulo: Saraiva, 2012.

LACOMBE, Américo Lourenço Masset. **Princípios constitucionais tributários**. São Paulo: Malheiros, 2000.

LARENZ, Karl. **Metodologia da ciência do direito**. Tradução portuguesa. 3. ed. Lisboa: Fundação Calouste Gulbenkian, 1997

LEÃO, Armando Zurita. **Direito constitucional tributário**: o princípio da capacidade contributiva. São Paulo: Juarez de Oliveira, 1999.

LEITÃO, Luís Manuel Teles de Menezes. A evasão e a fraude fiscais face à teoria da interpretação da lei fiscal. **Revista fisco,** Lisboa, n. 32, jun. 1991.

LEITE, Matheus Soares. **Teoria das imunidades tributárias**. São Paulo: PerSe, 2016.

LEÔNCIO, Vinícius. **A quarta filosofia de Jesus Cristo não pagou tributo.** [S.l.]: Editora Futuro, 2007.

LIMA, Emanoel Marcos; REZENDE, Amaury Jose. Um estudo sobre a evolução da carga tributária no Brasil: uma análise a partir da Curva de Laffer. **Interações,** Campo Grande, MS, v. 20, n. 1, p. 239-255, jan./mar. 2019. Disponível em: http://www.scielo.br/pdf/inter/v20n1/1518-7012-inter-20-01-0239.pdf . Acesso em: 4 jul. 2020.

LOBATO, Valter Souza; GONÇALVES, Nayara Atayde. Dever de fundamentação, coerência e integridade das decisões judiciais: uma análise do acórdão prolatado pelo STF no ARE 664.335. **Revista de Finanças Públicas, Tributação e Desenvolvimento,** Rio de Janeiro, v. 7, n. 8, p. 188-211, jan./jun. 2019.

MACCORMICK, Neil. **Argumentação e teoria do direito**. Tradução de Wáldea Barcellos. São Paulo: Martins Fontes, 2006.

MACHADO, Hugo de Brito. **Comentários ao Código Tributário Nacional**. São Paulo: Atlas, 2003. v.1.

MACHADO, Hugo de Brito. **Curso de direito tributário**. 28. ed. São Paulo: Malheiros, 2007.

MACHADO, Hugo de Brito. **Curso de direito tributário**. 33. ed. São Paulo: Malheiros, 2013.

MACHADO, Hugo de Brito. O princípio da capacidade contributiva. *In*: MARTINS, Ives Gandra da Silva (coord.). **Capacidade contributiva**. São Paulo: Resenha Tributária, 1999. v.14, p.119-139.

MACHADO, Hugo de Brito. **Os princípios jurídicos da tributação na Constituição de 1988**. São Paulo: Revista dos Tribunais, 1989.

MARIANI, Daniel; ALMEIDA, Rodolfo. As receitas e despesas do governo federal desde 1997. **Nexo Jornal**, São Paulo, 26 out. 2016 atualiz. 3 maio 2018. Disponível em: https://www.nexojornal.com.br/grafico/2016/10/26/As-receitas-e-despesas-do-governo-federal-desde-1997. Acesso em 04 jan. 2019.

MARTÍN QUERALT, Juan; LOZANO SERRANO, Carmelo; TEJERIZO LÓPEZ, José Manuel, CASADO OLLERO, Gabriel. **Curso de derecho financeiro y tributário**. 8. ed. Madrid: Tecnos, 1997.

MARTÍNEZ, Soares. **Direito fiscal**. 9. ed. Coimbra: Almedina,1997.

MARTINS, Ives Gandra da Silva (coord.). **Limitações ao poder impositivo e segurança jurídica**. São Paulo: Revista dos Tribunais, 2005.

MARTINS, Ives Gandra da Silva. Imunidade tributária dos correios e telégrafos. **Revista Dialética de Direito Tributário,** São Paulo, n. 74, nov. 2001.

MARTINS, Ives Gandra da Silva. **Sistema tributário na constituição de 1988**. 5. ed. São Paulo: Saraiva, 1998.

MAXIMILIANO, Carlos. **Hermenêutica e aplicação do direito**. 18. ed. Rio de Janeiro: Forense, 1998.

MELLO, Celso Antônio Bandeira de. **Elementos de direito administrativo**. 3. ed. **rev., ampl. e atual. com a constituição federal de 1988.** São Paulo: Malheiros, 1992.

MELLO, Celso Antônio Bandeira de. **O conteúdo jurídico do princípio da igualdade.** 3. ed. São Paulo: Malheiros, 1993.

MELO, João Paulo Fanucchi de Almeida. **A (in)constitucionalidade da cobrança do IPVA no Estado de Minas Gerais.** Belo Horizonte: Faculdade de Direito Milton Campos, 2007.

MELO, João Paulo Fanucchi de Almeida. **Princípio da capacidade contributiva**: a sua aplicação nos casos concretos. São Paulo: Quartier Latin, 2012.

MELO, José Tarcízio de Almeida. **Direito constitucional do Brasil**. Belo Horizonte: Del Rey, 2008.

MENDES, Gilmar Ferreira; BRANCO, Paulo Gustavo Gonet. **Curso de Direito Constitucional**. 12. ed. 3. tiragem. São Paulo: Saraiva, 2017.

MENDES, Gilmar Ferreira; COELHO, Inocêncio Mártires; BRANCO, Paulo Gustavo Gonet. **Hermenêutica constitucional e direitos fundamentais**. 1. ed. 2. tiragem. Brasília, DF: Brasília Jurídica, 2002.

MERUSI, Fabio. **Il sogno di diocleziano**: il diritto nelle crisi economiche. Torino: G. Giappichelli Editore, 2013.

MORAES, Alexandre. **Constituição do Brasil interpretada e legislação constitucional**. São Paulo: Atlas, 2003.

MOREIRA, André Mendes. O federalismo brasileiro e a repartição de receitas tributárias. *In:* DERZI, Misabel Abreu; BATISTA JÚNIOR, Onofre Alves; MOREIRA, André Mendes (org.). **Estado federal e tributação:** das origens à crise atual. Belo Horizonte: Arraes Editores, 2015. p. 151-170. (Coleção federalismo e tributação, v.1).

MOREIRA, André Mendes; MACHADO, Sophia Goreti Rocha. Conceito de tributo e sua divisão em espécies. **Revista Fórum de Direito Tributário - RFDT**, Belo Horizonte, ano 13, n. 76, p. 71-90, jul./ago. 2015.

MOSCHETTI, Francesco. El principio de la capacidad contributiva. *In*: AMATUCCI, Andrea (coord.). **Tratado de derecho tributário:** el derecho tributário y sus fuentes. Tomo primero. Bogotá: Temis, 2001.

MUNSCH, Joël. *FCTVA : pourquoi ce n'est pas si simple*. ***La lettre du cadre.fr***, 27 nov. 2014. Disponível em: https://www.lettreducadre.fr/10211/fctva%e2%80%89-fonds-compensation-tva-pourquoi-ce-nest-pas-si-simple/. Acesso em: 1 dez. 2020.

MURPHY, Liam; NAGEL, Thomas. **O mito da propriedade:** os impostos e a justiça. Tradução de Marcelo Brandão Cipolla. São Paulo: Martins Fontes, 2005.

MUZZI FILHO, Carlos Victor. Empresa Brasileira de Correios e Telégrafos (ECT) – Tributação de seus serviços. **Revista jurídica da Procuradoria Geral da Fazenda Estadual –Minas Gerais,** Belo Horizonte, n. 47, p. 9-25, jul./ago./set. 2002.

NABAIS, José Casalta. **Por um estado fiscal suportável:** estudos de direito fiscal. Coimbra: Almedina, 2008. v. 4.

NABAIS, José Casalta. **O dever fundamental de pagar impostos:** contributo para a compreensão constitucional do estado fiscal contemporâneo. Coimbra: Almedina, 2012.

NATIONAL performance review. *In*: AL GORE (Dire.). **Reinventar a administração pública** – da burocracia à eficiência – relatório sobre o estado da administração pública americana e as opções fundamentais para a sua reforma. 3. ed. Lisboa: Quetzal, 1996.

NETTO, Luísa Cristina Pinto e. **O princípio de proibição de retrocesso social**. Porto Alegre: Livraria do Advogado, 2010.

NOGUEIRA, Johnson Barbosa. **A interpretação econômica no direito tributário**. São Paulo: Resenha Tributária, 1982.

NOGUEIRA, Liz Coli Cabral. A consideração econômica no direito tributário. *In:* NOGUEIRA, Ruy Barbosa (org.). **Estudos tributários – em homenagem a Rubens Gomes de Sousa**. São Paulo: Resenha Tributária, 1974.

OLIVEIRA JÚNIOR, Dário da Silva. **Análise jurídica dos princípios tributários da legalidade, anterioridade e capacidade contributiva.** Rio de Janeiro: Lumen Juris, 2000.

OLIVEIRA, José Marcos Domingues de. **Direito tributário:** capacidade contributiva. 2. ed. Rio de Janeiro: Renovar, 1998.

PAULA, Daniel Giotti de; RIBEIRO, Ricardo Lodi (org.). **Direito tributário inclusivo**. Rio de Janeiro: Multifoco, 2016.

PAULSEN, Leandro. **Curso de direito tributário**. 3. ed. Porto Alegre: Livraria do Advogado, 2010.

PAULSEN, Leandro. **Direito tributário**. 4. ed. Porto Alegre: Livraria do Advogado, 2002.

PAULSEN, Leandro. **Direito tributário:** constituição e código tributário à luz da doutrina e da jurisprudência. 11. ed. Porto Alegre: Livraria do Advogado: Esmafe, 2009.

PAULSEN, Leandro. **Segurança jurídica, certeza do direito e tributação:** a concretização da certeza quanto à instituição de tributos através das garantias da legalidade, irretroatividade e da anterioridade. Porto Alegre: Revista do Advogado, 2006.

PEDRON, Flávio Quinaud. Que críticas do direito como integridade de Dworkin pode fazer contra a tese do livre convencimento motivado do magistrado? **Revista Eletrônica do Curso de Direito da Universidade Federal de Santa Maria,** Santa Maria, v. 13, n. 2, p. 754-774, jul./dez. 2018a.

PEREIRA, Rodolfo Viana. **Direito constitucional democrático:** controle e participação como elementos fundantes e garantidores da constitucionalidade. Rio de Janeiro: Lumen Juris, 2008.

PEREIRA, Rodolfo Viana. **Hermenêutica filosófica e constitucional**. Belo Horizonte: Del Rey, 2001.

PERU. [Constituição (1993)]. **Constitución Política del Perú**. Oficialía Mayor del Congreso.

PIKETTY, Thomas. **O capital no** século XXI. 1. ed. Rio de Janeiro: Intrínseca, 2014a.

PIKETTY, Thomas. **A economia das desigualdades**. Tradução de Pedro Elói Duarte. Coimbra: Almedina, 2014b.

PISCITELLI, Tathiane. Desonerações tributárias e desigualdades regionais. **Valor Econômico.** Brasília, DF, 4 jul. 2017. Legislação. Disponível em: https://www.valor.com.br/legislacao/fio-da-meada/5025618/desoneracoes-tributarias-e-desigualdades-regionais . Acesso em 18 abr. 2020

PONTES, Helenilson Cunha. **O princípio da proporcionalidade e o direito tributário.** São Paulo: Dialética, 2000.

REALE, Miguel. **Lições preliminares de direito**. 22. ed. São Paulo: Saraiva, 1995.

RIBEIRO, Márcio Bruno. **Desempenho e eficiência do gasto p**úblico: uma análise entre o Brasil e um conjunto de países da América Latina. Rio de Janeiro: IPEA, dez. 2008. (Texto para discussão, n. 1368). Disponível em: https://www.ipea.gov.br/portal/images/stories/PDFs/TDs/td_1368.pdf . Acesso em: 18 abr. 2020.

RITTNER. Daniel. Estatais têm reajuste salarial menor, mas preservam 'regalias'. **Valor econômico.** Brasília, 17 set. 2018. Disponível em: https://www.valor.com.br/brasil/5848553/estatais-tem-reajuste-salarial-menor-mas-preservam-regalias?utm_source=newsletter&utm_medium=e%E2%80%A6 . Acesso em: 21 set. 2018.

ROCHA, Eduardo Morais da. A praticidade como sinônimo da desconfiança e as margens de lucro fixas nos preços de transferência. **Rev. SJRJ**, Rio de Janeiro, n. 33, p. 69-87, 2012.

ROCHA, Eduardo Morais da. **Teoria institucional da praticabilidade tributária**. São Paulo: Noeses, 2016.

ROSSI, Carlos Alberto Del Papa. **Introdução ao estudo das taxas**: doutrina e jurisprudência. [S.l.]: Editora de Direito, 2002.

SALGADO, Joaquim Carlos. Apresentação. *In:* SCHMITT, Carl. **Legalidade e legitimidade**. Belo Horizonte: Del Rey, 2007, xvi-xvii.

SAMPAIO, José Adércio Leite. **Teoria da constituição e dos direitos fundamentais.** Belo Horizonte: Del Rey, 2013.

SANCHES, J.L. Saldanha. **Manual de direito fiscal.** Lisboa: Lex, 1998.

SANT'ANNA, Ivan. **1929:** quebra da bolsa de Nova York: a história real dos que viveram um dos eventos mais impactantes do século. Rio de Janeiro: Objetiva, 2014.

SANTIAGO, Marlene Ferreira; SILVA, José Luis Gomes da. Evolução e composição da carga tributária brasileira. **Revista brasileira de Gestão e Desenvolvimento Regional**, Taubaté, São Paulo, v. 2, n. 1, p. 22-41, jan./abr. 2005. Disponível em: https://www.rbgdr.net/revista/index.php/rbgdr/article/view/51/46 . Acesso em: 5 jul. 2020.

SCAFF, Fernando Facury; TORRES, Heleno Taveira; DERZI, Misabel de Abreu Machado; BATISTA JÚNIOR, Onofre Alves. **Federalismo (s)em juízo.** São Paulo: Noeses, 2019.

SCHMITT, Carl. **Legalidade e legitimidade**. Belo Horizonte: Del Rey, 2007.

SCHOUERI, Luis Eduardo. **Direito tributário**. 6. ed. São Paulo: Saraiva, 2016.

SCHOUERI, Luis Eduardo. **Normas tributárias indutoras e intervenção econômica**. Rio de Janeiro: Forense, 2005.

SEN, Amartya. **A ideia de justiça**. Tradução de Denise Bottman e Ricardo Doninelli Mendes. São Paulo: Companhia das Letras, 2011.

SILVA, José Afonso da. **Aplicabilidade das normas constitucionais**. São Paulo: Revista dos Tribunais, 1982.

SILVA, Maurício Corrêa da; SOUZA, Fábia Jaiany Viana de; ARAUJO, Aneide; SILVA, José Dionísio Gomes da. Análise das Despesas Sociais do Governo Federal no Período de 1988 a 2010. **Holos,** Natal, RN, ano 30, v. 6, 2014. Disponível em: https://pdfs.semanticscholar.org/b18a/a6010bc9014271f07ca50ebce1304c285dfe.pdf . Acesso em: 18 abr. 2020.

SILVA, Suzana Tavares da. **Direitos fundamentais na arena global**. Coimbra: Imprensa da Universidade de Coimbra: Coimbra University Press, 2011.

SILVA, Suzana Tavares da. **Direito fiscal:** teoria geral. Coimbra: Imprensa da Universidade de Coimbra; Coimbra University Press, 2013a.

SILVA, Suzana Tavares da. **As taxas e a coerência do sistema tributário**. 2. ed. Coimbra: Coimbra Editora, 2013b.

SILVA, Virgílio Afonso da. Princípios e regras: mitos e equívocos acerca de uma distinção. **Revista Latino-Americana de Estudos Constitucionais,** Belo Horizonte, p. 607-630, 2003.

SILVEIRA, Paulo Antônio Caliendo Velloso da. Da justiça fiscal: conceito e aplicação. **Interesse Público**, Sapucaia do Sul, ano 6, n. 29 , p. 159-196, jan./fev. 2005.

SPAGNOL, Werther Botelho. **Curso de direito tributário**. Belo Horizonte: Del Rey, 2004.

TABOADA, Carlos Palao. Isonomia e Capacidade Contributiva. **Revista de Direito Tributário**, São Paulo, ano II, n.4, p.125-154, abr./jun. 1978.

TIPKE, Klaus. **Moral tributaria del Estado y de los contribuyentes.** Madrid: Martins Pons, 2002.

TIPKE, Klaus; LANG, Joachim. **Direito tributário**. 18 ed. Tradução de Luiz Dória Furquim. Porto Alegre: Sergio Antonio Fabris Editor, 2008. v. 1.

TIPKE, Klaus; YAMASHITA, Douglas. **Justiça fiscal e princípio da capacidade contributiva.** São Paulo: Malheiros, 2002.

TORRES, Ricardo Lobo. Liberdade, segurança e justiça. *In*: CARVALHO, Paulo de Barros (coord.). **Justiça Tributária**. São Paulo: Max Limonad, 1998.

TORRES, Ricardo Lobo. Os direitos humanos e a tributação: imunidades e isonomia. *In:* TORRES, Ricardo Lobo. **Tratado de direito constitucional financeiro e tributário**. Rio de Janeiro: Renovar, 1999. v. 3.

TORRES, Ricardo Lobo. Os direitos humanos e a tributação: imunidades e isonomia. *In:* TORRES, Ricardo Lobo. **Tratado de direito constitucional financeiro e tributário**. Rio de Janeiro: Renovar, 2005. v. 3.

TORRES, Ricardo Lobo. **A idéia de liberdade no Estado patrimonial e no Estado fiscal.** Rio de Janeiro: Renovar, 1991.

TORRES, Ricardo Lobo. **Curso de direito financeiro e tributário**. 16. ed. Rio de Janeiro: Renovar, 2009.

UCKMAR, Victor. **Direito constitucional tributário**. Tradução de Marco Aurélio Greco. 2. ed. São Paulo: Malheiros, 1999.

VALADÃO, Marcos Antônio Pereira. **Limitações constitucionais ao poder de tributar e tratados internacionais**. Belo Horizonte: Del Rey, 2000.

VALCÁRCEL, Ernesto Lejeune. El principio de igualdad. *In:* AMATUCCI, Andrea (coord.). **Tratado de derecho tributário:** el derecho tributário y sus fuentes. Bogotá: Temis, 2001. T. 1.

VARSANO, Ricardo *et al.* **Uma análise da carga tributária do Brasil.** Rio de Janeiro: IPEA, ago. 1998. (Texto para Discussão, n. 583). Disponível em: http://www.ipea.gov.br/portal/images/stories/td_0583.pdf . Acesso em: 5 jul. 2020.

VASCONCELOS, Andreoni Fernando. **Coerência e direito tributário**. 2013. 209 f. Tese (Doutorado em Direito) - Universidade Federal do Paraná, Curitiba, 2013.

XAVIER, Alberto *et al*. **Segurança jurídica:** irretroatividade das decisões judiciais prejudiciais aos contribuintes. Rio de Janeiro: Forense, 2013.

YAMAO, Celina. A história do Imposto sobre Circulação de Mercadorias - do IVM ao ICMS. **Revista Jurídica - UNICURITIBA**, Curitiba, v. 3, n. 36. 2014. Disponível em: http://revista.unicuritiba.edu.br/index.php/RevJur/article/view/990/681 . Acesso em: 5 jul. 2020.